일제 조선지배 40년

- 1906~1945 -

인물로 본
일제 조선지배 40년
− 1906~1945 −

초판 제1쇄 인쇄 2010. 8. 18.
초판 제1쇄 발행 2010. 8. 23.

지은이　정 일 성
펴낸이　김 경 희

경　영　강 숙 자
편　집　박 수 용
디자인　이 영 규
영　업　문 영 준
관　리　강 신 규
경　리　김 양 헌
펴낸곳　(주)지식산업사
　　　　본사 ● 413−832, 경기도 파주시 교하읍 문발리 520−12
　　　　 전화 (031) 955−4226~7 팩스 (031)955−4228
　　　　서울사무소 ● 110−040, 서울시 종로구 통의동 35−18
　　　　 전화 (02)734−1978 팩스 (02)720−7900
　　　　한글문패　지식산업사
　　　　영문문패　www.jisik.co.kr
　　　　전자우편　jsp@jisik.co.kr
　　　　등록번호　1−363
　　　　등록날짜　1969. 5. 8.

책값은 뒤표지에 있습니다.

이 책을 읽고 저자에게 문의하고자 하는 이는
지식산업사 전자우편으로 연락바랍니다.

인물로 본
일제 조선지배 40년

- 1906~1945 -

정 일 성

지식산업사

머리말

일제가 대한제국을 총칼로 위협하여 국권을 강탈한 이른바 '한일(일한)합방' 사건을 일으킨 지 2010년으로 백 년이 흘렀다. 그러나 안타깝게도 그때의 상처는 좀처럼 아물지 않고 오히려 덧나고 있는 것이 오늘의 현실이다. 더욱이 일본 당국은 이에 대한 반성은커녕 고문헌(古文獻) 기록에서 보듯이 누가 보아도 한국 소유가 분명한 독도를 자기들의 영토라고 억지주장을 펴며 이를 그들의 역사교과서에 싣게 함으로써 또 다른 '역사전쟁'을 벌이고 있다. 이는 일본 지도층의 도덕 불감증을 넘어 우리에 대한 정면 도전으로 분노마저 느끼게 한다.

모두 다 알고 있듯이, 우리 민족은 1910년 일제에게 나라를 빼앗겨 35년 동안 실로 짐승만도 못한 참담한 식민지 생활을 경험했다. 그런 고통의 시간은 외교권을 박탈당한 한국통감부 시절(1906~1910년)까지 늘려 잡으면 40년이 넘는다. 비록 일제의 조선지배는 다른 식민지에 견주어 그리 긴 기간은 아니었지만 통치방법은 유별나게 혹독했다. 그래서 역사학자들은 흔히 일본제국의 조선지배를 제국(식민)주의 역사상 가장 '가혹한 식민통치'로 평가한다.

일제의 조선지배 '폭력성'은 우선 식민정치를 진두지휘했던 총독(통감)들의 면면에서부터 극명하게 드러나고 있다. 일제는 1906년 2월 한국통감부 설치 이후 패망 때까지 모두 10명의 통감·총독을 임명했다. 통감은 이토 히로부미(伊藤博文, 제1대), 소네 아라스케(曾禰荒助, 제2대), 데라우치 마사타케(寺內正毅, 제3대) 등 3명이었다. '무단통치'

로 악명을 떨쳤던 데라우치는 당초 '한국병탄'의 밀명을 띠고 통감으로 와서 '강제합방 작전'을 주도한 다음, 통치 지휘부 이름을 '조선총독부'라 고치고 초대 총독으로 눌러앉았다. 그 뒤 총독은 '을사늑약' 때 대규모 병력을 동원하여 한국 대신들을 협박한 하세가와 요시미치(長谷川好道, 제2대), 해군대신으로 8년 넘게 일본 해군을 요리한 사이토 마코토(齋藤實, 제3·5대), 친구를 잘 두어 출세한 야마나시 한조(山梨半造, 제4대), '우가키 군벌'을 만들어 일본육군을 쥐락펴락했던 우가키 가즈시게(宇垣一成, 제6대), '창씨개명'을 통해 민족정신까지 말살하려 한 미나미 지로(南次郎, 제7대), 자신을 도와준 상사를 배신하고도 육군대장으로 승진한 고이소 구니아키(小磯國昭, 제8대), 텐노(천황)의 항복방송을 듣자마자 가족을 먼저 본국으로 몰래 피신시키려다 자국민들에게 망신당한 아베 노부유키(阿部信行, 제9대) 등 7명이 차례로 대를 이었다.

이들 가운데 민간인은 이토와 소네 두 통감뿐이고, 나머지는 모두 육·해군 대장출신이다. 그것도 데라우치, 하세가와, 사이토는 현역 대장 계급장을 달고 '무소불위'로 군림했다. 유일하게 해군인 사이토는 제3대에 이어 제5대 총독으로 두 번이나 재임했다. 일제는 군인이 아닌 이토 통감에게도 군 통수권을 주어 항일 민족운동을 저지하도록 했다. 역사는 이들이 저지른 비인도적 폭력행위를 '서구 문명국'의 식민지배 역사에 '오점'으로 지적되고 있는 프랑스의 알제리 탄압을 넘어선 것으로 기록하고 있다.

일제 식민통치의 '폭력·야만성'은 서구강대국 식민지보다 훨씬 많은 식민통치 관리요원을 두었던 점에서 더욱 두드러진다. 일제는 맨 처음 122명(통감부 32명, 이사청 90명)의 관리를 한국에 파견하여 '한국 보호정치'를 시작했다. 그러다가 1910년 합방 때 1만 4,529명으로 늘리고, 3·1독립만세운동 직후인 1920년에는 2만 2,293명으로 8천여 명을 더 늘렸다. 그것도 부족했던지 태평양전쟁(미일전쟁)을 시작한 1942년에는 5만 7,302명으로 대폭 증원했다. 여기에 친일 조선인 관리 4만 5,919명과 외국인 4명까지 더하면 일본 관원은 자그마치 10만 3,225명에 이른다. 이는 조선인 220명에 1명씩(1939년 호구조사 때 조선 인구는 2,280만 647명이었다.) 지배 인력을 투입한 셈으로, 3억 4천만(1930년대 중반) 인구의 인도를 통치하기 위해 1만 2천여 명의 행정관리를 두었던 영국에 견주면 백 배가 많은 인원이다.

일제의 조선지배가 야만성을 띠게 된 것은 군(육군)이 조선통치를 총괄한 데 가장 큰 원인이 있었다. 이들은 무엇보다 훈공(勳功)을 따려는 욕심에 작전을 중시하며 강경수단으로 흐르기 쉬웠다. 일본은 총독 자격도 아예 육·해군 대장 출신으로 제한했다. 물론 3·1운동 뒤 총독의 자격규정을 바꾸어 문관에게도 문호를 개방했지만 형식이었을 뿐, 문관이 총독이 된 적은 단 한 번도 없었다. 당시 일본육군은 텐노의 군통수권을 등에 업고 일본의 중앙정치도 마음대로 요리했다. 심지어 육군이 군을 대표하는 대신(大臣)을 지명하지 않으면 내각을 구성할 수 조차 없었다. 육군은 이런 점을 이용하여 정부 내각을 무시하고 독단적으로 만주전쟁(만주사변)과 중일전쟁을 일으킨 데 이어 1940년대 들어 또다시 태평양전쟁(제2차 세계대전)까지 도발하여 그들의 국가마저 패망에 이르게 한 것은 다 아는 사실이다.

게다가 무력을 앞세워 목적을 달성하려는 일본의 정치사회 풍토 또한 조선지배에 폭력성을 배가하는 결과를 가져왔다. 일본의 역사서를 종합해 보면, 일본 근대사는 테러의 역사라 해도 틀린 말이 아니다. 일본은 메이지유신 이후 1945년 8·15 패망 때까지 실로 많은 정치인들이 테러에 희생되었다. 바쿠후(幕府) 말 이른바 지사(志士)로 이름을 날리던 사카모토 료마(坂本龍馬, 1835~1867)를 비롯, 요코이 쇼난(橫井小楠, 1809~1869), 오무라 마스지로(大村益次郎, 1824~1869), 히로사와 사네오미(廣澤眞臣, 1834~1871), '유신삼걸(維新三傑)'로 근대 일본의 기초를 닦았던 오쿠보 도시미치(大久保利通, 1830~1878), 제1차 이토 내각 때 초대 문부대신이던 모리 아리노리(森有礼, 1847~1889), 하마구치 내각에서 대장상(재무장관)을 지낸 이노우에 준노스케(井上準之助, 1869~1932), 심지어 하라 다카시(原敬, 1850~1921)와 하마구치 오사치(浜口雄幸, 1870~1931) 같은 현직 내각 총리마저도 테러에 목숨을 잃었다.

테러는 마침내 '5·15사건'(이 책 〈사이토 마코토〉와 〈미나미 지로〉 1절 참조)과 '2·26사건'(〈우가키 가즈시게〉 2절, 〈미나미 지로〉 1절 참조) 등 군사쿠데타로 이어졌다. 해군 청년장교들과 짜고 5·15사건을 일으킨 오가와 슈메이(大川周明) 등 극단주의자들은 당시 내각 총리대신 이누카이 쓰요시(犬養毅, 1855~1932)를 무참히 살해했고, 육군 대위급 이하 젊은 장교들과 2·26사건을 주도한 기타 이키(北一輝) 등 국가주의자들은 조선 총독과 내각 총리를 거쳐 궁내부 내대신(內大臣)으로 근무하던 사이토 마코토, 일본 수상과 정우회 총재 등을 역임하고 대장상으로 일하던 다카하시 고레키요(高橋是淸), 육군교육총감 와타나베 조타로(渡辺錠太郎) 등을 닥치는 대로 죽였다.

이 같은 테러행위는 일본 국내에만 그치지 않고 조선반도와 중국대륙에까지 번졌다. 명성황후 시해사건과 장쭤린(張作霖) 폭살사건(〈야마나시 한조〉 2절 참조)은 바로 그 대표적인 예에 속한다. 명성황후 시해사건은 1895년 10월 8일 당시 주조선 공사로 근무하다 대장상이 된 이노우에 가오루(井上馨)와 그의 뒤를 이은 미우라 고로(三浦梧樓)의 공모 아래 한국군부 고문 오카모토 류노스케(岡本柳之助)가 일본 군·

경찰과 '로닌(浪人)'들을 이끌고 경복궁을 침입하여 자행한 테러로 국제 도의상 도저히 용납할 수 없는 엽기적 만행이었다. 이 사건에는 《한성신보》 사장 아다치 겐조(安達謙藏)를 비롯한 신문기자 6명과 초등학교 교사도 가담하여 세인들을 더욱 놀라게 했다. 고종이 러시아 공관으로 피신한 것도 실은 이처럼 앞뒤를 가리지 않고 무자비하게 목숨을 빼앗는 일본인들의 무법적인 테러 우려 때문이었다.

이와 함께 당시 일본 언론과 식민정책학자들도 탄압을 부채질하는 데 큰 몫을 했음은 부인할 수 없는 사실이다. 일본 언론들은 한국은 고대에도 일본에 합병된 일이 있으니 '병합'은 옛날로 복귀라는 복고론, 한국과 일본은 본디 조상이 한 뿌리라는 동조동근(同祖同根)론, 한국인의 행복을 위해 '병합'했다는 한국인 행복론, 천하의 대세가 일본으로 기울었다는 합방불가피론 등 갖가지 식민지배 논리를 내세워 일제의 조선지배를 정당화하고, 오쿠마 시게노부(大隈重信, 1838~1922)가 이끌던 대일본문명협회(大日本文明協會) 학자들도 그럴듯한 식민정책 논리를 만들어 조선인 길들이기를 위한 총독부 관리들의 폭정을 부추겼다. 명성황후 시해사건에서도 알 수 있듯이, 당시 일제의 조선지배는 기자와 교사까지 테러에 동참할 정도로 모든 일본 국민이 바라는 한결같은 염원이었다.

이미 많은 학자들이 지적했듯이, 일제의 조선지배 논리는 오로지 동화주의(同化主義)로 귀결된다. 다시 말하면, 일제는 조선인을 일본인으로서의 의무만 지우고 권리는 부여하지 않는 노예나 다름없는, 일본인이 아닌 '일본인'으로 만드는 데 혈안이 되었다. 역대 통감과 총독들은 식민지 통치를 위해 토지조사 사업, 안악 사건, 신민회 사건, 민족대표 매수공작, 일본어 상용 강요, 창씨개명, 수양동우회 사건, 단파방송 도청사건 등 실로 엄청난 사건들을 만들어냈다.

이 책은 이러한 일제의 조선지배 '폭력성'과 '야만성'을 명증(明證)하기 위한 작업의 하나이다. 따라서 각 통감·총독들의 성장과 출세 과정은 말할 나위 없고 임용 배경, 군부 내 위상, 이들이 내세웠던 지배논리와 지배체제, 우리 민족을 동화시킬 목적으로 조작한 사건, 친일파 포섭공작 등의 진실규명을 주요 내용으로 하고 있다. 아울러 이들 통감·총독들의 활동을 조선 정치에만 국한하지 않고 만주전쟁에서 태평양전쟁에 이르기까지 각 침략전쟁과 연관지어 일제의 흥망 과정을 설명함으로써 독자들의 이해를 돕고자 했다.

또 역대 통감 및 총독들의 시정(施政)을 간추린 연보와 일제가 대한제국을 병탄하기 전 한국 정부에 강요했던 각종 조약문, 일제에 빌붙은 조선인 도지사와 역대 조선군 사령관 명단을 부록으로 소개하여, 이 책을 펴면, 당시의 통치 실상을 한눈에 볼 수 있게 했다.

사실 이 책은 2년 전쯤 펴낼 예정이었다. 그러나 지난 2007년, 원고를 쓰기 시작하자마자 '역사용어' 시비에 휘말려 2년 남짓 법정에서 시간을 허비하다 늦어졌다. 여기에 이런 이야기를 꺼낸 것은 역사용어 시비가 그만큼 심각한 사회문제로 생활 주변에 다가와 있기 때문이다. 우리 실정에 들어맞는 역사용어를 다듬는 일은 말할 필요도 없이 학자들의 몫이다. 그러나 유감스럽게도 지금 우리 사회에서 통용되고 있는 역사용어, 특히 근대 한일관계사 용어 가운데는 정제되지 않은 말이 적지 않다. 가령 우리가 스스럼없이 사용하고 있는 '병합'이라는 용어만 해도 그렇다. 이는 일제가 한국합방을 앞두고 강압적인 어감을 순화하기 위해 만들어 낸 정치적 용어임을 알아야 한다(〈소네 아라스케〉 2절 참조). 이 책은 이런 용어문제에 대해서도 비교적 자세히 설명했다.

시간이 흐르면서 과거 일제의 조선지배 역사는 점점 더 희미해지고 있다. 엎친 데 덮친 격으로 일제가 제2차 세계대전에 패망한 뒤 조선

총독부 문을 닫으면서 그들의 만행을 감추기 위해 조선지배 기밀문서를 모두 불태워버려 연구에 더욱 어려움을 겪고 있다. 그렇다고 이에 대한 연구 노력을 게을리 할 수는 없다. 일본의 보수우익 세력은 과거 식민지 역사를 정당화하기 위한 작업에 열을 올리고 있지 않은가. 다각적인 연구를 통해 엄연한 사실(史實)을 찾아 그들의 허구성을 입증해 나가야 할 것이다. 이 책이 일제 식민지 시대사 이해와 연구에 조금이나마 도움이 되었으면 하는 바람이다.

　끝으로 이 책에 유익한 내용을 담을 수 있도록 귀중한 자료를 구해준 신우식 전 《서울신문》 사장과 다나카 나가노부(田中長信)·안코(洋子) 부부, 이금복 씨 등에게 심심한 감사의 뜻을 전한다. 그리고 변변치 못한 내용을 기꺼이 출판해 주신 김경희 사장과 편집진에게도 깊이 감사드린다.

2010년 8월
정일성

차례

일러두기

1. 개화기 우리나라 국호는 원칙적으로 '조선'이라 쓰고 1897년 10월 12일 '대한제국'으로 바뀐 다음부터는 '대한제국' 또는 '한국'으로, 그 뒤 식민지기는 '조선'으로 적었다. 다만 인용한 자료는 원문을 그대로 살렸다.
2. 일본 왕에 대한 호칭은 일본어 원음대로 '텐노'로 표기하고 우리말로는 황국사관을 벗어나는 관점에서 '천황' 대신 '왕'으로 옮겼다.
3. 한국과 일본의 역사용어 가운데 오해나 혼동을 가져올 수 있는 표현은 따옴표로 묶어 처리했다.

초대 한국 통감
1905. 12. 21~1909. 6. 14

이토 히로부미

伊藤博文

이토 히로부미 약력

1841. 9. 2	일본 야마구치(山口) 현 구마게(熊毛) 군 쓰카니(束荷)에서 농부의 외아들로 태어남.
1853. 1. 1	구보고로사에몬(久保五郞左衛門) 가숙에 다님.
1857. 9.	쇼카손주쿠(松下村塾)에서 요시다 쇼인(吉田松陰)에게 배움.
1862. 12. 12	다카스기 신사쿠(高杉晋作) 등 12명과 함께 주일 영국공사관 습격.
1862. 12. 21	국학자 하나와 지로(塙次郞)를 칼로 베어 죽임.
1863. 3.	스미코와 결혼.
1866. 4.	우메코(梅子)와 재혼.
1868. 5. 23	효고(兵庫) 현 지사.
1869. 7. 18	대장소보(大藏少輔)가 됨.
1871~72	이와쿠라 특명전권대사와 함께 구미 각국 견학.
1878. 5. 15	내무경.
1882. 3. 14	헌법 조사·연구를 위해 독일 유학
1885. 12. 22	초대 내각 총리대신.
1889. 2. 11	헌법 제정 공로로 욱일동화대수장(旭日桐花大綬章) 수상.
1890. 10 24	귀족원 의장.
1891. 6. 1	추밀원의장.
1892. 8. 8	제2차 이토 내각 총리대신.
1898. 1. 12	제3차 이토 내각 총리대신.
1900. 10. 19	제4차 이토 내각 총리대신.
1901~02	구미 순방.
1903. 7. 6	추밀원의장.
1904. 2. 3	가쓰라 수상 관저에서 원로들과 러일전쟁 결의.
1904. 3. 13	한국황실 위문 특파대사로 고종 알현.
1905. 12. 21	초대 한국 통감.
1907. 9. 21	공작에 오름.
1909. 6. 14	한국 통감 사임. 추밀원의장.
1909. 10. 14	만주여행 출발.
1909. 10. 26	하얼빈 역에서 안중근 의사에게 피살.

이토의 노욕

초대 통감으로 부임

초대 한국 통감 이토 히로부미의 부임 행렬은 '개선행진'을 방불케 했다. 75명이나 되는 대규모 수행원을 이끌고 1906년 3월 2일 기세 좋게 서울에 입성했다. 금빛으로 장식한 휘황찬란한 제복에 칼을 찬 이토의 모습은 영락없는 '점령 장군'이었다. 이토 일행이 지나간 시모노세키(下關)와 부산항, 경부선(1905년 1월 1일 전 구간 개통) 철도 연변에 몰려든 일본인의 인파가 그의 위세를 말해 주고도 남았다. 그때 이토의 나이 65세. 그가 대한제국 대신(大臣)들을 총칼로 위협하여 이른바 '보호조약'*을 강제로 맺고 일본으로 돌아간(1905년 11월 29일) 지 93일 만이었다. 조선 병탄을 목표로 청일전쟁과 러일전쟁을 지휘·주도한 이토 개인으로서도, 국력(國力) 부족을 이유로 사이고 다카모리(西鄕隆盛, 1827~1877)**파의 정한론(征韓論)에 반대했던 30년 전을 돌

---

* 일제가 군대를 동원하여 1905년 11월 17일 대한제국과 강제로 체결한 조약. 일본인들은 이를 흔히 '제2차 일한협약(日韓協約)' 또는 '을사보호조약(乙巳保護條約)'이라고 부른다. 그동안 '을사5조약' 또는 '을사보호조약'이라고 써 오던 우리 학계는 이 용어가 적합하지 않아 고쳐야 한다는 의견이 분분하며, 최근 '을사늑약'이라는 용어를 쓰는 학자가 늘어나고 있다. 서울대 이태진 교수는 체결 당시 조약 명칭이 없고 조약문 끝에 찍힌 국새도 위조여서 조약 자체가 무효라고 주장하고 있다. 전문(全文)은 〈부록〉 참조.

** 메이지유신에 참가하여 바쿠후(幕府)를 무너뜨리고 왕정복고에 결정적 역할을 한 메이지 전기(前期)의 정치 지도자. 오쿠보 도시미치(大久保利通), 기도 다카요시(木戶孝允)

이켜보면, 감개무량한 일이 아닐 수 없었을 것이다. 1906년 2월 20일 도쿄를 출발한 그는 부임 도중 일본 왕실의 종묘(宗廟)가 있는 이세신궁(伊勢神宮)*을 참배하는 일도 잊지 않았다.

일본 사가들의 말을 빌리면, 이토는 '메이지(明治) 일본을 대일본제국(大日本帝國)으로 완성시킨 그 시대 일본 정치의 1등 공신'이다. 44세에 초대 내각 총리대신에 오른 뒤 네 번이나 수상을 역임하고, 추밀원의장도 초대로부터 네 번을 지냈다. 첫 귀족원 의장도 그의 차지였다. 메이지 정부의 주요 관직은 거의 그가 테이프를 끊었다. 그래서 일본 신문들은 이토가 새로 생긴 자리에 발령될 때마다 그를 '처녀 따먹기 선수(初物好き)'라고 비꼬았다. 그는 천민 계급인 농민의 아들로 태어나 '대일본제국헌법'을 만들어 천황제(天皇制) 국가를 확립하고, '일인지하(一人之下) 만인지상(萬人之上)'의 재상 자리를 차지한 일로도 유명하다.

이처럼 메이지유신 정권의 최고 실력자로 30여 년 동안 일본 정계를 쥐락펴락했던 '거물(巨物)'이, 그것도 은퇴할 나이에 한국 통감으로 나선 것은 그 자신이 손수 대륙 침략의 교두보를 완성하겠다는 욕심에서였다. 게다가 설령 전쟁에 이겼더라도 세계 열강의 동의(또는 묵인) 없이는 아무 일도 할 수 없는, 당시 제국(식민)주의 정치상황에서 한국을 둘러싸고 강대국 사이에 복잡하게 얽힌 이해관계를 조율하여 '한국보호정치'를 이끌 만한 인물이 없었던 점도 그의 노욕(老欲)을 부추겼다.

와 함께 '유신삼걸'로 일컬어지고 있다. 그러나 1873년 정한론(征韓論)을 주장하다 받아들여지지 않자 정계를 떠나 고향인 가고시마(鹿兒島)에서 은둔생활을 하다가 1877년 반란(세이난 전쟁)을 일으켜 정부군과 싸우다 패하자 스스로 목숨을 끊었다.

* 왕실의 조신(祖神)을 모신 신궁으로 일본 미에(三重) 현 이세(伊勢) 시에 있음. 아마데라스오카미(天照大神)를 섬기는 내궁(內宮) 고타이신궁(皇大神宮)과 도요우케노오카미(豊受大神)를 모신 외궁 도요우케노오카미궁(豊受大神宮)으로 이루어져 있다. 메이지 시대 일본인들은 전쟁에 참전하거나 국가적 행사가 있을 때 이곳을 참배하고 소원을 빌었다.

■■ 이토 히로부미의 초상을 도안으로 한 천 엔짜리 일본 지폐. 1963년부터 20여 년 동안 통용되었다.

이는 그때 일본 수상 가쓰라 다로(桂太郎, 1847~1913)가 통감 선정을 논의하는 각료 회의에서 "통감은 한국 국민의 원한을 한 몸에 받는 자리다. 한국 조정(朝廷)과 정계를 제압하기 위해서는 이토와 같은 거물을 임명하는 수밖에 다른 대안이 없다."고 한 발언에서도 잘 읽힌다.

그런 이토의 정치역량을 반영하듯 수행원도 각계 인사가 망라됐다. 노래를 잘 불러 메이지왕의 총애를 받은 다카사키 마사카제(高崎正風, 1836~1912) 남작 겸 어가소(御歌所) 소장, 이토의 도움으로 일간 영자신문 《저팬 타임스(Japan Times)》를 창간해 주필 겸 사장을 맡고 있던 즈모토 모토마사(頭本元貞, 1862~1943), 일본 극우단체 흑룡회(黑龍會)를 만들어 한국의 일진회를 조종한 우치다 료헤이(內田良平, 1874~1937), 귀족원의원 무로다 요시아야(室田義文, 1847~1938), 육군소장 무라다 아쓰시(村田淳), 해군소장 미야오카 나오키(宮岡直記), 비서관 후루야 히사쓰나(古谷久網, 1874~1919) 등을 들 수 있다. 특히 통감부 총무장관을 맡게 된 쓰루하라 사다키치(鶴原定吉, 1855~1914)는 도쿄대학 출신으로 중국 텐진(天津) 영사, 상하이(上海) 영사, 일본은행 이사 등을 역임한 외교 및 재정 분야 전문가였다. 그는 총무장관에 임명될 때 오사카(大阪) 시장으로 일하고 있었다. 농상공무총장에 기용된 기우치 주시로(木內重四郎, 1865~1925) 역시 도쿄대학을 나와 유럽 유학을 하고 농상무성에 들어가 상무(商務)국장, 상공국장, 특허국장 등을 거친 상공업무의 전문가였다. 수행원 가운데에는 뒤(1936년)에 내각 총리가 된 히로다 고키(廣田弘毅, 1878~1948)도 있었다. 청년 히로다는 도쿄대학을 졸업하고 외교관 시험에 합격, 실무 연수를 위해 통감부 임시촉탁으로 이토를 따라왔다. 일행에는 기녀(妓女)도 넷 끼어 있어 화제가 되었다. 이들은 다름 아닌 이토의 잠자리를 시중들 여인들이었다. 이토는 술 마시며 여자들과 어울리기가 유일한 취미일 정도로, 특히 10~20대 젊은 여성들을 좋아했다. '처녀 따먹기 선수'라는 평도 실은 이런 이토의 상식을 벗어난 여성편력에서 비롯된 일종의 조롱이었다.[1]

통감부 직제와 권한

삼엄한 경비 속에 통감 일행이 도착한 남대문역(서울역)에는 '을사오조약(제2차 일한협약)' 협상 때 3천5백여 명의 병력을 서울 장안에 풀어 공포 분위기를 조성하며 조약 체결을 강요했던 하세가와 요시미치(長谷川好道, 제2대 조선 총독) 한국주차군 사령관을 비롯, 이미 한국 정부 외교고문으로 서울에 진을 치고 있던 미국인 스티븐스(Durham White Stevens, 1851~1908),* 재정고문 메가타 다네타로(目賀田種太郎, 1853~1926), 경

---

* 한국명 수지분(須知芬). 원래는 주일 미국공사관 직원이었으나, 이노우에 가오루(井上馨) 일본 외무상 비서로 일하기도 했다. 그런 인연으로 1904년 8월 22일 '제1차 일한협약' 뒤 일본 정부 추천에 따라 그해 12월 27일 한국 정부 외교고문이 되었다가, '을사5조약'으로 통감부가 설치되자 통감부 고용원으로 이토를 보좌했다. 1908년 3월 23일 샌프란시스코에서 기자들에게 일본의 '한국보호정치'가 옳다는 요지의 발언을 했다가 전명운, 장인환에게 암살되었다.

무고문 마루야마 시게토시(丸山重俊), 학정참여관 시데하라 히로시(幣原坦, 1870~1953), 궁내고문 가토 마스오(加藤增雄)와 전(前) 주한 일본공사 하야시 곤스케(林權助, 1860~1939)* 등이 나와 이들을 맞이했다.

한국통감부 설치는 말 그대로 일사천리로 진행되었다. 직제제정 작업에 들어간 지 한 달 만인 1905년 12월 20일 '통감부 및 이사청 관제(官制)'가 공포되고, 다음 날 이토가 초대 통감에 임명되었다. 그러는 사이 서울에서는 통감대리로 지명된 하세가와 주차군 사령관이 통감부 개설 작업을 서둘렀다. 그는 우선 옛 경기도청 부근 육조(六曹) 앞에 있던 한국 외부아문(外部衙門)에 통감부 사무실을 마련하고 1906년 2월 1일 개청식을 가졌다. 일제는 이에 앞서 1905년 12월 15일자로 세계 11개국에 설치되어 있던 한국 재외공관과 총영사관, 영사관을 모두 철수시키고, 주한 일본공사관과 경성영사관도 이듬해 1월 31일자로 폐쇄했다. 이와 함께 한국과 외교관계를 맺고 있던 각국의 일본 공관에도 같은 날 훈령을 내려 주한 영사관을 철수토록 하고 외교권을 완전히 빼앗아버렸다. 따라서 한국의 외부(外部)도 1906년 1월 17일 의정부(議政府) 외사국으로 격하되어 각종 외교문서·조약 원문·공문서의 보존을 담당하는 부서로 전락하고 말았다.

이와 달리 통감의 지위와 권한은 한국 국정 전반을 거머쥔 군주(君主)나 다름없었다. 일본칙령 제267호로 발표된 '통감부 및 이사청 관제'가 그 실체를 잘 말해 주고 있다. 통감부 관제는 먼저 제2조에서 "통감은 텐노(天皇) 직속으로, 외교 업무는 외무대신과 내각 총리대신을, 그 밖의 사무는 총리대신을 거쳐 상주(上奏), 제가(制可)를 받

---

* 그는 1899년부터 7년 동안 주한 일본공사로 한국의 식민지화에 힘써오다 통감부가 설치되자 1906년 베이징 공사로 자리를 옮겼다.

는다."고 통감의 신분을 규정했다. 다시 말하면, 통감은 친임관(親任官)*으로 한국에서 메이지왕을 대신하여 일본을 대표하고, 텐노권(天皇權)을 행사함을 뜻한다. 동시에 '한국보호정치'가 일본 정책의 최우선 과제라는 의미이기도 하다. 따라서 통감은 통감부에 관한 모든 업무를 일본 내각의 승인 없이 집행할 수 있고, 집행한 업무에 대해서도 내각 총리대신을 거쳐 제가를 받으면 그만이었다.[2]

통감은 종전 한국 외부가 맡고 있던 한국 내 외국영사관과 외국인 관련 업무를 관장하는 것이 주요 임무였다(제3조). 그래서 한국 정부는 비록 시정사무(施政事務)라 할지라도 외국인과 관계되는 일은 모두 통감부에 넘기지 않으면 안 되었다. 통감은 또 필요한 때 한국 정부에 언제라도 업무 집행을 요구할 수 있고, 업무 실행 뒤에도 보고를 받을 수 있게 했다(제5조). 외국인을 한국 정부 고문이나 직원으로 채용할 경우도 통감의 사전승인 또는 동의를 받도록 못 박아(제6조) 한국 정부를 곤혹스럽게 했다. 더욱이 행정 능률을 높인다는 구실로 통감이 범법자에게 1년 이하의 금고형과 2백 엔 이하의 벌금형에 처할 수 있도록 한 통감 사법권 조항(제7조)은 정당한 주장까지 입을 막을 수 있어 우리 민족의 큰 저항을 불러왔다.

그뿐만이 아니다. 통감은 심지어 한국 정부의 행정 명령과 처분을 정지시키거나 취소할 수 있고, 각 부 인사들을 관리·감독하며 진퇴를 결정할 수 있는 인사결정권까지 손에 넣었다(제8, 9조). 한국 정부가 고위 관리를 임면할 때에도 반드시 통감의 동의를 거치도록 했다(제11조). 이 때문에 한국 대신들 가운데 어느 대신도 이토 앞에서는 꼼짝 못하는

---

* 메이지시대 왕이 사령장에 친서하여 옥새를 찍고 총리대신이 연월일을 부서하여 임명하는 관료. 왕이 참석하여 식을 갖고 사령장을 주는 것이 관례였다.

'고양이 앞의 쥐'였다.

이토에게는 한국주둔 일본군을 직접 동원할 수 있는 군 지휘권도 주어졌다(제4조). '한국의 안녕을 보장하고 질서를 유지한다'는 그럴 듯한 명분이었다. 당시 일본제국헌법은 군대는 텐노 직속으로, 다른 문민(文民)은 지휘할 수 없도록 규정하고 있었다. 실질적인 군 통수 책임자인 참모총장 역시 텐노의 칙명을 받는 형식이었다. 이런 상황에서 이토에게 군 지휘권을 부여한 조치는 법의 테두리

■■ 군부의 겐로로 강제합방을 사실상 주도한 야마가타 아리토모.

를 뛰어넘는 특단이었다. 당연히 군부의 반발이 따랐다. 당시 가쓰라 수상과 고무라 주타로(小村壽太郎, 1855~1911) 외상은 물론이요, '한국합병'에 혈안이 되어 있던 일본 군부의 최고 겐로(元老)* 야마가타 아리토모(山縣有朋, 1838~1922)마저 대놓고 반대는 하지 않았지만 휘하 군 지휘관들에게 '불가' 의견을 내도록 했다. 그러나 이토는 병력 동원권이 주어지지 않는다면 통감 수락을 거부하겠다며 육군원수 칭호를 달라고 요청했다.[3] 그의 부임이 다소 늦어진 것은 사실 이 때문이었다.

---

* 1889년 11월 메이지왕은 이토 히로부미와 전 수상 구로다 기요다카(黑田淸隆)에 대해 대신(大臣)의 예우로써 '원훈(元勳) 대우'한다는 조칙을 내린 것을 시작으로 야마가타 아리토모, 마쓰가타 마사요시(松方正義), 이노우에 가오루(井上馨), 사이고 쓰구미치(西鄕從道), 오야마 이와오(大山巖) 등 7명을 겐로로 불렀는데, 나중에 가쓰라 다로와 사이온지 킨모치(西園寺公望)도 겐로 대열에 합류했다. 헌법이나 그 밖에 법적 규정은 없지만 어전 회의를 비롯한 중요 각의에 참석하여 국정의 결정에 관여하였다.

육군참모총장 오야마 이와오(大山巖, 1842~1916)를 비롯한 당시 군부 실세들은 결국 "한국 국정을 이끌 사람은 외교실무와 행정에 밝은 이토 겐로만 한 인물이 없다."는 데 의견을 같이하고 원수 칭호를 제외한 그의 모든 요구를 받아들였다. 메이지왕도 이에 자기 패검을 이토에게 풀어주며 '명령에 복종하지 않은 자가 있거든 이 칼로 처단하라.'는 의식(儀式)을 행함으로써 군대 지휘권을 승인했다(1906년 1월 14일).

이러한 진통 끝에 이토는 텐노에 버금가는 막강한 권력을 쥐어 한국 국정을 수행하는 데 거칠 것이 없게 됐다. 이와 같은 통감의 군 지휘권을 두고 일부 일본 학자들은 부녀자 추행 등 군 기강을 바로 하여 통치에 지장이 없도록 하기 위한 이토의 군 견제 구상이라며 미화하고 있다. 하지만 그보다는 군을 이토의 뜻대로 움직여 나날이 드세어지고 있던 한국의 항일구국운동을 제압하려는 데 주목적이 있었음은 너무도 분명하다. 그해 2월 그가 일본에서 부임을 준비하고 있는 동안 충남 홍주(洪州)에서 민종식(閔宗植, 1861~1917)이 의병을 일으켰다는 보고를 받자마자 군 병력을 동원하여 진압토록 지시한 일만 보아도 그의 진심을 알 수 있다.

이런 통감 직제에 대해 박경룡(朴慶龍)은 그가 쓴 《개화기 한성부 연구(開化期漢城府研究)》라는 책에서, "이는 일제가 한국을 사실상 통치지역의 일부로 간주한 것으로, 이때 이미 한국 국권을 탈취했음을 뜻한다."고 적고 있다.

이와 같이 한국 국정을 마음먹은 대로 움직일 수 있는 권한을 가진 통감부는 당초 3부 15개 과로 출발했다. 쓰루하라가 장관을 맡은 총무부 아래에는 비서, 서무, 외사, 내사, 법제, 회계, 토목 및 철도과 등 7개 과를 두었고, 기우치를 총장으로 둔 농상공부는 상공, 상무, 광무, 수산, 산림과 등 5개 과로 시작했다. 오카 기시치로(岡喜七郎)가

총장으로 임명된 경무부는 고등경찰, 경무, 보안, 위생과 등 4개 과로 짜여졌다. 통감부 출범 당시 직원은 모두 32명이었다.

신분은 통감이 친임관, 총무장관(1~2등)·농상공무총장(2~3등)·경무총장(〃)은 고등관(高等官)*인 칙임관(勅任官), 비서관(3~7등)·서기관(〃)·경시(〃)·통역관(4~8등), 이사청 이사관(3~5등)·이사청 부이사관(5~7등)·이사장(理事長) 경시(5~8등) 등은 통틀어 주임관(奏任官)이라 불렀다. 봉급도 직급별로 상당히 차이가 났다. 통감은 연봉 6천 엔, 총

통감부와 이사청 관료의 관등과 연봉(1905년 현재)

	직(관등)		본봉(연봉)	
친 임 관	통감		6,000엔	
칙 임 관	총무장관(1·2등)		1급= 4,500엔 2급= 4,000엔	
	농상공무총장(2·3등) 경무총장(2·3등)		1급= 3,500엔 2급= 3,000엔	
주 임 관	비서관(3~7등)	3등	1급= 2,800엔 2급= 2,600엔	
	서기관(3~7등)	4등	1급= 2,400엔 2급= 2,200엔	
	경시(3~7등)	5등	1급= 2,000엔 2급= 1,800엔	
	통역관(4~8등)	6등	1급= 1,600엔 2급= 1,400엔	
	이사청 이사관(3~5등)	7등	1급= 1,200엔 2급= 1,000엔	
	이사청 부이사관(5~7등) 이사장 경시(5~8등)	8등	1급= 900엔 2급= 800엔	

자료: 〈통감부급 이사청 고등관 관등령(메이지 38년 칙령 제271호)〉 및 〈통감부급 이사청 직원급여령(메이지 38년 칙령 제271호)〉

---

* 일제 관리 등급의 하나. 모두 9등급으로 나누어 1~2등을 칙임관, 3등 이하를 주임관이라 불렀다.

무장관 4천~4천5백 엔, 농상공무총장과 경시총장 3천~3천5백 엔, 기타 주임관은 8백~2천8백 엔의 연봉을 받았다.[4]

이사청의 설치와 직제

일제는 한국의 경향 각지에서 활동하는 일본인들의 이익을 보호하고, 지방행정을 장악하기 위해 서울을 비롯한 주요 지역에 이사청을 설치, 운영했다. 경성(京城)·인천·부산·원산·진남포·목포·마산 등 조약 체결 전 일본 영사관이 있던 7개 지역에는 1906년 2월 1일 통감부와 함께 문을 열었다. 이어 이듬해 1월 19일 군산·평양·성진 등 3개소가 추가되고, 같은 해 8월 17일 대구, 11월 17일 신의주, 12월 10일 청진에도 생겨 모두 13개로 늘어났다. 이사청의 소재지와 관할구역은 통감부령 제6호로 정했다.

경성 이사청은 개성·장단·파주·고양·양주·풍덕 등 경기도 북서부와, 철원·금화·춘천·홍천·원주 등 강원도 서부, 평택·직산·천안·전의·연기 등 충청도 서북부, 금천·토산 등 황해도 동남부 일대를 관할구역으로 했다. 부산 이사청은 김해·밀양·영산·창녕·현풍·고령·성주를 비롯한 경상도 동북부와, 평창·정선·삼척 등 강원도 남부 일대를 관장했다. 마산 이사청은 부산 이사청 관할지역 이외의 경상도 서남부와 영동·청산 등 충청도 동남부 일대를 맡았다. 군산 이사청은 만경·부안·고부·정읍·순창·구례·남원 등 전라도 북부와 보령·남포·홍산·정산·공주 등 충청도 남부 일대를, 목포 이사청은 전라도 남부 일대를 책임졌다.

인천 이사청은 경기도 서부와 충청도 서북부, 옹진·해주·백천 등 황해도 남부 일원을 맡고, 평양 이사청은 중화·강남 등 평안도 동북부와 황주·봉산·평산 등 황해도 동부 일원을 대상으로 했다. 진남포 이사청은 인천·경성·평양 이사청의 관할구역과 겹치지 않는 황해도 서북부 일원을, 원산 이사청은 단천·갑산 등 함경도 남부 일원과 강원도 동북부를 맡게 했다. 또 성진 이사청은 함경도 북부 일원을, 대구 이사청은 경상도 북부 일원과 충청도 동남부 일부, 강원도 남부 일원을, 신의주 이사청은 평안북도 일원을, 청진 이사청은 함경북도 북부 일원을 각각 관할구역으로 정했다.

이사청에는 이사관이 최고책임자로 배치됐다. 이사관 밑에는 부이사관, 속(屬), 경시(警視), 경부(警部), 통역원 등이 업무를 도왔다. 관제 공포 당시(1905년 12월 20일) 이사청 총정원은 이사관 및 부이사관 30명, 경시 5명, 속·경부·통역원 90명 등이었다.

이사관은 통감의 지휘를 받아 지방에서 일어나는 한국의 외교업무를 주관하고, 종전의 영사관 업무를 다루었다. 부(府)·군(郡)에서 추진하는 지방행정의 감시도 그의 업무 가운데 하나였다. 이사관은 또 치안 유지에 긴급을 요하는 사태가 발생할 경우, 해당 지역 주재 일본군 사령관에게 알려 병력 출동을 요청할 수 있고, 범법자에게 10엔 이하의 벌금과 과료, 구류 처분 등을 내릴 수 있는 권한도 있었다.

일제는 1906년 11월 18일 관할지역을 더 세분, 경성 이사청에 수원지청을, 인천 이사청에 해주지청을, 군산 이사청에 공주·전주지청을, 목포 이사청에 광주지청을, 마산 이사청에 진주지청을, 원산 이사청에 함흥지청을, 성진 이사청에 경성(鏡城)지청을 각각 신설하고, 이듬해 6월 30일 신의주 이사청에 영변지청을, 7월 30일 성진 이사청에 청진지청을 새로 만들어 한반도 구석구석을 감시, 지배하며 대한제국을 '병탄'하기 위한 정지(整地) 작업에 박차를 가하기 시작했다.

왜 보호국인가

한국보호국화와 문관통치론

고종을 협박한 지 8일 만에 '오조약' 체결을 발표한 이토 히로부미는 귀국에 앞서 하세가와 요시미치 한국주차군 사령관과 스티븐스 한국 외교고문에게 '앞으로 한국을 어떻게 다루어야 좋을지'에 대해 각각 물었다. 늑약(勒約)의 특사로 나설 때부터 이미 한국 통감을 맡겠다고 마음먹은 이토로서는 이들에게 의견을 들어보는 것도 한국 경영에 참고가 되리라 생각하고 던져본 것이었다. 물론 하세가와에게는 조약 체결 때 겪은 수고를 위로하기 위한 체면치레였다. 그러나 스티븐스에게는 기대가 컸다. 스티븐스는 국제정치 조류에 밝아 이토의 신임이 두터웠다. 그를 대한제국 외교고문으로 추천한 사람도 이토였다. 스티븐스는 월급(1백 엔) 말고도 일본 정부로부터 통감 연봉(6천 엔)보다 많은 연 8천 엔의 엄청난 대가를 받고 일본을 위해 뛰고 있었다. 이는 암살 당시 그의 은행잔고 2만 6,250엔(정기예금 1만 4천 엔, 채권 8천4백 엔, 당좌예금 3,850엔)이 잘 말해 주고 있다.[5] 이토는 그런 스티븐스에게 평소에도 국제정치와 외교문제에 관한 훈수를 자주 듣곤 했다.

하세가와는 이토의 예상대로 무단통치의 당위성을 주장하며 무관(武官)통감론을 폈다. 한국통치 총수에 무관을 앉혀야 한다는 생각은 하세가와뿐만 아니라 일본 군부 윗선의 한결같은 생각이었다.

그러나 스티븐스는 이와는 정반대 의견이었다. 그는 문관통감론을 폈다. 스티븐스는 '오조약'을 '의정서(議定書, 〈부록〉 참조)'와 '제1차 일한협약(〈부록〉 참조)'에 이은 일·한 보호관계의 완성으로 평가하고, 기대한 바 목표에 도달하려면 문관통감이 정책을 이끌어야 한다고 주장했다. 스티븐스는 "일본의 한국보호권은 비록 겉으로는 한국의 외교 사무를 관리하는 데 그치고 있는 모양새지만, 외교 사무를 효율적으로 처리하기 위해서는 어느 정도 한국 내정을 감독하는 것이 필수조건"이라며 내정간섭의 필요성에 대해서도 조언을 아끼지 않았다. 그러면서 그는 일본이 본받아야 할 '보호관계' 모델로 영국의 이집트 지배 사례를 들었다. 스티븐스는 "국제 보호관계는 역사상 여러 형태가 있는데, 일·한 관계에 가장 적합한 모델로는 영국의 이집트 지배를 들 수 있다. 물론 영국의 이집트 정책을 그대로 일본의 한국 경영에 적용할 수는 없는 일이지만, 적어도 크로머(1st Earl of Cromer Evelyn Baring, 1841~1917)* 경이 영국과 이집트 두 나라의 국익을 위해 이집트 국정을 지도하고 감독한 정신 및 방법은 일본의 지도자들이 기꺼이 본받아야 할 점"이라고 역설했다.[6]

스티븐스의 무관정치 폐해론은 계속됐다. 그는 "지금 일본 사회 한쪽에는 될 수 있는 대로 빨리 한국에 대한 모든 감독권을 완전 손안에 넣기를 주장하는 급진론(急進論)이 있으나, 이는 득이 되는 방책이 아

---

* 영국 육군사관학교를 졸업하고 군인으로 있다가 1872년 사촌형인 인도 총독 노스브루크의 비서로 인도에서 행정업무를 익힌 다음, 능력을 인정받아 1883년 이집트 총영사로 파견되었다. 1907년까지 24년 동안 재직하면서 이집트의 재정을 안정시키고 사법제도를 개혁, 태형(笞刑)을 없애고 노예를 해방하며, 교도소와 관개시설, 의료복지 시설 등을 개선하고 교육진흥을 꾀하는 등 많은 치적을 올려 영국의 지배권을 확립하는 데 성공했다. 그 공으로 영국의 귀족 반열에 오르기도 했다. 《근대 이집트(Modern Egypt)》(London, Macmillan and Co., 1908, 2vols), 《고대와 근대의 제국주의(Ancient and Modern Imperialism)》 등 저서를 남겼다.

닐 뿐만 아니라 전혀 실행할 수도 없는 일이며, 설령 폭력을 휘두르는 가혹한 수단으로 한국을 병합한다 하더라도 두 나라 모두에 구제할 수 없는 해를 끼쳐 끝내는 파멸에 이를 수밖에 없다.”고 경고했다. 스티븐스는 이어 크로머가 《근대 이집트》에서 “영국을 비롯한 모든 문명국은, 특히 평화냐 전쟁이냐를 결정하는 문제는 정치가의 임무라고 나는 알고 있다. 군인 직무는 첫째, 관련된 문제에 대해 군사적 측면만 순수하게 조언하고, 둘째, 일단 정부가 실행을 결정하면 어떠한 문제라도 실천에 옮기는 두 가지로 한정시켜야 되리라 생각한다. 그러나 지금까지 실태를 보면 이 원칙과는 거리가 멀다. 군인은 대개 강경 수단에 흐르고, 당연히 정치가에게 넘겨야 할 영역까지 침해하는 경향이 있다. 군인은 억압이 강하지만 정치가는 약하다. 그래서 전쟁이 일어날 경우 군인은 훈공을 얻으려는 욕심으로 자신도 모르게 국익에 상관없이 국정을 농단하게 된다.”고 밝힌 군인의 정치 간섭에 대한 병폐를 길게 인용하며 하세가와 사령관 등 일본육군 수뇌부의 무력주의 급진론을 강하게 비판했다.

이처럼 문관정치를 강조한 스티븐스는 “다른 나라의 국사를 감독·지도하는 것은 매우 신중해야 하는 일이므로 위력(威力)을 사용하지 말고, 인애(仁愛)와 호의로 선정을 베풀어 한국 국민을 안도(安堵)시키고 국가 발전을 꾀하면 언젠가는 그들도 합병이 필요, 바람직한 일이라고 인정하게 될 것”이라며, 이른바 ‘이타적 방법에 바탕을 둔 점진론(漸進論)이 타당하다’고 권유를 되풀이했다.

이토가 한국 식민화에 이런 스티븐스의 점진론을 참고했음은 두 말할 필요도 없다. 이토 또한 유혈충돌로 얼룩진 19세기 프랑스의 알제리 통치 등에서 보듯이, 타민족 지배가 강권에 의해 성공할 수 있는 것은 아니라는 사실을 잘 알고 있었다. 그래서 추밀원의장이던 그는 조약 체결 전부터 겐로-각료 연석회의에서 한국보호국화를 강력히 주장했다. '오조약' 체결 때 악역을 자처했던 것도 실은 그 때문이었다. 조선을 손안에 넣는 것이 평생 소원이었던 이토로서는 마지못한 선택이었다. 일부 일본 역사학자들은 이런 점을 예로 들어 당초 이토의 머릿속에는 한국을 합병할 생각이 없었다고 미화한다. 그러나 이는 그들 침략의 역사를 정당화하는 황국사관일 뿐이다.

물론 1905년 9월 당시 일본 사회상을 감안하면 이토의 주장은 가히 혁명적 결단이었다. 그때 분위기는 당장 한국을 합방(合邦)해야 한다는 급진론이 주류를 이루고 있었다. 군부는 말할 필요도 없고 일반 국민들도 '한국합방'을 적극 지지했다. 러일전쟁에서 입은 피해를 한국에서 벌충하자는 발상이었다. 일제는 1년 반 남짓 계속된 이 전쟁에서 사망자 8만여 명을 포함하여 자그마치 21만 8,429명의 인명 피해를 입었다. 전비(戰費)도 20억 엔 가까이 들어갔다. 그러고도 얻은 것은 일본의 한국에 대한 우선권, 관동주(關東洲) 조차(租借), 남만주 철도 양도, 사할린 남반(南半) 할양, 연해주 어업권 보장 등이 고작이었다. 군비 배상은 단 한 푼도 받아내지 못했다. 그래서 미국 포츠머스에서 강화조약이 체결되던 날(1905년 9월 5일) 도쿄에서는 굴욕외교에 반대하는 폭동이 일어나 시내 파출소의 70퍼센트인 364개소가 불타고, 늘 친정부 논진(論陳)을 펼친 《고쿠민신문》과 요시카와 아키마사(芳川顯正, 1842~1920) 당시 내무상 관저 등이 크게 부서지기도 했다.

그럼에도 이토는 군부와 국민의 합방론을 과감히 반대했다. 외교 실무 경험이 많은 그의 판단으로는, '한국합방'에 따른 위험요소가 그만큼 많았기 때문이다. 열강 사이의 이해관계가 첨예하게 대립한 국제 상황에서 처음부터 무리수를 쓰다가는 많은 마찰과 불필요한 희생을 불러오리라는 것은 불을 보듯 훤했다. 당시는 침략도, 전쟁도 제

■■ 1905년 8월 5일 강화협상에 모인 러·일 대표들. 왼쪽부터 비테, 로젠, 루스벨트, 고무라, 다카히라.

국주의 국제사회가 인정하지 않으면 마음대로 할 수 없는 시대였다. 청일전쟁 당시 수상으로 고초를 겪었던 이토로서는, 전쟁 승리로 획득한 요동반도를 독일·러시아·프랑스 등이 동맹한 이른바 '삼국간섭'으로 되돌려준 뼈아픈 사실을 상기하지 않을 수 없었다. 열강의 간섭은 요동반도 반환에만 그친 것이 아니었다. 일본이 독점하려던 조선의 철도·전신사업까지도 영국·미국을 더한 5개국의 반대로 차질을 빚었다.

또 당시 열강들이 무력을 동원하는 동화주의보다 어느 정도 자치를 허용하는 보호주의 방법으로 식민지를 통치하는 제국(식민)주의 정치 흐름도 이토의 입론(立論)에 적지 않은 암시가 되었다.

게다가 청일전쟁 결과 1895년 4월 청나라로부터 할양받은 타이완(臺灣)을 무력으로 무리하게 일본화하려다 낭패를 본 경험은 결정적인 이유였다. 일제는 타이완 원주민의 저항에 부딪혀 그해 10월까지 이를 평정하는 데 4천5백여 명의 전사자를 냈다. 작전을 지휘하던 기타시라가와노미야 요시히사(北白川宮能久, 1847~1895) 근위사단장도 함께 목숨을 잃었다. 그러고도 타이완 통치에는 막대한 경비가 소요됐다. 1896년 첫해 690만 엔을 쓰고, 이듬해에도 590만 엔이 들어갔다. 이는 당시 일본 정부 연간 세 수입(약 8천만 엔)의 7.4~8.6퍼센트에 해당하는 금액이었다. 타이완 통치는 결국 일본의 재정 파탄을 불러와 1898년 3월 수상 마쓰가타 마사요시(松方正義, 1835~1924)가 물러나고 이토가 그 뒤를 이어 수습했던 것이다.[7]

포츠머스 강화조약 때 작성한 회의록도 큰 걸림돌이었다. 러시아 대표 비테(Sergei Yulievich Vitte, 1849~1915)*와 일본 전권대사 고무라는 조약에 서명하면서 "러시아는 한국에 대한 일본의 정치·군사·경

---

* 보호무역주의를 견지하고 금본위제를 실시한 러시아의 정치가. 교통장관과 재무장관을 거쳐 초대 수상이 되었다. 주류전매(酒類專賣) 등으로 재정을 강화하고, 외자유입(外資流入)을 촉진, 러시아의 공업발전에 크게 공헌했다. 시베리아철도를 건설, 아시아에 경제적 진출을 꾀하고, 1905년 황제에게 입헌제(立憲制) 실시를 건의하여 혁명을 극복하기도 했다.

제적 우선권을 인정한다. 그러나 앞으로 일본이 한국에 취할 조처 가운데 한국의 주권을 침해하는 사항에 대해서는 한국 정부와 합의를 거친 뒤 이를 집행해야 한다."는 내용의 합의사항을 의사록에 명기 (明記)했다. 따라서 일본이 한국을 피보호국으로 만들기 위해서는 합의의 증거가 필요하게 됐다. 일본 각의는 결국 이토의 주장대로 '보호국화'라는 꾀를 내고 이를 실행하기 위한 '한국외교위탁조약(韓國外交委託條約)'*을 맺기로 결정했다.

을사늑약 체결과 저항

이토는 이런 상황에서 '한국특파대사'를 맡았다. 고무라 주타로 외상이 1905년 10월 18일 그에게 간청한 결과였다. 이토는 11월 2일 메이지왕한테서 칙명을 받았다. 그때는 비록 일본이 한국을 군사적으로 완전히 장악하고 있었다고는 하지만 열강들의 눈이 집중되어 무력을 써서 막무가내로 따르도록 할 수 없는 판이었다. 더구나 자기 나라가 다른 나라의 지배를 받는다는 데 쉽게 동의할 민족이 어디 있겠는가. 가쓰라 정권은 결국 교섭에 임하는 인물의 비중이 중요하다고 판단하고 정계 겐로 이토에게 악역을 맡긴 것이다. 더군다나 이토는 이미 고종을 두 번이나 알현한 적이 있어 누가 보더라도 적임이 분명했다. 이토는 그렇지 않아도 이 일을 해결할 수 있는 사람은 본인밖에 없다고 자부하고 있는 터였다.

겉으로 이토의 임무는 고종에게 메이지왕의 친서를 전달하는 일이었다. 그러나 실은 한국 수뇌부를 강제 굴복시켜서라도 조약을 체결

---

* 일제는 조약을 체결하고 이틀이 지난 1905년 11월 19일까지도 조약 명칭을 이렇게 표기하다, 11월 20일부터 갑자기 '일한협약(日韓協約)'으로 바꾸었다.

■■ 이토 히로부미(앞자리 가운데)가 1904년 3월 특파대사로 방한했을 때 수행원들과 함께 찍은 사진.

하라는 밀령이 내려져 있었다. 따라서 수단 방법을 가리지 않고 합의를 이끌어 내야만 했다. 그런 만큼 이토의 공작은 결코 작은 실수도 용납되지 않았다. 이때 이토를 수행한 추밀원 서기관장 쓰즈키 게이로쿠(都筑馨六, 1861~1923), 시종무관장으로 강화도 사건(1875년)의 운요호(雲揚丸) 함장이었던 이노우에 요시카(井上良馨, 1845~1929) 해군대장, 귀족원의원 무로다 요시아야, 비서 후루야 히사쓰나 등도 그를 도왔던 것이다.

  이토는 11월 5일 도쿄를 떠나 9일 서울에 도착, 다음 날 고종을 알현하여 메이지왕의 친서를 전달하고 조약이 순조롭게 조인되기를 진언했다. 그러나 한국 신료들의 저항은 완강했다. 이토는 15일까지 아무 진전이 없자 고종을 다시 찾아가 '일을 한없이 늦출 수는 없으므로 외부대신에게 하야시 공사가 제안한 초안을 근거로 협의하여 조인이 되도록 일을 추진하라'는 요지의 칙명을 내려달라고 재촉했다. 그리고 하세가와를 시켜 3천5백여 명의 병력을 장안에 모두 풀어 시위를 벌이게 했다. 일본군은 곧바로 경복궁 앞 광장에서 군사훈련을 하거나 번화한 종로거리를 행진하며 위세를 과시했다. 또 4대문의 성문을 걸어 잠가 궁성 밖으로부터 사람들이 들어오지 못하게 막았다. 만일 조약에 반대하는 대신들이 교섭 장소를 이탈하여 피신할 가능성에도 대비, 왕궁 안에 '황제 보호'라는 구실로 일본 헌병, 영사관 경찰, 한국 정부가 고용한 일본인 경찰 등을 배치하여 협상에 임하는 신료들을 철저히 감시하고, 협약 체결을 반대하는 군중이 왕궁에 들어올 수 없도록 철옹성을 쌓았던 것이다.

그래도 16일까지 결말이 나지 않았다. 이토가 임시 작전본부로 사용하던 손탁호텔*에는 긴장감이 감돌았다. 이토는 17일을 결행일로 잡고 모두를 대기시켰다. 그것도 외국인들이 잘 볼 수 없는 야밤을 이용하기로 했다. 마침내 밤 8시쯤 한국 대신들과 협상을 벌이던 하야시에게서 궁중으로 들어오라는 전갈이 왔다. 이토는 하세가와 주차군 사령관과 사토 마쓰다로(佐藤松太郎) 헌병대 경성분대장 등 50여 명의 헌병들을 앞세워 궁중에 나타나 고종 알현을 요청했다. 고종은 병환을 이유로 거절하고, 궁내부대신 이재극(李載克, 1864~?)을 통해 "짐은 아직 정부 신료들과 의논을 다하지 못했으므로 수삼 일 연기해 달라."는 칙답을 내렸다.

---

* 프랑스 출신 독일 여성 손탁(Antoinette Sontag, 한자명 孫鐸)이 고종으로부터 덕수궁 내 토지 일부를 하사받아 1902년 개업한 호텔(서양식 2층). 처음에는 주한 외교관들과 국내 대신들이 자주 드나들며 차를 마시는 '정동구락부'로 출발했다. 당시 주한 러시아 공사 웨베르가 손탁의 여동생 남편이었다. 이토는 1904년 의정서 조인 뒤 특파대사로 방한할 때도 이곳에서 묵었다. 1918년 이화학당에 팔려 그 자리에 교사가 신축됐다.

이에 이토는 대신들의 의견을 직접 물을 수밖에 없다며 대신들을 한데 모으게 했다. 그 결과 참정대신 한규설(韓圭卨)과 탁지부대신 민영기(閔泳綺), 법무대신 이하영(李夏榮) 등이 반대했다. 이때 하세가와는 곁에 있던 사토 헌병대장에게 조인에 반대하는 대신들에 대해 뭔가 가공할 조치를 명령했다. 그런 뒤 이토는 다시 대신들을 따로따로 불러 가부(可否)를 물었다. 여기서 외부대신 박제순(朴齋純), 법부대신 이하영, 군부대신 이근택(李根澤) 등이 일부 조약 내용을 수정하는 조건으로 찬성 의견을 내놓았다. 일본말을 알아들은 대신들이 하세가와의 공갈에 못이겨 내린 결정이었다. 이토는 조약 내용에 대한 수정의견을 일방적으로 모두 찬성자로 간주했다. 이에 따라 이토는 초안의 앞부분을 수정하고 제5조를 추가한 다음, 처음부터 조약 체결에 찬동한 학부대신 이완용(李完用), 내부대신 이지용(李址鎔), 농상공부대신 권중현(權重顯) 등을 합하면 찬성자가 과반수를 넘으므로 조약은 성립되었다고 선언했다. 그러나 한규설은 순국을 각오하고 조약문에 동의를 거부했다. 이토는 하는 수 없이 한 참정의 동의 날인을 포기하고 미리 매수해둔 통역관과 헌병들에게 외부대신의 직인을 가져와 찍도록 하였다. 이렇게 하여 한국 식민화를 위한 '늑약' 체결의 폭거는 1905년 11월 18일 새벽 1시께 막을 내렸다. 조약 체결일은 17일로 기록됐다.

일제는 발 빠르게 11월 23일자로 호외《관보》를 내게 하고 조약 전문(全文)을 게재했다. 지금 일본 학계는 이를 '제2차 일한협약' 또는 '을사보호조약'이라 부른다. 그러나 당초 협정문에는 명칭도 없었다. 다만 하야시 공사와 가쓰라 외무대신* 사이에 주고받은 전문(電文)에

---

* 이때 고무라는 포츠머스 강화조약에서 러시아로부터 양도받은 뤼순(旅順)·다롄(大連) 조차권 등 청나라와 관련된 전후처리를 위해 베이징 전권대사로 파견, 가쓰라 수상이 외무대신을 겸하고 있었다.

는 11월 19일까지도 '한국외교위탁조약'이라 적고 있다. '일한협약'이라는 용어는 11월 20일부터 쓰기 시작했다. '보호조약(保護條約)'이라는 말도 이노우에 카쓰노스케(井上勝之助, 1861~1929) 당시 재독(在獨) 일본공사가 11월 21일 이 협정에 대한 각국의 신문보도 내용을 본국에 보고하면서 처음 쓴 용어이다. 일제는 11월 22일 미국을 비롯한 세계 각국에 협정 사실을 통보하면서 '일한보호조약' 또는 '일한협약'으로 표기했다.[8] 이와 달리 한국은 12월 16일자 《관보》에 '한일협상조약(韓日協商條約)'이라는 제목으로 협정문을 고시했다.[9]

이 소식이 전해지자 시종무관장(侍從武官長)이던 전 참정 민영환(閔泳煥, 1861~1905)이 이에 항의, 11월 30일 자결한 데 이어 12월 1일 정계의 원로 조병세(趙秉世, 1827~1905), 전 찬정(贊政) 홍만식(洪萬植, 1842~1905)이, 12월 3일 학부주사 이상철(李相哲, 1876~1905)이 잇달아 자결했다.

그렇다면 학문적으로 보호국이란 어떤 의미일까. 메이지시대 국제법학자였던 다치 사쿠다로(立作太郎, 1874~1943) 도쿄대학 교수는 1930년에 쓴 《평시국제법론(平時國際法論)》에서 "보호국은 보호를 하는 국가와 맺은 조약에 따라 정치적 보호를 받음과 동시에 내정과 외교, 특히 국제 외교관계에 제한을 받는 국가를 말한다."고 정의하고 있다. 즉 외교권은 국제법상 권리능력과 법적인격을 상징하는 최대의 주권이므로 외교권을 잃은 국가는 그 밖의 주권을 유지하려 해도 더 이상 국제법상 국가는 아니라는 설명이다. 다시 말하면, 보호국화는 피보호국의 외교권 침해로 성립되므로 독립의 부정으로 연결된다는 해석이다. 흔히 프랑스가 청나라와 싸워(1884. 8~1885. 4) 베트남을 프랑스의 보호국으로 편입하고, 영국이 이집트에서 오스만 제국 세력을 몰아낸(1882년) 뒤 영국의 보호국으로 만든 것이 그 좋은 예로 꼽힌다.

이토는 이에 앞서 '의정서' 협정 때에도 고종을 위압(威壓)하는 일을 서슴지 않았다. 모두 알다시피 의정서는 일제가 러시아와 전쟁을 앞둔 1904년 1월 23일 전쟁에 유리하도록 한국을 자기편으로 끌어들이고자 억지로 맺은 협정이었다. 조문에는 명확한 군사동맹 조항은 없지만 한국의 황실과 영토가 제3국의 침략으로 위험에 처할 경우 일본은 필요한 조치를 신속히 취하고 한국은 일본이 더 쉽게 행동할 수 있도록 충분한 편의를 제공하며, 양국 정부는 서로 승인 없이 본 협정의 취지에 어긋난 협정을 제3국과 맺지 말 것, 일본 정부는 이러한 목적을 달성하기 위해 작전상 필요한 지점에 군용지를 수용할 수 있다는 것 등을 주요 내용으로 하고 있다.

최초의 늑약, '의정서'

이 의정서는 일제가 한국을 일본의 식민지(보호국)로 만들기 위해 꾸민 최초의 '늑약'이라고 해도 틀린 말이 아니다. 운노 후쿠주(海野福壽)는 그가 쓴 《이토 히로부미와 한국병합(伊藤博文と韓國併合)》에서 한국은 이때 이미 일본의 보호국이 되었다고 주장하고 있다.

운노에 따르면, 이 '한국보호국화' 계획은 1901년 6월 출범한 제1차 가쓰라 다로 내각이 이를 정강정책으로 채택하면서 시작됐다고 한다. 좀더 구체적으로 설명하면, 그해 9월 외상으로 부임한 고무라 주타로 밑에 진다 스테미(珍田捨巳) · 야마자 엔지로(山座圓次郎) · 스기무라 후카시(杉村濬, 1848~1906) 등 한국통 외교관이 각각 외무성 총무장관(외무차관) · 정무국장 · 통상국장으로 모이면서 머리를 짜냈다.

고무라 일본 외상은 1904년 1월 21일 의정서 안을 하야시 곤스케 주한 공사에게 보내 한국과 협정을 맺도록 지시했다. 그러나 한국 정부는 러시아와 일본 사이에 전운(戰雲)이 짙어지자 1904년 1월 21일 극비리에 추진해오던 '국외(局外) 중립'을 선언하는 등 일제의 강압에 크게 반발했다. 그 바람에 의정서 조인에 반대한 이용익(李容翊, 1854~1907) 탁지부 대신 겸 내장원경(內藏院卿)은 그날 밤 일본군에 납치되어 '유람'이라는 구실로 일본으로 끌려가 10개월 남짓 동안 감금되었다. 물론 관직도 박탈됐다. 또 진아(鎭衙) 4연대장 길영수(吉永洙), 참장(參將) 이학균(李學均), 참령 현상건(玄尙健) 등 주요 반일(反日) 인사들도 서울에서 쫓겨났다.

일제는 당초 의정서를 밀약으로 추진했으나 협상 과정에서 들통이 나 공공연한 비밀로 나돌았다. 신문도 자세한 내용을 크게 보도했다. 게다가 러일전쟁이 터져(1904년 2월 8일) 이를 더 이상 감출 수 없게 돼 버렸다. 일제는 이런 마당에 이를 비밀로 하기보다는 오히려 널리 알리는 것이 유리하다고 판단, 1904년 2월 27일자 그들의 《관보》에 전문(全文)을 공표했다. 그리고 한국 정부에도 발표를 요청, 3월 8일자 대한제국 《관보》에 실렸다. 대한제국 《관보》에 조약문이 실린 것은 이 의정서가 첫 사례였다.

의정서가 발표되자 여론이 들끓었다. 중추원 부의장 이유인(李裕寅) 등은 상소를 올려 이지용·민영철(閔泳喆)·이근택 등 의정서 추진자를 탄핵했다. 이지용의 집에는 폭탄이 나뒹굴고 서울 거리는 어수선한 분위기에 휩싸였다.

일제는 저항을 잠재우기 위해 그해 3월 7일, 당시 그들의 추밀원의장이던 이토를 특파대사로 임명했다. 구실은 메이지왕을 대신하여 한국 황실을 위문한다는 것이었다. 의정서는 이미 체결되어 외교상 당면과제는 없었지만 한국보호국화 정책을 실행에 옮기고자 고종을 위압할 필요가 있었기 때문이다. 다시 말하면, 의정서 조인을 망설인 고종과 의정서 체결을 막으려 한 반일 관료들에게 겁을 주어 의정서가 장래 한·일 관계를 규정하는 기본 축이 됨을 고종에게 확실히 인식시키는 일이 이토에게 주어진 과제였다. 1904년 3월 13일 도쿄를 출발한 이토는 17일 서울에 도착, 다음 날 경운궁(지금의 덕수궁)으로 고종을 알현하고 국서를 전달한 데 이어 20, 25일 두 번 더 만났다.

이토는 이 자리에서 '일한의정서'를 충실히 이행하고 이를 방해하는 행위가 일어나지 않도록 해달라고 겁박했다. 이때 추밀원 서기관장 쓰즈키 게이로쿠, 육군소장 우사가와 다다마사(宇佐川一正, 1849~1927, 나중에 동양척식회사 총재가 됨) 등 10여 명이 이토를 거들었다. 뿐만 아니라 궁내부대신 민병석(閔丙奭)으로 하여금 임금에게 올리게 한 글 가운데는 한국 군대 안에서 반기가 일어나면 적국으로 간주하고, 한국의 태도가 선명하지 않으면 주둔 병력 수를 크게 늘리겠다는 협박도 들어 있었다.

이토의 협박은 곧 현실로 나타났다. 일본 대본영*은 1904년 3월 10일 한국주차대를 한국주차군으로 개편하고 9,017명이던 병력을 연말까지 2만 3천 명으로 증강했다. 한국 안에서 러시아와 교전이 없었음에도 이런 대규모 병력을 상주(常駐)시킨 것은 의정서 조인으로 촉발된 우리 민족의 항일운동을 미리 차단하려는 조치였다.

안중근의 지적처럼, 이토는 이때부터 이미 한국을 지배하기 위한 악역의 최선봉에 서서 훗날 하얼빈에서 총탄 세례를 받을 운명을 준비하고 있었던 셈이다.

---

* 전시(戰時) 또는 사변(事變) 때 설치되는 군의 최고 통수부로 텐노가 직접 군을 통솔했다.

합방의 전초전

통감부 강화책과 시정개선협의회

일본공사관에 여장을 푼 이토 히로부미는 부임한 지 1주일(3월 9일) 만에 고종을 알현, 일본 국서를 봉정하고 통감으로서 포부를 밝혔다. 이토는 이 자리에서 "폐하가 지난해 11월 28일 작별인사 때 하문하신 한국 내정개혁 문제에 대해서는 한국 대신들과 협의한 뒤 실천계획을 만들어 상주하겠다."고 말해 앞으로 정치 일정이 순탄치 않을 것임을 예고했다.

이토는 메이지유신 주체 세력으로 일본 근대화 개혁에 앞장섰던 경력이 말해 주듯 자타가 공인하는 행정의 달인이었다. 내각 총리 등을 지내면서 정치인의 생리도 꿰뚫고 있었다. 그런 그가 한 나라의 황제 앞에서 조약 협정문에도 없는 내정 문제를 들고 나온 것은 그만큼 한국 조정(朝廷)을 요리하는 데 자신이 있다는 표현이었다.

사실 통감이 되기 전 이토는 '보호'라는 이름 아래 한국 경영을 잘하다 보면 한국은 저절로 일본의 속국이 될 것으로 판단했다. 말을 바꾸면, 황제의 전제정치를 견제하고 한국의 근대화를 이룩하면 민중도 이에 순화되어 일본을 따르고, 마침내는 일본에 종속된 식민자치국이 되는 데에 뜻을 모으리라 믿고 있었다. 이른바 점진론이었다.

따라서 이토의 한국 경영 전략은 통감부를 강화하여 권력의 중심부로 만들고, 앞으로 병탄(倂呑)에 대비한 지배체제를 정비하는 데 초점이 모아졌다. 그가 경찰 및 법률제도 정비, 교육 개선, 금융기관 통합, 수도국 신설, 주요 도로 개보수를 위한 연도국(沿道局, 도로국) 설치 등 다섯 가지를 당면 시책으로 들고 나온 것도 이를 겨냥한 사전포석이었다.

한국을 보호국화하려는 이토의 첫 술수는 '한국시정개선협의회'라는 형태로 나타났다. 겉으로나마 고종에 대한 예의를 갖춘 이토는 3월 13일 관사에서 이 모임을 소집했다. '오조약'에 찬성하여 증봉(增俸)과 함께 유임된 참정대신 박제순, 학부대신 이완용 등 친일대신들이 불려 나왔다. 말하자면 이 협의회는 이토가 고종에게서 실권을 빼앗으려고 꾸민 '괴뢰' 각료회의였다. 이는 물론 '외교업무를 효율적으로 처리하기 위해서는 내정 간섭이 필수조건'이라는 스티븐스의 훈수를 따른 것이다. 말은 협의회라 했지만 실은 이토가 시정방침을 일방적으로 지시하는 강연장이었다. 주제도 협정문에 규정된 외교문제를 넘어 국정 전반을 거론했다.

이토는 이날 첫 회의에서 한국 신료들에게 '조선을 독립국으로 승인해야만 한다고 최초로 말한 사람은 바로 본인이다. 그리고 한국의 독립을 처음으로 승인한 국가도 일본이다. 일본은 될 수 있는 대로 한국이 독립하기를 바라왔다. 그러나 한국은 끝내 독립할 능력이 없었다. 때문에 일청, 일러 2대 전쟁을 시작했다. 그 결과 마침내 한국을 보호국으로 만들었다. 일본은 한국을 합병할 필요도, 생각도 없다. 일본은 어떠한 어려움이 있더라도 한국을 멸망시키지 않을 것이다. 하지만 일본의 지도·감독 없이는 건전한 자치를 이룩하기 어렵다. 세계는 본인을 제왕 같은 통감이라고 평하고 있지만 현명하지 못한 사람들을 상대로 정치를 하려니 실로 암담하기 짝이 없다.'는 요지로 1시간 넘게 장광설을 늘어놓았다.[10] 이토의 이 언설(言說)은 얼핏 한국을 동정하는 것처럼 들리지만 앞으로 그의 말을 제대로 듣지 않으면 그만한 대가가 따르게 된다는 경고의 뜻도 들어 있었다.

이처럼 부임하기 바쁘게 일단 기선을 제압한 이토는 3월 28일 통감 관사에서 한국 문·무관과 각국 영사들을 초대하여 가든파티를 열고 '통감 시대'의 화려한 막을 올렸다. 일본인들은 이날 모두 제복 차림으로 참석했다. 일제는 1906년 2월 3일 〈통감부 및 소속 관서 직원복제〉를 제정(칙령 제14호)하여 공식 행사는 물론 근무 때도 모두 제복을 입게 했다.* 그래서 옷차림만 보아도 그가 어떤 계급인지 금방 식별이 가능했다. 이토도 이날 제복을 입고 나왔다. 통감복은 최고급 비단 양복지로 윗옷은 금빛 단추 다섯 개와 금빛 꽃잎 세 개에 수술을 늘어뜨린 견장을 달고, 소매도 2.5센티미터 너비로 금빛 색깔 띠를 두른 모습이었다. 모자도 일장기 문양을 본뜬 모표(帽標)에 머리통에는 금테를 둘러 돋보이게 하고, 허리에 차는 긴 칼도 금물로 장식, 위엄을 더했다. 게다가 이런 거창한 제복의 가슴에 각종 훈장까지 빼곡히 붙였으니 이토의 거드름은 그럴 만도 했다.

신고식을 마친 이토는 한국 정부 조직을 장악하는 일에 가장 먼저 손을 댔다. 그는 우선 통감부 설치 이전 한국 정부에 용빙(傭聘)되었던 일본인 고문들을 모두 통감부 보좌관 또는 교관 등의 이름으로 각 부서에 다시 배치했다. 더욱이 재무 관련 부서와 경찰기관은 다른 부서에 견주어 일본인 수가 훨씬 많았다. 이는 한국의 재정을 장악함으로써 실질적인 지배권을 확보하고 통감부 시책에 반대하는 사람들을 탄압하기 위함이었다. 이에 따라 탁지부(度支部)는 '제1차 일한협약'에서 한국 재정고문으로 용빙된 메가타 다네타로(目賀田種太郎)**가 한

---

* 제복 착용은 1919년 3·1독립만세운동의 영향으로 '무단통치'가 다소 완화되면서 폐지됐다.
** 1907년 7월 24일 '일한신약'으로 고문제도가 폐지됨에 따라 귀국, 귀족원의원이 됐다.

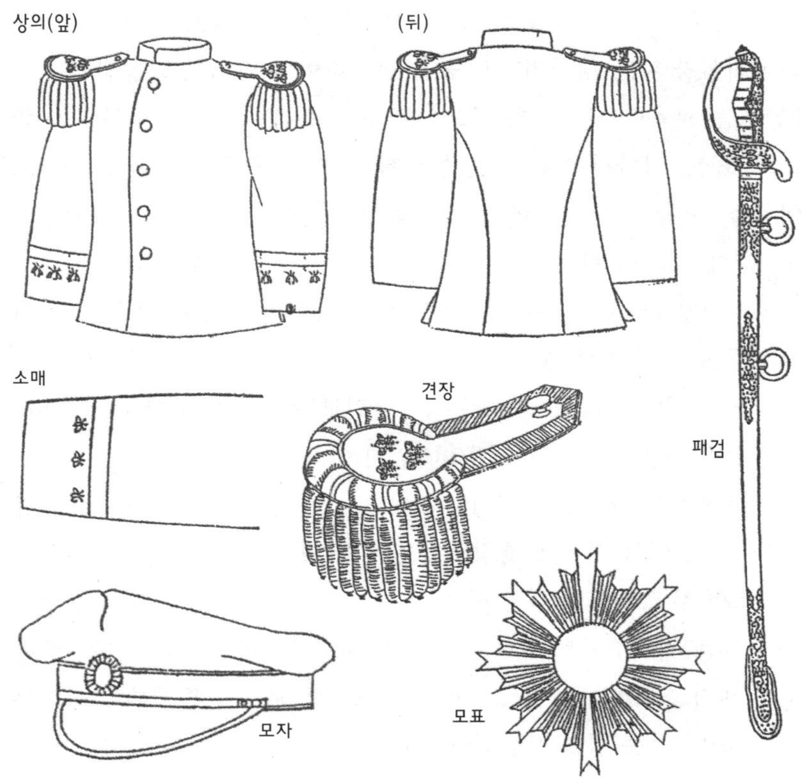

■■ 칙임관이 착용했던 제복. 통감부의 〈직원복제〉는 직급별로 자세한 규정을 두었다.

국재정감사 장관으로 재정·징세·금융사무 등을 감독했다. 궁내부 (宮內府)는 일본인 고문이 아침 조회에 참석하여 황실 일에 참견하며 업무를 간섭하기 시작했고, 군부는 일인 교관이 군정(軍政)을 송두리째 손안에 쥐었다. 내부·학부·농상공부 등도 사정은 마찬가지였다.

이와 함께 한국 발전이라는 미명으로 포장된 근대화 계획도 선을 보였다. 이토는 그해 7월 일본육군 군의총감 사토 스스무(佐藤進)를

불러 의료기관을 정비토록 했다. 사토는 광제원(廣濟院) 부속병원과
한국적십자병원, 경성의학교 등을 통합하여 대한의원을 설립했다.[11]
8월에는 교육학자 미츠치 주조(三土忠造, 1871~1948)를 학부 참여관
으로 초청, 교과서 편찬 등을 돕도록 했다. 통감부는 이때 초등학교
이름을 '소학교(小學校)'에서 '보통학교(普通學校)'라 고치고 수업연한
도 6년에서 4년으로 줄였다.[12]

이어 9월 1일자로 통감부 기관지《경성일보(京城日報)》를 창간하
여 여론조작을 통해 한국 국정을 의도대로 몰고 가려는 발판으로 삼
았다. 막대한 예산을 들여 만든《경성일보》는《오사카 아사히(大阪朝
日)》편집장을 지낸 이토 유칸(伊藤祐侃)이 맡았다.

10월에는 한반도를 13도 11부(府) 333개 군으로 개편하고 직무규
정을 개정, 이들 기관에 행정감독을 위한 일본인 참여관을 두도록 했
다. 조세 부조리를 막기 위해 지방 주요 부군(府郡)에는 세무 업무만
을 다루는 세무주사를 따로 두어 징세 사무를 전담케 했다. 12월에는
우메 겐지로(梅謙次郎, 1860~1910) 도쿄대학 교수를 통감부 법률고문
으로 초빙, 각종 법률안을 입안케 하고 한국에 거주하는 외국인의 특
권을 제한하기 위한 '치외법권 폐지안'도 함께 마련하도록 했다.

이토는 당시 서울에 거주하던 외국인들이 통감부 시책을 비판한 것을
매우 못마땅하게 여겼다. 그 가운데서도 영국인 배설(裵說, 1872~1909,
본명 Ernest Thomas Bethell)이 운영하던《대한매일신보(大韓每日申報)》의
보호정치 비판 기사는 눈엣가시였다.

이러한 이토의 한국보호국화 정책은 우리 민족의 큰 저항을 불러왔
다. 고종의 반발도 만만치 않았다. 그럼에도 이토는 새해(1907년) 들어
한국 식민화 작업에 더욱 고삐를 당겼다. 한국통감부는 1907년 3월
서울 남산 중턱에 보란 듯이 '왜성대(倭城臺)' 청사를 지어 이전했다.

■■ 1907년 서울 남산 중턱에 세워진 통감부 청사. 왜성대(지금의 서울유스호스텔 자리).

왜성대 꼭대기에는 일장기(日章旗)와 침략의 상징 통감기가 내걸려 우리 민족의 비감을 더했다.

이완용 내각의 출범과 헤이그 밀사 사건

이토는 1907년 6월 14일 '내각관제 개정안'을 공포, 종전 황제의 자문기관에 지나지 않았던 의정부를 '내각'으로 이름을 바꾸어 국정을 맡도록 했다. 아울러 이토의 말을 고분고분 잘 듣는 이완용을 내각 총리대신으로 임명했다.

서울에 와서 하루하루를 긴장으로 보내던 이토는 곧 도쿄에서처럼 평상심을 되찾았다. 그는 날마다 7시에 일어나 매실 장아찌 한 개와 녹차로 아침 식사를 때웠다. 밤에는 보통 11시께부터 술을 마시기 시작하여 새벽 2시쯤 잠자리에 들었다. 취미는 바둑이었지만 잘 두지는 못했다. 항상 자기보다 실력이 낮은 사람과 어울렸으며 한판에 걸린

시간도 15분 안팎이었다. 화류계 여성이 가까이 없는 때에는 사람들을 관사에 모아놓고 시시한 이야기로 크게 웃으며 즐겼는데, 그의 유머 감각은 상당한 수준이었다고 한다. [13]

한동안 그렇게 잘 나가던 이토에게도 한 가지 시련이 닥쳤다. 6월 25일 이른바 헤이그 밀사 사건이 터져 자신을 비롯, 일본의 국가 체면이 구겨진 것이다. 그러나 이토는 이를 국면 전환의 기회로 생각했다. 만약 고종이 황제 명의로 밀사를 헤이그에서 열린 만국평화회의에 파견한 사실이 확인되면 그 책임을 물을 수 있었기 때문이다. 이토는 즉시 본국 정부에 통감부가 취할 조치에 대해 문의했다. 이를 보고받은 사이온지 내각(1차)은 겐로-각료 연석회의를 열고 처리방법을 숙의했다. 그 결과 모든 일을 이토에게 맡기되 하야시 외상을 서울로 보내 그를 돕도록 하자는 데 의견을 모았다.

이토는 이보다 한발 앞서 한국 내정 관리권을 넘겨받을 새 협약안도 마련하고 있었다. 새 협약안은 본문 7개조 및 부속서 5개항으로 성문됐다(〈부록〉 참조). 조약 명칭도 '일한협약(한일협약)'이라 붙였다. 우리 학계는 이를 '한일신협약' 또는 '정미(丁未)칠조약'이라 부르며, 일본은 '일한신약', '제3차 일한협약' 등으로 일컫는다. 새 협약안은 군대 해산을 포함, 국권을 제약(制約)하는 실로 엄청난 사실들을 내용으로 하고 있다. 이토는 이 협약안을 7월 24일 한국 측에 넘겼다. 이 안은 바로 한국 내각회의에서 원안대로 통과됐다. 조인에는 채 하루

도 걸리지 않았다. 각료 전원이 이토가 추천 또는 임용 승인한 친일파
들이어서 아무도 반대할 사람이 없는 탓이었다. 이토는 이날 밤 11시
30분 협약 조인 사실을 사이온지 수상에게 전문으로 보고했다. 일제
는 이 협약을 7월 25일자 호외 《관보》에 공시했고, 한국 정부 《관보》
에도 같은 날 싣게 했다.

이토는 막상 새 협약에 한국군대 해산 조항을 넣었지만 이를 실행
할 일이 큰 걱정거리였다. 그만큼 한국 국민의 감정이 격앙돼 있었
다. 이완용의 집은 이미 20일 오후 민중의 습격을 받아 불탔다. 을사
늑약에 이어 벌써 두 번째였다. 이토는 하는 수 없이 21일과 24일 두
번에 걸쳐 전보로 본국에 군대 증파를 요청했다. 일본 정부는 24일 제

12여단을 파병키로 결정, 곧바로 동원령을 내렸다. 파병부대는 25일 저녁부터 27일 아침까지 모두 부산항에 도착했다. 이토는 파병부대가 도착한 사실을 확인한 다음, 황궁 수위를 맡을 육군 1개 대대만 남기고 나머지 부대를 모두 없애는 한국군대 해산 조치를 단행했다. 조칙은 31일 발표됐다.

이토 히로부미는 '한일신협약' 조인으로 한국 국정을 완전히 장악했다. 시정개선사업은 말할 나위 없고 법령 제정과 행정 처분, 심지어 한국 고위관리 임면, 외국인 용빙 등도 모두 그의 지시 또는 승인 없이는 할 수 없게 됐다. 바꿔 말하면 '신협약'은 통감이 마음먹은 대로 한국 주권을 주무를 수 있는 법적 근거를 마련해준 셈이었다. 물론 이토의 전횡은 그 이전에도 도를 넘고 있었다. 엄밀히 말하면 이는 모두 불법이었다. 우리가 힘이 있었더라면 감히 상상도 못할 일이었다. 결국 헤이그 밀사 사건은 당초 의도와는 달리 한국을 병탄하고 싶어 하던 일본 주체 세력에게 좋은 구실을 가져다준 꼴이었다. 점진론자 이토 역시 빌미만 생기면 급진파와 조금도 다르지 않다는 야심을 여실히 보여준 증거이기도 했다.

일본 괴뢰정부의 확립

이토는 9월 들어 통감부와 한국 정부조직을 크게 개편했다. 우선 통감부에는 부통감을 두도록 하여 9월 21일자로 소네 아라스케(曾禰荒助)를 임명했다. 또 한국 정부에 차관제를 도입, 각 부 차관을 전원 일본인으로 발령했다. 그러나 각 부 대신들만은 한국인 몫으로 했다. 그 까닭은 일본의 침략을 은폐하고, 최종 책임을 이들에게 미루려는 잔꾀였다. 차관은 비록 대신을 보좌하는 자리였지만 대신들과 똑같이 국장과 비서 등 부하직원을 부리는 명령권을 갖고 있어 권한은 오히려

대신들을 능가했다. 그래서 '차관정치'라는 시쳇말이 생겨났다.

뿐만 아니라 한국 중앙정부와 지방청의 상급 직원, 현업 부서의 기술자 등도 모두 일본인으로 채웠다. 그동안 용빙 자격으로 한국 정부에서 일하던 일본인 고문과 보좌관들도 모두 한국 정부의 정식 직원으로 임명, 모든 업무를 직접 지도해 집행하도록 했다. 이토는 그러고도 모자라 본국으로부터 많은 유휴인력을 끌어들여 한국 관리로 만들었다.

《조선병합 10년사》에 따르면, 1909년 1월 말 현재 한국 정부 관리로 발령된 일본인은 2,480명에 이르렀다. 이 가운데 466명은 직급이 높은 고등관이고 나머지 1,614명은 판임관(判任官, 패전 전 일본의 최하급 관명)이었다. 이를 다시 부서별로 나누면 재무 관련 사무를 쥐고 있던 탁지부가 고등관 102명, 판임관 860명 등 962명으로 가장 많았고, 법부가 393명(고등관 187, 판임관 206)으로 다음이며, 내부 373명(고등관 95, 판임관 278), 농상공부 206명(고등관 45, 판임관 161), 학부 106명(고등관 20, 판임관 86), 궁내부 27명(고등관 12, 판임관 15), 내각 13명(고등관 5, 판임관 8) 순이었다. 일제로서는 본국 실업자 구제와 한국 정부 조직 장악이라는 일석이조의 효과를 거둘 수 있었다. 한국 정부의 직원으로 채용된 일본인은 이토가 사임한 1909년 6월 말까지 5,370명으로 급증, 전체 직원의 44퍼센트(한국인 6,836명)를 차지했다.

이토는 특히 헤이그 밀사 사건을 계기로 그해 10월 14일 일본 가나자와(金澤)에서 연대장(대좌)으로 근무하던 탄압작전의 귀재 아카시 모토지로(明石元二郎, 1864~1919)를 소장으로 진급시켜 헌병대장으로 불러들였다. 당시 헌병대장은 어느 사단이건 영관급이 맡고 있었다. 아카시 전임자 고가 요사부로(古賀要三郎)도 중령이었다. 게다가 한국 주차헌병대는 사단이 아니라 제14연대에서 파견 나온 규모가 작은 부대였다. 그럼에도 러시아와 독일 대사관 무관을 역임하고 귀국, 작전 부대에 근무한 지 몇 달 안 된 아카시를 특진시켜 임명한 것은 당시로 서는 매우 이례적인 인사였다. 이는 이토가 우리 민족의 항일투쟁에 얼마나 골치를 앓았는지를 단적으로 말해 주는 증거이기도 하다. [14]

이토는 아카시에게 힘을 실어 주고자 288명이던 헌병 정원을 당장 782명으로 늘리고, 이듬해(1908년) 3월에는 2천 명의 헌병 장교를 또 증 원했다. 헌병대 조직도 종전 6분대 39개 관구, 41개 분견소, 9개 파견소 에서 51개 관구, 452개 분견소, 13개 파견소로 크게 늘렸다. 그것도 모 자라 6월 들어 3천 명의 한국인 헌병보조원을 뽑은 데 이어 8월 1천3백 명을 더 모집했다. 일제는 80만여 엔의 예산을 들여 보조원을 선발했 다. 1909년에 들어서는 헌병 1인당 보조원 3명을 거느리게 되었다. 보 조원은 출신성분도 무직자, 해산병, 의병귀순자, 전과자 등으로 제각 각이어서 헌병의 이름을 팔아 부정을 저지르기 일쑤였고, 행패도 극심 했다. 그래서 당시 헌병들 사이에는 '살모사를 늘 속에 품고 있는 느낌' 이라는 말이 유행할 정도였다고 한다. 헌병보조원은 2개월 동안의 훈 련을 거쳐 항일운동 진압에 동원됐다.

헌병들은 시위(侍衛) 보병 제1, 제2 연대와 지방의 진아대(鎭衙隊)가 1907년 8월 1일 군대 해산에 불만을 품고 일으킨 정미의병(丁未義兵) 투 쟁 때도 경찰과 함께 현장에 출동, 무차별 공격했다. 조선주차군 사령 부가 펴낸 《조선폭도 토벌지》에 따르면 의정서 조인 이후 한국합병까 지 의병과 일본군이 충돌한 횟수는 모두 2,819회로 14만 1,603명의 의 병이 가담했던 것으로 나와 있다. 이 가운데 희생자는 1만 7,688명에 이르렀다. 아카시는 의병 진압 공로로 1908년 12월 한국주차군 참모장 겸 헌병대장으로 승진했다.

이토는 또 1907년 10월 29일 이완용 내각과 '한국 경찰관은 일본 관헌의 지휘를 받아 재한국 일본 신민(臣民)에 대한 경찰 업무를 행하기로 한다.'는 내용의 경찰사무 집행에 관한 협약을 맺고 경찰 통합의 법적 근거를 마련했다. 이 협약에 따라 내부(內部)에 경무국을 신설하고 마루야마 시게토시 경무고문을 경시(警視)총감으로, 경무고문 보좌관을 경시로, 경무고문부 직원을 능력에 따라 경시·경부·순사 등으로 각각 발령하여 경찰의 지휘 감독권을 차지했다.

또 각 도에는 모두 28개 경찰서와 43개 경찰분서, 337개 순사주재소를 신설, 주민감시 탄압체제를 강화했다. 경기도에는 8개 경찰서를 집중 배치했다. 옛날부터 보수 세력이 강하여 항일 성향이 짙은 충청·전

합방 전 일본군 토벌작전에 희생된 의병수

기 간	사망자
1907년 8~12월	3,627
1908년 1~6월	7,710
7~12월	3,882
1909년 1~6월	1,730
7~12월	644
1910년 1~6월	103
7~12월	22

라·경상지역은 다른 곳에 견주어 경찰관서가 훨씬 많았다. 충청의 경우 경찰서는 공주 한 곳밖에 없었으나 경찰분서가 4개, 순사주재소가 40개나 되었다. 경상도는 진주·마산·부산·대구 등 경찰서 4개에 경찰분서 8개, 순사주재소 72개에 이르렀다. 전라도는 전주·군산·광주·목포 등 경찰서 4개, 경찰분서 7개, 순사주재소 58개였다.

이토는 나아가 1906년 3월부터 열어온 한국시정개선협의회를 상호 의견 교환회의로 확대 개편하여 매월 2~3회씩으로 늘리고, 신설된 부통감과 각 부 차관도 함께 참석시켰다. 이로써 이완용 내각은 완전히 일본괴뢰정부로 탈바꿈했다. 이토는 서울에 체류하는 동안에는 반드시 출석하여 회의를 이끌었다. 확대시정개선협의회는 1907년 10월

부터 1909년 12월 28일까지 모두 76차례 열렸다.[15]

이토는 한국 경영에 필요한 돈은 모두 빚으로 끌어다 썼다. 그는 1908년 3월 일본 정부로부터 1,968만 엔을 빌린 데 이어, 그해 12월 '기업공채(起業公債)'라는 명목으로 1백만 엔을 또 들여오고 니혼코교 (日本興業)은행에서도 1,296만 엔을 빌렸다. 은행에서 빌린 돈은 일본 정부가 이자 지불을 보증하는 조건으로 런던과 파리에서 파운드 화폐로 바꿔 사용했다. 차관(借款) 실무는 탁지부 차관 아라이 겐타로(荒井賢太郎)에게 맡겼다.[16] 일제는 이에 앞서 이미 1905년 메가타 재정 고문 시절부터 온갖 명목으로 차관을 끌어와 대한제국 정부를 빚에서 헤어나지 못하게 했다. 결국 통감부가 '보호통치' 5년 동안 본국에서 들여온 빚은 4천6백만 엔에 달했다.[17] 이런 빚이 전 민족을 일어서게 한 '국채보상운동'으로 이어졌음은 주지의 사실이다.

이토는 경제수탈에도 탁월한 솜씨를 보였다. 그는 1908년 12월 28일 동양척식주식회사(東洋拓殖株式會社) 설립을 허가했다. 동척(東拓)은 일본 농민을 한국에 이주시켜 국산 쌀을 빼내가기 위한 계략이었다. 동척은 겉으로는 한일합작으로 출발했으나 실속은 일본인 소유나 다를 바 없었다. 자본금도 1천만 엔으로 다른 큰 회사들의 3만~130만 엔에 견주면 엄청난 액수였다. 당시 쌀값(한 섬에 14엔 안팎)으로 환산하면 71만 4천3백여 섬의 쌀을 살 수 있는 돈이다. 처음부터 한국 농토를 싹쓸이할 생각이었던 셈이다. 설립 당시 직원은 총재 1명, 부총재 2명, 이사 4명, 감사 3명 등 모두 67명으로 출발했다. 초대 총재는 우사가와 다다마사(宇佐川一正)였다. 한국인으로는 민영기(閔泳綺)가 설립 때 부총재로 참여했다. 그 뒤 조진태(趙鎭泰)·백인기(白寅基)·박영철 (朴榮喆)·이범익(李範益)·이종은(李鍾殷) 등이 이사를 역임했다. 동척은 부산·대구·이리·목포·대전·경성·원산·사리원·평양·간도 등 10곳

에 지점을 두었다. 첫해(1909년) 실시된 동척 농업이민에는 일본 전국에서 1,235호가 응모하여 160호가 승인을 받았다.[18]

이토는 광산(鑛山)과 삼림에도 관심이 많았다. 그래서 통감부는 1908년 1월 20일부터 전국 임야에 대한 실태조사를 실시해 '국유 삼림산야 보호규칙'을 만들고, 광산지도도 작성했다. 그는 철도와 통신기관 확충에도 땀을 쏟았다. 이는 한국을 지배하는 데 필수조건이자 중국대륙 침략에도 없어서는 안 될 수단이었기 때문이다.

이와 같이 이토는 통감을 그만둘 때까지 한국 식민통치 체제를 마무리, 그 뒤 36년 동안의 수탈로 이어지는 밑돌을 놓았다.

공적(公敵) 1호

민족의 저항과 최익현의 유배

이토 히로부미의 한국식민화 계획은 실로 치밀하고도 집요했다. 그러나 그런 만큼 우리 민족의 저항 또한 격렬했다. 더욱이 일반 민중의 항일 구국운동은 마른 들판의 불길처럼 전국으로 번져 나갔다. 그 가운데서도 칠십을 넘긴 면암 최익현(崔益鉉, 1833~1906)의 거병(擧兵)은 이토의 간담을 서늘하게 하고도 남았다.

이미 잘 알려져 있듯이 면암은 이름난 주자학자였다. 조선후기 대유(大儒) 이항노(李恒老, 1792~1868)의 문하생이었던 그는 외압의 위기를 맞아 '척양(斥洋), 척왜(斥倭)'를 외치며, 왕조 지배의 정통성을 주장한 일로 더욱 이름을 날렸다. 그는 경기도 포천에서 '오조약' 강제 조인 소식을 듣고 조약 파기를 주청(奏請)하는 상소문을 올렸다. 그리고 전국 각지에 격문(檄文)을 띄워 협약 조인에 찬성한 '오적'을 처단하고 세금 안 내기, 기차 안 타기, 일본상품 안 사기 운동을 벌이자고 호소했다.

최익현은 내친김에 1906년 2월(음력) 태인(泰仁)으로 내려가 〈창의토적소(倡義討賊疏)〉*를 올리고(6월 4일) 의병을 일으켰다. 일본 정부에도 〈기신배의십육죄(棄信背義十六罪)〉라는 규탄문을 보내 반성을 촉구했

---

* 최익현이 1906년 6월 4일 태인 무성서원에서 의병을 일으킨 동기와 오조약 폐기의 필요성을 고종에게 알리는 상소문. 외교권을 일본에 넘긴 '오적'을 규탄하고, 죽음을 각오하고 이토 히로부미 등 일제침략자를 몰아낼 것 등을 다짐했다.

다. 면암은 이 글에서 "일본은 조일수호조규(朝日修好條規, 1876년) 때부터 조선을 자주의 나라라고 인정한 이래 일이 생길 때마다 조선의 자주 독립을 존중한다고 말했음에도 실제로는 침략을 계속해왔다."고 지적하고, 구체적인 예로 16가지 죄상을 열거했다. 갑신정변을 일으켜 왕을 위협하고 대신을 살육한 죄, 갑오년에 궁궐을 태우고 재물을 약탈한 죄, 명성황후를 시해한 죄 등 그동안 일제가 저질러온 죄목이 망라돼 있다. 그래서 글 제목이 〈기신배의십육죄〉였다.

면암은 태인에서 임병찬(林秉瓚), 임락(林樂) 등과 함께 규합한 4백여 명의 부대를 전북 순창으로 옮겨 항전에 대비했다. 그러나 뜻밖에도 남원·전주진아대의 공격을 받았다. 그는 일본군이라면 죽을 때까지 싸울 생각이었지만 정부군을 살상하는 일은 의병의 본분이 아니라며 성(城) 안으로 들어가 의관을 바르게 한 뒤 항복했다. 고종은 국법에 따라 면암을 다스리겠다고 나섰다. 그러나 이토는 군율(軍律) 심판에 넘겨 금고 3년형을 받게 한 뒤 대마도(對馬島)로 유배했다. 면암의 국외 유배는 매우 이례적인 사건이었다.

이토가 면암을 일본 영토로 유배한 까닭은, 그의 주장이 유명세를 타고 민중에 옮겨지는 것을 막기 위한 조처였다. 이토는 실제로 면암의 주장이 민초(民草)와 공명하면 반일 투쟁이 격화되고 결국에는 한국을 동정하는 국제여론이 일어 조약을 폐기하고 독립을 인정하는 사태까지 빚어질지도 모른다는 점을 우려했다. 이토는, 이집트 독립운동지도자로 영국군과 싸우다 져 실론 섬으로 유폐(幽閉)한 아라비 파샤(Arabi Pasha)를 전례로 들어, 일본 정부의 재가를 얻었다고 한다.[19] 면암은 대마도 이즈하라(嚴島) 감옥에서 모진 옥살이를 하다 이듬해 정월 초하루 73세를 일기로 운명했다. 유해가 도착한 부산에는 조기(弔旗)가 내걸리고, 많은 사람들이 거리로 나와 그를 애도했다. 유해는 유림들에 둘러싸여 서울로 운구, 국민들이 지켜보는 가운데 엄숙히 장례식이 치러졌다.

'고종 밀서' 보도와 고종의 퇴위

이토에게는 고종의 저항도 큰 골칫거리였다. 이토는 고종이 '오조약' 강제 체결 이후 비밀 루트를 통해 그 부당성을 국제 여론에 끈질기게 호소해온 사실을 잘 알고 있었다. 그러나 1906년 2월 8일자 영국 런던 《트리뷴》의 3면 머리에 실린 이른바 '고종 밀서' 기사는 이토를 당황하게 했다. 일제의 음모가 적나라하게 드러났기 때문이다. 〈한국의 호소, 《트리뷴》에 보낸 황제의 성명서, 일본의 강요, 열강의 개입 요청(Korea's Appeal/Emperor's Statement to 'the Tribune'/Coerced by Japan/Powers Asked to Intervene)〉이라는 긴 제목 아래 실린 이 기사는 "한국의 지위는 예기치 못할 정도이고, 황제는 포로와 다름없는 신세다. 일본군은 궁중을 둘러싸고 있고, 궁중에는 일본 스파이들이 가득 차 있다. 을사조약은 황제의 재가를 받지 않았다.”로 시작하여 조약 체결의 경위와 대한제국 정치의 실상을 소개하고 6개항의 밀서 내용을 영문으로 옮겨 실었다. 6개항은 △황제는 ‘제2차 일한협약’에 서명도, 승인도 하지 않았다. △황제는 협약의 조관에 이의가 있다. △황제가 한국 주권을 외국에 이양한 바 없다. △황제는 일본이 한국 내정을 지휘하는 것을 승인한 적이 없다. △황제는 한국 정부에 통감 말고는 일본인 관리 임명을 승인하지 않았다. △한국의 외교 사무를 5년 동안, 외국의 공동 보호 아래 두는 것을 요망한다는 내용이다.

이 기사는 세계적인 특종이었다. 이는 물론 고종이 당시 《트리뷴》 서울특파원으로 와 있던 더글러스 스토리(Douglas Story) 기자에게 은밀히 밀서를 건네주어 보도하게 된 것이다. 스토리가 기사 끝 부분에 “1906년 1월 29일, 한국 황제폐하의 국새가 날인된 친서에 따름”이라고 밝힌 데서도 출처를 짐작할 수 있다.

‘고종 밀서’ 보도사건은 일제의 끈질긴 변명과 적극적인 로비로 한동안 잠잠해졌으나 영국 《더 타임스(*The Times*)》가 1906년 8월 8일자에 ‘고종의 밀서는 가짜’라는 기사를 내보내면서 다시 뜨거워지기 시작했다. 이 기사는 《더 타임스》의 도쿄특파원 브린클리(Brinkly)가 일본 측의 일방적 변명만을 듣고 그대로 쓴 내용이었다. 이를 읽은 스토리 기자는 1906년 10월부터 《트리뷴》에다 아예 기획기사를 연재하기 시작했다. 기사는 모두 14회로, 1~7회까지는 〈동양의 앞날〉, 8~14회는 〈한국의 앞날〉이라는 제목으로 실렸다.

이토는 모든 수단과 방법을 동원해 진상을 철저히 밝히도록 담당 부서에 엄명했다. 그 결과 고종이 밀서를 유출한 심증은 가지만 이를 뒷받침할 만한 확실한 증거는 찾지 못했다는 결론이었다. 그런 데다 고종이 "짐은 스토리 기자에게 결코 밀서를 준 사실이 없다. 밀서 기사는 전혀 사실과 다르다."고 해명해(10월 30일 알현 때) 이토는 증거를 확보할 때까지 참는 수밖에 없었다.

이 기사는 두고두고 이토를 괴롭혔다. 평소 통감부 시책을 따갑게 비판해온 《대한매일신보》가 영문 자매지 《코리아 데일리 메일(*Korea Daily Mail*)》과 함께 해를 넘겨 1907년 1월 16일자에 이를 간추려 보도한 것이다. 《대한매일신보》는 통감부의 보도통제 지시도 듣지 않고 1월 25일자에 고종이 미국 대통령에게 보내는 친서도 공개했다.[20]

이렇게 되자 외국계 신문에는 1906년 말부터 일제의 한국 강압정책을 비판하는 기사가 부쩍 늘어나게 되었다. 항일 의병운동도 더욱 힘을 얻는 양상이었다. 자강회, 교육회, 서우회 등 사회·정치단체와 《황성신문》을 비롯한 국내 신문들도 배일(排日)운동에 가세했다.

이토는 항일운동의 근원이 궁중에 있다고 판단하고 궁중의 비밀 지령이 민중으로 이어지는 것을 차단하고자 안간힘을 다했다. 고종을 찾아가 "폐하는 일본이 파견한 통감, 즉 내 임무를 승인하지 않고 있다고 들리는데 무슨 이유인지 명확히 말해 달라(7월 2일)."*고 윽박질러 보기도 하고, 실제로 궁금령(宮禁令)을 제정하여 일본인을 궁궐 초소 책임자로 임명, 외부 인사들의 궁궐 출입을 막기도 했다. 그러나 고종으로부터 돌아온 것은 "서간(書簡) 등에 '이토 통감'이라고 정식으로 적어야 할 곳에 단지 '후작(侯爵)'이라고 쓴 일은 있지만, 이는 본래부터 그렇게 불러왔기 때문이지 통감을 인정하지 않을 생각에서 한 일은 아니다."라는 해명이 고작일 뿐 항일운동의 불씨를 끄는 데

---

* 고종은 '오조약'이 조인된 지 반년이 지나도록 이토를 '이토 후작'이라 부르다가 6월 28일에 이르러 처음 '통감'이라 호칭했다. 이는 고종이 '오조약' 자체를 인정하지 않으려는 의도였다.

■■ 순종황제(가운데)가 즉위식을 마친 뒤 대신들과 기념촬영을 했다.
앞줄 왼쪽에서 두 번째가 이완용.

는 별 효과가 없었다. 오히려 "귀관은 전년(1905) 11월 15일 알현에서 '제2차 일한협약은 대외관계 이른바 외교를 한국 정부의 위임을 받아 일본 정부가 대신하여 이를 행할 뿐, 내정은 폐하께서 친히 다스리는 정부가 이를 행하니 조금도 종전과 다른 점이 없다'고 확실히 말해 놓고도 한국 내정에 직접 개입하여 괴뢰내각과 결탁하여 황제권을 억압하고 있는 것은 부당하다."는 불평을 들어야 했다.

고종과 이토는 말 그대로 앙숙이었다. 위의 한 가지 예만 보더라도 둘 사이가 어떠했는지 충분히 짐작할 수 있다. 이토는 고종의 국권회복운동을 막을 궁리에 골몰했고, 그런 가운데 1907년 6월 '헤이그 밀사 사건'이 일어났다. 기회는 이때라고 생각한 이토는 '보호권 강화'와 함께 고종을 물러나게 하기로 결심하고 비밀공작에 나섰다. 일본 정부도 이를

위해 7월 18일 하야시 외상을 서울로 급파했다. 이토에게도 같은 밀명이 내려져 있었다. 다만 세계의 눈이 있으므로 한국 정부가 스스로 결정한 것처럼 꾸미되 일본은 절대 겉으로 드러내지 말라는 엄명이 따랐다.

이 사실을 미리 알아차린 이완용은 선수를 쳤다. 그는 7월 16일 각의를 열고, 자리를 함께 한 고종에게 "신하로서 군주에게 양위를 요구하기는 견딜 수 없는 일이지만, 이렇게 된 이상, 군주의 한 몸보다 사직(社稷)을 중시할 수밖에 방법은 없다."며 노골적으로 물러날 것을 요구했다. 이에 반대하는 사람은 하나도 없었다. 아니 반대할 대신은 이미 배제되었다는 편이 더 옳은 표현이다. 고종은 "퇴위 문제는 신하들이 입에 담을 일이 아니다."고 화를 내며 자리에서 박차고 나가버렸다. 이완용은 다음 날 각 대신들과 함께 궐 안으로 들어가 고종에게 재차 양위를 간청했다. 고종은 그날 저녁 이토를 불러 정말로 자리에서 물러나지 않으면 안 되느냐고 물었다. 이토는 제실 내부 문제이므로 외신(外臣)이 물러나라 마라 말할 수 없다며 확답을 회피했다고 기록은 전한다.

고종은 마지막으로 민영소(閔泳韶)·이윤용(李允用)·신기선(申箕善) 등 원로 10여 명을 불러 자문을 구했다. 고종의 자문에 응한 원로들 역

시 대신들처럼 하야할 수밖에 없다는 의견이었다. 견디다 못한 고종은 7월 19일 새벽 2시 왕세자 이척(李坧)에게 왕위를 물려주겠다고 발표했다. 그리고 한 시간 뒤 양위서(讓位書)에 서명했다. 그가 바로 조선왕조 제27대 마지막 왕 순종(純宗)이다. 순종 황제 즉위식은 19일 오전 8시에 열렸다. 이어 오후 2시부터는 각계 인사의 접견이 시작됐다. 이처럼 즉위식이 재빨리 이루어진 것은 각 대신들이 비밀리에 손을 써 두었기 때문이다.[21] 그 뒤 순종은 11월 13일 거처를 창덕궁으로 옮기고, 고종은 '덕수궁'으로 이름이 바뀐 경운궁으로 옮겨갔다.

고종의 강제양위 소식은 금세 온 장안에 퍼졌다. 덕수궁 대한문 앞에는 날마다 수많은 군중이 몰려들었다. 이들은 문 앞에 주저앉아 구호를 외치며 일본 정부와 친일파 대신들을 규탄했다. 일제 군경들은 무력으로 이를 저지했으나 성난 군중들은 대신들의 집으로 몰려가 불을 질렀다. 이완용은 일본인 밀집 지역으로 피신하고 다른 대신들도 일본군의 보호를 받았다. 이토는 '일한신약' 조인 결과 보고 차 8월 10일 귀국하여 공작(公爵)의 작위를 받았다(9월 21일). 이로써 그는 백작(1884년)에서 후작(1895년)을 거쳐 가장 등위가 높은 귀족 신분이 되었다.

실패한 한국보호국화와 강경책으로 전환

이토에게 헤이그 밀사 사건은 한국보호권 강화를 위한 전환점이었다. 그가 강경론으로 돌아서는 구실이기도 했다. 따라서 그가 늘 되풀이해온 "나는 한국을 세계의 문명국으로 만들고자 이곳에 왔다. 나를 잘 따라만 준다면 암흑 속에 있는 한국은 틀림없이 구제될 수 있다. 일본이 거액의 경비를 들여 한국을 병합, 통치하는 어리석은 일은 없을 것"이라는 말은 온데간데없고 "한국에서 반란이 일어나면 다시 군대가 들어오고 결국 한국은 멸망하게 될 것"이라는 협박으로 바뀌었다.

이토는 '정미칠조약' 이후 신문규제법(7월 24일)과 보안법(7월 27일) 등 각종 법령을 정비하여 탄압 근거를 만들고, 일진회와 경찰·헌병대 보조원을 밀정(密偵)으로 이용하여 우리 민족을 서로 감시토록 하며, 각 대신들을 금품, 협박, 공갈 등으로 더욱 조여 마음대로 부릴 수 있도록 하는 세 가지를 지배 전략으로 삼았다. 신문규제법에 따라 신문 발행은 통감의 허가를 얻어야 했고, 인쇄된 신문도 배포 전에 반드시 검열을 받아야만 했다. 이를 어길 경우 3년 이하의 징역 또는 3백엔 이하의 벌금이 부과됐다. 통감부는 이 법을 시행한 이후 1908년 말까지 규정을 어긴 다섯 개 신문 6만 9,098부를 압수하고, 65회에 걸쳐 신문 배포를 금지하기도 했다.

이토는 특히 일진회(一進會)를 특별행동대로 활용했다. 잘 알려져 있듯이 일진회는 1904년 8월 20일 송병준(宋秉畯)이 만든 친일 단체이다. 송은 원래부터 친일파로 일본에 들어가 10여 년 동안 살면서 홋카이도에 처음으로 인삼을 심고, 야마구치(山口) 현 하기(萩)에서는 누에를 치며 학교를 운영했다고도 한다. 일본에서 노다 헤이지로(野田平次郎)라는 이름으로 일본인 행세를 한 그는 러일전쟁이 일어나자 일본군 제12사단 병참감(兵站監)이던 오타니(大谷喜久藏) 육군 소장의 통역관(기밀 담당)

으로 따라왔다가 눌러앉아 이 단체를 조직했다. 일본의 발전에 감명을 받고 일본인과 함께 나아간다는 뜻으로 단체 이름도 일진회라 지었다는 것이다. 일진회는 창립 때부터 회원들로부터 회비를 받지 않고 일본 군사 기밀비(機密費)로 운영했다. 이토는 처음 일진회에 5만 엔을 몰래 주며 조직을 키우라고 독려했다. 1907년 1월부터 6월까지는 아예 통감부 기밀비에서 매월 2천 엔씩 보조했다. 또 5월 15일에는 일본 육군성(陸軍省)이 10만 엔을 지원했다. 그도 모자랐던지 이토는 그해 8월 자그마치 26만 엔의 거금을 일진회에 주었다. 이토의 지원으로 일진회 회원 수는 1910년 8월 현재 9만 1,896명에 이르렀다.[22]

이토는 당시의 요화(妖花) 배정자(裵貞子)를 양녀로 삼아 밀정으로 이용한 이야기로도 유명하다. 이토는 1887년 김옥균을 통해 그녀를 알게 되었다. 이름은 배분남(裵粉男)으로 17살의 꽃다운 나이였다. 그녀의 빼어난 미모에 홀딱 반한 이토는 자기 집에 머무르게 하고 이름도 다야마 사다코(田山貞子)라고 직접 지어 주었다. 배정자란 이름은 배씨 성씨에다 이토가 지어준 사다코(貞子)를 갖다 붙여 지은 것이다.[23] 이토는 통감을 그만두고 도쿄로 떠나던 날 그녀를 불러 "청나라의 움직임은 앞으로 조선과 일본은 물론 동양 전체에 커다란 영향을 미칠 것이다. 위안스카이(袁世凱) 부인이 조선인이라니 그대가 접근하여 일본과 청나라의 사이가 좋도록 힘써 달라. 내 이상(理想)은 동양 3국을 병합하여 동양평화의 기초를 튼튼히 하는 데 있다."고 말하며 맡은 바 임무를 충실히 수행해 주기를 당부했다고 전해진다.

이토는 새 황제로 등극한 순종을 달래는 데도 심혈을 기울였다. 그는 1907년 11월 들어 순종에게 황태자 이은(李垠)을 일본에 유학시켜 신문명을 배우도록 해야 한다고 꼬드겼다. 그리고 그는 황태자의 교육 지도를 자임하고 나서 '태자태사(太子太師)'라는 칭호까지 받았다. 이

■■ 영친왕(오른쪽)과 이토 히로부미. 1907년 11월 24일 사제식을 마치고 찍었다.

토는 그때 이은의 나이 10세로 너무 어려 혼자 유학하기에는 이르다는 생모 엄비(고종의 계비)의 반대를 무릅쓰고 11월 4일 통감 관사에서 '사제식(師弟式)'을 가진 뒤 12월 5일 함께 일본으로 향했다. 당시 세간에는 이를 두고 인질설이 파다했다. 이토는 본국에 볼일이 있어 귀국하면 늘 그를 간사이(關西), 도호쿠(東北), 홋카이도(北海島) 등으로 데리고 다니며 일본의 발전상을 자랑했다. 이은은 지금의 도쿄 아카사카 프린스호텔 자리에 있던 저택에서 지냈다.

이토의 갖은 노력에도 항일운동은 좀처럼 수그러들지 않았다. 1908년 4월 메이지왕의 명을 받아 한국 정정(政情)조사에 나선 일본 내대신 비서관 히다카 치치부(日高秩父)는, 현장을 돌아본 뒤, '1907년 10월 이후 7개월 동안 의병과 일본 군경이 맞닥뜨린 횟수가 1,659회에 이르러 저항 세력은 아직 잦아졌다고 보기 어렵다'고 복명했다. 히다카와 함께 군함 아쓰마(吾妻)를 타고 서울로 귀임하던 이토도, 본국이 한국 정정을 직접 살필 정도로 의병 증가에 대해 심각하게 인식하고 있다는 데 놀랄 수밖에 없었다.

이토는 궁리 끝에 황제의 권위를 빌려 민심을 수습해볼 생각으로 1909년 정초 이완용에게 순종의 지방순행을 제안했다. 황제의 지방순행은 조선왕조 역사상 전례가 없었던 일이다. 이토는 일본 메이지왕이 1875년에서 1881년 사이 일본 전국을 돌아다니며 민심을 수렴, 국민통합에 유용하게 쓴 예를 들어 이를 적극 권했다. 순종은 1909년 1월 4일 황제 지방순행 조칙을 내린 뒤 7일부터 시찰 길에 올랐다. 맨 처음 도착한 곳은 대구였다. 순종은 이어 부산을 거쳐 다시 대구를 들렸다가, 13일 일단 서울로 돌아왔다. 그리고 27일부터는 서북부 지방으로 옮겨 평양→의주→정주→평양→황주→개성을 둘러보고, 2월 3일 서울로 돌아왔다. 물론 이토 스스로도 순종을 따라다녔다.

순종은 순시에 앞서 종묘에 참배하고 부산에서는 일본함대를 방문하기도 했다. 가는 곳마다 효자·열녀를 표창하고, 고령자를 위안하고, 각 사회단체에 하사금을 주고, 순국자 추모행사를 벌이기도 했다. 이토는 환영회에서 한국 시정개혁의 의의를 설명하며 '일한 융합'을 강조했다. 그러나 민중들은 이토의 말에 콧방귀를 뀌었다. 이토가 말한 '일한 친선'은 곧 일본에 종속이고, '한국의 진보문명'은 식민지를 의미함을 이미 꿰뚫어보았기 때문이다.

순종의 지방순행은 민심 수습에 오히려 역효과였다. 지방 관서의 강요에 못 이겨 환영장에 불려 나왔던 사람들 가운데에는 공공연히 이토에게 욕설을 퍼붓는 사람들도 적지 않았다. 더욱이 서북부 지방에서는 이토가 머지않아 순종을 일본으로 연행할 것이라는 유언비어까지 나돌았다. 이토더러 일본군의 양민학살에 대한 열강의 나쁜 여론을 누그러뜨리기 위해 황제를 데리고 다니며 연출하고 있다고 핵심을 찌르는 말을 한 사람도 있었다. 환영장에는 일장기가 아예 게양되지 않거나 찢기고, 심지어 폭발물이 터지는 일도 일어났다.[24]

이에 지친 이토는 2월 17일 본국으로 돌아가 왕에게 한국 사정을 보고한 다음 휴가원을 제출하고 3월 한 달 동안 에이메(愛媛)의 도고(道後) 온천에서 지냈다. 한국 지배의 정당성 획득은 고사하고 온갖 위무와 회유에도 한국 국민의 민심도 얻을 수 없었던 68세 노정객의

정신적 타격은 이만저만이 아니었다. 1908년에도 한번 사의를 보인 적이 있는 이토는 이때 통감직을 그만두기로 이미 마음을 굳히고 사퇴 시기를 저울질 하고 있었다. 때마침 가쓰라 수상과 고무라 외상이 아카사카(赤坂) 구 레이난사카(靈南坂)에 있던 이토 사저를 찾아와 (1909년 4월 10일) 한국을 '강제병합'할 수밖에 없다고 설명했다. 그러자 이토도 이에 순순히 동의했다고 한다. 강제합방 계획이 태동하는 순간이었다. 3년 반 동안 추진해온 그의 '보호통치' 구상이 실패했음을 스스로 인정한 자리이기도 했다.

마침내 이토는 5월 24일 사표를 냈다. 메이지왕은 '병합의 큰일을 행하려면 사임은 안 된다'며 극구 말렸다. 그럼에도 이토는 사의를 굽히지 않았다. 다만 한 가지 다음 차례를 노리고 있던 하세가와에게는 통감직을 넘기고 싶지 않았다. 이토는 부통감 소네 아라스케가 유능하다고는 말할 수 없지만 성실하기 때문에 자신의 뜻을 이어받을 수 있을 것으로 믿고 그를 추천했다. 이토는 마침내 1909년 6월 14일자로 소네에게 통감을 물려주고 다시 추밀원의장으로 자리를 옮겼다. 그리고 3개월 뒤 하얼빈에서 최후를 맞았다. 역사에 '일본의 크로머'로 기록되고 싶어 했다는 이토 히로부미. 그는 죽어서도 일제의 한국 병탄 완결에 밑거름이 됐다.

우리 역사가 그를 '조선침략의 원흉', '동양평화를 파괴한 일본 제국주의의 괴수(魁首)'이자 우리의 '공적(公敵) 1호'로 기록하고 있는 것도 그의 죄값이라 할 것이다.

제2대 한국 통감
1909. 6. 14~1910. 5.30

소네 아라스케

曾禰荒助

통감이 되기까지

제2대 통감 소네 아라스케는 재임 기간이 11개월 반밖에 안 된다. 그나마 병상에 누운 5개월을 빼면 7개월도 채 자리를 지키지 못한 셈이다. 물론 이토 밑에서 부통감으로 근무한 1년 9개월을 합치면 계산은 달라진다. 그럼에도 그는 통감으로 있는 동안 숱한 화제(話題)를 남겼다. 우선 그가 부통감으로 발령받은 것부터가 별난 이야깃거리였다.

한동안 우리 사회에는 '출신지가 좋아야 출세한다'는 말이 통용되던 시절이 있었다. 이런 사정은 1800년대 말 일본에서도 다르지 않았다. 이는 물론 정계의 지역 연고주의를 꼬집는 냉소였다. 역사 기록이 말해 주듯이 1868년 메이지유신 이후 근대 일본은 조슈(長州, 지금의 야마구치 현 일대)와 사쓰마(薩摩, 지금의 가고시마 현 일대) 번벌(藩閥)이 번갈아 가며 정권을 쥐고 국정을 운영해왔다. 히젠(肥前)*과 도사(土佐, 지금의 고치 현 일대) 번 출신도 더러 있었으나 주로 사쓰마·조슈 두 지방 출신의 세력이 50여 년 동안 정권을 독차지하여 일본 정치를 요리해온 것이 사실이다. 유신 세력의 장기 집권은 1918년 평민 출신 하라 다카시(原敬, 1850~1921)가 재상(宰相)에 오름으로써 막을 내렸다. 따라서

---

* 지금의 사가(佐賀), 나가사키(長崎) 현 일대로 메이지유신 때 사쓰마, 조슈, 도사번 등과 연합, 막부를 무너뜨리고 정권을 잡은 일본 서남웅번(西南雄藩) 가운데 하나.

그동안 일본 정계에는 두 세력의 인물에게 편중될 수밖에 없었다. 군대도 육군은 조슈 출신이, 해군은 사쓰마 출신이 주도권을 잡았다.

소네 아라스케가 제2대 한국 통감이 된 1909년에는 조슈 세력이 일본 정권을 담당하고 있었다. 이토 히로부미를 비롯, 수상 가쓰라 다로, 육군상 데라우치 마사타케, 육군 겐로 야마가타 아리토모, 한국 주차군 사령관 하세가와 요시미치 등 요직이란 요직은 모두 조슈 출신이 차지했다.

더욱이 조슈 지방 사람들은 선배가 후배를 돌봐주거나 일가친척이 서로 돕는 전통이 다른 곳보다 훨씬 강했다. 이는 16세기 이 지방 영주였던 모리 모토나리(毛利元就, 1497~1571)가 세 아들을 모아 놓고 "한 개의 화살은 쉽게 부러뜨릴 수 있지만 세 개의 화살을 한데 모으면 쉽사리 부러지지 않는다('三矢の訓')."고 일러준 일화에서 유래되었다고 한다. 이 지방 사람들은 지금도 모리의 교훈을 잘 기억하고 있다.

소네도 바로 모리가 남긴 교훈의 수혜자라 할 수 있다. 그럴 개연성은 '그가 유능하지는 않지만 성실하다'는 이토의 말에서도 잘 묻어난다. 물론 소네가 실력이 형편없는데도 통감 자리에까지 올랐다는 말은 아니다. 그는 1872년부터 5년 동안 파리에서 프랑스어를 공부하며 선진문명을 익힌 머리가 트인 인물이었다. 그런 소네의 고향이 조슈였으니 출세에 날개를 달았다는 뜻이다.

관직 생활

소네는 1849년 2월 20일 지금의 야마구치 현 나가토(長門)에서 무사의 아들로 태어났다. 열네 살 때 하기(萩) 번이 운영하는 명륜관(明倫館)에 들어가 공부를 하고(1863년), 유신전쟁이 일어나자 열아홉 살 나이로 혁명군에 가담했다(1868년). 1870년부터 오사카 병학료(兵學

寮)에서 프랑스어를 배우기 시작하여 파리 유학을 마치고 돌아와 육군에 입대(1877년)했다. 그러나 군이 싫어 곧 제대하고 태정관(太政官)* 소서기관(少書記官)으로 관가에 첫발을 들여놓았다. 그는 이어 참사원(參事院, 지금의 국회) 의관보(議官補), 법정국 참사관, 내각 기록국장·관보국장 등을 거치면서 국회 개원준비에 힘썼다.

소네는 1890년 제헌국회 개원과 함께 초대 중의원(衆議院) 서기관장으로 이토와 절친한 사이가 됐다. 2년 뒤에는 아예 관직을 그만두고 총선(제2대)에 출마하여 중의원에 당선, 부의장이 되기도 했다. 그는 의정 활동을 하다가 주프랑스 특명대사로 발탁되어(1893년) 일본에 불리하게 맺어진 서구 각국과의 통상조약을 개정하는 데 협상력을 발휘한 뒤 주스페인 공사, 주포르투갈 공사를 역임했다.

소네를 가장 먼저 이끌어준 조슈 선배는 역시 이토였다. 소네는 나이도 이토보다 여덟 살 아래였다. 이토는 그런 소네를 1898년 제3차 이토 내각의 사법대신(司法大臣)으로 임명했다. 태어나 처음 각료 명단에 오른 소네로서는 기쁨이 아닐 수 없었다. 그러나 그도 잠시, 이토 내각은 그해 곧 와해되고 말았다. 그나마 다행인 것은 같은 고향 출신인 야마가타가 다음 정권을 맡게 된 것이다. 소네는 야마가타 내각(제2차)의 농상무(農商務)대신으로 자리를 옮겼다. 야마가타 내각은 2년 뒤인 1901년 같은 조슈 출신 가쓰라에게 바통을 넘겼다. 수상 가쓰라는 소네를 대장대신(大藏大臣)으로 중용(重用)했다. 소네에게는 정말 행운이었다. 소네는 가쓰라 내각에서 5년 동안 때로는 외무대신(1901년)과 체신대신(1903년)을 겸하며 영일동맹(1902년), 러일전쟁에

---

* 메이지유신 정부가 1868년에 설치한 국가 최고기관. 오늘의 내각에 해당하며 1885년 내각제 시행과 함께 폐지되었다.

대비한 군비 확장 등의 업무를 기대에 어긋나지 않게 잘 처리해냈다. 러일전쟁 때는 부족한 재정을 충당하느라 백방으로 뛰어 전쟁을 승리로 이끌었다. 소네는 그런 공로로 1902년 남작 작위를 받고 귀족 대열에 합류했다(1907년 자작).

그러나 산이 높으면 골이 깊은 법일까. 그렇게 잘 나가던 그도 포츠머스 강화조약 결과 터진 국민들의 굴욕외교 반대시위(이 책 〈이토 히로부미〉 2절 참조)로 1906년 가쓰라 내각이 무너지면서 쓴 잔을 들어야 했다. 소네는 추밀고문관이라는 한직으로 밀려났다. 그리고 한숨은 벌써 1년을 넘기고 있었다.

이토의 대리자로

그런 시기에 이토가 부통감 자리를 만들어 그를 서울로 불러들였다. 소네가 조슈 출신이 아니었더라면 어림도 없는 일이었다. 이토는 한국 통감으로 일하면서 겐로 자격으로 일본 제실(帝室)제도* 총재도 겸하고 있었다. 그래서 본국 출장이 잦았다. 항간에는 젊은 여자들과 즐기기 위해 드나들었다는 소문도 파다했다. 이유야 어떻든 이토는 통감으로 있는 3년 6개월 동안 모두 6차례나 도쿄를 드나들었다. 한 번 가면 보통 2~4달 동안 머물렀다. 통감 재임 동안 절반(1년 9개월)을 본국에서 보낸 셈이다. 처음(1906. 4. 21~6. 23)은 개선대관병식(凱旋大觀兵式) 참석 차, 두 번째(1906. 11. 21~1907. 3. 20)는 황실전범(典範) 증보 제정 목적으로, 세 번째(1907. 8. 10~10. 3)는 '일한신약' 체결 보고가 출장 사유였다.

그런 이토에게는 통감 업무를 믿고 맡길 만한 대리자가 필요했다.

---

* 일본 왕위의 계승·섭정 등에 관한 규정이나 왕실 재산 등 왕실에 관계 있는 모든 사항을 입법 또는 개정, 심의·결정하는 기관.

이토는 비록 짧은 기간이었지만 소네와 같이 일하면서 무엇보다 그의 성실성이 마음에 들었다. 그래서 소네가 부임한 이후에는 아예 그에게 일을 맡기고 도쿄에 가서 살다시피 했다. 평균 넉 달씩 걸린 세 차례(1907. 12. 5~1908. 4. 16, 7. 14~11. 5, 1909. 2. 17~6. 14)의 출장이 이를 잘 말해 준다. 그런 만큼 소네의 책임은 막중했다.

소네가 부통감으로 서울에 부임한 1907년 9월은 이른바 '정미의병'으로 전국이 어수선했다. 때마침 이토가 자리를 비운 사이 이인영(李麟榮)이 전국 48진(陣) 1만여 명의 의병을 모아 한국13도창의군(倡義軍)을 조직(12월 6일)하고, 허위(許蔿, 1854~1908)를 군사장(軍師長)에 임명하여 항일 구국운동에 떨쳐 나섰다. 13도창의군은 각국 영사관에 의병군을 교전(交戰)단체로 인정해 달라는 청원서를 보낸 데 이어 1908년 새해(1월 하순) 들어 허위를 비롯한 3백여 명을 서울 부근까지 침투시켜 일본 군경을 공격했다. 이를 목격한 소네는 한국 정치가 그리 만만치 않음을 실감했다.

소네에게는 많은 과제가 기다리고 있었다. 그 가운데서도 일진회의 횡포는 보통 심각한 문제가 아니었다. 일진회는 유사시에 활용하기 위해 일본 군부와 통감부가 기밀비를 대어 키워놓은 조직이 아닌가. 말할 나위 없이 고종 강제 양위 때까지는 잘 써먹었다. 정체가 드러난 일진회는 의병들의 주공격 목표로 변했다. 정미칠조약 이후 1908년 5월까지 10개월 동안 일진회 회원 9,260명이 의병의 습격으로 숨지고 가옥 360채가 불탄 사실은 이들에 대한 국민 감정이 어떠했는지를 입증하고도 남는다.

일진회는 의병들의 공격을 받게 되자 자위단을 조직하여 대응했다. 의병의 공격이 거세면 거셀수록 일진회는 양민들을 더욱 못살게 굴었다. 일본 헌병보다 더 포악했다. 1906년 10월부터 고문으로 일진회를 조종해온 흑룡회(黑龍會, 일본 국가주의단체) 주간 우치다 료헤이를 비롯한 일진회 간부들은 각 지방을 돌며 유세를 하고 유세장에 나온 주민들을 강제로 일진회에 가입시켰다. 소네는 1907년 12월 12일 우치다에게 "일진회에 대한 양민들의 불만이 빗발치고 있으므로 유세를 중단하고 경성으로 돌아가라."는 내용의 편지를 보내어 활동을 중지시켰다.

어디 그뿐인가. 일진회는 이토를 물러나게 할 음모도 서슴지 않았다. 내각 수반 이완용과 으르렁거리면서도 잘도 버텨 오던 농상공부 대신 송병준은 1908년 6월 갑자기 사표를 냈다. 송병준이 그만두면 내각이 와해되고 내각이 무너지면 결국 정국이 혼란에 빠지게 될 것이므로 그 책임을 이토에게 돌려 내쫓자는 정략이었다. 이 꼼수는 이토가 합방 계획을 세우지 않은 불만에서 출발했다. 이 음모의 훈수꾼은 한국을 당장 합방해야 한다고 주장하는 우치다였다.[1]

노련한 이토는 오히려 송병준을 내부대신으로 추천하여 일단 사태를 수습했다. 그리고 일진회와 거래를 끊기로 결심했다. 이토는 이들이 겉으로는 '친일', '한일합방'을 외치고 있으나 보호국 경영에 오히려 방해가 되고 있음을 깊이 깨달았다. 그리고 일진회를 지원하면 할 수록 그만큼 반일 세력을 키우는 결과를 낳는다는 사실도 알게 됐다.

사퇴소동으로 요직을 차지한 송병준은 이완용을 총리 자리에서 끌어내리지 못해 안달이었다. 이토는 이런 송병준의 행동이 매우 못마땅했다. 더욱이 이완용 내각에 대한 일진회의 반정부적 행동은 도저히 용납할 수 없었다. 소네도 동감이었다. 이토와 소네는 송병준을 이완용과 떼어놓는 것밖에 방법이 없다고 보고 그를 사퇴시키기로 의견을 모

친일 단체 일진회를 만든 송병준. 그와 일진회는 합방 급진론의 선두에 있었다.

았다. 결국 송병준은 1909년 2월 내부대신 자리를 내놓아야 했다. 그를 편들던 우치다도 통감부 촉탁직을 사임했다. 내각에서 쫓겨난 송병준은 그 길로 일본으로 건너가 그의 개인 고문이었던 스기야마 시게마루(杉山茂丸, 1864~1935)를 앞세워 야마가타, 가쓰라, 데라우치 등을 소개받은 다음 하루속히 한국을 합방해야 한다고 이들을 부추겼다.[2]

이런 소용돌이 속에 1909년 2월 17일 도쿄로 출장을 떠난 이토는 한국 정치에 염증을 느꼈던지 3개월이 지나도 서울로 돌아올 생각을 하지 않고 요양지를 돌아다니며 고심에 고심을 거듭했다. 그리고 마침내 5월 말 사퇴를 결행했다. 이 소식은 이토 후임에 소네가 유력하다는 하마평과 함께 곧 서울로 날아들었다.

소네가 다음 통감이 된다는 소식이 알려지자 서울 정가는 후끈 달아 올랐다. 당장 합방을 바라는 급진파들의 반발은 마치 용수철 같았다. 그 가운데서도 우치다는 소네의 사생활을 맹렬히 비난하며 통감

자격이 없다고 반대했다. 우치다는 소네가 무엇보다도 무능하고, 파렴치한 색도락(色道樂)을 즐긴다는 점 등을 반대 이유로 들었다. 그는 "그런 결함을 가진 사람이 어떻게 식민지 주민을 제대로 통제할 수 있으며, 또 그가 부통감으로 있으면서 해놓은 일은 도대체 무엇이냐."고 공격했다.[3] 송병준을 비롯한 일진회도 소네를 반대하기는 마찬가지였다. 이들의 반대 목소리에는 평소 소네가 일진회 활동을 규제한 데 대한 응어리도 물론 들어 있었다. 그렇지만 소네가 변태 색한(色漢)이라는 말을 들을 만한 소지가 전혀 없었던 것은 아니었다.

소네의 여성 편력

소네는 부통감으로 부임하여 그의 둘째 아들 간지(曾禰寬治)와 한 지붕 밑에서 지냈다. 간지는 그때 가스와 전기를 판매하는 일한와사(日韓瓦斯)주식회사 대표였다. 그는 러일전쟁이 끝난 1905~06년 무렵부터 사업을 준비하여 1907년 6월 통감부 허가를 받았다. 아버지가 부통감으로 오기 바로 전이었다. 간지는 그 이듬해 8월 일본 재계의 중진이자 도쿄와사(東京瓦斯) 사장이던 시부사와 에이치(涉澤榮一, 1840~1931)를 자본주로 끌어들여 회사를 설립했다.

그때 서울에는 미국인 콜브란(전 콜로라도중부철도회사 사장)이 경영하는 한성전기회사가 있었다. 한성전기회사는 열강들의 이권 압력에 골치를 앓던 고종이 1898년 1월 26일 특별 허가해 자본금 30만 원으로 설립됐다. 이 회사는 1899년 불탄일(佛誕日)을 맞아 서울 서대문에서 종로-동대문-청량리 사이 8킬로미터 구간에 전차를 개통하면서 회사이름을 널리 알렸다. 한성전기회사는 그 뒤 한미전기회사로 이름을 바꾸고 사업 영역을 전등, 전화 등으로 넓혔다. 간지는 1909년 9월 170만 엔의 큰돈을 주고 이 회사를 사들여 '일한와사전기회사'라 고치

■■ 1900년대 서울 시내의 전차.

고 사업을 확장했다. 간지는 이어 인천, 마산, 진해 등에도 지점을 두었다. 그리고 1915년 다시 전기 전문회사답게 '경성전기주식회사'로 이름을 바꾸었다.

단신으로 서울에 와 사업을 하던 간지는 자연스럽게 통감부 아래 남산골에 즐비하던 요정에 드나들게 되었다. 그는 요정 화월에서 '쓰야코(艶子)'라는 기생을 알고부터 사랑에 빠졌다. 그런데 이게 웬 날벼락인가. 하필이면 아버지가 그녀를 관사로 불러들여 벽 하나를 사이에 두고 일을 벌인 것이 아닌가. 아들에게는 정말 뜻밖이었다. 아들은 "이거 원 참, 맞서 싸울 수도 없고…… 그나저나 아버지는 정말 나와 쓰야코의 관계를 모르고 저런단 말인가."라고 푸념을 늘어놓았다고 한다. 《밤의 일제 침략사》는 이 해프닝을 〈며느리와 아내의 '병합'〉이란 제목으로 자세히 설명하고 있다.[4] 이 책은 아버지의 방을 교성(嬌聲)이 넘치는 천국으로, 아들의 방을 한숨이 가득한 지옥으로 표현했다.

소네를 반대하는 급진파들이 이런 좋은 입방아거리를 그냥 지나칠 리 만무했다. 소네의 도락은 이번이 처음은 아니었다. 서울에 오기 전 도쿄에서 정부 각료로 근무할 때 집에서 부리는 가정부를 건드려 아이를 둘이나 낳았다. 고마오(駒雄)와 후유키(冬木)라는 간지의 두 이복형제가 그들이었다. 누가 보아도 그 가정부는 고위관료의 소실이 될 여자 같지는 않았다는 게 당시 세간의 평이었다. 우치다는 이런 염치없는 행적을 거듭 들추며 소네의 통감 취임을 반대했다.

하지만 이들의 비난과 반대는 통하지 않았다. 당시 세태에서 고관들의 바람기는 허물도 아니었다. 그때 일본 대신이라면 누구나 한두 명씩 소실을 두고 있는 것이 보통이었다. 이토의 여성 편력은 더욱 유명했다.

소네와 일진회의 대립

메이지왕은 1909년 6월 14일 소네를 제2대 한국 통감으로 정식 임명했다. 소네는 막상 통감이 되었지만 한국 정치가 꽤 걱정이었다. 당시 도쿄에서는 군부를 중심으로 합방론이 더욱 뜨거웠다. 소네는 이런 상황에서 통치 노선을 확실히 해둘 필요가 있다고 판단하고 이토와 가쓰라 수상 등 3명이 한자리에 모여 한국 통치방침에 관한 비밀각서를 썼다. 각서는 말 그대로 비밀로 지켜지다 이토가 죽고 난 이듬해 1월 4일 가쓰라가 심복 하라 다카시에게 공개함으로써 알려졌다. 하라는 같은 날 그의 일기(《하라 다카시 일기(原敬日記)》)에서 "셋은 이토가 통감에서 물러남에 즈음하여, 장래 방침을 확실히 해둘 필요가 있다는 데 공감하고, 조선은 적당한 시기를 보아 합병 방침을 확정한다는 내용의 각서를 썼다."고 적고 있다. 또 가쓰라는 이때 새로 한국 통감에 부임할 소네에 대해 "이토가 조선을 떠나면 다음 통감은 본국 정부의 지시에 따라 움직여야만 하고 소네에게도 이토와는 (처지가) 다르다는 뜻을 분명히 했다."고 밝혔다.[5]

병상에 누운 소네도 비슷한 시기에 병문안을 온 고미다 다카요시(小美田隆義) 흑룡회 회원에게 각서 내용을 알려주었다. 다만 소네는 "앞으로 7~8년 형세를 보아 합방시기를 정해야 한다는 이토 공의 말에 가쓰라가 동의하여 세간의 급진론을 막아내게 되었다."고 말한 점이 다소 다르다. 또 우치다가 쓴 《일한합방회상록(日韓合邦會想錄)》은 정세 판단 기간을 향후 5~6년으로 적고 있다. 이런 사실들을 종합해 보면 시기만 다를 뿐 합방을 전제로 한국시책을 추진하고 있었음은 분명하다.

일제는 당초 예정에 따라 차근차근 합방 채비를 해나갔다. 이는 이토가 사임 뒤 업무인계를 구실로 서울을 다시 찾은 데서도 확인된다. 1909년 7월 4일 서울에 도착한 이토는 사무를 인계하는 자리에서 이완용 내각과 '한국 사법 및 감옥사무 위탁에 관한 각서'를 조인(7월 12일)했다. 소네는 이를 근거로 그해 10월 말까지 전국에 모두 125개 법원을 신설했다. 경성에는 지금의 대법원 격인 대심원을 두고, 경성·평양·대구 등 3곳에는 고등법원에 해당하는 공소원(控訴院)을 설치했다. 각 지역 중심지에는 지금의 지방법원 구실을 하는 구재판소(區裁判所)를 세웠다. 재판소 역시 항일운동이 잦았던 경상·전라·충청 지방에 많이 세워졌다. 각 재판소 원장과 소장은 모두 일본인 차지였고, 판·검사, 서기도 일본인이 대다수였다.[6] 이로써 통감부는 1909년 10월 말까지 일제의 저항세력을 잡아들이고 벌 주는 탄압수단을 완전히 갖추게 됐다.

이토는 또 한국 군부(軍部)폐지 칙령을 공포(7월 31일)토록 하여 군부를 없애고 그 대신 친위부(親衛府)를 신설, 군부 반란의 소지를 말끔히 치웠다. 이 조치로 친위부는 정미칠조약에 따라 해산되고 남은 황궁 경위담당 보병 1개 대대와 기마병 1개 중대를 관리하게 됐다. 이렇듯 끝까지 그들의 한국 통치에 방해가 되는 모든 장애물을 없애고 소네에게 '탄탄대로'를 넘긴 이토는 기생들을 불러들여 한바탕 질펀하게 즐긴 다음 7월 14일 서울을 출발, 도쿄로 돌아갔다.

일진회는 이토가 물러남에 따라 합방을 조기 실현하기 위해 이완용 내각을 반대하는 서북학회, 대한협회 등과 대동단결을 꾀했다. 그러나 서북학회와 대한협회가 합방을 반대하는 바람에 뜻을 이루지 못했다. 소네는 이완용을 믿고 그에게 더욱 힘을 실어주었다.

소네는 통감이 되어서도 모든 반대와 비난에 아랑곳하지 않는 태도였다. 그는 틈만 나면 쓰야코와 함께 어울려 일본식 사설시조인 나가우타(長唄)를 흥얼대며 시간을 보냈다. 이토는 관사에 비파(琵琶) 명인을 두고 즐긴 것과는 달리 소네는 나가우타를 좋아했다. 그래서 이토가 떠난 뒤에는 나가우타 명창들이 끊임없이 관사를 들락거렸다. 소네는 한밤중에도 전화로 부하들을 불러들여 노래 실력을 자랑했다. 부하들은 혹시 의병이 어디를 습격했거나 아니면 반일폭동이 일어났는지 알고 허둥지둥 달려왔다가 도쿄에서 왔다는 나가우타 명창과 술잔을 기울이는 광경을 보고 놀라지 않을 수 없었다. 야간 호출은 긴급사태 말고는 별로 드문 일이었다. 어리둥절한 표정으로 다가선 부하에게 한 장의 쪽지를 불쑥 내미는 소네의 행동은 더욱 기가 찰 노릇이었다. 부하들은 혹시 권고사직서가 아닐까 하고 더욱 긴장했다. 그러나 그것은 다름 아닌 소네 자신이 지은 나가우타의 한 구절이었다. "내가 지은 노래라네. 쓸 만한가 좀 봐 달라고 오라고 했네." 이 말을 들은 부하들은 조롱을 당한 느낌이었다고 한다. 부하들은 마침내 통감의 야간호출쯤은 묵살해버리게 되었다.

연일 한국을 당장 합방해야 한다고 외치는 급진파들은 이런 통감의 행동이 여간 불만스러운 것이 아니었다. 소네는 소네대로 우치다와 그를 따르는 일진회를 미워했다. 소네와 일진회의 대립은 소네가 1910년 1월 위암으로 병상에 누울 때까지 계속됐다.

문화재 약탈

이토의 합방 점진론과 그 시기

소네 아라스케는 이토 히로부미를 '일본의 비스마르크'*로 추앙하는 절대 '이토 신봉자'이자 '텐노교(天皇敎)** 추종자'로 알려져 있다. 소네는 '보호정치'를 잘하다 보면 일본의 속국이 되리라는 이토의 한국 통치에 대한 지론도 철석같이 믿었다. 따라서 이토의 일거수일투족은 곧 소네의 식민통치 교범이었다고 해도 지나친 말이 아니다. 게다가 그는 매사에 서두르는 법이 없었다.

그러나 현실은 강경파들의 급진론에 귀를 틀어막을 만큼 녹록하지만은 않았다. 앞에서도 설명했듯이 소네가 통감이 된 1909년 9월은 전국 곳곳에서 의병과 일본군이 거의 날마다 교전(交戰)하는 전시상황이

---

* 비스마르크(Otto von Bismark, 1815~1898)는 "현재의 큰 문제는 언론이나 다수결이 아니라 철과 피에 의해 결정된다."는 이른바 '철혈(鐵血)정책'으로 독일을 통일한 초대 독일 총리.

** 일본 황실을 하나의 숭배대상으로 보는 이토의 사상을 빗대어 사용한 말. 이토는 텐노를 서구 기독교와 맞먹는 신앙의 축으로 삼기 위해 대일본제국헌법을 제정하면서 제3조에 텐노를 신성불가침의 대상으로 규정했다고 한다.

었다. 의병 진압을 목적으로 이미 5월 4일 한국에 투입된 일본군 2개 대대 병력 4천여 명은 9월 1일부터 호남지방에서 그들이 말하는 '남한 의병대토벌작전'(10월 말까지)을 벌이는 중이었고, 작전에 나선 일본 군부 지도자들은 이 기회에 한국을 합방해야 한다고 밀어붙였다.

그럼에도 소네는 이토가 그랬듯이 일본 군부와 극우단체의 한국 조기병합론을 단호하게 일축했다. 겉으로는 한국을 '병합'*하기에 시기적으로 아직 이르다는 이유였다. 하지만 그보다는 이토와 가쓰라 수상 등 셋이서 쓴 한국 통치방침에 관한 비밀각서에 그런 결단의 뜻이 들어 있었던 것으로 분석되고 있다. 이는 운노 후쿠주의 설명을 들어보면 더욱 그럴듯하게 여겨진다.

운노는 자신이 쓴 《이토 히로부미와 한국병합》이라는 책에서 "이토는 메이지텐노(明治天皇) 즉위 50주년을 맞이하는 1917년쯤 한국을 합병할 생각이었다."[7]고 주장하고 있다. 그는 일본국회도서관 헌정(憲政)자료실의 고가와 헤이키치(小川平吉)문서에 보관된 〈일한합병책(日韓合倂策)〉이라는 문서에서 이런 사실을 알아냈다고 한다. 이는 지금까지 알려지지 않은 새로운 사실이어서 이토의

■■ 조선총독부가 총독부 간부들에게 '병합' 진상을 알리기 위해 만든 기밀문서.

---

* 구라치 데쓰기치(倉知鐵吉)가 1909년 4월 일본 외무성 정무국장으로 근무할 때 '한국합방'을 앞두고 국가 패망, 영토 편입을 의미하면서도 강제합방의 강압적인 어감을 순화하기 위해 만들어 낸 정치 용어. '합방', '합병' 또는 '병탄'도 아닌 뜻으로 일부러 만들어 사용한 공용어였다 하므로 우리도 용어 선택에 신중을 기해야 할 일이다.

한국지배 연구에 큰 도움이 될 것으로 보인다. 다만 이 문서를 작성한 사람이 누구인지 명확치 않아 자료의 신빙성은 조금 떨어진다.

보호국인 한국을 장차 완전한 식민지로 어떻게 만들 것인가에 대한 이토의 구상은 그의 사위 스에마쓰 겐초(末松謙澄, 1855~1920)[*]의 글과 메모 등을 한데 묶은 《스에마쓰 자작가 소장문서(末松子爵家所藏文書)》에서 확인할 수 있다. 그러나 이 책에 실린 이토 친필 메모는 "한국 8도로부터 각 10명씩 모두 80명의 의원을 선출하여 중의원을 조직할 것. 한국 문무 양반 가운데 50명의 원로를 호선으로 선출, 상원을 조직할 것. 한국 정부 대신은 한국인으로 뽑아 내각책임제를 실시할 것. 정부는 일본인 부왕(副王) 아래 둔다. 완전 합병하기 위해 협상은 필요 없고, 선언으로 충분하다. 한국 황실을 어떻게 처분할까. 각국에 대해 취할 조치는 여하." 등 합방 방법과 절차만 열거하고 있을 뿐 시행시기에 대해서는 말이 없다.

그런데 운노가 공개한 〈일한합병책〉은 "1911년 예정대로 일단 조약을 개정한 뒤 '합병 명목을 내세워', 메이지텐노 즉위 50주년(1917년) '봉축(奉祝)'의 최대 헌상품(獻上品)'으로 병합을 실행한다."고 합방 시기와 목적을 명시하고 있다.

그 문서는 이와 함께 △합병 뒤 일본·한국은 '일본제국'이라고 총칭할 것. △조선인은 일본의 정삭(正朔, 책력)을 받들 것. 즉 일본의 통치권에 복종하는 신민(臣民)이 될 것. △외교권을 비롯한 텐노대권(天皇大權)은 조선에 이르게 할 것. △제국의회는 조선에 시행할 법률을

의결할 것. △조선에 '국왕'을 둘 것. △텐노는 조선 '국왕'에 일정한 행정권을 위임할 것. △조선에 내각을 둘 것. △통감부를 계승하는 조선내각 각료는 일조(日朝) 합동으로 할 것. △일본 귀족원의원에 조선 귀족의 참정을 인정할 것. △중의원 선거법에 따른 조선인의 국정 참여를 인정할 것 등 합병 방식을 구체적으로 적고 있다.

운노는 한국 내정에 대한 설명이 구체적인 점을 들어 이토 통감 때 총무장관을 지낸(1905.12~1908. 10) 쓰루하라 사다키치가 이 〈일한합병책〉을 만든 것으로 추정한다. 이토가 죽은 뒤 그가 살아 있었더라면 그렇게 했으리라 짐작하면서 1909년 말부터 이듬해 초 사이 작성했을 것이라는 분석이다. 그런데 우습게도 쓰루하라는 서울 남산 아래 어느 요정에서 이토가 사귀던 정부(情婦)의 손목을 잡았다는 이유로 사표를 쓰고 이시쓰카 에이조(石塚英藏, 1866~1942)에게 바통을 넘겨준 기막힌 사연의 주인공이기도 하다.[8]

운노의 연구를 바탕으로, 이토의 구상을 재구성해보면, 소네의 처신을 이해하기란 그리 어렵지 않다.

"이토는 대일본제국헌법 제정으로 열네 살 철부지 메이지(明治)를 신성불가침의 절대군주로 신격화(神格化)한 주인공이다. 따라서 둘은 서로 떼려야 뗄 수 없는 군신관계였다. 이토는 메이지를 등에 업고 출세도 하고 권세도 부렸다. 그런 주군(主君)이 어느새 즉위 50주년을 눈앞에 두게 되었다. 이토로서는 40년 넘게 받들어 모신 주군에게 뭔가 특별한 선물이 필요했다. 그래서 이토는 메이지가 즉위 50년을 맞이하는 1917년쯤 한국을 일본의 종속국으로 합방, 진상(進上)할 생각을 해냈다. 더군다나 그해는 메이지가 66세가 되는 특별한 해이기도 하다.

그러나 뜻하지 않게 이토의 예정에 차질이 생겼다. 한국 정치가 예상 밖으로 어려운 점을 실감하고 통감을 그만두게 된 것이다. 이토는 그래도 그가 어디에 있든 주군에게 마음먹은 '특별선물'만은 꼭 하고 싶었다. 그러기 위해서는 이에 필요한 뭔가 확실한 장치가 필요했다. 특히 군 출신(육군대장)으로 급진파인 가쓰라 수상이 미덥지 않았다. 그래서 가쓰라 수상과 소네 통감을 함께 불러 메이지 즉위 50주년 기념선물로 한국을 합병할 계획이라는 이토 자신의 구상에 대한 양해를 구하고, 이를 확실히 보장받고자 비밀 각서를 쓰게 한 것이다."

셋이서 비밀각서를 쓴 시기가 1909년 6월이므로, 소네가 병상에서 흑룡회 회원 고미다에게 앞으로 7~8년 동안의 형세를 보아 한국 합병 시기를 결정하기로 했다고 한 말을 이토의 구상에 대입해 보면 완전히 일치한다. 물론 이 계획은 이토가 일찍 죽고 소네마저 앓아누워, 없던 일이 되고 말았다. 메이지 또한 1912년 7월 60세의 나이로 세상을 떠났으므로 설령 이토가 살아 있었더라도 계획은 실현될 수 없었다.

석굴암 발굴과 이축 계획

이와 같이 이토의 전폭적인 지지를 얻은 소네는 출발부터 이토 방식대로 합병에 필요한 제도와 법령을 하나씩 정비해 나갔다. 그리고 각 지방을 돌며 민심 동향을 살피고 틈틈이 우리 문화재를 수집했다. 그는 한국의 골동품에 관심이 많았다. 더욱이 좋은 불교 미술품과 고문서(古文書)가 나왔다 하면 모든 일을 제쳐두고 직접 찾아가 확인하고 손에 넣었다.

그는 통감이 되자 초도순시* 차 경주 석굴암(石窟庵)을 찾았다. 석

* 날짜 미상. 유홍준은 《나의 문화유산답사기 2》에서 소네의 석굴암 방문 시기를 1909년 가을로 밝히고 있다. 이런 점으로 미루어 소네는 9월부터 이토가 하얼빈에서 암살된 10월 26일 사이에 석굴암을 찾았을 것으로 추정된다.

■■ 1907년 무렵 발견 당시의 석굴(왼쪽)과 1914년 보수공사를 위해 해체되는 석굴(오른쪽)의 모습.

굴 불상의 문화재 가치를 직접 눈으로 확인하기 위함이었다. 석굴암은 그가 부통감으로 취임할 당시 이미 통감부에 보고되어 여러 사람의 입에 오르내리고 있었다. 불교미술품에 관심이 높았던 그로서는 호기심이 발동하지 않을 수 없었다. 왕실의 원찰 또는 국찰로 명성을 떨쳤던 석굴암이 아니던가. 오랜 동안 흙더미에 가려졌다가 다시 모습을 드러낸 석굴암은 발견 당시의 구체적인 기록이 남아 있지 않아 정확한 전후 사정은 알 수가 없다. 공식적인 기록은 총독부가 1938년에 발간한 《불국사와 석굴암》이라는 책에 나와 있는 "메이지 42년(1909년) 경주에 살던 인사에 의해 처음으로 소개되었다."는 내용이 전부다. 그 '경주 인사'는 아마도 석당(石堂) 최남주(崔南柱, 1905~1980)를 가리킨 듯하다. 경주에서 나서 신라 문화재 발굴에 평생을 바친 석당은 "석굴암은 1907년 무렵(날짜는 미상) 어느 경주 우체부가 처음 발견했다."는 증언을 남겼다. 그에 따르면 "우체부는 그날 경주를 출발하여 불국사를 거쳐 토함산의 동산령(東山嶺)을 넘어 동해안 지역으로 우편배달을 가다가 범곡(凡谷) 근처에서 왕릉 비슷한 것을 보고 이상히 여겨 가까이 가보니 입구에 문이 있고 천장이 무너져 있어 들여다보니 많은 돌부처가 흙 속에 묻혀 있는 것을 확인했다.”는 것이다.[9]

우편 배달부는 배달을 마치고 3~4일 뒤 돌아와 이 사실을 우체국장에게 알렸다. 당시 우체국장은 어느 지방이나 다 일본인들이 맡고 있었다. 일본어가 서투른 그는 ‘돌사람’을 의미하는 ‘이시노히도’가 굴 속에 가득 차 있다고 설명하니 우체국장도 놀랐다. 얼마 뒤 양홍묵 군수를 비롯하여 불상애호가, 금융조합 이사, 사진사 등 일본인들이 현장을 답사했다. 이를 살펴본 일본인들은 마치 석굴이 지하 동굴에서 처음 발굴된 듯이 부풀려 호들갑을 떨었다. 석굴암은 원래 석불사(石佛寺)라는 이름의 독립된 절이었으나 임진왜란 이후 불국사에 예속되었고, 1910년 무렵부터 일본인들이 석굴암으로 불렀다고 한다.

이 소동에 앞서 미술사가로 도쿄대에서 학생들을 가르치던 세키노 다다스(關野貞, 1867~1935)는 1902년 8월 고건축 실태를 조사하려고 경주에 왔으나 다 쓰러져 가는 불국사만 보고 석불사는 존재조차 몰랐다. 세키노는 대한제국 초청으로 한국에 왔으나 실은 대대적인 토지조사에 앞서 문화재 실태를 알아보려는 임무를 띠고 있었다. 또 1906년 고적 답사차 불국사를 찾은 어용 조선사학자 이마니시 료(今西龍, 1875~1931) 역시 석불사에 대해서는 전혀 눈치 채지 못했다.

문화재 전문가 유홍준은 《나의 문화유산답사기 2》에서 “토함산 높은 산중에 있는 석불사 석굴이 세상에 늦게 알려진 것은 불행 중 다행이었다.”고 강조한다. 좀더 빨리 알려졌더라면 아마도 귀중한 보물이 거의 약탈당해 볼 수 없게 되었을 것이라는 주장이다. 사실 당시는 일본인들의 문화재 도굴이 심했다. 의병운동이 전국으로 확산되면서

스님들이 산사에서 내려와 비어 있는 절이 많았다. 도굴꾼과 문화재 도둑들은 이 틈을 타 사찰문화재를 마구 털어가고 파괴도 서슴지 않았다. 아직 문화재에 대한 인식이 없던 어수룩한 때라 얼마 안 되는 돈을 내놓고 값진 물건을 강제로 빼앗아 가는 예도 허다했다.

석굴 발견 소식이 알려지자, 일본 도굴꾼들은 이 험산 중턱에까지 몰려들었다. 이 무뢰한들은 수많은 탑상들을 무참히 잘라 훔쳐갔다. 유홍준은 이때 도굴꾼들이 석굴 안 감실에 안치된 열 개의 불상 가운데 가장 아름다운 두 개를 훔쳐갔다고 애석해한다. 운반에 문제가 없었다면 아마 하나도 남아나지 않았을 거라는 설명도 덧붙인다. 본존불 궁둥이 부분도 이때 처참하게 부서졌다. 혹시 본존불 밑바닥에 유물이 묻혀 있을지도 모른다는 생각에서 정으로 찍어 망가뜨렸다. 당시 깨진 본존불은 땅속에 묻혀 있던 궁둥이 돌 조각을 다시 파내 붙였지만 그 상처는 지금도 그대로 남아 있다. 이런 수난 끝에 불·보살·수호신상 등 모두 40개로 이뤄진 석굴 조각상은 두 개를 잃고 지금은 38개만 남았다. 불국사 다보탑의 세 마리 돌사자도 바로 이 무렵 잃어버렸다고 그는 안타까워했다.

문화재 도둑질은 소네도 예외는 아니었다. 유홍준은 《나의 문화유산답사기》에서 소네를 이토 히로부미와 싸잡아 '문화재 약탈자'로 부른다. 그에 따르면, 이토가 국내 고분 도굴을 조장한 장본인이었다면 소네는 우리나라 고문서 유출의 괴수였다. 실제로 이토는 고분에서 훔쳐낸 수많은 고려청자를 메이지왕을 비롯한 일본 귀족사회에 선물했다. 그 때문에 고분이란 고분은 모조리 파헤쳐져 성한 모습이 하나도 없게 되었다고 한다. 통감 재임 1년도 안 된 소네도 고가(古家), 사찰, 서원에서 우리 옛 문헌들을 무더기로 빼돌려 일본 왕실에 바쳤다. 그동안 일본 궁내청(宮內廳) 서릉료(書陵寮, 書庫)에 '소네 아라스케 헌상본(獻上本)'이라는 이름으로 보관되어 있던 이 문화재들은 다행히 1965년 한일협정 때 반환문화재로 돌아왔다.

소네는 경주 토함산 석불사 석굴 11면관세음보살 앞에 놓여 있던 대리석 5층석탑(石塔)도 훔쳐갔다. 그의 소행은 당시 관계자들이 남긴 기록이 잘 말해 준다. 소네의 경주 답사 때 경주박물관 관장으로 일했던 모로가(諸鹿史雄)는 그가 쓴 《경주 신라유적에 대하여》라는 소책자에서 "지금 석굴암의 9면관음(11면관음) 앞에 남아 있는 대석 위에 불사리가 봉납되었다고 구전(口傳)되는 작은 대리석 탑이 있었는데, 지난 메이지 41년 봄(42년 가을의 착오, 1909년)에 모 고관이 둘러보고 간 뒤 어디론지 자취를 감추어버린 것은 지금 생각해도 애석하기 짝이 없는 일"이라고 털어놓았다.

또 통감부 설치 때부터 경주군 주석서기(主席書記)로 일하면서 소네의 석굴암 관람을 안내했던 기무라(木村諍雄)도 〈조선에서 늙으며 (1924년)〉라는 제목의 글에서 "내가 경주군에 근무하는 동안 석굴 불상 2구와 불국사 다보탑 사자 1대(對, 한 쌍), 등롱(燈籠, 사리탑) 등 귀중물이 내지(內地, 일본)로 반출되었는데 죽을 때까지 이를 원상대로 돌려놓는 것이 나의 소망이다."라고 적었고, 일본의 민예운동가 야나기 무네요시(柳宗悅)도 〈석불사 조각에 대하여〉라는 글에서 소네의 도둑질에 대한 전언(傳言)을 인용하고 있다.

석불사를 돌아본 소네는 한술 더 떠 석굴 불상을 통째 서울로 옮기기로 마음먹고, 우선 문화재 전문가 세키노를 현지에 보내 감정(鑑定)을 해보도록 했다. 세키노는 이를 살펴본 뒤 '동양무비(無比)의 최고 걸작'이라고 보고했다. 소네는 그렇다면 석불을 외딴 곳에 놓아두기 아깝다며, 현지 군수에게 서울로 옮기는 데 필요한 예산을 계산하여 올리도록 경상도 관찰사를 통해 지시했다. 석굴을 모두 해체하여 동해안 감포로 옮긴 뒤 배편으로 인천항을 거쳐 서울로 운반하면 된다는 생각이었다. 그러나 이는 현지의 좋지 않은 여론은 그만두고라도 해체, 복원 공정의 어려움을 고려하지 않은 무모한 계획이었다. 이 석굴 불상 이축계획은 결국 소네 통감이 해임됨에 따라 취소되고 말았다.

합방을 둘러싼 대결과 소네의 최후

그런 가운데 10월 26일 이토가 하얼빈에서 암살됐다. 소네에게는 청천벽력이었다. 일본과 한국의 정계는 말 그대로 벌집을 쑤셔 놓은 듯 했다. 더욱이 일진회는 12월 4일 회장 이용구의 이름으로 성명을 발표하고 순종에게 상주문(上奏文)을, 통감에게 상신서(上申書)를 제출, '한일합방'을 서두르자고 건의했다. 송병준은 우치다, 다케다 한시(武田範之) 등과 짜고 합방청원서를 만들어 야마가타 등에 보내 동의를 얻었다고 한다. 우치다는 정우회(政友會)의 오가와 헤이키치(小川平吉) 등과 조선문제동지회를 발족시키고 조기합방을 위한 여론몰이에 나섰다.

합방상신서를 받은 소네는 합방은 여전히 시기상조라며 한국 대신회의를 세 번이나 열게 한 끝에 이를 각하시켰다. 이와 달리 합방 반대건의서는 즉석에서 받아들이고 신문, 통신 등 언론계를 움직여 합방 시기상조론을 펴도록 했다. 소네의 조기합방 반대 근거는 무엇보다 일본이 세계 각국과 개국 초기에 맺은 '불평등조약'의 개정 시기에 있었다. 이

■■ 한일합병을 위해 암약한 우치다 료헤이(왼쪽)와 이용구(오른쪽).

들 조약은 구미 강대국들과 1911년에 협상을 벌여 개정하기로 예정돼 있었으므로 소네 생각으로는 이 조약들을 먼저 처리한 다음 합방을 추진하는 것이 순서였다. 또 혹시라도 합방 찬성과 반대운동으로 사회가 혼란에 빠져 소요사태라도 일어나면 그 역시 큰일이었다. 다시 말하면 이토 죽음의 후유증이 아무 소란 없이 무사히 가라앉기를 바라는 마음이었다. 이 밖에도 이토, 가쓰라 등 3인이 쓴 비밀각서와 일본 재야의 대륙 로닌(浪人)*들과 미묘한 감정대립도 소네가 조기합방에 반대한 무시할 수 없는 요인이었다는 것이 일본 학자들의 분석이다.

소네의 자제 요청에도 아랑곳없이 일진회는 일본 극우파들과 짜고 곳곳에서 합방을 촉구하는 집회를 잇달아 열며 통감에게 합방상신서를 계속 제출했다. 이에 소네는 가쓰라의 지시에 따라 일진회의 네 번째 상신서를 마지못해 받아들였다. 그러자 서북학회와 대한협회 등 단체들도 이에 맞서 합방 반대운동에 발 벗고 나섰다. 이들을 감시하던 경찰 당국은 합방 찬성자와 반대자의 충돌 예방을 구실로 모든 단체의 집회를 즉각 금지했다. 소네는 이때 데라우치 육군대신이 헌병대장 사카기바라 쇼조(榊原昇造, 1859~1940) 소장에게 '이용구의 신변을 보호하라'는 내명(內命)전보를 친 사실을 확인하고, 그가 바로 일진회 배후세력이라고 판단, 서로 대립하게 되었다. 소네는 또 우치다에게도 퇴한(退韓) 명령을 내렸으나 가쓰라 수상의 만류로 거둬들였다. 우치다는 결국 아카시 참모장이 설득하여 12월 26일 스스로 한국을 떠났다.

뜻밖에도 이토 암살이라는 '호재'를 만난 야마가타, 가쓰라, 데라우치 등 이른바 '조기합방 3거두'는 안중근 재판이 마무리되는 대로

---

* 조선과 만주 등지에서 일정한 직업 없이 떠돌던 일본 국수주의 부랑자들을 통틀어 말함.

한국을 '합병'하기로 의견을 모으고 준비 작업을 서둘렀다. 이를 눈치챈 소네는 1910년 1월 가쓰라 수상과 합방문제를 매듭짓기 위해 도쿄로 건너갔다. 그러나 소네는 가쓰라와 단 한 번 만났을 뿐 그 길로 요양원에 들어가 앓아눕고 말았다.

일진회는 소네가 자리를 비운 사이 파면운동을 시작했다. 우치다 패들은 흑룡회 간사이자 중의원 의원이던 오우미야 에이지(近江谷榮次)에게 소네의 파면을 청원토록 했다. 파면 이유는 △합병문제를 놓고 일본 정부와 대립하고 있다. △아들이 한미전기회사를 사들일 때 순종의 옥새를 위조했다. △1910년 1월 요양 차 귀국한 뒤 2개월이 넘도록 대리통감을 두지 않고 있다. △송병준의 중추원 고문 친임 인사에 따른 사령 및 봉급 지급을 오랫동안 지연시켰다는 네 가지였다.

야마가타와 가쓰라, 데라우치 등 '3거두'는 1910년 3월 20일 소네가 병원에 입원한 가운데 비밀회의를 열고 소네 통감 해임, 합방 단행 방침을 확정했다.[10] 가쓰라는 이 사실을 즉시 일진회에 알렸다. 이때는 이미 안중근에 대한 재판이 끝나(2월 19일) 사형 집행일(3월 26일)만 남겨놓고 있었다. 그러나 합방 일정과 후임 통감 인선은 메이지왕의 재가 뒤로 미뤄졌다. 소네는 마침내 병문안차 온 데라우치를 통해 사표를 제출, 5월 30일자로 수리됐다. 그리고 그로부터 3개월 반 만인 9월 13일 병상에서 조용히 눈을 감았다.

여기서 결론을 말한다면 소네는 해외 유학파답게 서구식 보호주의 방법을 모방한 철저한 식민통치 행정가였다. 합방 시기를 놓고 군부와 다툼이 있었지만 '한국 지배'라는 지향하는 목적은 조금도 다를 바 없었다. 소네는 익지 않은 감은 절대로 손대지 않는 성미였다. 《조선 공로자 명감》(조선총독부, 1935)이 그를 '조선공로자 10인'의 하나로 평가한 것만 보아도 역대 한국 통감(총독) 가운데 비중이 결코 가볍지 않았음을 짐작할 수 있다.

《조선공로자 명감》은 "그는 고매한 인격자로 세속의 공을 서둘러 무리하게 얻으려는 권모술수 재주꾼이나 경박한 자들과 크게 다르다. 항상 온화한 마음으로 당시 혼미한 조선의 일을 잘 처리한 점을 보면 가장 중요한 시기 총독부(통감부)로서는 적임자를 맞이한 셈이다. 활달 고매한 식견의 (소유자) 이토와 온후(溫厚) 굉원(宏遠, 생각이나 논리 따위가 심오함)한 소네가 조선의 일을 맡아 족히 세상의 신뢰와 기대를 모을 것이었으나, 한 사람은 조선인의 저격에 운명하였고, 또 한 사람은 집요한 병마에 쓰러져버렸다. 소네 통감 같은 배짱이 뛰어난 걸출한 인물이 아니었더라면 세상 여론과 대세의 흐름에 잘 대처하기란 불가능한 일이었다. 재임은 매우 짧았지만 그 공은 영원히 크게 남을 것이다."라고 극찬하고 있다.

데라우치 마사타케

데라우치 마사타케 약력

1852. 2. 24   조슈 번사(藩士) 우다 마사스케(宇多正輔)의 3남으로 출생.
               어머니 성씨 데라우치(寺內)를 이어받음.
1868.   유신전쟁에 조슈 번 미타테타이(御楯隊) 소속으로 막부–조슈 전(戰)과
               하코다테(函館) 전 등에 참전.
1869.   오사카 병학료에 들어가 수학.
1871.   소위 임관.
1873.   세이난 전쟁에 정부군으로 참전, 오른팔 부상.
1882.   주프랑스 일본공사관 무관으로 파리에 유학, 군사학을 배움.
1885.   유학을 마치고 귀국, 육군대신 비서관(관방부장)을 거쳐
               육군사관학교 교장으로 취임.
1894.   운수통신장관.
1898.   교육총감, 참모본부 제1국장, 참모본부 차장 등을 차례로 역임.
1902. 3. 27   제1차 가쓰라 내각 육군대신. 그 뒤 제1차 사이온지 내각,
               제2차 가쓰라 내각 육군대신 유임.
1904. 2.   육군대신으로 러일전쟁 지휘.
1906. 11.   육군대장.
1907.   자작.
1910. 5. 30   육군대신 겸 제3대 한국 통감으로 한국합방 획책.
1910. 10. 1   초대 조선 총독(육군대신 겸임).
1911.   백작.
1916.   육군원수.
1916. 10. 9   제18대 내각 총리대신(외무·대장대신 겸임).
1919. 11. 3   사망.

'불도그' 등장

군부 강경파의 승리

데라우치 마사타케가 초대 조선 총독이라는 사실은 잘 알려져 있지만, 통감으로서의 '악역'은 역사에 묻힌 지 오래이다. 먼저 1910년 5월 30일자로 제3대 한국 통감에 임명된 데라우치는 국권을 강제로 빼앗고 삼천리 금수강산을 병영체제로 만들어 공포분위기를 연출한 무단통치 주역이었다. 그는 생김새부터 사나운 사냥개 불도그를 닮았다. 건드리기만 하면 금방이라도 물어뜯을 듯한 인상이다. 좀 안됐지만 글머리부터 외모를 들춘 것은 그가 우리 민족을 짐승만도 못하게 다루었기에 하는 소리이다.

그가 왜성대(倭城臺)에 나타난 것은 한마디로 일제 군부의 일탈(逸脫)을 예고한 비극의 서막이었다. 줄곧 '일한병합'을 외쳐온 군부 강경파의 승리이기도 했다. 역사에서 가정이란 있을 수 없는 일이지만, 이토 히로부미의 암살이 없었더라도 군부가 앞에 나서서 한국합방을 주도할 수 있었을까? 일제 군부 강경파가 어이없게도 의사 안중근의 숭고한 뜻을 역이용하여 재빨리 대한제국을 병탄해버렸기 때문이다.

어쨌거나 이토의 죽음은 러일전쟁 이후 자기 몸통과 비슷한 물고기를 물고도 거센 가시 때문에 목구멍으로 넘기지 못하고, 이리 치고 저리 메치는 가마우지 꼴이었던 일제 군부 강경세력에게 '좋은 식사'를 할 수 있는 천재일우(千載一遇)의 기회였다. 그동안 구실을 찾지 못해 안달이던 그들에게 이토의 부음은, 어찌 보면, '비보'가 아닌 '낭보'였던 셈이다. 죽기 전 이토는 일제 군부에게 껄끄러운 가시이자 조기합방을 어렵게 하는 걸림돌이었다. 그런 눈엣가시가 급진세력의 목에 걸린 가시를 해결해 주었으니 얼마나 역설적인가. 이처럼 일본 집권세력은 이토의 암살을 정치적으로 이용했다.

이토가 사라진 일본 정계는 곧 군부 강경파들 세상이었다. 야마가타, 가쓰라, 데라우치 등 이른바 '3거두'는 1910년 2월 말 비밀회합에서 "8월 안으로 한국을 '병합'하되 육군성이 이를 주도한다."는 데 의견을 모았다. 문제는 한국에서 이해관계가 가장 많이 얽혀 있던 열강들, 영국과 미국, 그리고 러시아의 반응이었다. 하지만 영국은 1902년 이미 영일동맹으로 우호적이었고, 미국 역시 1905년 7월 29일 가쓰라-태프트(W. H. Taft, 1857~1930, 뒤에 27대 미국 대통령이 됨) 밀약으로 한국에 대한 일본의 이익을 보장받아 놓은 상태여서 조금만 양보하면 그리 어렵지 않게 풀릴 것으로 판단했다. 나머지 하나, 러시아의 움직임이 걱정되었으나 이 또한 경비 경호 소홀로 이토를 죽음에 이르게 한 당사국이 아닌가. 합방 시기를 1911년 뒤로 미룬다면 이토의 죽음에 대한 애도 분위기가 식는 데다 이미 열강들과 맺은 조약도 다시 고치도록 약속되어 합방은 더욱 어려워질 게 뻔했다. '3거두'는 합방에 따른 한국의 영사재판 소멸 문제도 1909년 7월 한국 정부로부터 넘겨받은 '한국 사법권의 일본 위탁 각서'를 근거로 당사국을 설득하면 끝낼 수 있는 문제로 인식했다.

이들의 결론이 '육군성 주도 조기합방'에 이르자 군부의 콧대는 더욱 높아졌다. 더욱이 문관 이토와 무관 야마가타 사이를 오가며 눈치를 살펴야 했던 데라우치는 물 찬 제비 모습이었다. 야마가타의 후계로 일본 육군대신을 7년 넘게 연임하고 있던 데라우치는, 이토가 죽자 통감이나 다를 바 없었다. 송병준과 이용구의 일진회를 움직여 합방청원서를 내도록 하고, 언론을 동원하여 합방의 필요성을 강조하도록 종용하는 등 합방을 서두르기 위한 분위기를 만들어 나갔다.

시간이 지나면서 육군성의 발걸음은 점점 빨라졌다. 먼저 육군성 군사과장 다나카 기이치(田中義一, 1864~1929) 대좌(지금의 대령급)가 한국병탄 시나리오 초안을 만들어 내놓았다. 다나카 역시 조슈(야마구치) 출신으로, 1921년에는 대장으로 승진한 뒤 1927년부터 2년 동안 수상을 맡은 인물이다. 데라우치는 이 시나리오의 책임 연출자로 초안을 다듬고 보충하여 극화(劇化)하는 데 전력을 다했다. 수상 가쓰라는 정당과 의회를 맡아 정치적 문제를 조율했다. 야마가타는 '병합' 사령탑을 자처하고 나섰다.

앞에서도 설명했듯이, 한국합방을 추진한 이들 군부 주역은 모두 하기 번을 중심으로 한 야마구치 출신이다. 하기(萩)는 임진왜란 때 끌려간 도공(陶工) 이작광(李勺光)과 이경(李敬) 형제가 1604년 '하기야키(萩燒)'라는 도자기 가마를 만든 곳으로, 한국의 피와 얼이 서려 있는 고장이기도 하다. 한국 문명의 영향을 가장 먼저, 가장 많이 받은 이 지역 출신들이 한국 침략에 앞장선 것은 역사의 아이러니이다.

이토가 죽고 소네 통감이 병상에 앓아누우면서 많은 인물들이 후임 통감 하마평에 올랐다. 고토 신페이(後藤新平, 1857~1929)와 하세가와 대장 등은 단연 으뜸이었다. 문관을 뽑는다면 고토를 따라갈 인물이 없었다. 그는 1898년부터 5년 남짓 동안 타이완총독부 민정국장으로 수완을 발휘한 식민지 행정의 전문가였다. 무관으로는 1904년 5월부터 1908년 12월까지 한국주차군 사령관으로 근무한 하세가와가 유력했다. 그는 평생 소원이 한국 통감이기도 했다.

그럼에도 가쓰라는 업무가 늘 바쁘고, 오른팔도 성하지 않은 데라우치 육군대신을 겸임 통감으로 선택했다. 그 까닭은 데라우치는 식민지 지배에 필수조건인 정략(政略)과 군략(軍略)을 겸비한 인물이었다는 것이 당시 언론의 평이다. 데라우치는 실제로 1871년 소위에 임관한 뒤 21세 때인 1873년, 사이고 다카모리(西鄉隆盛, 1827~1877)가 반란을 일으킨 세이난(西南) 전쟁에 정부군 대위로 참전했다가 오른팔을 다쳐 쓸 수 없게 됐다. 그는 더 이상 일선 전투부대를 직접 지휘할 수 없게 되자 군의 정책, 전략을 짜는 군정(軍政)으로 주특기를 바꾸어 이 분야의 최고가 되었다고 한다. 그저 한국을 단순한 식민지로 볼 것이 아니라 일본이 대륙으로 진출하는 데 교두보로 활용해야 한다는 그의 주장도 지배층의 공감을 샀다.

데라우치는 1910년 4월 5일 가쓰라 수상으로부터 통감 내정 사실을 미리 통보받았다고 알려져 있다. 이는 그가 4월 22일 가쓰라에게 부통감 임명에 대한 의견을 물었던 기록에서도 확인된다. 데라우치는 때마침 5월 5일 도쿄에서 열린 각 군 참모장 회의에 참석한 한국주차군 참모장 아카시 모토지로를 자기 방으로 불러내어 다나카 군사과장과 셋이서 한국주차 헌병이 일반경찰을 지휘하는 헌병-경찰 통합 문제를 논의했다. 물론 그에게는 한국주차헌병대 사령관으로 임용한다는 조건이 붙어 있었다. 논의 결과, 군인을 전담하는 헌병이 일반 민간경찰권을 장악하기 위해서는 한국 정부로부터 경찰권을 넘겨받는 것이 선결과제라는 결론에 이르렀다. 데라우치는 그 문제는 자신에게 맡기라며 아카시를 다독였다. 그리고 아카시가 귀임한 지 한 달여 만인 6월 15일 그를 한국주차헌병대 사령

■■ 야마가타 이사부로

관으로 정식 발령했다. 데라우치는 경찰업무의 위임도 6월 24일 '한국경찰 사무위탁에 관한 각서'라는 형식으로 매듭지었다.

데라우치는 이어 5월 11일 야마가타 이사부로(山縣伊三郎, 1858~1927)를 만나 부통감을 맡아주기를 요청했다. 이사부로는 야마가타 아리토모의 양자로 체신상(遞信相, 1906. 1~08. 1, 제1차 사이온지 내각) 등을 역임한 뒤 당시는 귀족원의원으로 활동하고 있었다. 이사부로는 5월 13일 데라우치의 제의를 받아들였다. 취임식은 데라우치와 함께 5월 30일 열렸다.

일본 헌법 적용 배제

이와 같이 두 참모 선정을 끝낸 데라우치는 야마가타 부통감을 먼저 한국에 보내고 자신은 도쿄에 남아, 구체적인 '병합' 추진계획을 짜는 데 전념했다. 데라우치는 이에 앞서 5월 27일 '병합 뒤의 한국에 대한 시정방침'(13개 항목)을 각의에 제출, 6월 3일 승인을 받아냈다. 그 내용을 보면 △한국 통치는 텐노(天皇) 대권에 따르고, 일본제국헌법은 시행하지 않는다. △텐노 직속 총독이 정무를 통괄하고, 법률에 대신할 명령 포고권을 갖는다. △총독부 회계는 특별 회계로 하되, 세입은 조선의 조세, 관세 수입으로 충당하는 것을 원칙으로 한다. 철도, 통신 회계도 총독부 회계로 일괄한다. △지금의 행정기구를 시의에 맞게 개편한다. △'병합' 실행 비용은 일본 정부 부담으로 한다. 등이 주요 골자였다.

이 가운데 가장 핵심은 한국에 일본 헌법을 적용하느냐였다. 헌법 적용은 합병 뒤 일본의 한국 지배 형태를 결정하는 근간이었기 때문이다. 그러나 일제는 헌법 적용을 유보함으로써 한국인에게 일본인으로서 의무만 지우고 권리는 부여하지 않았다. 다시 말하면 우리 민족은 노예나 다름없는 신세였다. 오구마 에이지(小熊英二)는 이를 "일

본인이면서 일본인이 아닌 경계인(境界人)"이라고 썼다.[1]

이 데라우치 구상은 각의에서 반대의견 없이 거의 그대로 통과되었다. 이 결정에 따라 이토가 당초 구상한 자치식민지, 일진회가 청원한 연방제, 헌정본당(憲政本黨)이 제안한 위임통치 등 당시 제국주의 시류를 반영한 통치모델은 완전히 배제되고 말았다. 데라우치는 6월 3일 그의 일기에 "이미 제출한 한국 시정방침에 대한 계획서가 오늘 각의에서 수정 없이 그대로 통과되어 매우 만족스럽다."고 당당하게 적고 있다.

가쓰라 내각은 '병합준비위원회'를 구성하여 데라우치를 도왔다. 위원은 외무성 정무국장 구라치 데쓰기치(倉知鐵吉), 통감부 참사관 겸 외무부장 고마쓰 미도리(小松綠), 내각 서기관장 시바타 가몬(柴田家門, 1863~1919), 법제국장 야스히로 반이치로(安廣伴一郎), 체상(遞相) 겸 척식국 부총재 고토 신페이, 대장성 차관 와카쓰키 레이지로(若槻札次郎, 1866~1949), 법제국 서기관 나카니시 세이치(中西淸一), 척식국 서기관 에기 쓰바사(江木翼), 통감부 관방 회계과장 고다마 히데오(兒玉秀雄, 1876~1947), 통감부 서기관 나카야마 세이다로(中山成太郎) 등 10명으로 구성됐다.

의장은 내각 서기관장 시바타가 맡아 회의를 주재했다. 이 위원회는 △합방 뒤 국호 △한국 황실의 대우 △한국인의 법적 지위 △한국 원로대신의 처우 △한국 국민에 대한 통치방침 △합방 실행에 필요한 경비 △한국이 맺은 각국의 조약상의 권리 △수출입품에 대한 관세 △한국의 채권, 채무 계승 △합방시 공포될 여러 칙령안(勅令案) 등 모두 22가지를 검토했다.

그 결과 위원회는 7월 7일까지 △국칭(國稱)을 '조선'으로 할 것 △한국 황제 이씨를 대공(大公)으로 칭하고 그 일가를 세습하여 세비로 150만 엔을 지급할 것 △이 왕가의 친척은 황족으로 대우하고 그 반위에 따라 공·후·백작위(조선 귀족)를 주어 세습, 재산으로 상당한 공채증서를 하사할 것 △신구 공신에는 그 공적에 따라 작위를 주고 세습, 재산으로 공채증서를 줄 것 △조선인은 법령 또는 조약으로 별도 취급을 결정한 외에는 내지인(본토)과 동일하게 할 것 △병합 경비로 3천만 엔의 공채를 발행하여 그 절반을 황족 원로, 대관 등의 세습재산에 충당하고 나머지 절반은 교육 등 기금으로 각 분야에 나누어줄 것 등을 주요 골자로 한 '병합실행방법세목'을 결정, 각의에 넘겨 그 이튿날인 8일 승인을 받았다. 이날 각의에서는 만일 한국이 합방 조약에 불응할 경우 형식에 얽매이지 않고 일방적으로 합방을 선언하는 방안도 강구했다고 한다. 겐로들은 7월 12일 데라우치 관저에서 회의를 열고 이 합방계획안을 최종 확정했다.

데라우치는 이와 함께 외무성에 러시아와 영국의 이해를 구하도록 요청했다. 러시아와는 이미 그해 3월 이후 두 번째 절충을 벌이고 있었다. 협상 주제는 만주에서 두 나라의 세력범위를 확정하는 문제였는데, 이토의 죽음 탓인지 예전처럼 험악한 분위기는 아니었다고 기록은 전한다. 협상은 7월 4일 원만히 타결됐다. 영국과는 그해 5월 영국 측이 먼저 제의해 와 협상이 시작됐다. 한국과의 기존 조약에 따른 모든 이권을 그대로 인정한다는 조건으로 이 또한 8월 초순 결론이 났다. 재한 영국인의 영사 재판권 철폐는 1911년 1월, 거류지 폐지는 1914년 4월로 결정했다. 이로써 '일한합방'은 초읽기에 들어갔다.

이렇게 하여 합방 준비를 마무리한 데라우치는 7월 15일 도쿄 신바시(新橋) 역을 출발, 23일 서울에 도착했다. 25일 순종과 고종을 차례로 알현한 데 이어 8월 1일 정례 각의에 출석, 한국 대신들과 부임 인사를 나누었다. 그러나 인사말밖에는 일절 정치언동을 삼가고 서울 상황을 면밀히 지켜보면서 심사숙고했다.

헌병경찰제도 도입

데라우치는 합방을 강행하기 위해서는 무엇보다 군사력이 뒷받침
되어야 한다고 판단하고, 통감에 임명되자마자 한국주차군 병력을
서울로 이동 배치토록 명령했다. 당시 제2사단 참모였던 요시다 겐지
로(吉田源治郎) 기병대위가 합방 1년 뒤 정리한 〈일한병합시말〉에 따
르면 지방 부대의 서울 경비명령이 떨어진 것은 5월 하순부터 6월 사
이이고, 명령을 받은 부대는 7월 9일까지 모두 용산에 집결했다.

데라우치는 당시 조치상황을 《조선총독보고 한국병합시말》 부록
에 〈한국병합과 군사 관계(韓國併合ト軍事上ノ關係)〉라는 제목으로 남
겼다. 이를 우리말로 옮겨보면 다음과 같다.

> 본관은 취임 초 한국의 치안과 질서를 확실하게 하는 것이 무엇보다
> 긴요하다고 인식하고 6월 15일 아카시 모토지로 한국주차헌병대 사령
> 관을 통해 한국 내각 총리대신에게 한국 경찰권을 일본 정부에 위탁할
> 것을 요청하는 조회문(照會文)을 보냈다. 그러나 한국 정부는 6월 23일
> 정례각의에서 이를 반대하고, 더욱이 우리(일본)가 조약에 따르지 않고
> 상호 조회문 교환이라는 약식으로 결정하려는 데 반발하여 일괄 사직의
> 뜻을 보이기까지 했다. 이에 일본은 1909년 7월 12일 조인한 〈한국 사법
> 및 감옥사무 위탁에 관한 각서(韓國司法及監獄事務委託ニ關スル覺書)〉를
> 본떠서 3개조의 〈한국 경찰사무 위탁에 관한 각서(韓國警察事務委託ニ關
> スル覺書)〉를 만들어 24일 조인했다. 우리 측에서는 통감부 총무장관 이
> 시즈카 에이조(石塚英藏)가 데라우치 마사타케 통감을 대리하여 서명했
> 다. 이시즈카는 정식 위임장이 없어 편법으로 통감 이름을 앞세웠다. 일
> 본 추밀원회의는 6월 26일 이 '각서'에 근거하여 헌병경찰을 통합한다
> 는 요지의 '통감부경찰서관제'를 의결·공포, 7월 1일부터 시행했다. 이

'관제'에 따라 한국주차헌병대 사령관이 통감부에 신설된 경무총장을 겸임, 산하 헌병·경찰을 총지휘하고, 각 도 헌병대장이 각 도 경무부장을 맡아 경찰사무 및 경찰서를 관장토록 했다.

이러한 헌병경찰제도는 일본 경찰 관료와 법학자들 사이에 불만이 대단했다. 헌병과 경찰 통합은 근대국가 법리에 어긋날 뿐만 아니라, 같은 제국(일본) 안에 본국과는 다른 제도를 이중으로 신설하는 좋지 않은 모양새가 되었기 때문이다.

일제는 헌병-경찰 통합과 함께 병력도 크게 늘렸다. 헌병장교 1천 명을 증원하는 한편 한국주차헌병대 본부를 사령부로 격을 높이고 그 아래 13개 헌병대를 신설했다. 헌병경찰제도가 발효된 7월 1일 현재 한국주차헌병 병력은 장관(將官) 1명, 좌관(佐官, 영관급) 14명, 위관(尉官) 102명, 하사관 3,386명, 보조원(한국인) 4,417명 등 총 7,920명에 이르렀다. 이들은 '합방' 조약 때 우리 민족의 시위, 저항에 대비, 모두 현장에 동원됐다.[2]

용산에 집결한 군 병력도 2,626명(보병 15개, 공병 1개 중대)이나 되었다. 이들은 함경북도 나남(기병 제2연대)과 대구(1910년 5월 창설 임시 파견대) 등지에서 차출됐다.

데라우치에게는 신문도 큰 골칫거리였다. 그는 특히 일제 식민지 정책과 통감부 시책에 비판적이었던 《대한매일신보》를 그대로 두고 합방을 추진할 수는 없다고 판단했다. 그래서 그는 절친하게 지내던 일본 《고쿠민신문》 사장 도쿠토미 소호(德富蘇峰, 1863~1957)를 서울로 불러들여 이를 매수한 다음, 한국 내 모든 신문을 《경성일보(京城日報)》 하나로 통폐합했다. 작업은 8월 20일 이전 모두 끝냈다. 당시 이름을 날리던 《황성신문》과 《제국신문》 등은 이때 모두 문을 닫았다. 《경성일보》는 통감부 기관지로 통감부 시책과 일제 식민지 정책에 대해서는 전혀 비판할 수 없는, 말 그대로 일본 정부 시책을 알리는 홍보지에 다름 없었다. 경성일보사에는 우리말 신문 《매일신보(每日申報)》(1938년 4월부터 《每日新報》로 독립)와 영자신문 《서울 프레스(Seoul Press)》가 있었지만, 이 역시 《경성일보》 기사를 번역하여 옮겨 싣는 수준이었다.[3]

이처럼 만반의 태세를 갖춘 데라우치는 8월 13일 고무라 외상에게 앞으로 1주일 안에 교섭을 시작하겠다고 전보로 알렸다. 데라우치는 8월 16일 통감 관저로 이완용 수상을 불러 '병합 방침 각서'를 제시했다. 내용은 '병합준비위원회'가 결정한 그대로였다. 데라우치는 이 자리에서 먼저 "일본 정부는 그동안 수많은 희생을 무릅쓰고 두 차례나 전쟁을 치르면서 한국을 도왔으나 지금의 제도로는 도저히 시정개선(施政改善)의 목적을 달성할 수 없으므로 두 나라를 하나로 통합할 수밖에 없다."고 합방 이유를 설명한 다음, "고금의 역사에 비추어 보건대 '병합'은 그 예가 적지 아니하고, 더러는 위압으로 강행하거나, 선언서로 대신하여 협약을 체결하지 않기도 하지만, '일·한'은 지금까지의 관계를 고려하고 앞으로 양 국민의 친목을 위해서도 이 같은 수단에 호소하는 것은 바람직한 방안이 아니므로 서로 화기애애한 가운데 실행하자."고 말머리를 꺼냈다.

그런 다음 전문 8개조로 된 조약안을 이완용에게 건네며 "총리대신이 이 안을 각의에 넘겨 결정한 다음 한황 폐하에게 주청해야 하는데, 직책상 총리대신이 전권위원을 맡아야 할 것"이라고 조약체결 순서까지 위압적으로 통보했다. 이를 간파하고 있던 이완용은 아무런 이견도 달지 않았다. 다만 이완용은 이날 각의를 열고 국호는 한국민의 감정을 감안하여 종전대로 한국으로 하고 황제 칭호도 공(公) 대신 왕으로 해 줄 것을 간청하기로 했다. 그는 회의 뒤 저녁 9시쯤 농상공부대신 조중응(趙重應)을 시켜 이런 의견을 데라우치에게 전달했다.

이에 데라우치는 조중응에게 조선이라는 국칭은 바꿀 수 없으나, 황제를 이왕전하, 태황전하를 태왕전하, 황태자를 왕세자전하로 일컫도록 본국에 건의하겠다고 한발 물러섰다. 그러나 이에 대해 한국 대신들이 결말을 짓지 못하자 데라우치는 한국 측이 더 이상 이를 문제 삼지 말라고 언성을 높였다.

데라우치는 8월 18일 본국으로부터 한국 황제의 호칭 변경(조선왕)에 대한 재가 통지 전보를 받아 이완용에게 보이면서, 일본 정부가 크게 양보한 이상 한국도 그 뜻을 헤아려 조약안을 속히 받아들여야 한다고 거듭 다그쳤다.

이완용은 그날 조약안을 내각회의에 상정, 각료들의 의견을 물었다. 학부대신 이용식(李容植)이 이에 완강히 반대했다. 이 소식은 곧바로 데라우치에게 들어갔다. 데라우치는 이용식을 일본수해 위문 특사로 보내도록 강요했다. 이용식은 결국 억지로 떠밀려 19일 일본 여행을 하게 됐다. 그때 일본은 홍수로 큰 피해를 입어 아수라장이었다. 데라우치는 뒤에 "그가 '군주를 욕되게 하면 신하는 죽어야 한다(君辱臣死)'고 탄식하며 완강히 버티는 바람에 도저히 설득할 길이 없었다."면서 "할 수 없이 그를 어전회의에서 빼기 위해 회의가 열리는 날 수해 특파 명분으로 일본에 파견하게 되었던 것"이라고 회고했다.

협상 진통은 8월 21일까지도 계속됐다. 한국 궁내부대신 민병석(閔丙奭)과 시종원경 윤덕영(尹德榮)이 어전회의의 순서와 황제의 전권위원 임명을 문제 삼아 합방안에 반대하고 나선 것이다. 궁내부 차관 고미야(小宮)는 "궁내부대신과 시종원경 윤덕영에게 상세한 사실을 알려 놓으면 기밀이 누설되어 혹시 황제와 태황제(고종)를 개입시켜 물의를 일으키게 될지도 모른다고 우려하여 지금까지 알리지 않았으므로, 통

■■ 한일합병에 찬성한 친일 관료들이 기념촬영을 하고 있다.

감이 두 사람을 직접 설득하시기 바란다."고 데라우치에게 보고했다. 데라우치는 즉시 통감 비서관 고쿠분 쇼타로(國分象太郎)를 두 사람 자택으로 보내 합방안 협상 경과를 설명하게 했다.

그리고 어전회의가 예정된 22일 오전 10시 민병석과 윤덕영을 관저로 불러 그동안 추진해온 협상 결과를 대략 설명한 다음 "조약은 이미 체결 시점에 이르렀다. 오늘 어전회의에서 황제는 결의를 보여 내각 총리대신을 전권위원으로 임명하는 것이 순서이다. 이것만이 사태를 원만히 해결하는 중요한 절차이기 때문에 황제에게 미리 위와 같은 뜻을 아뢰고 차질이 없도록 해주기 바란다."고 협박했다. 그러면서 앞서 내각 총리대신에게 보여준 전권위임에 관한 칙서안을 보라고 건네주었다. 두 사람은 책임을 다하기 어려움을 털어놓으며 사양했지만, 데라우치는 밖의 삼엄한 군인들을 가리키며 말을 듣지 않으면 어떻게 될지 상상해 보라며 또다시 목소리를 높이니, 하는 수 없이

"황제를 뵙고 아뢰겠다."고 답변했다.

'한국병합에 관한 조약'(〈부록〉 참조)은 26일 야마가타(山縣) 부통감의 기자회견을 통해 비로소 알려지게 됐다. 기자들은 8월 22일 조약 체결 뒤에도 엄중한 보도관제로 이를 전혀 눈치채지 못하고 있었다. 신문들은 28일 오후에야 통감부로부터 보도자료를 받아 29일자에 기사를 실었다.

'일한병합시말'은 29일 서울 종로와 용산 거리 게시판에도 나붙었으나 을사오조약 때와는 달리 이를 본 시민들은 미동도 보이지 않았다고 일본 경찰은 보고했다. 그것은 시민들이 합방을 순순히 받아들였다기보다 그만큼 경비가 삼엄했다는 반증이기도 하다. 실제로 당시 서울 번화가에는 50미터 간격으로 무장한 일본 헌병경찰들이 깔려 괜히 오가는 시민들을 심문할 정도로 공포분위기였다고 역사는 전한다. 이런 경계 태세는 10월 24일까지도 계속됐다. 이와 달리 조약이 선포된 29일 도쿄 거리에는 일장기가 나부끼고 갖가지 꽃으로 치장한 궤도전차가 중심가를 달려 일본인들의 마음을 기쁘게 했다고 한다.

2

공포의 도가니

조선총독부의 출발

데라우치 마사타케는 일본 군부에서 '뱀(ヘビ)'으로 통했다. 지모

(智謀)가 구렁이를 닮고, 처세가 살모사와 비슷하며, 비정(非情)함이 독사(毒蛇)와 같다 하여 붙여진 별명이라고 한다.[4] 그의 잔악함은 조선 총독으로 발탁되면서 극에 달했다. 데라우치는 인도를 다스리는 영국의 식민정책을 '어리석은 짓'이라 비웃었다. 그는 새 왕조를 창조하듯 조선의 강토와 국민들을 기어코 '일본식'으로 바꾸어놓고야 말겠다고 별렀다. 그런 데라우치가 침략이론의 대가 도쿠토미 소호와 비밀공작의 달인 아카시 모토지로를 만났으니 '무단통치(武斷統治)'는 양쪽 날개를 단 셈이었다.

아카시는 1911년 11월 독일에서 사냥개 3마리를 들여와 아시아에서는 처음으로 개를 사람 위협용으로 부린 악한(惡漢)이었다. 그는 1915년 제6사단장으로 옮겨가기 전까지 이런 사냥개를 50마리로 늘려 항일 독립투사를 체포·압송·추격하고, 유치인을 도주하지 못하도록 하는 데 온갖 못된 짓을 다했다. 역사는 이들을 '공포정치 3인방'으로 일컫는다.

데라우치는 무력으로나마 큰 저항 없이 '병합조약'을 마무리한 데 대해 대 만족이었다. 그보다 메이지유신 이후 일본의 국시(國是)랄 수 있는 '정한론(征韓論)을 완성한 것'이 더 없는 기쁨이었다. 당연히 논공행상도 따랐다. 그는 자작에서 백작으로 승진했다. 가쓰라 수상도 덩달아 후작에서 공작으로 최고 귀족반열에 올랐고, 고무라 외상은 백작에서 후작으로, 와타나베 궁내상은 남작에서 자작으로 각각 한 단계씩 뛰었다. 일본 안팎은 그야말로 축제 분위기였다.

일제는 10월 1일자로 한국통감부를 '조선총독부'라 바꾸어 부르고, 총독은 현역 육·해군 대장 가운데 발령해야 한다는 것 등을 주요 내용으로 하는 조선총독부 관제를 공포했다. 조선 총독 자격을 현역 대장으로 못 박은 것은 조선주둔군 사령관에 대장이 임명되더라도 총독

지휘권에 지장이 없도록 하기 위한 조치였다. 데라우치는 이에 따라 이 날짜로 총독부 조직을 개편, 인사를 단행했다. 자신도 육군대신 겸 초대 조선 총독으로 다시 발령받았다. 데라우치는 이때 조선인 문관 3,645명을 무더기 해고하고, 이듬해 3월 총독부와 소속관서에 모두 1만 5,113명의 일본인 관리를 임명했다.

그는 조선왕조 도읍지 한성(서울)도 이날부터 '경성(京城)'이라 부르게 했다. 나라가 패망했는데도 그나마 국호를 '조선'이라 바꾸어 존속시킨 것은 그들의 선심이었다. 오쿠마 시게노부(大隈重信, 1838~1922)는 이런 '대한제국'의 국호 개명에 대해 일본이 메이지유신 뒤 '유구(琉球)'를 영유하여 '오키나와(沖繩)'라 이름 한 것과 같은 조치라고 설명한다.[5]

조선총독부 조직은 총독 밑에 지금의 국무총리격인 정무총감을 두고, 총무·내무·탁지·농상공·사법부 등 5부, 인사·외사·회계·학무·지방·사세(司稅)·사계(司計)·식산·농림국 등 9국으로 첫 출발했다. 데라우치는 특히 합방 전 통감부 소속관서로 두었던 사법청을 총독부 사법부로 개편, 항일구국운동을 단속하기 쉽게 만들었다. 사법부 안에는 1개 고등법원(경성)과 3개 공소원(경성, 평양, 대구), 8개 지방재판소(경성, 공주, 함흥, 평양, 해주, 대구, 진주, 광주), 12개 지방재판소 지부, 68개 구 재판소를 설치했다. 고등법원장에는 와타나베 노비루(渡邊暢)를, 검사장에는 고쿠분 산가이(國分三亥)를 유임시켰다. 감옥도 전국 16개소(본감 5개소, 분감 11개소)로 확대했다.

또 철도국, 통신국, 전매국, 인쇄국 등 4개국과 경무총감부를 소속관서로 따로 두었다. 각 부의 장과 소속관서 국장은 모두 '장관'이라 부르고, 경무총감부 장(長)만은 '경무총장'이라 일컬었다. 총독부 조직 가운데 꽃은 뭐니 뭐니 해도 돈줄을 쥐고 있는 회계국이었다. 데라우치는 모두가 부러워하는 이 노른자위에 고다마 히데오를 앉혔다.

조선총독부 조직일람(1910. 10.)

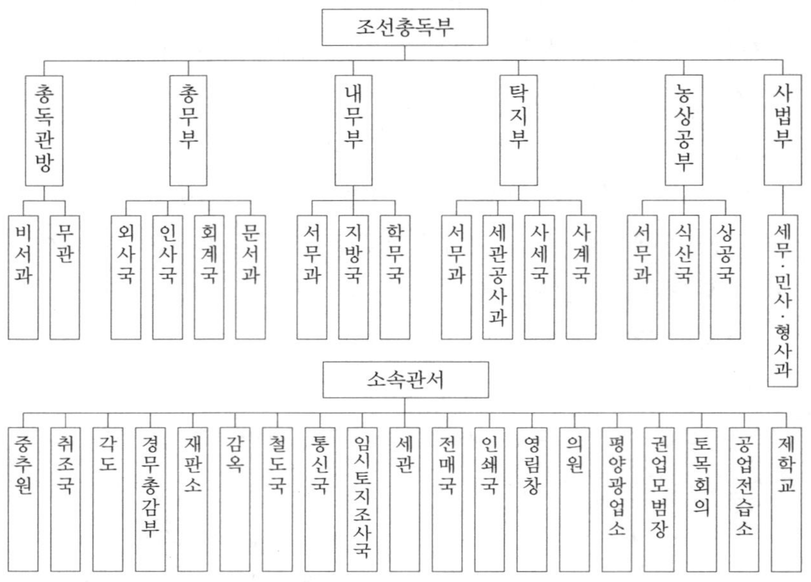

출처: 《일본통치하 조선》(야마베 겐타로, 2008), 11쪽

고다마는 다름 아닌 그의 딸 사와코(澤子)의 남편, 즉 사위였다. 고다마는 같은 조슈 출신으로 육군대신, 내무대신, 문부대신, 육군 참모 총장 등을 역임한 데라우치의 동갑 친구 고다마 겐타로(兒玉源太郎, 1852~1906)의 장남이기도 하다.

장관과 국장으로 발탁된 인물들은 대부분 30~40대 연령의 도쿄제국대학 법학과 출신으로, 관직 10여 년 경력의 조선 문제 전문가들이었다. 다시 말하면 그들에게 조선 문제는 승진을 좌우하는 핵심과제로 되어 있었다(표 〈조선총독부 초대 간부 명단〉 참조).

지방은 전국을 경기, 황해, 강원, 경상남·북, 충청남·북, 함경남·북,

경무 총감부 조직표

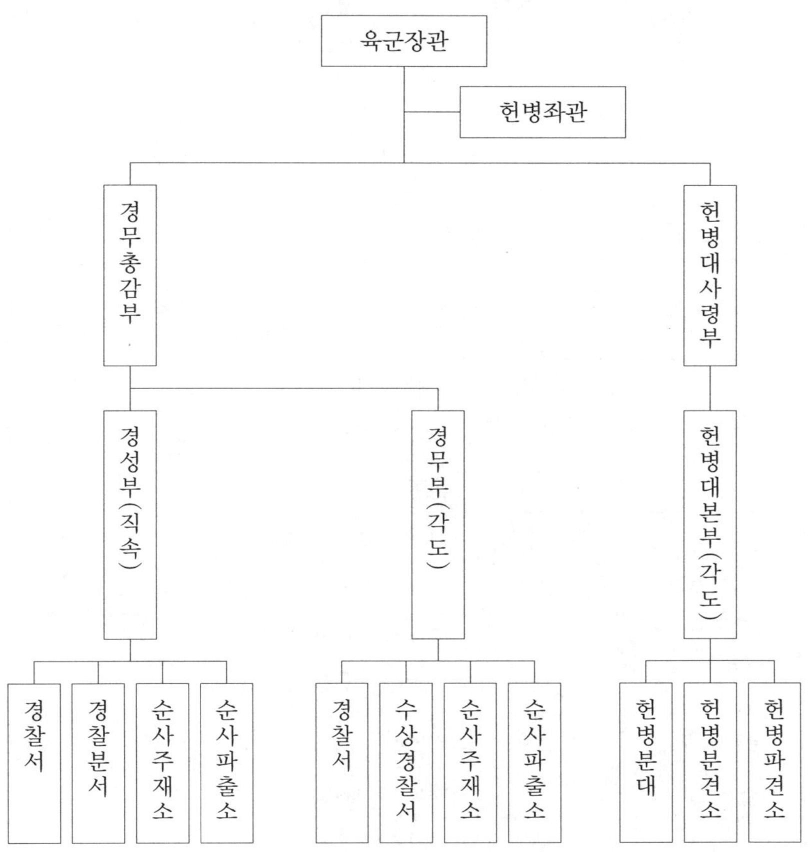

전라남·북, 평안남·북도 등 13개 도(道)로 나누고, 각 도마다 '장관'이
라는 최고 행정책임자를 두었다. 각 도 장관 가운데 여섯 자리는 조선인
을 임명했다. 경상북도 이진호(李軫鎬), 충청남도 박중양(朴重陽), 함경
남도 신응희(申應熙), 황해도 조의문(趙義聞), 전라북도 이두황(李斗璜),
강원도 이규완(李圭完) 등이 그들이다. 이진호는 1916년 3월 전북으로,

조선총독부 초대 간부 명단(1910. 10. 1)

직 명		이 름
총 독		데라우치 마사타케(寺內正毅)
정무총감		야마가타 이사부로(山縣伊三郎)
총무부	장관	아리요시 추이치(有吉忠一)
	인사국	고쿠분 산가이(國分三亥)
	외사국	고마쓰 미도리(小松緑)
	회계국	고다마 히데오(兒玉秀雄)
내무부	장관	우사미 카쓰오(宇佐美勝夫)
	학무국	세키야 데사부로(関屋貞三郎)
	지방국	오하라 신조(小原新三)
탁지부	장관	아라이 겐타로(荒井賢太郎)
	사세국	스즈키 쓰즈시무(鈴木穆)
	사계국	아라이 겐타로 겸임
농상공부	장관	기우치 주시로(木內重四郎)
	식산국	기쿠치 다케이치(菊池武一)
	상공국	에토 에이치(工藤英一)
사법부	장관	구라토미 유자부로(倉富勇三郎)

이규완은 1918년 9월 함남으로, 신응희는 같은 날 황해도 장관으로 옮겨 같은 민족을 핍박하는 데 앞장섰다. 유혁로(柳赫魯)는 1916년 3월 충청북도 장관이 되었다가 이듬해 6월 장헌식(張憲植)에게 물려주었고, 원응상(元應常)은 1918년 9월 이규완의 뒤를 이어 강원도 장관으로 민

족의 이름을 더럽혔다.[6] 데라우치가 도 장관의 절반쯤을 조선인으로 임명한 것은 조선인도 잘만 하면 이런 영광을 누릴 수 있다는 사실을 보여주는 일종의 '당근'이었다.

총독부는 각 도를 다시 12개 부(府)와 317개 군으로 나누고, 군은 4,322개 면으로 세분했다.[7] 부의 책임자는 부윤, 군의 우두머리는 군수라 불렀다. 부윤은 모두 일본인으로 임명하고, 군수는 조선인으로 보(補)했다. 계급은 둘 다 주임관이었다. 데라우치는 종전 직제상 규정 없이 자택에서 군수를 보좌하던 면장을 판임관대우로 발령, 이들에게 사무소도 마련해주어 행정의 최하위 기관으로 활용했다. 이는 말할 나위 없이 우리 민족의 항일구국운동을 효율적으로 막기 위한 조치였다.

이처럼 일단 통치 조직을 정비한 그는 대대적인 포상계획을 세워 본국에 건의했다. 조선인의 마음을 사로잡는 데는 돈과 훈장만 한 '당근'이 없다는 생각에서였다. 그는 이를 위해 포상대상자로 모두 9만여 명을 미리 뽑아놓고 있었다. 부문별로 나눠보면 왕족, 귀족 및 합방 공로자 3,640명, 반족(班族) 유생(儒生) 1만 2천3백여 명, 효자·효부 3천2백여 명, 혼자 사는[獨居] 노인 7만 9백여 명 등이었다. 그 결과 3천만 엔의 은사금(恩賜金)이 내려왔다. 이를 일본 중앙은행이 발표한 물가지수를 기준, 지금(2010년 5월 현재) 우리 돈으로 환산하면 대략 4,412억 원에 이른다. 그는 이 가운데 1천7백여 만 엔을 지방으로 돌려 공로자 표창에 유용하게 쓰도록 선심을 썼다.

데라우치는 우선 왕가(王家)에 세비(歲費) 150만 엔을 지급하고, 복장(服裝)도 순종은 육군대장, 다른 왕족에겐 육군중장 또는 소장의 계급장을 단 정장(正裝)을 입도록 했다. 총독부가 선정한 작위 수훈자는 당초 76명이었다. 등위가 제일 낮은 남작이 45명으로 가장 많았고, 자작 22명, 후작 6명, 백작 3명의 순이었다. 하지만 남작으로 선정된

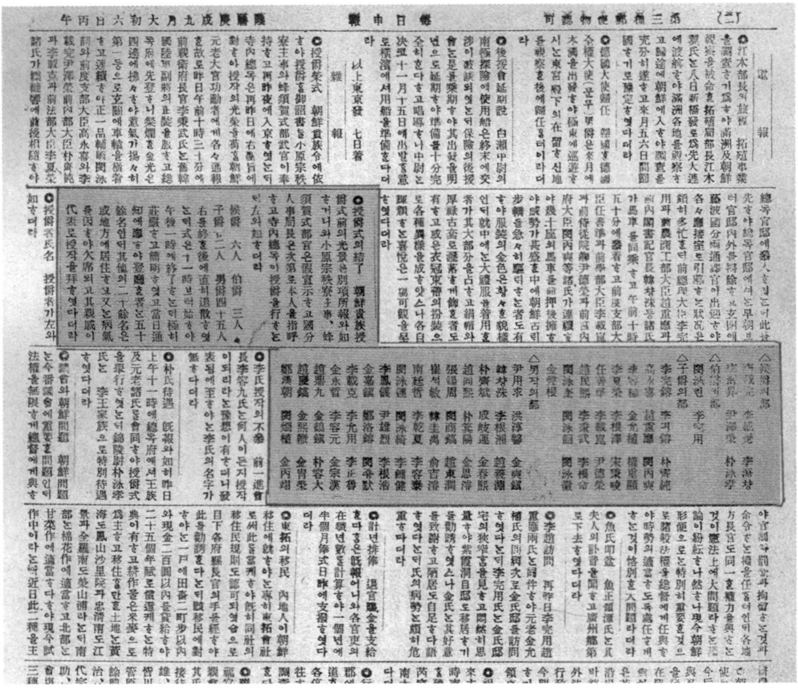

■■ 일제는 '한일병합' 공로자들에게 작위를 수여했다. 이를 보도한 1910년 10월 8일자 《매일신보》.

윤용구(尹用求)는 스스로 사퇴하고, 홍순형(洪淳馨)·김석진(金奭鎭)·한규설(韓圭卨)·유길준(俞吉濬)·민영달(閔泳達)·조정구(趙鼎九)·조경호(趙慶鎬) 등 7명은 이러저러한 이유로 받기를 거절했다. 조희연(趙羲淵)은 뒤에 반납했다.

수상자에게는 부상도 푸짐했다. 박영효 등 후작에겐 15만 엔, 이완용 등 백작에게는 10만 엔, 평(苹)대신 자작에겐 5만 엔, 기타 남작에겐 3만 엔의 포상금이 따랐다. 《매일신보》는 1910년 10월 8일자 2면에 수훈자 명단을 보도했다.

데라우치는 이와 함께 특별 사면을 통해 기결수 1,419명과 미결수 292명 등 1,711명을 풀어주고, 세금을 못낸 영세민을 위해 모두 651만 5,382원의 세금을 아주 덜어주기도 했다.

이와 같이 한일합방 협조자들에게 일단 당근을 물린 데라우치는 그래도 항일구국운동이 빈발하자 곧 본성을 드러냈다. "조센징(朝鮮人)은 철저히 두들겨 눌러야 말을 듣는다. 군대식으로 훈련하여 정신없이 돌려야 통제가 가능하다. 어설프게 내지식(內地式)의 민주방식을 사용했다가는 오히려 기어올라 기강이 엉망이 된다. 정치란 힘이다. 힘 있는 정치를 못하는 나라는 혼란이 있게 마련이다. 내 무단(武斷)으로 '센징(鮮人, 조선인을 낮추어 부르는 말)'을 다스려 기어코 메이지텐노의 성은을 눈물로써 고맙게 여기도록 만들겠다."는 것이 그의 조선통치 신념이었다. 그는 조회 때마다 간부들을 모아놓고 이런 자신의 방침을 잘 이해하고 실행에 옮기도록 주문했다. 그는 심지어 "내지인들이 당분간 조선 땅에 나오면 안 된다."고 역설하기도 했다. 조선을 완전히 동화시킨 다음 자유롭게 왕래할 수 있게 해야 한다는 게 그의 지론이었다.

공포·탄압정치의 시작

데라우치의 이런 발상은 모두 도쿠토미 소호의 '조선통치 요의(朝鮮統治の要義)'[8]에서 나왔다. 도쿠토미는 앞에서 설명했듯이 아카시 모토지로와 함께 데라우치를 도와 합방 전 한국 언론을 통폐합한 일본 극우 내셔널리스트였다. 그는 합방조약 시행 뒤《경성일보》에 "조선인에게는 일본의 통치가 불가피함을 마음에 새기도록 해야 한다. 식민통치로 자기에게 이익이 따른다고 생각케 하고, 통치에 만족하여 기꺼이 복종하도록 해야 한다. 그렇게 할 수 있는 방법은 오직 힘뿐이다."는 요지의 글을 발표했다.[9] 다시 말하면 데라우치의 무단통

치는 도쿠토미가 각본을 쓰고 아카시가 총칼로 실행에 옮긴 '역사적 폭거'였다. 데라우치가 도쿠토미의 논리에 따라 맨 처음 주목한 것은 대중매체 단속이었다. 데라우치는 신문이란 말만 들어도 백해무익한 존재로 인식했다. 신문 통폐합은 도쿠토미의 '머리'에서 나와 아카시의 '행동'으로 완성된 합작품이었다. 데라우치는 신문 통폐합에 만족하지 않았다. 그는 하와이에서 발행된 《신한국보(新韓國報)》, 《한인교보(韓人敎報)》, 샌프란시스코에서 나온 《신한민보(新韓民報)》, 시베리아에서 발간된 《대한인민보(大韓民報)》 등이 국내에 들어오면 철저한 검열을 거쳐 총독부를 비판하는 내용이 실린 신문은 가차 없이 압수해버렸다. 합방 뒤 12월까지 넉 달 동안 판매가 금지된 신문은 미국에서 들어온 98건, 블라디보스토크에서 반입된 34건, 일본에서 건너온 97건, 조선 내 신문 26건 등 모두 255건이나 됐다.

데라우치는 또 그해 11월 헌병경찰을 동원하여 종로 일대 서점과 전국 각지 책방, 항교, 서원, 고가(古家), 양반집 등을 뒤져 민족 교양 서적 51종 수천 책을 빼앗아 불태웠다. 이 가운데에는 장지연(張志淵)이 쓴 《대한신지지(大韓新地誌)》, 이채우(李採雨)가 지은 《애국정신(愛國精神)》, 신채호(申采浩)의 《을지문덕(乙支文德)》, 《초등대한역사(初等大韓歷史)》, 《동국역사(東國歷史)》, 《민족경쟁론(民族競爭論)》 등이 들어 있었다. 이들 헌병경찰은 그때 《소년(少年)》, 《대한흥학회보(大韓興學會報)》, 《서북학회 월보(西北學會月報)》, 《보성교우잡지(普成敎友雜誌)》, 《공업계(工業界)》 등 잡지도 함께 압수했다. 이 책들이 민족의 자존심을 자극하여 항일구국운동을 부추긴다는 이유였다. 데라우치는 그러고도 모자라 앞으로 이런 책을 팔거나, 읽거나, 다른 사람에게 빌려주다 적발되면 감방에 보내겠다고 엄포를 놓았다. 그리고 이들 금서목록을 《조선총독부 관보》, 《경무일보(警務日報)》, 《매일신보》등에 실어 주의하도록 널리 알렸다.

야부 케이조(藪景三)는 그가 쓴 《조선총독부 역사(朝鮮總督府の歷史)》에서 "조선총독부가 이처럼 분서(焚書)라는 대담하고 악질적인 수단을 택하지 않으면 안 되었던 것은, 이들 서적이 민족주의 사상을 높이는 교재로 사용되고 있었기 때문이다. 더욱이 역사는 고대로부터 에도(江戶) 중기에 이르기까지 역학(曆學), 의학, 수학 등의 여러 형태로 일본에 전해졌는데, 이제 막 조선을 병합한 일본으로서는 이런 옛날이야기가 조선인의 자존심을 자극할 소지가 있다고 판단한 데 따른 것"이라며 "이는 오히려 친일파도 반일 인사로 바꾸는 역효과를 초래했다."고 비판했다.

안악사건과 105인 사건

데라우치의 그 다음 조치는 각종 결사(結社)를 해체하는 일이었다. 그는 '집회령'과 '보안령'을 만들어 강연회, 연설회 등 모든 집회를 금지하고 정치 결사를 해산했다. 그때 활동하던 결사는 서북학회, 국민동지찬성회, 국민협성회, 유생(儒生)협동회, 합방찬성건의소, 진보당, 정우회, 평화협회 국시유세단(國是遊說団), 국민대연설회 등 10개를 넘었다. 그는 이들 결사에 대해 통보를 받은 날부터 1주일 안에 모든 일을 정리하고 자진 해산토록 지시했다. 합방에 결정적인 도움을 준 일진회와 대한협회도 예외는 아니었다. 합방이라는 목적을 이룬 마당에 이들 결사 역시 귀찮은 존재에 지나지 않았기 때문이다. 데라우치는 그때 일진회를 해산하는 조건으로 15만 엔을 보조하고, 일진회 고문 우치다에게도 5천 엔의 수고비를 주었다. 대한협회에는 6만 엔이 돌아갔다.

헌병경찰에 의존한 무단통치는 항일구국운동이 거세질수록 더욱

포악해졌다. 데라우치는 거의 매일 아카시 경무총장을 직접 집무실로 찾아가 그의 어깨를 두드리며 '내 뜻을 강력히 밀고나갈 사람은 자네밖에 없다'고 추커세웠다. 데라우치는 1910년 12월 15일 〈범죄즉결례(犯罪卽決例)〉를 제정, 경찰서장과 헌병대장에게 즉결 재판권까지 주었다. 이들이 다룰 수 있는 경범죄는 87개 항목이나 됐다. 항일·반일 문서와 서적의 소지·게시·배포, 관공서 소환에 불응한 행위, 행정법규 위반, 경찰 준칙사항 위반 등을 주요 대상으로 꼽을 수 있다. 이러한 행위에 대해서는 구류, 태형(笞刑), 과료, 3개월 이하의 징역 또는 1백 엔 이하의 벌금형 등이 내려졌다. 그래서 지방 헌병들의 권세는 하늘 무서운 줄 모르게 되었다.

그러나 개인생활을 크게 제약하는 이런 법규는 남용되는 사례가 너무 많아 민족의 울분을 샀다. 3·1운동이 일어나기 전까지 이런 일로 피해를 당한 사람은 자그마치 10만 명을 웃돌았다.[10] 데라우치는 헌병 정보를 가장 믿었다. 아카시는 헌병경찰을 전국 곳곳에 그물코처럼 촘촘히 박아두고 민족의 움직임을 샅샅이 감시했다.

그러다가 그해 12월 말 황해도 신천군 발산(鉢山)에서 안명근(安明根)이 서간도 무관학교 설립자금을 모금한 사실이 드러났다. 이른바 '안악 사건'이다. 기부금 요구에 불만을 품은 이 고장 재력가 민(閔) 모의 밀고로 안명근이 배경진(裵敬鎭)·한순직(韓淳稷)·박만준(朴萬俊) 등과 함께 헌병대에 붙잡힌 것이다. 사건은 바로 총독부 경무총감부 고등과로 보고됐다. 고등과는 정치 사상범을 다루는 부서로 항일국권회복운동자를 조사, 처벌하는 일을 전담하고 있었다. 고등과장 구니도모 나오가네(國友尙謙)의 머리는 번득였다. 경무총감부는 그동안 평북 선천·정주, 평남 평양, 그리고 황해도 신천·안악·재령 등 자신들이 지목한 이른바 '3대 불온지구'의 민족운동을 탄압하기 위해 삼엄한 경비망을 쳐놓고 있었다.

조그마한 잘못이라도 걸려들기만을 기다리고 있던 경무총감부로서는 안명근의 기부금 모금이 좋은 빌미가 아닐 수 없었다. 곧바로 검거령이 내려져 김홍량(金鴻亮)·김구(金九)·최명식(崔明植)·도인권(都寅權)·김용제(金庸濟) 등 민족자각운동에 힘쓰던 애국인사 160여 명이 영문도 모르고 붙잡혔다. 구니도모는 이들에게 실로 모진 고문을 가하여 거짓 자백을 받아낸 뒤 재판에 넘겼다. 이들 가운데 안명근은 1911년 8월에 열린 선고공판에서 종신형, 김구 등 6명은 징역 15년, 도인권 징역 10년, 김용제와 최명식 징역 7년, 최익형(崔益馨)과 고봉수(高奉守)는 징역 5년형을 받았다.

구니도모는 이 조작사건을 수사하면서 '신민회'라는 국권회복운동단체가 존재한다는 사실을 알아내고 합방 1주년 기념행사가 끝나자마자 공작에 들어갔다. 신민회는 1907년 초 안창호(安昌浩)·이승훈(李昇薰) 등 민족 선각자들이 계몽운동을 통해 독립사상을 고취하고, 국민 역량을 배양하며, 청소년 교육과 상공업 진흥 등을 꾀할 목적으로 비밀리에 조직한 항일단체였다. 구니도모는 이들이 1911년 11월 압록강 철교 개통식에 참석 예정인 데라우치 총독을 암살하기 위해 사전 모의를 한 것처럼 몰아붙이면 일을 크게 벌일 수 있을 것으로 보고 아카시 총장과 입을 맞추었다.

미리 짜인 각본은 "신민회는 서북지방 기독교도들을 중심으로 1910년 8월 이후 5차례에 걸쳐 총독을 암살하기로 모의한 뒤 평양·선천·정주 등 9개 도시에서 이에 필요한 자금을 모금하고 무기를 구입하는 등 사전준비를 했으며, 총독이 압록강 철교 개통식에 참석차 서북지방에 오면 선천 역에서 기다렸다가 각자 준비한 단총(短銃)으로 그를 쏘아 암살할 계획"이었다.

헌병대는 이 각본에 따라 1911년 9월부터 또다시 대대적인 검거에 나서 유동열(柳東說)·윤치호(尹致昊)·양기탁(梁起鐸)·이승훈·이동휘(李東輝)·안태국(安泰國) 등 6백여 명을 잡아들였다. 이들의 조사를 맡은 요원은 악명 높은 구니도모 과장을 비롯, 우지마(宇島) 경시, 가미우치(上內) 경무보, 와타나베(渡辺) 통역관 등이었다. 이들 고문요원을 지휘한 아카시는 잡아들인 사람들이 반드시 죄가 있어 처벌하자는 것이 아니라 혹독한 고문을 통해 항일운동에 가담하면 이런 견디지 못할 체벌이 따른다는 사실을 인식시키는 데 1차적인 목표를 두었다. 그래서 이들에게 데라우치를 암살하려 했다는 거짓 자백을 받아내기 위해

가해진 고문은 더욱 잔인했다.

당시 19세의 선우훈이 겪은 고초를 소개하면 다음과 같다.

먼저 엄지손가락을 포승줄로 묶은 다음 한쪽 팔을 앞으로 돌려 어깨 위로 치키고 다른 팔을 잔등으로 돌려 두 손이 등 뒤에서 맞닿을 만큼 붙들어 맨다. 그러고는 높은 대들보에 매달아 두레박처럼 올렸다 내렸다 하며 두 고문요원이 막대기를 서로 잡고 옆구리 갈비뼈 부분을 긁어내리고 다른 1명은 채찍으로 온몸을 마구 때린다. 이러기를 20여 분당하고 나면 곧 기절하고 만다. 그러면 취조원은 불에 벌겋게 달군 쇠젓가락으로 다리를 지지고 담뱃불로 얼굴을 문지르며 그가 죽었는지를 확인한다. 그래도 아무 기척이 없으면 줄을 늦추어 공중에서 내려놓고 채찍으로 치며 구둣발로 내질러본다. 감각이 되살아나 꿈틀거리면 물을 두 주전자쯤 코에 부어 이리저리 마구 굴린다. 그러면 갑자기 가슴이 탁 열리면서 한숨을 내뱉게 된다. 잠시 멎었던 호흡이 다시 시작되면 죽은 척 능청부리지 말라며 또다시 매질을 시작한다. 이렇게 하여 혼수상태가 3~4번 반복된다. 고문은 여기서 끝나지 않는다. 다음은 '비둘기장'이 기다리고 있었다. 이 비둘기장은 사방 길이와 높이가 넉자(1.21미터)밖에 안 된 콘크리트 상자로 두 팔이 묶인 채 들어가면 설수도, 앉을 수도, 그렇다고 누울 수도 없는 엉거주춤한 자세가 된다. 그대로 2~3일 지나면 온몸 마디마디가 저리다 못해 마비돼 버린다.[11]

대극서관(太極書館) 주인 김근형(金根瀅)과 정주 출신 정희순(鄭希淳)은 이 고문을 견디다 못해 현장에서 숨져 갔다. 아예 팔이 떨어지고, 안구가 빠지고, 손가락이 부러지고, 남성의 상징이 찢어져 불구가 된 사람도 헤아릴 수 없이 많았다. 이런 고문은 제정 러시아 헌병들이 폴란드

독립운동가들을 조사하며 쓰던 세계에서 둘도 없는 악명 높은 방법으로
아카시가 주러시아 일본공사관에 근무하면서 이를 배워 왔다고 한다.

일제는 이에 앞서 1910년 말 일본 사회에 만연한 사회주의와 무정
부주의를 근절할 목적으로 수백 명의 사회주의자 및 무정부주의자를
붙잡아 이런 방법으로 고토쿠 슈스이(幸德秋水, 1871~1911) 등 26명에
게 메이지텐노를 암살하려 했다는 누명을 씌워 처단하기도 했다.

경무총감부는 악랄한 고문 끝에 123명을 재판에 넘겼다. 이 가운데
105명이 1912년 6월 28일 경성지방법원 1심 재판에서 검사 구형대로
5~10년 징역형을 받았다. 그래서 이 조작사건을 '105인 사건'이라고
도 한다. 이 조작사건에 기소된 윤치호 등 6명은 1913년 7월 15일 대
구복심법원에서도 징역 5~6년 형을 받았다. 일제는 이 사건을 통해
항일운동을 일시 잠재우는 데 효과를 거두기는 했으나 아무 죄도 없이
이 사건에 고초를 당한 애국지사들이 해외로 망명, 독립운동에 가담하
면서 항일구국운동을 가열시키는 의도하지 않은 결과를 가져왔다.

데라우치는 통감부 시대에 이미 폐지한 태형(笞刑)을 〈조선태형령(朝
鮮笞刑令)〉이라는 이름으로 다시 꺼내(1912년) 민족자각운동을 억압하
는 수법으로 악용했다. 헌병들은 이 〈조선태형령〉을 근거로 16~60세
남자들이 법을 어겨 처벌받으면 구류형은 구류 1일을, 벌금형은 1엔을
곤장 1대씩으로 환산, 엉덩이를 내리쳤다. 데라우치가 이 태형을 적극
권장한 까닭은 집행방법이 쉽고, 행형(行刑)경비가 절약되며, 범죄 예
방 효과가 크다는 이유였다.

당시 서울에서 《조선(朝鮮)》이라는 잡지사를 직접 경영하던 샤쿠오
도호(釋尾東邦) 기자는 "데라우치는 각종 금지령을 남발하여 일반 시
민의 자유를 완전 속박함으로써 조선반도 전체를 마치 병영(兵營)처
럼 만들었다. 헌병은 흙투성이 신발을 신은 채 조선인의 방에 그대로

들어가 구석구석을 뒤지고, 조그만 일도 즉결에 넘겨 무수히 곤장을 치며 복종을 강요했다. 조선인은 생활 습관이 다르다는 이유만으로 무시당하기 일쑤였고 헌병들은 조선인을 노예 취급했다."고 그의 회고록에 증언하고 있다. [12]

3

'일선(日鮮)동화' 망상

동화정치 입론의 백가쟁명

조선통치 방법을 총구(銃口)에서 찾은 데라우치 마사타케는, 조선에 메이지텐노를 충성으로 섬기는 데라우치 왕국을 건설하는 것이 소망이었다. 그는 이를 위한 방편으로 악명 높은 동화(同化)주의를 들고 나왔다. 동화주의란 식민지의 모든 사회 풍속과 제도, 문화 등을 (일본) 본국과 똑같이 통합하는 식민지배 방법을 말한다. 비용이 많이 들고 원주민의 저항이 계속되는 등 부작용이 잇따르자 약소국 지배방법으로 이를 채택한 제국주의 열강은 매우 드물었다. 프랑스는 1830년 알제리를 점령하면서 인류 평등관에 바탕을 둔 이 방법을 도입했다가 큰 저항에 부딪혀 혼쭐이 나기도 했다. [13]

데라우치가 굳이 이처럼 폐단이 큰 동화주의를 꺼내든 것은 무엇보다 불도저식 밀어붙이기로 '하면 된다'는 오만과 독선적인 성격이 크게 작용했기 때문이라는 게 일본 학자들의 분석이다. 게다가 그때 일

127

본 언론의 동화주의 부추김도 무시할 수 없다. 일본 언론은 하나같이 '조선인은 인종·문화적으로 일본인에 가까워 본국으로부터 멀리 떨어진 곳에 식민지를 둔 유럽의 식민통치와는 다르고, 일본 민족은 예로부터 도래인(渡來人)을 받아들여 잘 화합했던 경험이 있으며, 근래 들어 오키나와 동화에도 성공했다.'는 점 등을 들어 조선과 일본을 하나로 통합, 동화해야 한다는 주장이 한창이었다.

또 《매일신보》는 1910년 9월 10일자 논설에서 "일선민(日鮮民)이 속마음을 털어놓고 지식을 교환하며 사업을 같이하여 국리민복(國利民福)이 무한히 증진되는 상태를 완전한 동화라고 말할 수 있다."고 전제, "마음이 같고, 사업이 동일하며, 학식이 같으면 모든 일이 자연히 같아 동일한 국민이 될 수 있다."고 동화를 정의 내리고 있다. 심지어 '조선 민족은 (일본과) 같은 뿌리에서 나왔다.' '병합으로 큰집과 작은집이 옛날처럼 다시 합치게 되었다.' '조선왕조의 악정과 국력 부족으로 일본이 덩달아 독립을 위협받게 되어 합병할 수밖에 없었다.'고 주장하는 등 조선 통치 문제를 둘러싼 일본 언론의 입론은 실로 백가쟁명(百家爭鳴)이었다.

데라우치의 생각도 이들과 크게 다르지 않았다. 특히 그가 1915년 조선 통치 5주년을 맞아 발표한 동화정치에 관한 성명은 이들 언론의 종합 판박이라 해도 틀린 말이 아니다. 데라우치는 이 성명에서 "조선병합은 반개(半開) 또는 열등민족을 병합한 구미 제국과는 경우가 전혀 다르다. 구미 제국의 식민지는 형식과 실질 면에서 본국과 종속관계를 갖지 않을 수 없고, 더욱이 본국과 멀리 떨어져 있는 데다 국정(國情)과 인종도 서로 달라 도저히 융화할 수 없는 운명이다. 이와 달리 일선(日鮮)관계는 거리가 가깝고 이해가 같을 뿐만 아니라 동종(同種), 동문(同文)으로 풍속도 큰 차이가 없기 때문에 한 국가 아래 융

합, 동화하는 것은 결코 어려운 일이 아니다."라고 밝히고 있다.[14]

그러나 데라우치의 동화 요령은 '조선인의 완전 일본인화'를 주장하는 이들 신문과는 상당한 차이가 난다. 그는 동화 논리야 어떻든 조선인을 천천히, 그리고 알게 모르게 교화(敎化)시켜 충성스런 일본인으로 만드는 데 주안점을 두었다. 다시 말하면 조선인의 권리는 뒤로하고 일본 국민으로서 의무를 다하도록 조선인을 '일본인이 아닌 일본인'으로 만드는 것이 최종 목표였다. 따라서 조선인의 참정권 문제는 아예 처음부터 그의 머릿속에 없었다.

더군다나 일본의 식민정책학자 가운데 조선인에게 참정권을 주어야 한다고 주장하는 사람은 아무도 없었다. 오히려 그 폐단을 지적하는 예는 적지 않았다. 언론인으로 오쿠마 내각(1898년)에서 문부상까지 역임한 이누카이 쓰요시(犬養毅, 1855~1932)는 "조선인은 원래 시기심이 많을 뿐만 아니라 금품 수수에도 대단히 교묘하므로 이들에게 참정권을 부여하는 것은 의회에 파라티푸스균을 뿌리는 것과 같은 효과를 초래할 수 있어 결코 용납할 수 없는 일"이라고 극구 반대했다. 또 《도쿄 아사히(東京朝日)》는 "조선인을 의회에 들여놓으면 영국 의회가 아일랜드 출신들에게 흔들리듯 본국 정치는 그들에게 여러 가지로 좌우될 수밖에 없다."면서 "일본은 영구히 조선인에게 참정권을 주어서는 안 된다."고 강조했다.

데라우치의 속마음

데라우치의 속마음은 그가 1910년 9월 관련 부서에 지시하여 만든 〈교화(敎化)의견서〉에도 잘 드러나 있다. 대외 극비문서로 작성된 이 글에는 "충군애국(忠君愛國)과 같은 일본 민족에 특정한 내용은 도저히 조선인의 이해를 얻을 수 없을 뿐만 아니라 오히려 백해무익하다.”고 전제하고 “그런 조선인들에게 교육칙어*를 제시하며 일본 민족처럼 충군 애국교육을 실시하는 것은 불가능하다.”고 진단했다. 나아가 동화 촉진 방안의 하나로 거론된 일본인과 조선인의 통혼(通婚)을 권장하는 잡혼정책도 효과 없기는 마찬가지라고 지적했다. 그러면서 “조선은 문화 수준이 타이완과는 비교할 수 없을 정도로 높으므로 철두철미하게 경영하되, 조선 민족을 일본 민족에 종속시키는 데 역점을 두어야 할 것”이라고 주문했다. 따라서 교육 시설도 그런 전제 아래 옛 관례에 상응하는 정도의 시설로 간단하게 하고, 생업에 도움을 줄 수 있는 기초 교육이면 충분하다고 결론짓고 있다.

데라우치는 조선 민족을 일본에 종속시키는 두 가지 방안을 생각해냈다. 첫째는 교육이고, 다른 하나는 조선 민족문화의 말살이었다. 그는 무엇보다 보통학교 기초교육에 ‘조선 동화’의 성패가 달려 있다고 판단하고, 교화의견서를 바탕으로 〈조선교육령〉을 만들어 1911년 8월 23일부터 시행에 들어갔다. 〈조선교육령〉은 ‘학교교육은 충성스러운 국민을 양성하는 것을 본의로 한다(제2조). 교육은 특히 일본어와 도덕〔修身〕을 중시하되, 시류 및 민도에 적합하도록 해야 한다(제3조)’는 것 등을 주요 골자로 하고 있다.

이에 따라 도덕 교육은 메이지텐노의 일시동인(一視同仁)**에 대한 은혜를 강조하고, 정직·근면·검약·저축·청결·위생을 실천하는 데 역점이 주어졌다. 또 학생들에게 은연중 조선 사회가 일본보다 미개

---

* 1890년 메이지텐노의 이름으로 공포된 국민도덕의 근원과 국민교육의 기본이념을 명시한 칙어. 교육의 연원(淵源)을 황조(皇祖) 황종(皇宗)의 유훈(遺訓)에서 찾고 있다.
** 일시동인이라는 말은 원래 당나라 한유(韓愈, 768~824)가 쓴 시 〈원인(原人)〉에 나오는 말로 모든 사람을 하나로 보아 똑같이 사랑한다는 뜻이다. 이를 일제가 식민(침략)주의 길을 걷기 시작하면서 텐노(天皇)의 성지(聖旨)로 채택했다.

하다는 인상을 심기 위해 조선 어린이들의 짚신과 댕기머리를 교과서에 삽화로 넣어 가르치도록 하고, 위인전도 외국인(특히 구미인)은 절대로 다루지 못하게 했다.

교육 내용뿐만 아니라 교육제도도 많은 변화를 가져왔다. 우선 합방 전, 관공립 보통학교에서 받지 않던 수업료를 거두고, 무료 급식과 무료 학용품 지원 혜택도 없앴다. 이는 통감부 시대 인기 높은 종교계 학교에 학생들을 빼앗기지 않으려고 마지못해 취한 정책이었으나, 연간 430만 엔이나 드는 비용을 더 이상 감당할 수 없어 무상 의무교육을 포기할 수밖에 없었다. 당시 본국이 총독부에 지원한 교육예산은 60만 엔에 그쳤다.

또 모든 교원은 반드시 제복을 입고 긴 칼을 허리에 찬 채 수업을 이끌도록 했다. 8~9세의 아직 철이 들지 않은 1~2학년 학급의 담임들도 사정은 마찬가지였다. 이 웃지 못할 모습은 어린 학생들에게 겁을 주면 동화 효과가 더 클 수 있다는 발상에서 나왔다고 한다. 각급 학교장은 모두 일본인이 맡았다.

우리 역사는 총독부가 펴낸 일본교과서에 얼마간 들어 있었으나 거짓으로 날조된 내용이 대부분이었다. 예를 들면 일본 기기(記紀)신화에 나오는 스사노오노미코토(素戔嗚尊)*를 단군의 조상이라 왜곡하는가 하면, 통일 전 '삼한'을 일본의 한 지방처럼 기술하고, 도요토미 히데요시(豊臣秀吉)의 조선 침략 사실에 대해서도 큰집과 작은집을 하나로 합쳐 일본 본래 모습대로 되돌리기 위한 다툼으로 그리고 있다. 종래 우리 역사교과서는 앞서 밝힌 대로 모두 몰수하여 불태웠다.

교과목 가운데 역사와 지리는 반드시 일본인이 가르치도록 했다.

---

* 일본 기기신화의 최고신 아마데라스오미가미(天照大神)의 동생으로 신라에서 선박 재료용 나무를 갖고 돌아가 식목 기술을 가르쳤다고 전해진다.

이는 사립학교도 예외가 아니었다. 만일 사립학교에서 일본인 교사를 채용하지 않으면 인가를 내주지 않은 것은 말할 나위 없고, 조금이라도 법을 어긴 기색만 보여도 이를 빌미로 일본인 교사 채용을 강요했다. 초등학교 명칭은 통감부가 1906년에 고친 '보통학교'를 그대로 따랐고, 수업연한도 4년을 적용했다. 시학관(視學官, 지금의 장학관)의 학교 시찰을 강화하고, 학습도구 구입, 시간 배정 등의 단순한 사무도 학무국의 허가를 받도록 했다.

일본어는 '국어'로 둔갑했다. 보통교육령 제7조는 '국어(일본어)는 국민정신이 깃드는 곳'이라며 일본어를 '국어'라 명명하고 수업시간도 주 6~10시간으로 크게 늘렸다. 도덕 시간은 1주에 2시간이 배정됐다. 우리말과 한문을 필수과목으로 인정한 것은 그나마 다행이었다.

우리말과 한문을 필수과목으로 인정한 데 대한 일본 내부의 반대가 컸음은 물론이다. 일본 제국교육회가 1911년 2월에 설치한 조선교육조사위원회는 보통학교 교육과정에서 '조선어'와 한문을 없애야 한다고 결의, 총독부에 폐지를 주문했다. 또 교육 전문지《교육시론(教育時論)》은 사설에서 유교주의나 실업주의로 새 신민(臣民)을 교육하는 것은 근본적인 잘못이라고 지적하고, 일본주의 원칙에 따라 조선인이 일본인을 따르도록 동화해야 한다고 주장했다. 여기서 말한 동화역시 조선인에게 권리를 부여하자는 것이 아니라 충성심의 육성이라는 점은 말할 필요도 없다.

일반 행정에도 군사적 안목을 강조하며, 조선인의 도로 보행을 군인과 마찬가지로 좌측에서 우측으로 바꾸고,* 심지어 도로도 대포 두

---

* 당시 조선에서는 군인만 우측 보행이고 일반인은 일본 본토와 마찬가지로 왼쪽으로 다니게 규정되어 있었다.

대가 서로 비켜 갈 수 있을 정도의 너비로 뚫게 한 데라우치도 일본인화 교육에 대한 이런 공격에는 엉거주춤할 수밖에 없었다. 데라우치는 그해 3월 우리말과 한문의 폐지를 주장한 제국교육회위원들의 예방을 받은 자리에서 "일본어 보급은 말할 나위 없이 중요하지만, 급격한 개혁은 오히려 민심을 동요시켜 의외로 나쁜 결과를 가져올 수 있다."며 "조선 교육에 대한 내 방침은 점진주의다."라고 답변했다. 총독부 초대 학무국장 세키야 데이자부로(關屋貞三郎)도 "조선인 교육을 충량(忠良)한 일본제국민이 되게 하는 데 주안을 둔 것은 이론의 여지가 없는 일이지만 조선어 전폐 등은 통치의 실정(實情)을 알지 못한 도쿄 교육자들의 탁상공론에 지나지 않는다."고 반박했다. 우리말은 이들의 결정에 따라 그때까지는 무사할 수 있었다.

차별은 교육시설 면에서도 심했다. 총독부는 한국에 체류 또는 거주하는 30만 일본인을 위해 3만 7천 명의 어린이를 수용할 수 있는 시설을 갖춘 것과 달리 1천7백만 조선인 어린이는 겨우 6만 7천 명을 수용하는 정도에 그쳤다. 상급학교도 남자 중학교 3개, 여학교 2개밖에 없었다. 고등 교육기관은 1912년에 들어서야 경성법전과 경성의전이 설립되고 1916년 고등공업, 고등농림, 고등상업학교가 설립되어 적은 수나마 조선학생의 입학이 허용되었다.

학교는 1백여 개에서 1916년 4백여 개로 늘어나고 학생 수도 1만 7천여 명에서 6만 6천여 명으로 불었으나, 사립학교는 오히려 2천 개에서 1천2백 개로 감소했다. 이는 합방 뒤 외국인의 특권인 치외법권(治外法權)을 철폐한 데다 1915년부터 사립학교 조례를 개정, 학교에서 종교교육을 금지했기 때문이다. 합방 전까지만 해도 한국에서는 그리스도교가 급속히 보급(교회와 집회소 1,934개소, 신도 20만여 명)되면서 구미인 선교사가 운영하는 종교계 사립학교가 폭발적인 인기를 끌어 1910년의 경우 2,396개 학교 가운데 35퍼센트를 차지할 정도였다.[15] 이때 일본 관공립학교는 146개교에 지나지 않았다.

일본어 강제교육과 엄격한 학교 규율 탓으로 서당이 크게 늘어난 점도 이 시대의 특징이다. 서당은 1911년 1만 6,540개이던 것이 1917년 2만 5,485개로 늘어 최절정을 이루었다. 서당은 아무리 단속해도 없어지지 않아 1942년 제2차 세계대전 기간에도 3,504개가 살아남았다. 가르치는 과목도 역사, 지리, 당시(唐詩), 조선어, 천자문 등 20여 과목으로 다양했다. 그 가운데에는 일본어와 일본 지리도 들어 있었다. 이는 생존을 위한 눈가림이었다.

경복궁 정리계획과 석굴암 보수

데라우치는 이와 함께 경복궁 자리에 조선총독부 청사를 신축하기로 하고 1912년부터 본격 조사에 들어갔다. 그는 우선 그해 3월 28일자로 총독부 관제를 고쳐 총독 직속 관방실(官房室)에 토목국을 신설하고 3만 엔의 예산을 편성, 경복궁 해체와 청사 신축 공사를 직접 챙기기 시작했다. 이 경복궁 없애기는 민족문화 말살의 본보기라 아니 할 수 없다. 경복궁은 주지하다시피 조선왕조 5백 년을 지켜온 왕조의 상징이자 민족의 자존심이었다. 이런 민족의 심장부에 '식민통치 지휘소'를 세우기로 한 것은 우리 민족에 패배감을 심어 영원히 일어설 수 없도록 하기 위한 치졸한 발상이었다.

경복궁은 역사 기록에 나와 있듯이 조선왕조가 개성에서 한성으로 도읍을 옮기면서 태조 3년(1394년) 9월 9일 개국공신(功臣) 정도전(鄭道傳)과 권중화(權仲和) 등의 건의로 터를 잡았다. 이 아름답던 궁궐은 불행히도 1592년 4월 임진왜란 때 모두 불타버렸다. 경복궁은 그로부터 270여 년 동안 전화(戰禍)의 상흔을 씻지 못한 채 남아 있었으나,

대원군 이하응이 섭정에 나선 고종 2년(1864년) 4월 13일부터 2년 반 동안에 걸친 중건(重建) 끝에 1866년 11월 8일 옛 영화를 완전히 되찾았다.

하지만 그것도 잠시 1895년 10월 8일 명성황후가 이곳에서 당시 일본공사 미우라 고로(三浦梧樓, 1846~1926)가 현장 지휘한 이른바 일본 '로닌'을 가장한 자들에게 시해되자 신변에 위협을 느낀 고종이 러시아 공관으로 피신했다가 1년 뒤 경운궁(지금의 덕수궁)으로 환궁하면서 경복궁은 빈집이 되고 말았다. 빌미만 찾던 데라우치가 15년째 돌보는 이 없이 잡초만 무성한 경복궁을 그냥 보아 넘길 리 없었다. 데라우치는 이 대궐의 근정전과 광화문 언저리를 총독부 청사 부지로 확정하고 경복궁 정리계획을 수립, 지은 지 얼마 안 된 경복궁 전각들을 헐어 그 자재들을 민간에게 팔아치우기 시작했다. 헐린 전각의 목재와 기와 등은 대부분 왜식 요정이었던 남산장(南山莊) 별장과 화월(花月) 별장, 일본 불교사원, 회현동과 인현동 등지 일본인 부호 저택에 건축용으로 넘어갔다.

이처럼 하루가 다르게 예전 모습을 잃어가던 경복궁은 데라우치가 이곳을 일제 강점 5개년 성과를 홍보하기 위한 이른바 조선물산공진회(朝鮮物産共進會)라는 박람회 장소로 쓰이면서 왕궁으로서의 위엄은 완전히 사라졌다. 물론 이때도 많은 전각들이 헐려 나갔다. 총독부는 박람회 개최를 위해 총독부 예산 50만 엔과 지방비, 민간기부금 20만 엔 등 70여 만 엔을 들여 경복궁 구내 7만 2천여 평 부지에 가건물 18채(3천7백여 평)를 짓고, 궁궐 전각 5,226평을 전시실로 꾸몄다. 근정전은 말할 것도 없고 교태전(交泰殿)과 경회루 등도 모두 전시장으로 동원됐다. 조선과 일본, 타이완에서 모두 4만 8,760여 점의 갖가지 특산품이 출품된 이 박람회는 1915년 9월 11일부터 10월 31일

■■ 데라우치 총독이 조선총독부 5주년 기념으로 개최한 조선물산공진회장 모습.

까지 51일 동안 계속됐다. 박람회장에서는 소와 닭, 돼지를 사고팔기도 했다고 기록은 전한다.

그가 저지른 또 한 가지 잘못은 경주 석굴암을 무모하게 보수한 일이다. 앞서 설명한 대로 소네 아라스케 통감은 석굴암 불상을 서울이나 일본으로 옮길 계획이었다. 그러나 데라우치는 합방으로 같은 나라가 된 이상 이건(移建)은 의미가 없다고 판단하고 이를 보수하여 공개하도록 했다. 그는 총독부 고위층으로는 소네 아라스케에 이어 두 번째로 1912년 7월 경주 토함산 석굴을 직접 돌아보고 보수공사를 지시하기도 했다. 공사는 1913년 10월부터 시작됐다. 공사감독을 맡았던 이이지마 겐노스케(飯島源之助)의 보고서에 따르면, 보수공사 작업반은 1914년 6월 15일 석굴 지붕돌을 완전 걷어낸 데 이어 8월 17일까지 굴 안의 조각을 모두 들어내고, 9월 12일까지 해체 작업을 끝냈다고 한다. 이에 따라 석굴은 생긴 이래 최초로 완전 해체되는 비운을 맞이했다. 그리고 9월 27일부터 10월 9일까지 굴 주변에 2미터 높이의 콘크리트 외벽을 세운 다음 이듬해(1915년) 5월부터 석굴 재조립 공사를 벌여 9월 13일 3년 동안의 공사를 마무리 짓고 성대한 준공식을 가졌다. 보수공사 작업반은 데라우치의 지시로 석굴 주변에 외벽을 쌓고 286개에 이르는 석재를 모두 교체했다. 여기에 들어간 공사비는 모두 2만 2,726엔이었다.

문제는 이때 시멘트에서 발생하는 탄산가스와 칼슘의 유독성을 모른 채 시멘트의 모르타르 기능만 믿고 콘크리트로 복원공사를 하여 석굴 보존에 치명상을 입혔다는 점이다. 유홍준은 《나의 문화유산답사기 2》에서 "석굴 내부를 콘크리트 벽으로 만들어 보물들이 숨을 쉴 수 없도록 한 점이 무엇보다 치명적이었다."고 지적하고, 이는 "너희 조선 사람들은 이런 위대한 문화유산 하나 제대로 보존하지 못한 미개한 민족이다. 그러나 최신식 기술과 재료를 확보한 황국(일본)이 완벽하게 고쳤으니 이야말로 한일합방의 은덕이다."라는 사실을 과시하려는 데라우치의 오만이 빚은 과오라고 비판했다.

이런 잘못으로 석굴암은 보수공사를 마친 지 2년 만(1917년)에 또 빗물 누수방지 공사를 해야 했고, 1923년에는 1만 6,980엔의 공사비를 들여 4년에 걸친 제3차 보수공사를 하기에 이르렀다. 일본의 민예 전문가 야나기 무네요시(柳宗悅)는 1916년 석굴암을 돌아보고 쓴 〈석불사 조각에 대하여〉라는 글에서 일본 보수공사 기술진의 무모함을 통탄했다. 그렇다고 석굴암의 신음은 그것으로 끝난 것이 아니라 지금도 여전히 계속되고 있다.

데라우치의 이런 잘못은 비판하는 사람이 없어 역사의 뒤안길로 묻히기 일쑤였다. 좀 더 정확히 말하면, 비판자가 없었다기보다는 그의 오만과 독선을 비판할 언론 매체가 하나도 없었기 때문이다. 국내에는 비판 기능이 전혀 없는 《경성일보》와 《매일신보》라는 총독부 기관지만 존재했다. 데라우치는 이 두 신문에 자신의 시정(施政)을 홍보하도록 하는 등 업적을 조작해 가며 독선을 감행했다. 이 일은 앞서 소개한 일본 《고쿠민신문》 사장이자 《경성일보》 감독인 도쿠토미 소호가 도왔다. 데라우치는 모든 시정을 도쿠토미와 상의해 결정했다. 도쿠토미는 말이 조선 유일의 언론사 감독이지 실제로는 데라우치에게 문무(文武) 식민통치 행정 전반을 조언하는 정책 고문 역이었다. 보수도 여비·수당·체재비 등 명목으로 연 3천 엔이 지급됐다. 이는 각 도 장관(도지사)의 연봉과 맞먹는 예우였다. 1910년 당시 12등급으로 나뉜 일제 고등문관의 연봉은 5백(12급)~2천5백(1급) 엔이었다. 최하위급인 판임관은 120(10급)~6백(1급) 엔에 지나지 않았다. 이와 견주면 도쿠토미에 대한 예우가 어떠했는지 짐작할 수 있다.

데라우치는 매월 《경성일보》에는 1천5백 엔, 《매일신보》에는 6백 엔의 보조금을 지원하고, 일본의 신문사와 주요 사건 등을 주고받는 데 필요한 전보비로 매월 2백 엔씩 주었다. 그는 이 밖에도 《경성일보》가 통감부 시대에 진 빚 3만 엔을 갚아주고 윤전기와 사진기 등을 새것으로 바꾸어 주었으며 사원 정리와 신문 구독 확장비로 각각 5천 엔씩을 내놓기도 했다.

이처럼 아카시와 도쿠토미의 철저한 도움을 받은 데라우치의 초기 무단통치는 얼핏 성공하는 듯해 보여 식민지를 경영해오던 서구 열강의 부러움을 사기도 했다.

4

수 탈

〈회사령〉과 〈토지조사령〉

데라우치 마사타케는 무관이면서도 문관 출신인 이토 히로부미와 공통점이 적지 않았다. 우선 태어나면서 아버지 성씨(性氏)를 갖지 못하고 다른 가계(家系)의 성을 이어받았다. 히로부미의 원래 성은 하야시〔林, 오치(越智)라는 설도 있음〕였으나 그의 아버지 주조(十藏)가 1854년 이토 나오에몬(伊藤直右衛門)이라는 조슈 번 하급무사의 양자로 들어가면서 이토(伊藤)로 바뀌게 됐다. 조슈 번사(藩士) 우다 마사스케(宇多正輔)의 셋째 아들로 태어난 마사타케 또한 어머니 성씨 데라우치(寺內)를 물려받았다. 우리들은 남과 굳은 약속을 하거나 이야기의 신빙성을 높이려 할 때 '내 성을 갈겠다.'는 호언을 가끔 한다. 그러나 일본 사람들에게 이런 말을 하면 실례임을 알아야 한다. 그들은 우리와는 다르게 성씨를 바꾸는 것이 스스럼없는 관습이기 때문이다.

두 사람 다 이승을 곱지 않게 마감한 점도 닮은꼴이다. 널리 알려져 있다시피, 이토는 68세에 암살로, 데라우치는 67세 때 실각의 충격으로 생을 마쳤다. 또 수단 방법을 가리지 않고 조선 침략에 기를 쓴 점도 공통점이라 할 수 있다. 더욱이 데라우치가 조선 통치의 최종 목표를 경제 수탈에 둔 점은 이토를 그대로 빼어 닮았다고 해도 지나친 말이 아니다.[16] 그때 일본 정부로서는 본국의 인구 폭증으로 말미암은 식량 부족 해결과 실업자 구제 문제가 당면과제였다. 따라서 데라우치의 모든 시책은 한반도를 일본의 식량과 원료 공급원으로 이용하며 상품 판매시장으로 키우는 데 초점이 모아졌다.

　그가 1910년 12월 29일 조선총독부 제령(制令) 제13호로 제정 공포, 이듬해 1월 1일부터 시행한 〈회사령〉만 해도 그렇다. 이 제령은 "회사의 설립은 조선 총독의 허가를 받아야 한다(제1조). 조선 바깥에 설립한 회사가 조선에 본점 또는 지점을 두려면 조선 총독의 허가를 받아야 한다(제2조). 회사가 본령 또는 본령에 근거를 두고 내린 총독의 명령, 허가조건을 위반하거나 공공질서 또는 풍속에 위배된 행위를 할 때는 조선 총독은 사업 정지 및 금지, 지점 폐쇄 또는 회사의 해산을 명할 수 있다(제3조). 부실 신고로 회사 허가를 받았을 때에는 총독은 이를 취소할 수 있다(제6조)."는 것 등을 골자로 하고 있다.

　우리 민족의 회사 설립을 제한하고 일본인의 이익을 꾀하기 위한 〈회사령〉은 조선 기업에 대한 '계엄령'이자 상법(商法)을 유린한 '군정주의'의 횡포였다. 오죽했으면 야마베 겐타로(山辺健太郎) 같은 이는 자신이 쓴 《일본통치하 조선(日本統治下の朝鮮)》에서 "〈회사령〉은 당시 일본인에게까지 악평을 받은 데라우치 악정의 표본이었다."[17]고 비판했을까. 야마베는 이 제령에 대해 당시 일본 실업계를 대표하던 시부사와 에이치(涉澤榮一)마저 데라우치를 비난했다고 적고 있다.

　이 〈회사령〉은 상호(商號)에 관한 규정이지만 큰 힘을 발휘했다. 〈회사령〉이 시행되자마자 수륙운수합자회사와 우피주식회사가 첫서리를 맞고 문을 닫았다. 둘 다 조선인이 경영하는 회사였다. 조선왕실과 조선인 소유 광산·삼림·어장 등도 차례차례 일본인 손으로 넘어갔다. 총독부가 시행 첫해 우리 민족에게 새로 허가한 회사는 27개에 지나지 않고, 1917년까지 6년 동안 10개사가 불어나는 데 그쳤다.

이와 달리 일본인에게는 109개 회사를 허가한 데 이어 1917년까지 68개사를 더 내주었다. 후루가와(古河)광업의 구성(龜城)금광, 구하라(久原)광업의 갑산(甲山)동광, 광산·선박 등을 경영하는 아키다상회(秋田商會) 등이 그때 한반도에 들어온 회사들이다. 특히 광산업은 제1차 세계대전의 특수(特需)를 타고 조선에 몰려와 그들의 독무대를 이루었다. 그 가운데서도 조슈벌(長州閥) 기업은 특별대우를 받았다. 이들에겐 광산세도 면제됐다.

이렇듯 특혜로 생긴 일본인 광산기업은 금, 은, 철, 구리, 납 등 우리나라 지하자원을 마구 캐내갔다. 일본 기업이 조선 광산에서 채굴한 광산액(鑛産額)만 보더라도 당시의 상황을 짐작하기에 부족함이 없다. 이들 일본 기업의 광산액은, 1916년 362만 2,695엔이던 것이 1918년 2,467만 3,745엔으로, 2년 사이에 7배로 껑충 뛰었다.

자본금 면에서도 우리 기업은 일본을 따라갈 수 없었다. 1911년에 우리 기업은 납입자본이 274만 2,355엔, 일본 기업은 506만 3,020엔으로 자본금 규모의 차이가 1.8배에 이르렀다. 1917년에는 더욱 격차가 벌어져 우리 기업의 587만 1,242엔에 견주어 일본 기업은 3,801만 9,492엔으로 7배가 많았다.[18]

그럼에도 총독부 공식문서는 놀랍게도 〈회사령〉에 대해 "한국병합 때 공로자들에게 지급한 막대한 돈이 쓸데없는 곳에 사용되는 것을 막기 위해 '진심'에서 배려한 조치"라고 강변하고 있다. 앞에서 설명한 대로 당시 조선에는 은사금으로 3천만 엔이라는 거금이 풀린 데다 수혜자 모두가 회사를 설립하겠다고 나서면 사실 막을 방법은 없었다.

그러나 이런 제령도 토지조사 사업에 견주면 고통이 덜한 편이었다. 1912년 가을 우리나라 농촌에는 어디라고 할 것 없이 말 그대로 회오리바람이 몰아쳤다. 그해 8월 13일 데라우치 총독 이름으로 〈조선토지조사령〉이 내려졌기 때문이다. 명분은 지번(地番)과 지목(地目), 면적을 정확하게 찾아 토지소유권을 분명하게 하고, 토지 등급을 매겨 공정한 세금 부과의 근거를 마련하며, 토지 매매에 필요한 토지대장과 지적도(地籍圖)를 만든다는 것이었다.

총독부에는 임시 토지조사국이 생기고, 일본인 측량기사들은 농민들이 태어나 처음 보는 측량기를 어깨에 메고 쉴 새 없이 마을 어귀를 들락거렸다. 이들은 겉으로는 토지대장과 지적도를 만든다고 하면서도 실은 소유주가 불분명한 토지를 찾아내는 데 혈안이었다. 아니 그것이 주어진 본연의 임무였다. 농민들은 말할 나위 없고 양반과 호족, 심지어 머슴들에게까지도 측량기사는 염라대왕이었다. '소유주가 분명치 않다'는 이들의 말 한마디는 곧 죽음이었다. 말로만 내 것, 네 것을 가려 농사를 짓던 농민들에겐 마른하늘에 날벼락이 아닐 수 없었다.

한국 병탄을 염두에 두었던 통감부는 이에 앞서 1906년 강제로 '국유 미간지(未墾地)이용법'을 만들어 궁내부 소유 역둔토(驛屯土)*와 궁장(宮庄)**을 국가 소유로 바꾸어놓았다. 이들 농지를 국유화 하면 이의를 제기할 특정 이해 당사자가 없어져 그만큼 가로채기가 쉬워지기 때문이다. 일제는 1904년 9월 한국 정부에 압력을 넣어 일본인들도 한국 토지를 소유할 수 있도록 하고, 그 이듬해 4월 미개간 국유지에 대한 개간권(開墾權)을 얻어내어 '동양척식주식회사'에 관리 및 이용

---

* 역전(驛田)과 둔전(屯田)을 일컫는 말이다. 역전이란 정부 공문을 전달하기 위해 다니는 사람들에게 말을 제공하던 역(驛)의 운영비에 쓰도록 국가가 내려준 땅을 말하며, 둔전은 지방에 주둔한 군대의 식량과 관청 경비를 충당하고자 마련된 국가 땅이었다.
** 조선 후기에 왕족들의 궁방에 소요되는 경비와 죽은 뒤 제사 비용을 위하여 지급하던 토지.

을 맡겼다. 앞서 설명대로 '동척'은, 일본 정부가 영국이 인도에 만든 '동인도회사'를 본떠 설립한 회사로, 일본 농민을 한국에 이주시켜 그들이 생산한 쌀을 본토로 가져가는 일이 주 임무였다.

그때 우리나라에는 동척의 지원으로 이미 1천5백여 일본 농가가 들어와 있었다. 이를 연도별로 보면 1910년 334호, 1911년 585호, 1912년 510호 등이었다. 그 이후에도 이주농가는 계속 늘어 1913년 384호, 1914년 257호, 1915년 197호, 1916년 308호 등 모두 2천8백여 호에 이르렀다.[19] 동척은 이들 가운데 자작을 하는 농가(1종)에 대해서는 땅값을 연리 6퍼센트, 5년 거치 뒤 25년 동안 나누어 갚도록 하는 조건으로 논밭 6천 평 안팎을 대여해 주었다. 소지주(小地主) 농민(2종)에 대해서는 논밭 1만 5천 평 안팎을 지원하되, 그 가운데 3천 평 이내는 반드시 스스로 지어야 하고, 나머지는 남에게 소작을 주어도 무방하게 했다. 땅값은 4분의 1을 한꺼번에 미리 받고 나머지는 연리 7퍼센트로 25년 안에 갚도록 했다. 아울러 조선에 와서 필요한 집, 농구, 종묘 등의 구입비로 한 집 앞 2백 엔, 토지 개량비로 5백 엔, 재해준비금 2백 엔 등 모두 9백 엔 한도에서 돈을 빌려주었다.

엎친 데 덮친 격으로 우리 민족의 가슴에 대못을 박은 토지조사 사업은 현재 일본 1만 엔짜리 최고액 지폐 초상의 주인공이기도 한 후쿠자와 유키치(福澤諭吉, 1835~1901)의 〈조선정략론〉에서 최초로 발원(發源)했다고 할 수 있다. 후쿠자와는 자신이 경영한 《지지신보(時事新報)》의 1892년 7월 19일자 사설에서 "국내 정치를 안정시키려면 국민 관심을 나라 바깥쪽으로 돌려야 한다."고 전제하고 "조선에 일본인을 많이 이주시키는 일이야말로 국내 정치 위기를 극복하고 조선의 개화와 독립을 돕는 일"이라고 주장했다. 그의 이 일본인 '해외이주론'은 맨 처음 나가모리 도키치로(長森藤吉郎) 일본 대장성(大藏省)

관방장(官房長)이 받아들여 1904년 '대한 황무지개간사업'*이란 이름으로 빛을 보는 듯했으나 한국의 완강한 반대로 실패하고 이토 통감에 이르러서야 '동척' 사업으로 재기, 발판을 굳힌 뒤 데라우치가 토지조사 사업으로 마무리 지은 것이다.

이미 말했듯이 데라우치는 부임 초부터 각종 조선의 자원 수탈에 눈독을 들였다. 그는 식량, 그 가운데서도 쌀에 대한 관심이 대단했다. 일본으로서는 선진국을 따라잡기 위한 각종 사회간접시설의 확충도 시급한 문제였다. 쌀은 바로 이런 문제를 해결하는 데 안성맞춤이었다. 그래서 통감부 시절부터 동척이 깊이 관여하고 있던 쌀 수탈작전을 도와 조선 쌀을 더 많이 가져가기 위해 이런 엄청난 음모를 꾸민 것이다.

온 나라를 발칵 뒤집은 토지조사 사업은 자그마치 8년 10개월이나 걸려 1918년 11월에야 끝이 났다. 여기에 들어간 사업비만도 2천5백만 엔에 이르렀다. 그 결과 13만 4천여 정보가 역둔토로 신고되고, 기간 안에 신고하지 않은 토지와 증명서류가 없어 소유권이 인정되지 않은 경작지도 2만 7천여 정보나 나왔다. 신고 절차가 너무 까다롭고 복잡하여 하루라도 신고 기일을 어기거나 반항심에서 신고를 태만히 한 사람은 어김없이 농지를 잃고, 심지어 씨족 공동이나 마을 공동으로 소유해오던 땅은 대표 소유자를 내지 못한 경우도 토지를 몰수당했다.

---

* 하야시 곤스케(林權助) 주한 일본공사가 1904년 6월 6일 한국 정부에 허가를 요청한 사업. 그러나 기안자 나가모리가 지목한 개간지 대상이 대부분 황무지가 아니라 이미 농사를 짓고 있는 농지로 밝혀져 언론이 이 사실을 크게 보도하는 등 말썽을 빚자 결국 무산되었다. 더욱이 《대한매일신보》는 "일제가 채권국에 전비(戰費)를 마련하기 위한 담보물로 제공하기 위해 이런 터무니없는 황무지 개간사업을 꾸몄다."고 보도했다.

이러한 역둔토나 소유권 불인정 토지는 당시 전국 경작지의 5퍼센트를 넘었으며, 소작인도 33만 2천여 명에 이르렀다. 이를 5인 가족으로 환산하면 전체 인구 1,456만 6,783명(조선총독부 통계 1912년 12월 31일 현재)의 10퍼센트를 웃돈다. 총독부는 그 밖의 국유지 90만 정보도 빼앗았다. 데라우치는 이를 모두 동척에 넘겨 일본인 이주민에게 싼 값으로 불하했다. 토지 소유 개념이 희박하고 토지 등기에 등한한 우리 민족의 약점을 악용한 일제의 강탈행위였다.

이 때문에 160만 명이 넘는 많은 사람들이 한꺼번에 끼니를 걱정하게 되었으니 전국은 그야말로 눈물바다였다. 총독부와 동척을 향한 악담과 원성은 삼천리 강토에 넘치고도 남았다. 토지조사 사업이 실시되기 전까지만 해도 소유권 증명에는 별로 관심 없이 구두(口頭)거래 등으로 토지를 사서 농사를 지어온 농민들은 소작농이나 화전민 신세로 전락하고 말았다. 각 역과 도로는 고향을 떠나는 사람들로 장사진을 이루었고, 신의주와 원산 등지로 가는 북행열차도 대만원이었다. 이들의 억울한 사연을 상세히 기록한 안수길의 《북간도》와 박경리의 대하소설 《토지》 등은 도저히 눈물 없이는 읽을 수 없다.

심지어 일본 우파 학자 스기모토 미키오(杉本幹夫)도 그가 쓴 《식민지 조선 연구(植民地朝鮮の硏究)》에서 "일제 36년 동안의 조선지배에 대해 한국에 사과할 것은 아무것도 없다."고 주장하면서도 데라우치의 토지조사에 대해서는 "그 결과 접수한 토지 모두를 일본인에게 넘겨 30만 이상의 농민에게 불만을 산 것은 데라우치 총독의 실정(失政)이라고 말할 수밖에 없다. 토지 소유권은 총독부에 이관하더라도 소작권은 그대로 인정해 주는 방법도 있었을 터."라고 비판하고 있다.[20]

데라우치와 동척의 공생관계

데라우치는 이런 우리 민족의 비극을 즐기는 듯했다. 농민들로부터 빼앗은 농지가 많으면 많을수록 총독부 재정이 그만큼 늘어나기 때문이다. 그는 몰수한 토지를 팔아 총독부 재정으로 충당했다. 누구에게나 안하무인이던 데라우치는 동척 간부들에게만은 비굴할 정도로 굽실거렸다. 함께 요정에도 자주 다녔다. 왜? 그들의 호주머니에서 돈이 나왔기 때문이다. 그는 평소 '정치는 힘이다. 힘은 돈으로부터 나온다.'는 말을 자주 했다. 그것이 데라우치의 신념이자 정치철학이었다. 그런 그에게 동척은 서로 도우면서 살아가는 '악어와 악어새' 관계였다.

이처럼 데라우치의 힘을 업은 동척은 1910년 한 해 동안 황해도 재령에 있던 6백 정보를 비롯하여 봉산의 6백 정보, 경남 창원의 6백 정보, 서울 부근과 평남 남포 등의 7백여 정보 등 모두 3천여 정보의 전국 역둔토를 접수한 데 이어, 1918년까지 8만 정보를 확보했다. 당시 동척 간부들은 이에 대해 "이는 세계에서 찾아볼 수 없는 일로 식민통치에 능한 독일도 폴란드에서 이처럼 단기간에 많은 토지를 차지하지는 못했다.”고 자랑했다고 한다.

그러나 동척이 거머쥔 농지는 일본 이주민만 가지고는 감당하기에 너무나 넓었다. 그들은 어쩔 수 없이 조선인들에게도 소작권을 주었다. 단, 소작료는 반드시 현물, 그것도 쌀로 내는 조건이었다. 소작료로 받은 쌀은 인천과 부산, 목포, 군산항 등지에서 화물선에 실려 현해탄을 건넜다. 이들의 수탈상은 조선총독부가 1934년에 발표한 통계가 잘 말해 준다. 이 통계에 따르면, 1910년의 경우 153만 2,297섬이 건너갔고, 1914년에는 115만 6,141섬, 1919년에는 269만 9,141섬을 가져갔다.

말도 많고 탈도 많던 토지조사 사업은 결국 모든 부동산에 대한 소유 개념을 확실히 심어준 결과를 가져왔다. 데라우치는 1912년 3월 〈조선민사령(朝鮮民事令)〉을 공포하고 이에 따라 부동산을 거래하도록 했다. 또 같은 달 부령 제9호로 〈조선부동산등기령〉을 만들어 매매된 토지는 반드시 소유등기를 하도록 하고, 조사가 끝나지 않은 토지에 대해서는 조사가 마무리될 때까지 임시로 만든 〈조선부동산증명령〉에 따라 거래 또는 소유증명을 하도록 했다. 이로써 서울 등 12개 부 17개 도시는 1913년부터 역사상 처음으로 부동산등기제가 도입됐다. 전국에서 가장 먼저 토지조사가 끝났기 때문이다. 전국적으로는 1918년 7월 1일부터 전면 실시됐다. 또 상업등기, 법인 및 부부재산계약등기(이상 1912년 3월), 선박등기(1914년 5월), 금융조합등기(1914년 8월) 등 부동산 이외의 등기 사무도 재판소에서 다루기 시작했다.

청일전쟁(1894~95) 때 운수통신장관으로, 러일전쟁(1904~05) 때는 육군대신으로 참전하면서 철도의 필요성을 뼈저리게 느꼈다는 데라우치는, 수탈에 반드시 필요한 교통기관 정비에도 온 힘을 다했다. 그는 총독에 임명되자마자 경부선과 경의선을 대폭 개보수 하는 한

편, 호남선과 경원선 공사에 들어갔다. 호남선은 공사를 시작한 지 3년여 만인 1914년 1월 11일 완공, 그달 22일 개통식을 가졌다. 그 무렵 전 세계는 남북아메리카 대륙의 중간 허리 부분을 자른 파나마운하 개통으로 야단법석이었다. 하지만 그는 호남선 개통이 더 값지다며 기고만장했다. 경원선도 같은 해 9월 16일 완공됐다. 그는 1911년 11월 압록강 철교가 완공됨에 따라 서울과 중국 창춘을 바로 잇는 직통 열차도 운행토록 했다.

이와 함께 1911년부터 5개년 계획으로 전국 23개 노선 2천3백 킬로미터의 도로를 뚫고, 부산, 인천, 진남포항을 정비했다. 부산에는 3천~2만 톤급 선박 계류장을 신설하고, 인천에는 바다를 메워 4천5백 톤급 선박 3척을 동시에 댈 수 있는 선착장을 마련했다.[21]

충독부 조직 개편

그는 6년 남짓 총독으로 일하는 동안 총독부 조직을 두 차례 개편, 업무를 효율화했다. 첫 번째는 총무부를 손질한 1914년 4월 1일자로 부 명칭을 총독관방으로 바꾸어 인사국과 회계국을 없앤 대신 토목국을 신설, 총무국, 외사국과 함께 3개 국을 두었다. 나머지 내무, 탁지, 농상공, 사법부는 종전 조직을 그대로 유지했다. 총무국장에는 사위 고다마 히데오를 앉히고, 토목국장에는 도쿄대 법학과 출신인 지지 로쿠자부로(持地六三郎)를 기용했다.[22]

특히 농상공부 간부를 전원 교체, 장관에 이시즈카 에이조(石塚英藏)를, 식산국장에 호아시 준조(帆足準三), 농림국장에는 기쿠치 다케이치(菊池武一)를 각각 발령했다. 그 무렵 악명 높던 경무총장 아카시 모토지로는 타이완 총독으로 승진(4월 17일자)해 가고 후임으로 다치바나 쇼이치로(入花小一郎)가 왔다. 데라우치는 이때 지방조직도 고쳐 종전

각 도별 면적·가옥 및 지방조직 개정 전후의 부·군·면 수

구분	면적	가옥*	부		군		면	
			전	후	전	후	전	후
경기	771	334,883	2	2	36	20	487	250
충북	490	136,291	–	–	18	10	199	114
충남	552	208,292	–	–	37	14	387	175
전북	539	219,639	1	1	27	14	380	188
전남	932	354,263	1	1	28	22	447	275
경북	1,061	360,822	1	1	40	23	514	272
경남	779	322,234	2	2	27	19	453	259
황해	1,192	243,501	–	–	19	17	348	226
평남	1,049	204,621	2	2	17	14	299	169
평북	2,080	201,597	1	1	20	19	260	194
강원	1,980	187,106	–	–	35	21	236	178
함남	1,876	191,309	1	1	13	16	190	142
함북	1,088	81,028	1	1	10	11	122	79
계	14,389	3,045,586	12	12	317	220	4,322	2,521

* 1913년 12월 말일 현재.　　자료:《조선총독부시정연보(朝鮮總督府施政年報)》(조선총독부, 1914), 30쪽.

317개 군을 220개로 줄이고, 4,322개이던 면도 2,521개로 대폭 줄였다. 그러나 종전 12개이던 부는 그대로 두고 관할 구역만 조정했다.

　데라우치는 그로부터 1년 뒤인 1915년 3월 1일 인건비 절감을 이유로 본부를 4부 3국으로 축소했다. 이에 따라 총독관방의 외사국, 내무부의 지방국, 탁지부의 사세·사계국, 농상공부의 식산·농림국 등 6개 국이 없어져 과 중심으로 운영됐다.

　데라우치는 조선 통치에 성공한 공로로 1916년 8월 육군원수로 승

진했다. 일선 작전 경험이 없는, 그것도 군사작전과는 무관한 업무로 육군 최고위에 승진한 것은 전례가 없는 일이었다. 물론 그는 메이지 왕의 신임이 두터웠으나 그가 조슈 출신이 아니고 육군 최고 겐로 야마가타 아리토모의 군벌 직계가 아니었더라면 있을 수 없는 일이었다. 아무튼 그는 뒤에 원수로 승진한 아들 데라우치 히사이치(寺內壽一, 1879~1946)와 함께 부자가 육군 최고 계급장을 단 진기록을 수립했다. 당시 일본 군부 장성들은 아버지 데라우치의 승진에 대해 '전쟁터에도 한 번 못 나가본 인물이 원수가 된다는 건 세계 역사상 전무후무한 난센스이다.'라고 빈정거렸다고 한다. 참고로 근대 일본 육군사(史)에서 원수는 모두 13명이었다.

데라우치의 행운은 이에 그치지 않았다. 1916년 10월에는 오쿠마 시게노부 내각에 이어 제18대 일본 내각 수상으로 임명됐다. 그가 강경한 매파로서 정치 자세가 좋다는 평가를 받은 결과였다. 데라우치는 수상이 되면서 3백만 엔을 뿌렸다는 말도 전해지고 있으나 증거는 없다. 그는 때로 외무대신과 대장대신을 겸하며 그해 10월 9일부터 1918년 9월 29일까지 약 2년 동안 수상을 지냈다. 이때 의사 출신으로 내무성 위생국장, 타이완 총독부 민정국장, 남만주철도 초대 총재, 체신상, 철도원 총재 등을 역임한 고토 신페이가 내무대신을 맡아 데라우치를 도왔다.

데라우치는 수상이 되어서도 억압정치를 계속했다. 그는 1918년 시베리아 출병 이후 군비확장을 계속, 국민으로부터 무리한 세금을 거두면서 불만을 사기 시작했다. 이에 일본 언론의 비판은 절정에 이르고, 데라우치는 그러면 그럴수록 이를 강력히 탄압했다. 그래서 데라우치 내각은 '군벌 내각'이란 별명을 갖게 됐다.

그런 가운데 1918년 7월 그가 총독시절 그렇게 증산을 강조하던 쌀에 문제가 생겼다. 이른바 '쌀값 파동'이다. 도야마(富山) 현 사카나즈 (魚津)의 주부들이 마을 사무소에 몰려가 쌀값 인하를 외치며 시위를 벌인 것이 계기가 되어 시위는 전국으로 번졌고, 다시 쌀가게와 고리 대금 업소들이 시위대의 습격을 받으면서 큰 폭동으로 이어졌다. 데 라우치는 즉각 군대를 출동시켜 시위대를 무자비하게 진압했다. 그 러나 그것이 더욱 큰 반발을 불러와 결국 9월 19일, 어렵사리 오른 총 리 자리를 내놓고 말았다.

그는 총칼로 출세했다가 총칼에 무너진 어리석은 무장(武將)이었 다. 데라우치는 그 길로 몸져누웠는데, 이듬해 3월부터 시작된 우리 민족의 3·1운동에서 탄압의 반작용이 얼마나 센지를 똑똑히 확인한 뒤 11월 3일 눈을 감았다.

제2대 조선 총독
1916. 10. 14~1919. 8. 13

하세가와 요시미치

長谷川好道

하세가와 요시미치 약력

1850. 10. 1   조슈 번사 하세가와 도지로(長谷川藤次郎)의 장남으로 출생.
               번의 검술 사범인 아버지 밑에서 검술을 배움.
1868.   유신전쟁 때 조슈 번 세이키타이(精義隊) 소대장으로 참전.
1870.   오사카 병학료에 입학.
1871. 8.   육군소위.
       12.   육군대위.
1972. 4.   육군소좌.
1873. 6.   중좌로 세이난(西南) 전쟁에 참전.
1885.   프랑스 견학.
1886. 12.   육군소장. 제12연대장.
1895.   청일전쟁에서 공을 세워 남작.
1896.   육군중장. 제3사단장.
1898.   근위사단장.
1904. 6.   러일전쟁 참전. 육군대장.
1904. 9.   한국주차군 사령관.
1906.   자작.
1908. 10.   육군성 군사참의관.
1912. 1.   육군 참모총장.
1914.   육군원수.
1916. 10. 14   제2대 조선 총독.
1919. 3.   3·1독립만세운동 무력진압.
1919. 8. 13   조선 총독 해임.
1924. 1. 27   사망.

조슈 군벌의 오판

뒷말 많았던 총독 임용

하세가와 요시미치는 공사(公私)가 분명하지 않은 좀 별난 인물이었다. 조선 총독 재직 동안 우리 민족의 항일국권회복운동을 무력으로 탄압한 것 말고는 특별히 한 일이 별로 없다. 3·1운동도 사전에 알아내지 못했다. 일본 역사가들이 역대 조선 총독 가운데 그를 가장 무능한 총독으로 기록하고 있는 것은 그런 점들이 고려되었음직도 하다.

여느 고관대작들과 마찬가지로 하세가와 또한 여자들을 가까이했다. 그렇다고 사랑에 눈이 어두워 정부(情婦)의 군영(軍營) 출입을 삼가해달라고 직언한 예하 부대장을 예편시킨 데서야 말이 되겠는가. 그는 실제로 한국주차군 사령관으로 근무하던 1907년 11월 작부(酌婦)를 관사로 끌어들여 바람을 피우면서 보초병들과 적지 않은 마찰을 빚었다. 말썽의 여인은 하세가와가 규슈 벳부(別部)의 오야(大屋)지방에 주둔하고 있던 보병여단에서 훈련받을 때 머물렀던 여관집 딸이었다. 당시는 열 살 안팎의 귀여운 소녀였으나 세월이 흘러 기생으로 성장한 그녀를 서울 요정에서 다시 마주치게 된 것이다. 그녀는 어머니가 계모인 데다 아버지가 사업에 실패하여 하는 수 없이 팔려 왔다고 했다.

상관의 군율 위반을 보고받은 보병 제30여단장인 도조 히데노리(東

條英敎, 도조 히데키의 아버지) 소장은 참모회의에서 사령관의 잘못을
지적하고 '윗물이 흐리면 아랫물을 맑게 할 수 없다'며 주의해달라고
정중히 요청했다. 도조는 불의라면 참지 못하는 강직한 성미였다. 부
하로부터, 더군다나 공개석상에서 체면을 깎였으니 하세가와인들 당
하고만 있을 리 만무했다. 도조는 그로부터 얼마 뒤 명예 중장 진급과
함께 군복을 벗게 됐다. 도조의 예편 소식은 곧바로 전 군으로 퍼져
한동안 웃음거리가 됐다.[1]

　그런 하세가와가 참모총장을 거쳐 현역 육군원수로 제2대 조선 총
독에 임명되었다. 이토 히로부미에게 쫓겨 본국으로 돌아간 지 8년
만에, 남들 같았으면 퇴임할 66세 때의 일이었다. 때마침 그는 육군
성 군사참의관으로 자리를 옮기면서 도쿄로 함께 가 살림까지 차린
애첩이 많은 빚을 남기고 몰래 달아나버려 실의에 빠져 있었다. 그런
만큼 그의 조선 총독 기용에는 입방아가 많을 수밖에 없었다. 그는 야
마가타 아리토모 군벌의 직속 후계였다. 그래서 시중에는 '그가 조슈
벌(長州閥) 출신이 아니었다면 감히 어떻게 그런 자리를 차지할 수 있
어, 야마가타가 봐준 모양이지 뭐. 아마 잃어버린 재산을 조선에 가
서 벌충하라고 말이야."라는 말들이 공공연히 나돌았다. 아무튼 그로
써 조선 지배의 총수 자리는 벌써 내리 네 번째 '조슈벌'의 전유물이
된 셈이다.

　하세가와는 총독으로 임명된 지 한 달 26일 만에 부임길에 올라 그
해 12월 9일 부산항에 도착했다. 야마가타 이사부로 정무총감, 아키
야마 요시후루(秋山好古) 조선주차군사령관 등이 멀리까지 나와 그를
영접했다. 하세가와는 이들과 함께 경부선 특별열차를 타고 다음 날
남대문역에 도착, 왜성대로 부임했다. 그러나 을씨년스런 겨울 날씨
탓인지 젊었을 때의 거드름은 어디 가고 그의 주름진 얼굴에는 어두

운 그림자가 드리워 있었다.

하세가와는 한국주차군 사령관 시절(1904~08) 우리 민족을 못살게 굴었던 심술궂은 '호랑이'였다. 그가 4년 동안 저지른 악행은 이루 말로 다 표현할 수 없을 정도이다. 기세가 너무 등등해 그 앞에서는 얼굴도 제대로 들지 못했다고 한다. 그때 한국에서 활약하던 샤쿠오 도호(釋尾東邦) 기자는 《조선(朝鮮)》 1909년 1월호에 "당시 한국인은 위아래 할 것 없이 단지 먼발치에서 장군의 위용만 보고도 전율하고, 엎드려 감히 위를 보는 자가 없었다. 한국인의 생사여탈권은 완전히 그의 마음속에 달려 있었다. 통감이 엄연히 존재하는데도 그는 영락없는 군주였다."고 쓰고 있다.

여기서 잠시 일본군이 한국에 주둔한 역사를 살펴보는 것도 하세가와의 일탈 행위를 이해하는 데 도움이 될 성싶다. 일본군의 서울 주둔은 1880년 4월 서대문 밖에 있던 일본공사관 청수관(淸水館) 시대로 거슬러 올라간다. 당시 청수관 경비병은 10명 안팎이었다. 이 청수관은 1882년 임오군란 때 소실됐다. 본국으로 철수했던 일본공사 하나부사(花房義質, 1842~1917)는 그해 8월 12일 해군소장 니레 카게노리(仁禮景範, 1831~1900, 제3·5대 조선 총독 사이토 마코토의 장인)와 육군소장 다카시마(高島之助)가 인솔한 육·해군 병력 1천2백 명과 함께 인천으로 상륙했다. 하나부사는 8월 16일 정예요원을 앞세우고 서울로 올라와 지금의 충무로 2가 부근에 있던 금위대장(禁衛大將) 이종승(李種承) 집에 임시 공사관을 마련했다. 이때 일제는 공사관 경비 병력을 1개 중대로 늘리고 수비대장에 무라카미(村上正積) 대위를 임명했다. 서울 4대문 안에 외국군이 주둔한 예는 이것이 처음이었다.

그 뒤 청나라와 일본의 기세 다툼이 계속되면서 갑신정변 **(1884년)** 때는 센다이친타이(仙臺鎭隊) 보병 제4연대 분견중대가 고종을 호위한다는 구실로 경우궁(景祐宮)*을 불법 점거하고, 청일전쟁 때는 오지마(大島義昌) 혼성여단이 난입, 일본 공사관 경비를 구실로 2개 대대를 남겨놓기도 했다. 심지어 바야하라(馬屋原務本) 소좌가 이끄는 후비 보병 제18대대는 1895년 10월 로닌, 구 한국군훈련대 등과 내통해 명성황후를 시해하고 동학군과 전투를 벌이는가 하면 의병항쟁을 진압하는 데 앞장서기도 했다. 우리가 힘이 있었더라면 도저히 있을 수 없는 일들이었다.

이런 과정을 거쳐 일제는 러일전쟁을 기회로 한일의정서를 강제 체결하고 한국 주병권(駐兵權)을 따낸다. 일제는 이에 따라 1904년 3월 한국주차군 사령부를 설치하고 초대 사령관에 육군소장 하라구치(原口兼濟)를 임명했다. 그러나 그는, 앞에서 이미 설명한, 대한황무지개간 반대운동을 적절히 제압하지 못했다는 이유로 부임 6개월 만에 하세가와에게 밀려났다. 하세가와는 그때 근위사단장으로 러일전쟁에 참전, 만주에서 러시아군과 싸우고 있었다.

펑텐(奉天)전투에서 공을 세워 대장으로 승진한 하세가와는 그해 10월 13일 서울에 부임하자마자 용산에 대규모 군사령관 관사를 짓는 일을 시작으로 위세를 떨치기 시작했다. 수천 평 부지에 세워진 관사는 말 그대로 대궐에 견줄 만한 호화로운 대저택이었다. 이 공사에는 러일전쟁에서 쓰고 남은 군비 잉여금 50만 엔이 들어갔다. 이 돈이 얼마나 많은지는 당시 쌀 한 가마가 5~6엔에 거래되었으므로 이와 견주어보면 가늠하고도 남을 것이다. 그는 이 관사를 지어놓고도 자신은 단 하룻밤도 자지 않았다. 건물이 너무 넓은 데다 설계가 치밀하

---

* 정실이 아닌 임금 생모의 위패를 모신 별묘. 조선조 제23대 왕 순조가 지금의 계동 옛 휘문고교 교정에 설치했는데 갑신정변 때 김옥균 등 개화파가 고종을 이곳에 임시 피신시킨 일로 유명하다.

지 못해 시설관리비가 엄청났기 때문이다. 매월 부과되는 전기료만
도 4백 엔에 달했다. 뒤에 통감으로 온 이토에게 통감관저로 쓰도록
권했으나 마다했다. 하세가와는 구한국 황실에도 사용을 제안했으나
돌아온 대답은 마찬가지였다. 그 뒤 이 건물은 오래도록 흉가가 아닌
흉가로 남아 당국의 골칫거리가 됐다. 그래도 그는 경고장 하나 받지
않고 무사했다.

사령관의 뒤틀린 민족관과 무단통치

군사작전에 능했던 하세가와는 한국주차군 사령관이 되면서 정치
군인의 길을 걷기 시작한다. 그는 무단통치 이론을 최초로 만들어 실
천한 주인공이기도 하다. 그의 주장은 데라우치 마사타케나 침략이
론가인 도쿠토미 소호보다 앞선다. 하세가와의 논리에는 '강한 일본'
과 '약한 한국'의 군사적 현실을 민족성의 우열관계로 비약한 민족 멸
시관에 바탕을 두었음은 말할 나위도 없다. 그가 우리 민족을 어떻게
인식하고 있었는지는 을사오조약을 체결하고 1905년 11월 29일 귀국
하는 이토 히로부미에게 준 〈한국 경영 소감 및 한국 경영기관 수뇌
(首腦)에 대한 의견서〉에 잘 드러나 있다. 요약하면 이렇다.

"한국인은 국가 관념이 없고 강자를 숭배하는 야만인과 다름없다.
대부분 완고하여 사고방식에 유연성이 없고 사리가 통하지 않는다.
정부 관리도 남을 속이고 거짓말하기에 능숙하고 성의가 없으며, 옛
날의 법도를 고집하는 데 수완이 좋은 인물들로 채워져 있다. 이런 상
황에서 압력이 없는 수단은 도저히 효과를 거둘 수 없다. 한국을 보호
국으로 잘 경영하려면 병권(兵權)을 쥐고 있는 무관(武官)이 통감을 맡
아 우선 한국 지도자들을 길들여 말을 잘 듣게 하고, 그래도 안 될 때
에는 무력으로 겁을 주어 강제로라도 따르게 해야 한다."[2]

이 의견서에서 알 수 있듯이, 그의 우리 민족에 대한 편견도 문제지만, 그는 을사오조약이 성사되자 한국 통감이 되기를 강력히 희망했다. 오조약 협상 때 전력을 다해 이토를 도운 것도 내심은 통감이 목표였다. 그는 잘 알려져 있듯이, 그때 한국주차군 병력을 동원, 오조약 수용 여부를 결정하기 위한 한국 대신들의 어전회의가 진행되는 동안에 대궐 주변을 에워싸고 완전 군장 차림으로 군사행진을 계속토록 하며 겁을 주었다. 그는 궁궐이 마주 보이는 원구단에 야포를 대놓고 실전 연습을 하도록 하는가 하면, 협상 마지막 날(11월 17일) 저녁 육군대장 정장을 입고 헌병대 호위기병들과 함께 이토를 따라가 협상 중이던 한국 대신들에게 으름장을 놓기도 했다.

한국 군대 해산도 그가 주도했다. 하세가와는 서울 시위대(侍衛隊)의 5개 대대와 지원부대, 연성(研成)학교 교성(敎成)대대를 우선 해산하고, 다음으로 지방의 진위(鎭衛) 8개 대대를 없앨 계획을 짰다. 다만 제2연대 제2대대는 황실 의장대로 활용하기 위해 그대로 두었다. 의

장대는 황실 의전에 필요하다고 인정되었기 때문이다. 이토와 하세가와는 순종에게 압력을 넣어 7월 31일 밤 10시 40분 이 계획에 대한 조칙을 얻어냈다. 그것도 군제(軍制) 쇄신을 위한 방안이라고 속여서.

하세가와는 8월 1일 아침 7시를 기해 양성환(梁性煥) 혼성여단장을 비롯한 연대장 2명, 대대장 6명, 지원부대장 3명 등 서울에 있던 각 부대 지휘관들을 그가 관사로 사용하던 대관정(大觀亭)으로 불러 모았다. 대관정은 소공동 미도파 백화점 부근의 옛 국립중앙도서관 뒤쪽에 있었다. 그는 이 자리에서 군부대신 이병무에게 군대해산 조칙을 낭독하도록 하고, 이어 오전 10시 훈련원에서 해산식을 갖겠다고 알렸다. 해산식은 이에 불복한 부대의 무장봉기로 무산되었지만 한국 군대는 조칙대로 해산되었다.[3]

그러나 하세가와가 이토를 도운 것은 여기까지였다. 천하에 걸릴 것이 없던 하세가와도 이토가 통감으로 부임하면서 운신의 폭이 좁아졌다. 게다가 1906년 8월 1일 제정된 한국주차군 사령부 조례는 한국

■■ 하세가와가 관사로 사용하던 대관정의 모습(지금의 서울 중구 소공동 웨스틴조선호텔 맞은
편 자리).

주둔군을 통감의 정치적인 영향력을 뒷받침하는 상비군으로 규정했
다. 이에 따라 주차군 사령부는 육·해군 소장과 영관, 위관급 장교를
통감부에 파견, 통감에게 군사 조언을 하는 협조체제를 만들었다. 그
러나 통감 동정을 감시하는 구실 역시 빼놓을 수 없는 임무여서 두 기
관은 차츰 대립 양상을 띠어 갔다.

 하세가와는 문관 이토가 군을 지휘한 것을 극히 못마땅하게 여겼
다. 따라서 이토에게 보고도 하지 않고 독단으로 해치우는 일이 많아
졌다. 그는 친일단체 한일부인회가 설립한 명신(明新)여학교에서 학
감 후치사와(淵澤能惠)와 함께 예법(禮法) 과목을 가르치는 여유를 부
리면서도 이토의 말은 잘 듣지 않았다. 이 한일부인회는 1906년 일본
애국부인회가 통감부 고문으로 일하던 하기와라(萩原守一)와 고쿠분
(國分象太郎)의 두 아내를 시켜 조직한 모임으로 궁내부대신 민영철,
표훈원(表勳院) 총재 민병석, 학부대신 이재극, 외부대신 이하영, 내
부대신 이지용, 한성판윤 박희병 등 정부 각료 아내와 왕족 부인 등을

회원으로 하고 있었다. 일본의 가쿠슈인(學習院)을 본 따 설립한 명신 여학교는 명문귀족 부녀만 입학할 수 있었다.

의병항쟁 진압문제에 관한 한 하세가와가 단연코 통감이었다. 이런 일들로 이토의 불만을 산 그는 결국 1908년 10월 오쿠보 하루노(大久保春野, 1846~1915)에게 자리를 내주고 육군성 군사참의관으로 쫓겨나는 처지가 됐다. 그때 기록은 "문무 협력관계를 원만하게 이루지 못한 데다 정치문제도 이토 통감의 조정 및 감독을 받지 않고 일방적으로 처리했기 때문에 이토가 일본 정부에 교체를 요청함으로써 나온 결과"라고 적고 있다.[4]

이처럼 조선은 하세가와 그가 한국주차군 사령관 시절 가꿔 놓은 텃밭이었다. 그런 곳에 다시 돌아온 하세가와로서는 감회가 남다를 수밖에 없었다.

별다른 공적 없었던 총독 행정

하세가와가 부임한 지 며칠 뒤 지금의 서울 종로 네거리 부근에 있던 조선 요정 명월관에서 친일 조선 귀족들이 주관하는 신임총독 환영회가 열렸다. 이완용·송병준·윤덕영·조중응 등 중추원 참의들과 충북도장관 유혁로(柳赫魯), 전북장관 이진호(李軫鎬), 황해장관 조의문(趙義聞), 강원장관 이규완(李圭完), 함남장관 신응회(申應凞) 등 친일 인사들이 자리를 같이했다.

하세가와는 이 자리에서 "일시동인(一視同仁)은 천황폐하의 성지(聖旨)입니다. 조선반도는 떠오르는 태양처럼 발전해 가고 있습니다. 전임 데라우치 군의 공적이라고 아니할 수 없습니다. 본인은 데라우치 군의 시정방침을 그대로 본받아 그가 마련해 놓은 기틀을 더욱 굳힐 생각입니다. 데라우치 군은 행정능력이 뛰어납니다만 나는 주로 야전군에서 일한 관계로 경험이 없습니다. 따라서 앞으로 야마가타 정무총감에게 모든 일을 맡겨 처리할까 합니다. 그리고 절대로 과격한 일은 없을 것입니다."라고 부임 소감을 밝혔다.

그러나 그의 말에는 박력도, 줏대도, 신념도 없다고 모두들 느꼈다. 말소리조차 트릿해 패기라고는 찾아볼 수가 없었다. 과거 주차군 사령관 시절의 하세가와와는 전연 딴 사람으로 느껴졌다. 세월이 그렇게 만들었는지 아니면 데라우치에게 주눅이 들었는지는 알 수 없는 일이었다.[5]

그는 야마가타 정무총감의 건의에 따라 인사도 총무국장에 오기다 에쓰조(荻田悅造)를 앉히고, 농상공부장관으로 오하라 신조(小原新三)를 발령하는 데 그쳤다. 그것도 전 총무국장 고다마 히데오가 장인을 따라 본국 내각 서기관장으로 승진해 가고, 전 농상공부장관 이시쓰카 에이조(石塚英藏) 역시 동양척식주식회사 총재로 옮기는 바람에 자리가 비어 행한 인사였다. 그는 1917년 7월 31일자로 본부 외청으로 두었던 철도국을 총독 관방실로 옮겨, 조직을 4부 3국에서 4부 4국으로 개편했다. 그때도 철도국장 자리만 히토미 지로(人見次郎)를 발령하고 나머지는 모두 그대로 두었다.

하세가와는 데라우치가 벌여놓은 일 말고는 새 사업에 아예 손을 대려 하지 않았다. 행정에 백치나 다름없는 그는, 스스로 공언한 대로, 모든 업무를 정무총감에게 맡기고 관저 깊숙이 들어앉아 마작이나 골패를 만지면서 술과 여자가 넘치는 밤이 되기만을 기다렸다. 미나미 지로(南次郎) 제7대 총독이 1940년 총독부 개설 30주년을 맞아 펴낸 《조선총독부 30년사》에도 하세가와의 업적은 별로 특기할 만한 것이 없다. 그나마 전남 고흥군 소록도에 한센병 환자 요양소 자혜(慈惠)의원을 건립한 것이 눈에 들어오는 정도다. 그것도 실은 데라우치 총독 때 전국 떠돌이 한센병 환자들을 강제로 한 곳에 모아 관리하기 위해 계획된 사업이었다. 자혜의원은 1917년 2월 준공, 그해 4월부터 환자들을 받기 시작했다. 총 19만 5천8백 평 부지에 병동은 남, 여, 부부, 전염동 등 4개 전담 동으로 나누어 각 5동씩 모두 20동이 들어섰다. 수용 정원은 1백 명이었다.

《조선총독부 30년사》는 행정 기관의 가장 말단인 면(面)을 정비한 것을 하세가와의 업적으로 기록하고 있다. 면은 1917년 6월 공포된 제령 제1호에 따라 그해 10월 1일부터 도로, 다리, 하천, 제방, 관개배수, 산림조림, 영농, 양잠, 축산 등에 관한 업무를 다루기 시작했다. 면에는 면장을 비롯 면서기, 회계원 등 유급직원이 배치되고, 구장도 무급으로 업무를 돕도록 했다. 또 전국 2,512개 면 가운데 일본인이 많이 사는 23개 면은 일본인을 면장으로 임명했다. 면 역시 우리 민족의 항일운동을 효율적으로 감시하기 위해 설치했음은 두 말할 필요가 없다.

그 책에는 또 토지조사 사업에 대해서도 마무리 과정을 밝히고 있다. 이에 따르면 토지조사 사업에 동원된 인원은 고등관 93명, 판임관 이하 7,020명 등 모두 7,113명이었다. 조사한 토지도 1천9백여 만 필지에 달했다. 최종집계 결과 토지 소유권자는 모두 187만 1,636명으로, 이들이 소유한 토지는 487만 1,071정보로 나타났다. 이 가운데 경지면적은 433만 7,104정보였다. 토지조사원들은 전국 시가지 토지를 115개 등급으로 나누고, 시가지 외 택지는 53등급, 논밭과 구릉지에 대해서는 132등급으로 판정했다. 이들은 또 필지마다 지번, 지목, 면적, 지가, 소유주, 토지 등급 등을 기재한 토지대장과 지적도를 만들어 각 군에 넘기고, 전국을 5만 분의 1, 2만 5천 분의 1, 1만 분의 1로 각각 줄인 지형도를 만들어 나누어 주었다고 자랑한다. 총독부는 1918년 11월 4일자로 임시토지조사국을 폐지했다.

기밀비 유용과 기강 해이

하세가와는 특히, 러시아와 만주의 군벌 세력을 견제한다는 핑계로, 서울 용산과 함경북도 나남(羅南)에 20사단과 19사단을 상주시켜 우리 민족의 항일운동을 위압하고 대륙 침략의 병참기지로서 터전을 닦았다. 또 미곡검사제(米穀檢査制)를 도입하여 품질 좋은 쌀 생산을 독려하는 척하면서 본국으로 가져갈 쌀값을 깎아내리는 수단으로 악용, 물정이 어두운 농민들을 울리기 일쑤였다. 친일 무리들을 새로 모아 앞잡이로 삼고, 일본인 사업가와 농장주들에게 경영 자금을 대주며 경제수탈을 도왔다. 삼천리 금수강산을 일본의 식민지 경제 체제로 바꾸는 이런 일들은 물론 데라우치가 밑돌을 놓은 것이지만 10여 년 동안 같은 자리를 지켜온 야마가타 정무총감이 거의 도맡아 실행했다. 때문에 부작용은 이만저만이 아니었다.

게다가 하세가와는 총독부 기밀비를 가로채기 시작했다. 데라우치가 3백만 엔을 유용한 것이 빌미였다. 하세가와는 우연한 기회에 데라우치가 기밀비에서 거액을 챙긴 사실을 알아냈다. 그는 데라우치도 했는데 자기라고 못할 것 없다는 듯이, 기밀비를 개인 용도로 축냈다. 데라우치는 정치자금으로 이를 가져갔지만 하세가와는 가족 생활비로 보냈다. 하세가와의 기밀비 횡령은 총독부 고위 관료들 사이에는 공공연한 비밀이었다. 그러나 하세가와는 부하들이 문제를 지적하면, 아무 거리낌 없이 쓸 만한 곳에 쓰고 있으니 상관하지 말라는 투였다. 부하들도 그런 총독이 싫지 않았다. 웬만한 잘못은 그냥 넘어갔기 때문이다.

총독부 직원들은 너 나 할 것 없이 나날이 오만하고, 안일하고, 나태해져 갔다. 남산과 진고개, 황금정(지금의 을지로) 등에 들어찬 수많은 일본 요정과 술집에서는 밤낮없이 샤미센(三味線, 일본 현악기의 하나) 음악이 흘러나오고, 게다짝을 신고 딸깍거리며 걸어가는 일본인들의 입에서는 음담패설이 요란했다. 요정에는 술이 모자랐고 여자도 부족했다. 총독부 관리와 군인들 사이에는 더러 여자 쟁탈전이 벌어져 거리에서도 서슬 퍼런 일본도(日本刀)가 춤을 추는 모습을 어렵지 않게 목격할 수 있었다.

그럼에도 하세가와는 머지않아 먹구름이 몰려오리라는 사실을 전혀 알아차리지 못한 채 이런 세태를 자신의 선정(善政) 덕으로 돌리며, 돈 모으기와 주색에 점점 깊이 빠져들었다.

만세운동을 짓밟고……

고종황제의 승하

총독으로 2년 넘게 호강을 누려온 하세가와 요시미치는, 1919년 들어 왠지 심상치 않은 예감이 머리를 스쳤다. 미국 윌슨 대통령이 1918년 1월 8일 연두교서에서 제1차 세계대전[*]의 전후(戰後) 처리방안으로 주창한

---

[*] 1914년 7월 28일 오스트리아의 세르비아에 대한 선전포고를 신호탄으로 영국·프랑스·러시아 등의 연합국과 독일·오스트리아를 중심으로 한 동맹국이 두 편으로 나뉘어 1918년 11월 11일까지 4년 넘게 싸운 세계 규모의 전쟁. 전쟁을 일으킨 당사국은 오스트리아와 세르비아였지만 독일과 러시아가 배후에서 조종, 결국 유럽 전체가 전화(戰火)에 휩싸였다. 전쟁은 보스니아 출신 학생 가브릴로 프린치프가 1914년 6월 28일 오스트리아의 군주 제위계승자인 프란츠 페르디난트를 암살함으로써 시작됐다. 암살 이유는 오스트리아가 베를린조약을 무시하고 1908년 10월 보스니아와 헤르체고비나를 합병한 데 있었다.

민족자결주의 원칙이 연일 신문에 크게 보도되면서, 이에 공명(共鳴)한 재일(在日) 조선유학생 4백여 명이 연말(1918년 12월 30일) 도쿄 간다(神田)의 조선기독교청년회관에 모여 '민족자결론'을 주제로 열띤 토론을 벌였다는 보고는 여간 신경이 쓰이는 문제가 아니었다.

엎친 데 덮친 격으로 '한일합방' 이후 조선 민족의 정신적 지주였던 고종이 1919년 1월 21일 갑자기 승하했다. 고종은 그동안 류머티즘를 앓아왔지만 중병은 아니었다. 운명(殞命) 하루 전인 20일에도 보통 때와 마찬가지로 오후 3시에는 시종들과 이야기를 나누고 약을 먹었으며 저녁식사도 정상적으로 했다. 식후에는 평소 좋아하는 술도 한잔 마시고 잠자리에 들었다. 그러나 자정을 넘으면서(0시 30분쯤) 심한 복통을 호소했다. 곧바로 주치의 안상호(安商鎬)가 불려 왔다. 서양에서 의학을 공부해 모르는 병이 없을 만큼 이름을 날린 그였지만 이미 손을 쓸 수 없는 상태였다. 조선총독부 소속 모리야스(森安) 의사도 달려왔다. 그 역시 속수무책이었다. 고종은 오전 6시 36분쯤 끝내 숨을 거두었고, 모리야스는 사망 원인을 뇌일혈로 진단했다.

그로부터 장안에는 고종 독살설(毒殺說)이 퍼지면서 여론이 들끓기 시작했다. 소문인즉, '고종은 일제의 비밀공작으로 살해됐다. 총독부는 고종이 1907년 6월 헤이그 밀사 사건 때와 마찬가지로 이번 파리강화회의에도 밀사를 보내 조선의 억울함을 열강에게 호소하려 하자, 궁중 전의(典醫) 안상호를 매수, 궁녀를 시켜 비상약 비소를 탄 홍차를 만들어 고종에게 마시게 해 결국 절명했다. 이 음모에는 이왕직 장시국장 한창수(韓昌洙)와 시종관 한상학(韓相鶴)도 관련되어 있다.'는 내용이었다.

하세가와는 고종의 독살설에 신경이 쓰였던지 신문에 빨리 알려 사

인(死因)을 정확히 보도하라고 지시했다. 총독부 기관지 《매일신보》는 1월 22일 〈덕수궁의 환후(患候) 침중(沈重)〉이라는 제목 아래 "이태왕(李太王) 21일 오전 1시 45분 돌연 발병하심. 20일 저녁 수라까지 평일과 같이 잡수시고 침전에 드실 때도 아무 이상이 없으셨는데 돌연 중환이 되심."이라고 보도한 데 이어, 23일 〈이태왕 전하 '동풍(뇌일혈)'으로 훙서(薨逝)〉라고 급서(急逝) 소식을 알렸다. 총독부도 이날 고종황제의 승하소식을 전하며 사인을 뇌일혈로 발표했다. 장례는 3월 3일 국장(國葬)으로 결정됐다.

고종 서거소식이 알려지면서 서울 대한문 앞에는 날마다 전국에서 수많은 조문객들이 몰려들어 땅을 치며 통곡했다. 그때 외신들은 이 모습을 "구름같이 몰려든 군중"이라고 보도했다.

이런 국내외 정세로 민심이 어수선하게 돌아가는 사이, 재일 조선유학생들은 도쿄에서 재일본도쿄조선청년독립단을 결성하고, 조선 독립을 세계에 알리기 위해 독립선언서를 작성하기로 결의했다. 그리고 최팔용(崔八鏞)·백관수(白寬洙)·김도연(金度演)·서춘(徐椿)·김철수(金喆壽)·최근우(崔謹愚)·김상덕(金尙德)·윤창석(尹昌錫)·이광수(李光洙)·송계백(宋繼伯)·이종근(李琮根) 등 11명을 대표로 선출했다. 독립선언서와 결의문, 민족대표 소집청원서(일본 의회 통보용) 등의 호소문 작성은 이광수가 맡았다. 이광수는 하숙집 명계관(明溪館)에서 초안을 썼다고 한다. 그는 독립선언서를 여러 나라로 보내기 위해 영어와 일본어로도 번역했다. 국문과 일어로 쓴 독립선언서와 결의문은 등사판으로 찍고 영문은 타이프로 쳤다. 독립선언서가 완성된 날짜는 정확히 알려지지 않았지만 송계백이 명주 베에 쓴 '독립선언서'를 감추고 서울로 들어와 정노식(鄭魯湜)에게 전달한 날이 1919년 1월 28일쯤(30일설도 있음)인 것을 보면 그해 1월 25일 이전으로 추정된다.

경찰의 삼엄한 감시망을 뚫고 모든 준비를 끝낸 재일 도쿄 유학생들은 마침내 1919년 2월 8일 조선기독교청년회관에서 6백여 명이 참석한 가운데 독립선언대회를 가졌다. 최팔용의 사회로 시작된 대회는 백남규의 개회선언에 이어 윤창석의 기도, 서춘과 이종근의 연설, 백관수의 독립선언서 낭독, 김도연의 결의문 채택 순으로 진행됐다. '2·8독립선언서'가 역사에 기록되는 순간이었다. 그러나 선언문을 쓴 이광수는 독립선언식 뒤 동지들이 모두 붙잡히면 이 사실이 세계에 널리 알려지지 않을 염려가 있어 상하이에서 "일본의 조선 통치는 2천만 민족의 의지가 아니며 조선인은 독립을 열망하고 있다."는 사실을 알리기 위해 대회를 사흘 앞둔 1919년 2월 5일 도쿄를 빠져나갔다.[6]

도쿄 유학생들의 2·8독립선언은 3·1독립만세운동에 결정적 영향을 미쳤다. 시국을 걱정하던 민족의 지도층인사들은 젊은 학생들이 앞장을 서는데 어른들이 가만히 앉아서 볼 수만은 없다며 뜻을 모으기 시작했다. 그렇지 않아도 권동진(權東鎭)·최린(崔麟) 등 천도교계 중진들은 1918년 12월 24일 서울 돈의동 오세창(吳世昌) 집에 모여 민족의 진로 모색을 위한 시국회의를 열었고, 송진우(宋鎭禹)·현상윤(玄相允)·김성수(金性洙) 등 중앙학교 구내 사택에 거주하던 이 학교 교직원들도 날마다 머리를 맞대고 시국을 논의하고 있었다.

3·1독립만세운동

고종의 갑작스런 승하는 곧 민족적 적개심으로 변했다. 손병희(孫秉熙)를 비롯한 천도교 측 15명, 이승훈(李昇薰) 등 기독교 인사 16명, 한용운(韓龍雲) 등 불교계 2명 등 33인은 '민족 대표'를 구성하고 3월 1일 정오를 기해 파고다 공원에서 독립선언식을 열어 조선 독립을 만방(萬邦)에 알리기로 뜻을 모았다. 3일은 고종 장례일이라 피하고 2일은 일요일이어서 1일로 거사일이 결정됐다. 독립선언서는 최남선(崔南善)이 쓰고 인쇄는 천도교에서 경영하는 보성사가 맡았다. 보성사 사장 이종일(李鍾一)과 공장 감독 김홍규(金弘奎)는 모두 2만 1천 장을 인쇄하여 전국 각지로 배포했다. 그러나 민족 대표들은 헌병경찰의 무력진압을 우려하여 당초 예정과는 달리 3월 1일 오후 2시 장소를 서울 인사동 태화관(泰華館)으로 옮겨 독립선언식을 가졌다.

이 자리에는 29명이 참석하고, 길선주(吉善宙) 등 4명은 지방에 있어서 나오지 못했다. 최린은 식이 끝나자 태화관 주인 안순환에게 총독부에 전화를 걸어 사실을 알리게 했다고 전해진다. 이들은 곧이어 달려온 일본 헌병경찰에 붙들려 갔다.

파고다 공원에서는 민족 대표들이 약속 시간에 모습을 보이지 않자 연희전문학교 김원벽(金元璧), 보성전문 강기덕(康基德), 경성의전 한위건(韓偉健) 등 학생 대표들을 중심으로 독립선언문을 낭독하고 '대

■■ 3·1독립만세운동 때 뿌려진 '독립선언서'.

한독립만세'를 목이 터져라 외쳤다. 학생들은 너나없이 수업을 전폐하고 거리로 나섰고, 상인들도 하나같이 상점 문을 걸어 잠근 뒤 시위 대열에 합류했다. 광화문 앞과 종로거리에는 순식간에 많은 인파가 몰려 발 디딜 틈이 없었다.

만세시위는 경향 각지에서 일제히 일어났다. 갑자기 일을 당한 총독 관헌(官憲)들 가운데에는 파리강화회의에서 정말 조선의 독립이 인정되었는지 궁금해 하며 팔짱을 끼고 멍하니 시위를 바라보는 자들도 있었다고 한다.

이렇게 시작된 3·1운동은 하세가와에게 실로 치명타였다. 수많은 군중이 거리로 쏟아져 나올 때까지 낌새를 전혀 알지 못했다는 것에

■■ 독립선언식이 열렸던 태화관.
태화관은 지금의 종로구 인사동에 있던 요릿집 명월관의 분점이었다.

충격은 더욱 컸다. 그가 당시 고지마 소지로(兒島惣次郎) 경무총장 겸 헌병대 사령관에게 "너희들은 도대체 무얼 하는 놈들이냐."고 외쳤다는 기록을 보면 얼마나 당황하고 흥분했는지 짐작할 수 있다.

때마침 프랑스 파리에서는 1월 18일부터 제1차 세계대전의 전후 수습책을 논의하기 위한 열강들의 강화회의가 열리고 있던 터여서 일본의 국가 체면은 말이 아니었다. '조선인은 이미 우리 일본에 동화됐다.'고 기회 있을 때마다 열강에 자랑하던 말도 거짓으로 드러나 더 이상 할 말을 잃게 됐다.

만세시위를 보고받은 하세가와는 그 자리에서 "조선의 시위 사실이 프랑스 파리에까지 알려지면 강화회의에 악영향을 미칠 수 있다. 어떤 일이 있더라도 2~3일 안에 시위를 완전 제압하라."고 관계자에

■▌ 1919년 3월 10일 광화문 기념비전 앞에 모여든 사람들이 만세시위를 벌이고 있다.

게 호통을 쳤다. 1만 4천5백 명의 병력이 배치된 전국 1,826개 헌병 경찰기관(분대 276개, 파출소 111개, 주재소 1,411개)과 육군 2개 사단에는 초비상이 걸렸다.[7] 헌병경찰은 앞에서 말한 고지마 소지로가, 군대는 우쓰노미야 다로(宇都宮太郎, 1861~1922) 대장이 각각 지휘를 맡고 있었다.

하세가와는 호령만으로는 직성이 풀리지 않았던지 이날 오후 용산에 주둔하고 있던 조선군 제20사단에서 보병 3개 중대, 기병 1개 소대를 뽑아 파고다 공원과 종로, 대한문 일대에 풀어놓고 분풀이를 했다. 그는 완전군장 차림으로 출동한 병사들에게 시위를 하면 어떤 결과를 낳는지 본때를 보여주라고 엄명했다. 시위 현장은 이들이 휘두른 총칼과 말발굽에 아수라장으로 변하고, 부상자가 속출했다.

시위가 일어난 곳에는 전국 어디서도 이런 폭력진압이 어김없이 판을 쳤다. 평북 선천(宣川)에서는 일제 군경이 3월 1일 읍내 거리를 질서 있게 행진하며 독립만세를 외치던 군중들에게 무차별 사격을 가해 13명의 사상자를 냈다. 그럼에도 대부분 시위는 비폭력, 무저항주의로 이어졌다. 번화한 시가지나 장터를 돌며 태극기를 흔들고 독립만세를 외치는 것이 전부였다. 당시 상하이 《대륙일보(大陸日報)》 기자로서 만세운동을 취재했던 너대니얼 페퍼(Nathaniel Pfeffer)는 저서 《3·1운동의 진상(眞相)》에서 "만세운동이 일어난 곳에서 과격행동이라고는 거의 찾아볼 수 없었다. 군중은 다만 만세를 외치고 열을 지어 행진할 따름이었다. 그렇다고 어느 누구의 선동이 있었던 것도 아니다. 마음을 어찌할 수 없어 맨주먹으로 독립만세를 외칠 뿐이었다. 일본 헌병경찰이 칼로 찌르고 총으로 쏘아도 조선인들은 돌 하나 던지려 하지 않았다. 설사 저항하고 싶어도 대적할 무기가 전혀 없었다. 일한합방 뒤 일본인들이 무기를 모두 압수해 버렸기 때문이다.

그러면서도 조선인들은 열 배, 백 배 더 용기를 냈다."고 당시의 시위 모습을 적고 있다.[8]

그럼에도 하세가와는 총칼로 과잉 진압함으로써 더 큰 화를 불러왔다. 그는 5일 《경성일보》 석간에 발표한 유고(諭告)에서도 피해자들의 가슴을 아프게 했다. 그는 이 글에서 "사람들은 파리 강화회의에서 열국이 조선의 독립을 승인한 바라고 떠드나 이는 전혀 근거 없는 유언비어이다. 반도에 미치는 제국의 주권이 확고함은 말할 필요가 없다. 병합 이후 10년 동안 생명과 재산을 안전하게 보호하고 교육, 산업이 눈에 띄게 발전한 것은 내외가 인정하는 바이다. 그럼에도 이를 방해하는 일에 광분(狂奔)하는 자가 많다. 이는 반드시 후회하게 될 일이므로 하루 속히 각성하기 바란다."고 말하고 "지금 정부는 힘으로 이를 진정시키기 위해 비위를 저지른 자를 찾아내 가차 없이 처벌하고 있다. 어른들은 착한 아들딸들이 벌을 받는 일이 없도록 잘 지도해 주기 바란다."며 시위에 대한 무력진압 방침을 알렸다.

무자비한 시위 진압과 집단학살

하세가와는 이어 3월 9일 "가능한 모든 병력을 동원해 시위를 분쇄하라."고 우쓰노미야 군사령관에게 지시했다. 이에 우쓰노미야는 "부득이할 경우 총기를 사용해도 된다."는 내용 등 10개 항목을 예하 부대에 시달하고 시위진압을 독려했다. 총기 사용에 '부득이할 경우'라는 조건을 단 것은 하나 마나 한 소리였다. 일본 군경은 이 명령을 신호탄으로 시위대에 무차별 발포를 감행하기 시작했다.[9]

당시 일본 군경이 얼마나 야만적이었는가는 야마베 겐타로가 쓴 《일본통치하 조선》이 잘 말해 주고 있다. 그는 이 책에서 "그 무렵 조선 전국에는 헌병주재소가 98개, 헌병파견소가 877개, 헌병출장소

(뒤에 파출소로 개칭)가 43개소 있었는데,[10] 여기서는 시위운동에 나선 조선인은 거의 예외 없이 총으로 쏘아 죽였다. 이 때문에 포화(砲火)로 숨진 조선인은 10만 명이 넘는 것으로 추정된다. 조선인 학살은 시위운동이나 폭동에 가담한 사람만이 아니다. 아무 관계도 없는 노파나 소년소녀들까지도 죽였다. 이는 제52회 일본 제국의회에서도 문제된 바 있다."[11]며 과잉진압을 신랄히 비판한다. 그러면서 야마베는 박은식(朴殷植)의 《한국독립운동지혈사(韓國獨立運動之血史)》에 실린 학살의 예를 다음과 같이 소개하고 있다.

○ 경기도 제암리 학살: 이는 육군성 보고서에도 나오듯이 조선인들이 수원군 우정(雨汀)면 화수(花樹)리에 있던 경찰주재소를 습격, 일본인 순사 1명을 죽인 것에 대한 보복으로 일본 헌병대가 저지른 학살이다. 1차 시위가 진압된 4월 15일 헌병들이 마을에 들어가 훈시할 사항이 있다고 주요인물 30여 명을 교회당에 모이도록 하여 감금한 뒤 석유를 뿌려 불을 지르고 불을 피해 나오는 사람들에게 일제히 사격을 가해 28명을 학살한 것이다. 일본군은 이어 민가 31호를 태우고, 이웃 8개 면 15개 마을 317호에 불을 질러 39명을 죽음에 이르게 했다.

○ 서울 십자가 학살: 이는 외국 신문에도 보도된 유명한 사건이다. 3월 9일 서울에서 많은 그리스도교 신자들을 교회로 끌고 가 십자가에 묶은 다음 "너희들은 그리스도교도들이기 때문에 십자가에서 죽는 것이 소원이겠지"라고 말하며 총검으로 찔러 죽였다.

○ 경기도 수천(狩川) 및 화수리 방화: 수천에서는 시위도 폭동도 아무 것도 없었음에도 4월 6일 새벽 일본군이 갑자기 들어와 총을 쏘고 교회당과 민가 34채에 불을 질렀다. 불을 끄던 마을 주민 1명이 즉

사하고 많은 사람이 부상을 당했다. 화수리에도 4월 21일 비슷한 사건이 일어나 총격으로 많은 사람이 죽었다.

○ 이 밖에 3월 1일 황해도 수안(遂安)에서 헌병이 총을 쏘아 5명을 죽이고, 시체를 붙들고 우는 딸과 부모들마저도 총칼로 찔러 죽였다. 함흥에서는 3월 2일 밤부터 3일 아침 사이 일본인 소방원들이 소방용 쇠갈고리로 시위대를 덮쳐 7백여 명에게 상처를 입혔다. 경북 대구에서는 112명이 죽고, 87명이 중상을 입었으며, 경남 밀양에서는 1개 마을 주민 150명이 사살됐다. 이런 예를 들기에는 끝이 없다.

일본 군경은 결코 시위대를 해산시키는 데 그치지 않았다. 그들은 시위 가담자를 경찰서로 끌고 가 데라우치가 조작한 '105인 사건' 때처럼 말로는 다 표현할 수 없는 모진 고문을 했다. 너대니얼 페퍼는 그가 직접 목격한 바를 다음과 같이 《3·1운동의 진상》에 썼다.

일본인의 광포(狂暴)와 만행은 가두 행렬에서보다 경찰서와 형무소에서 더 많이 저질러졌다. 일본인들은 실로 가혹한 방법으로 붙잡힌 시위 가담자들에게 악형(惡刑)을 가했다. 또 악형을 가한 목적은 결코 죄 있는 자를 처벌하려는 것이 아니고 모두에게 죄를 주기 위해 강제 자백을 받으려는 데 있었다. 악형에는 유죄, 무죄의 구별이 없었다. 설령 죄가 없는 사람도 한번은 이 악형을 거칠 수밖에 없다. 이러한 잔인무도함은 수백 년 전 문화가 발달하지 않았던 중고(中古) 암흑시대에서나 볼 수 있는 일이었다. 예를 들면 늙은이와 어린이 가릴 것 없이 고통에 못 견뎌 완전히 의식을 잃을 때까지 하루 종일 천정에 거꾸로 매달아 둔다. 시뻘겋게 불에 달구어진 쇠막대기로 손가락을 지지거나 바늘로 찌르며 집게로 생손톱을 잡아 뽑는다. 심한 때에는 조그만 궤짝 속에 온몸을 밀어 넣고 콧구멍에 뜨거운 물이나 고춧가루를 부어 넣는다. 참대바늘로 손톱 사이를 찌르고 녹초가 될 때까지 수없이 매를 때린다. 이렇게 하여 마침내 죽음에 이르게 한다. 요행히 목숨을 건진다 하더라도 몇 달 동안 충분히 몸을 추스르지 않으면 목숨을 부지할 수 없다. 그 밖에 너무 가혹해 차마 글로 쓰지 못한 방법도 수없이 많다. 이런 고문은 밤과 낮으로 끊임없이 계속됐다. 그래서 허위든 사실이든 자백을 하지 않고는 버텨낼 수 없다.

이런 악행에도 시위는 그칠 몰랐다. 한 번 피를 본 시위대는 물불을 가리지 않고 대항했다. 시간이 흐르면서 시위대도 차츰 조직화되어 독립항전의 양상을 띠어 갔다. 4월 13일에는 중국 상하이에서 임시정부를 구성하기도 했다. 총칼로 누르면 금방 수그러들 줄 알았던 시위가 더욱 격화되자 하세가와는 4월 15일 〈폭동단속특별령〉을 내려 시위가담자들을 처벌하기 시작했다. 이 제령(制令)은 "정치 변혁을 목적으로 여러 사람이 공동하여 안녕과 질서를 방해하거나 방해시키려 한 자는 10년 이하의 징역 또는 금고에 처하고(제1조), 전항의 죄를 저지른 자가 발각 전 자수할 경우 형을 경감 또는 면제하며(제2조), 본령은 모든 외국에 있는 제국신민에게도 이를 적용한다(제3조)."고 정하고 있다. 이것은 그로부터 일본이 패망할 때까지 우리 민족을 괴롭혔다.

이런 무력 진압에 대한 국제 여론이 마음에 걸린 일본 정부는 이 일을 하세가와에게만 맡겨둘 수 없다고 판단하고 날마다 회의를 거듭하며 대책을 강구했다. 당시 일본 수상 하라 다카시는 3월 11일 하세가와에게 "이번 사건을 나라 밖으로는 극히 사소한 문제로 보이게 하라. 더욱이 선교사를 비롯한 외국인들은 이 사건을 예의 주시하고 있으므로 이들의 눈에 띄지 않게 조심하며 엄중한 조치를 통해 사건이 재발하는 일이 없도록 하라.”고 지시했다. [12] 이어 4월 6일에는 헌병 4백여명과 육군 6개 부대 5천여 명을 긴급 증파해 만세운동을 빠른 시일 안에 진압토록 독려했다. 이는 곧 외국인이 없는 곳에서는 무리한 폭력 수단을 동원해서라도 군중들이 다시는 만세운동에 나설 생각이 나지 않도록 만들라는 비밀 지령이었다.

그러나 일본 군경의 만행은 곧 국제적인 비난으로 이어졌다. 특히 제암리 집단학살 사건은 서울에 와 있던 외국선교사들의 분노를 샀다. 미국 영사 카티스와 선교사 언더우드(Horace Horton Underwood)는 4월 16일 제암리로 달려갔다. 이들은 아직도 연기가 피어오르고 있는 생생한 모습을 카메라에 담아 서울로 돌아왔다. 이들로부터 학살소식을 전해들은 영국 영사 로이드와 선교사 7명도 현장을 찾아 처참한 모습을 직접 확인했다. 또 스코필드(Frank W. Schofield, 한국명 石好必)는 다리가 불편한데도 자전거를 타고 현장으로 달려가 타다 남은 참담한 광경을 필름에 담고 〈수원에서의 일제 잔학행위에 관한 보고서〉를 만들어 미국으로 보내 여론화했다. 상상을 뛰어넘는 이 학살극은 이렇게 하여 전파를 타고 지구를 돌아 전 세계에 알려졌다.

제암리 사건으로 곧 세계 여론이 들끓었다. 미국 언론들은 연일 일본의 잔학성을 규탄했다. 영국의 《모닝 포스트(Morning Post)》는 “일본은 2개 사단 병력을 증파해 한국 국민의 독립의사를 탄압하고 있다(5월 30일자)”고 보도했다. 미국 의회는 그해 6월부터 8월까지 3개월 동안 조선 문제를 의제(議題)로 올려 난상토론을 거듭했다.

이 학살사건이 국제 문제로 번지자 일본 군경 당국은 갖은 지혜를 다 짜내 사건을 축소 은폐하려 애썼다. 고지마는 교회를 비롯한 민가에 기름을 부어 일부러 불을 내고도 “혼란 속에 서쪽 민가에서 일어난 불이 강풍을 타고 교회로 옮겨 붙어 결국 마을 전체가 불타게 되었다. 교회에 모여 있던 신도들은 반항이 심해 어쩔 수 없이 총을 쏘았다.”고 교활하게 거짓말을 늘어놓았다. 그리고 조호지 고로(淨法寺五郎) 사단장을 비롯, 우치노(內野) 여단장, 오노(大野) 군참모장, 토미쓰카(富塚) 연대장 등이 마치 책임을 통감한다는 듯이 사령관에게 줄줄이 사표를 냈으나, 이는 외부에 보이기 위한 연극에 지나지 않았다. 사표는 즉시 반려됐다.

심지어 하세가와는 “이번 특별검거반원의 행동은 지나친 행위로 유감이다. 이날의 행위를 정당방위라고 공인하게 되면 군대와 경찰의 위신이 훼손됨은 물론 외국인에 대한 배려에도 문제가 있다. 불은 검거 혼란 중에 일어난 실화(失火)로 공식 발표하되, 사건 당사자에 대해서는 실행방법에 문제가 있었던 만큼 책임을 물어 지휘관과 함께 행정 처분함이 타당하다.”는 내용의 수습방안을 하라 수상에게 내놓기도 했다. 이 얼마나 철면피인가.

일본 군경은 3월부터 12월까지 모두 2만 6,443명의 시위가담자를 검거했다. 이를 월별로 보면, 3월 1만 2,522명, 4월 5천 명, 6월 1,202명 7월 5백 명, 8월 662명, 9~10월 2백 명, 11월 415명, 12월 455명이다.[13] 이 숫자는 곧 1년 내내 시위가 계속되었음을 그대로 보여준다.

하세가와는 시위가 계속되면서 언론이 군인총독의 유해론을 주장하자 그해 6월 친일파 이지용(李址鎔)과 한상용(韓相龍)을 도쿄로 보내 무관총독제 존속운동을 벌였으며, 조선 통치가 실패한 것도 본국 고위관리들과 총독부 하급관리들의 조선인 멸시 때문이라고 책임을 이들에게 떠넘기기도 했다.

시위 진압을 총칼에 맡겼던 하세가와는 결국 우리 민족의 높은 자존심에 손을 들고 말았다. 일본 정부는 과잉진압의 책임을 물어 그를 8월 13일자로 해임했다.

1919년 3월 1일부터 1년 동안 사망자 7,645명, 부상자 4만 5,552명,[14] 방화소실 민가 715채, 교회당 47채, 학교 건물 2채 등 엄청난 인명과 재산피해를 낸 3·1운동. 그 원흉은 갔지만 아픔은 여전히 계속되고 있다.[15]

제3, 5대 조선 총독
1919. 8. 13~1927. 12. 9, 1929. 8. 17~1931. 6. 16

사이토 마코토

齋藤實

사이토 마코토 약력

1858. 10. 27   이와테(岩手) 현 미즈사와(水澤)에서 번사의 아들로 태어남.
              어렸을 때 이름은 토미고로(富五郎).
1873. 10.   해군 병학료 입학.
1875.   이름을 사이토 마코토로 고침.
1884. 4.   미국 유학.
1886. 9~12. 유학 중 사이고 쓰구미치 해군대신 일행의 미국, 영국, 프랑스 등
              구미 여행을 안내.
1888. 10.   귀국. 해군참모본부 근무.
1892. 2.   니레 카게노리 해군대신의 딸 하루코(春子)와 결혼.
1898. 11.   해군차관.
1900. 5.   해군소장.
1904. 6.   해군중장.
1906. 1.   해군대신.
1907. 9.   러일전쟁 승전 공로로 남작.
1912. 10.   해군대장.
1914. 4.   의원 해임. 예비역.
1919. 8.   제3대 조선 총독. 현역 해군대장 복귀.
1924. 2.   욱일동화대수장 수상.
1925. 4.   자작으로 승작.
1927. 4.~10. 스위스 제네바군축회의에 일본 전권대표로 참석.
1927. 12.   조선 총독 사임. 예비역 편입.
1929. 8. 17 제5대 조선 총독.
1931. 5.   목욕 중 탕 안에서 졸도 뒤 사임(6월).
1932. 5. 26 내각 총리 겸 외무대신.
1934. 7. 3 내각 총사퇴로 총리에서 물러남.
1935. 12.   내대신(內大臣).
1936. 2. 26 급진파 청년장교들이 일으킨 이른바 2·26사건에서
              친영미파(親英美派)로 지목되어 피격 사망.
1936. 3. 26 미즈사와 소학교에서 장례식. 대훈위국화대수장 추서.

1

삼고초려

뜻밖의 조선행

3·1운동에 대한 무력진압으로 격앙된 조선의 민심을 수습하기 위해 기용된 총독(제3대)은 사이토 마코토였다. 그는 해군대장 출신으로 본국 내각 수상이 9명이나 바뀌는 동안 서울에서 두 번에 걸쳐 10년 넘게 군주 아닌 '군주'로 군림했다. 사이토는 보기 드물게 74세에 수상이 되고 78세까지 내무대신으로 근무해 일본에서는 대기만성(大器晩成)형 정치인으로 손꼽힌다. 아니 그보다는 젊은 군인들이 저지른 이른바 5·15사건* 덕에 수상이 되었다가 또 다른 청년장교들이 일으킨 2·26사건**에서 피살되어, 쿠데타로 말미암아 출세하고 또한 쿠데타로 생을 마감한 일로 더욱 유명하다.

사이토의 노년기 정치적 성공은 조선 총독에서 비롯됐다고 해도 지나친 말이 아니다. 그러나 그런 사이토도 처음에는 조선 총독이 되기를 완강히 사양했다. 무엇보다 가장 큰 이유는 3·1운동 이후 조선 통치가 그리 쉽지 않을 것으로 판단했기 때문이다. 만세운동이 일어난 지 이미

---

* 해군 청년장교들이 육군 사관후보생들과 함께 1932년 5월 15일 수상 관저를 습격, 권총으로 이누카에 쓰요시 수상을 사살한 사건. 이 사건 뒤 사이토에게 조각 명령이 내려져 5월 26일 각계의 대표를 모은 거국일치 내각을 구성, 내각 총리대신이 됐다.

** 천황 지상주의를 추구하는 육군의 황도파(皇道派) 청년장교들이 1936년 2월 26일 부대를 이끌고 수상 관저 등 국가 주요기관을 습격, 당시 내무대신 사이토와 대장대신 다카하시 고래기요(高橋是淸) 등 정부 요인을 살해한 사건. 이 책 〈미나미 지로〉 1절 참조.

5개월이 지났는데도 시위는 전국 곳곳에서 여전히 계속되었고, 차츰 무력항쟁의 모습을 띠어 가고 있는 점이 특히 마음에 걸렸다. 게다가 그는 정치 일선에서 물러난 지 5년이 지나 행정 감각이 둔해진 데다 홋카이도에서 농원을 경영하기 위해 벌여놓은 일도 정리하기가 그리 쉽지 않았다. 실제로 그는 1906년 1월부터 1914년 4월까지 8년 3개월 동안 내리 다섯 내각(제1차 사이온지, 제2차 가쓰라, 제2차 사이온지, 제3차 가쓰라, 제1차 야마모토)에서 해군대신으로 근무하다 '지멘스 독직사건'*에 휘말려 내각이 무너지는 바람에 옷을 벗고 정계를 떠났었다.

그러나 환갑을 넘어 조용히 여생을 즐기고 있던 그에게 뜻하지 않은 행운이 찾아들었다. 1919년 8월 8일 오전 한적하기만 하던 사이토 집 대문을 두드리는 사람이 있었다. 다름 아닌 육군대신 다나카 기이치(田中義一)였다. 다나카라면 그때 조선총독부 업무를 좌지우지하는 막강한 군부 실력자였다. 조슈 군벌의 직계로 육군성 군사과장, 군무국장, 참모차장 등 그가 그동안 걸어온 길만 보아도 그의 힘을 짐작하기에 부족함이 없다. 그는 1927년 4월 20일부터 1929년 7월 1일까지 내각 수상을 지내기도 했다.

그런 다나카가 대문에 들어서기 바쁘게 조선 총독을 맡아달라고 하는 것이 아닌가. 사이토는 정말 뜻밖이었다. 그는 일찍이 1894년 인천 앞바다에서 일본군이 격침시킨 영국 선적의 '고승호(高陸號) 사건' 조사원으로 인천에 파견된 적이 있고, 2차 가쓰라 내각 때 각료(해군대신)로 한일합병 문제에 대한 논의에 참석했으며, 1913년 제1차 야마모토 내각 때는 해군대신 신분으로 10여 일 동안 조선반도를 시찰

---

* 해군대신이 군함 건조 등과 관련, 독일 지멘스사와 거래하면서 커미션을 받았다는 의혹이 신문에 보도되면서 문제가 된 사건. 나중에 육군의 해군에 대한 모략으로 드러나 사이토는 혐의를 벗었다.

한 경험이 있었다. 조선에 대해 어느 정도 알고는 있었지만 자신이 조선 총독으로 추천되리라고는 꿈에도 생각지 못했다.

사이토는 이러저러한 이유를 들어 다나카의 제의를 정중히 거절했다. 그러나 그가 돌아간 지 얼마 지나지 않아 가토 도모사부로(加藤友三郎, 1861~1923) 해군대신이 또 찾아와 같은 이야기를 꺼냈다. 가토는 사이토가 해군대신으로 있으면서 8년 동안 해군차관으로 함께 일한 그의 일급 참모였다. 뒤에 가토 역시 1922년 6월 12일부터 1923년 9월 1일까지 수상을 지냈다. 가토의 제의에도 사이토는 자신이 맡기에는 벅찬 자리라며 이 또한 사양했다.

그러자 이번에는 하라 다카시 수상이 직접 찾아와 조선행을 간청했다. 하라는 그때 여느 수상과는 달리 번벌 출신이 아닌 정당인으로서 수상에 올라, 일본 언론들에 첫 '평민재상'으로 전폭적인 지지를 받고 있었다. 1900년 이토 히로부미가 창당한 입헌정우회에서 간사장을 지낸 그는 데라우치 내각이 1918년 쌀 파동으로 물러나자 그 뒤를 이었다. 그때 하라가 재상이 될 수 있었던 것은 다이쇼 데모크라시* 영향이 컸다. 하라는 조선 주재공사(1897년), 《오사카 마이니치》 사장, 체신상, 내무대신 등을 거쳐 정상에 올랐다. 비록 수상이 된 뒤 사회운동을 탄압하고 보통선거를 거부하는 등 강경정책으로 일관하다 1921년 11월 14일 도쿄 역에서 철도직원 나카오카 곤이치(中岡艮一)에게 암살되기는

---

* 러일전쟁이 끝난 1905년 무렵부터 다이쇼(大正) 왕 재임(1912~1926년) 동안 일본사회에 싹튼 민주주의적 경향을 통틀어 말한다. 러일전쟁과 제1차 세계대전의 영향으로 서구의 여러 사상이 일본에 들어오면서 사회 모든 분야에 걸쳐 민주주의 개혁을 요구하는 운동이 일어났다. 전근대적 절대주의 체제를 근대 입헌체제로 개혁하기 위한 호헌(護憲)운동, 부유한 남성만이 선거권을 갖고 있던 선거제도를 모든 국민이 평등하게 참여할 수 있도록 하는 보통선거운동, 국민의 자유와 인권을 중시하는 근로대중운동 등을 들 수 있다. 그러나 이 사회개혁운동은 제대로 정착되지 못하고 1930년대 군부를 중심으로 한 군국주의 세력이 전면에 등장하면서 잦아들고 말았다.

했지만, 첫 정당내각 출범 때는 민주주의에 대한 기대를 한 몸에 모았다.

그런 하라의 예방은 특별한 일이어서 사이토로서도 예삿일로만 넘길 수 없었다. 물론 두 사람은 하라가 1886년 프랑스 파리에서 주프랑스 대리공사로 근무하던 시절부터 알고 지낸 사이로, 겨우 몇 년 전까지만 해도 사이온지(제1차) 내각과 야마모토(제1차) 내각에서 두 번이나 각각 내무대신과 해군대신으로 함께 근무하여 서로를 너무나 잘 알고 있었다. 사이토는 하라의 요청이 너무 절절하여 일단 다시 생각해볼 여유를 달라고 말한 뒤 돌려보냈다.[1]

일이 이렇게 진행되기까지 당초 하라의 마음속에 사이토는 없었다. 하라는 3·1운동의 원인이 무관총독제에 있었다는 여론과, 내각 자체 분석에 따라 식민지 정치에 군부 입김을 배제하기 위해 조선에 문관총독을 발령할 작정이었다. 당시 모든 일본 언론은 3·1운동은 무관총독의 강압정치가 발단이라며 이의 폐지를 주장했다. 그 가운데서도 《도쿄 아사히》의 다치바나 하오(橘破翁) 특파원은 1919년 6월 20일자 〈문관총독제만은 하라 내각이 실현하라〉는 제목의 글에서 "내선인(內鮮人)이 일제히 열망하고 있는 문관총독제를 채택하지 않고 민의에 역행하는 무관총독제를 영속(永續)하려다가는 총독부를 고립시키고 결국 민정(民政)을 더욱 어지럽혀 더 큰 화를 불러오는 것은 불을 보듯 명백하다."라고 무관총독 폐지를 강력히 주장했다. 그는 이에 그치지 않고 3·1운동에 대한 분석 기사를 9회에 걸쳐 싣고 헌병경찰의 부조리,

무관총독의 군사제일주의 폐단, 데라우치의 토지조사 사업의 약탈성 등을 낱낱이 지적하며 무관총독제 폐지를 거듭 주장했다.[2]

하라는 이런 여론을 등에 업고 야마가타 이사부로 정무총감을 조선 총독으로 승진시키기로 마음먹었다. 이사부로는 앞에서 설명한 바와 같이, 조슈 군벌의 총수인 야마가타 아리토모의 양자인 데다 1910년 한국 부통감으로 부임 이후 10여 년 동안 근무해온 조선 문제 전문가였다. 하지만 이 계획은 벽에 부딪쳤다. 아리토모가 문관총독 임용에 부정적인 데다 이사부로는 하세가와를 보좌했던 정무총감으로 책임을 져야 할 사람이라고 극구 반대했기 때문이다.

하라는 결국 이사부로의 기용을 단념하고 다른 적임자를 찾는 수밖에 없었다. 때마침 다나카 육군대신이 사이토를 추천했다. 이에 하라는 총독 자격이 육·해군 현역 대장으로만 한정된 식민지 관제를 고쳐 문관에게도 문호를 개방하는 조건으로 다나카의 사이토 기용안을 받아들였다. 육군으로서는 지금까지 육군 출신, 그것도 조슈벌이 독차지했던 조선 총독을 해군, 사쓰마벌(薩摩閥)에 넘기는 것으로 세간의 비난을 피하고, 무관총독이라는 명분은 계속 유지하려는 속셈이었다. 그 뒤 식민지 관제는 1919년 8월 20일자로 처음 약속대로 고쳐졌으나 그 뒤 문관이 총독이 된 적은 단 한 번도 없었다.[3]

각계 실세들과 친교 넓힌 미국 유학 생활

사이토는 원래 하라 수상의 고향과 같은 이와테(岩手) 현 출신이었다. 어릴 때 이름은 사이토 토미고로(齋藤富五郎)였다. 그런데 사이토가 1892년 2월 사쓰마 출신 해군중장 니레 카게노리(仁禮景範)의 큰딸 하루코(春子)와 결혼함으로써 자연스럽게 해군의 주도권을 쥐고 있던 사쓰마벌로 들어간 모양새였다. 사이토가 '장가 잘 들어 출세한 사람'

이라는 평을 듣게 된 것도 그 때문이었다. 사이토는 하루코보다 15살이나 많았다. 니레는 사이토가 해군 병학료 생도시절 교장이었다. 니레는 그때 머리가 좋고 체격이 듬직한 사이토를 사윗감으로 이미 점찍었는지도 모른다. 사이토는 1879년 12월 7일 해군 병학료를 110명 가운데 3등으로 졸업했다.

졸업한 뒤 소위보(少尉補)를 거쳐 소위로 임관(1882년 5월), 군함에 승선하고 있던 사이토는 1884년 2월 니레가 해군 군사부장으로 발탁되면서 군사부로 자리를 옮겼다. 그리고 곧 미국 파견 명령을 받아 4월 27일 요코하마 항에서 오샤니크 호를 타고 유학길에 올랐다. 니레의 특별 배려였다. 이 배에는 이토 히로부미 내각 때 외무대신을 지낸 무쓰 무네미쓰(陸奧宗光, 1844~1897)도 타고 있었다. 무쓰는 사이토가 유학 중에 주미공사 무관으로 근무할 수 있게 추천해 주었다.

사이토에게는 이 미국 유학이 그의 장래를 결정하는 도약대였다. 미국에서 공부하는 동안 각계 유명인사들을 폭넓게 사귄 것은 무엇보다 큰 소득이었다. 사이토는 1884년 12월 4일 유럽으로 산업시찰을 가던 길에 잠시 미국에 들른 육군대신 오야마 이와오(大山巖, 1842~1916) 일행을 워싱턴 역에서 마중, 3주 동안 수행하며 여러 곳을 안내했다. 일행 가운데는 1906년 육군원수에 오른 노즈 미치쓰라(野津道貫, 1841~1908) 소장을 비롯, 주조선 공사로 명성황후 살해를 지휘한 미우라 고로(三浦梧樓, 1847~1926), 1898년 육군대장으로 참모총장이 된 가와카미 소로쿠(川上操六, 1848~1899), 1901년 내각 수상이 된 이후 3차례에 걸쳐 수상을 지낸 가쓰라 다로 등 쟁쟁한 인사들이 끼어 있었다. 이들에게 그의 인상을 심어준 것은 말 그대로 행운이었다.

사이토는 이어 1886년 8월 14일부터 이토 내각의 해군대신이던 사이고 쓰구미치(西鄕從道, 1843~1902)를 비롯, 카바야마 스케노리(樺山

資紀, 1837~1922), 야마모토 곤베에(山本權兵衛, 1852~1933) 등 해군 수뇌부 일행을 맞아 안내역을 맡았다. 사이토는 워싱턴에서 사이고 일행이 8월 14일 미국 대통령과 국무장관을 만날 수 있게 다리를 놓은 데 이어, 아나폴리스 병학교, 보스턴 제철소, 스프링필드 소총제조소, 해군성, 아나폴리스 대포시험장, 듀폰 화약제조소, 로치 조선소, 뉴포트 수뢰술소, 오타타운 병조창 등의 시설을 돌아보는 데도 앞장섰다. 사이토가 이들 해군 고위인사들과 함께 다니며 스스로를 알린 것은 그의 미래와 직결된 무형의 자산이었다. 그는 스스로도 미국에 있는 동안 가장 행복했던 것은, 사이고 쓰구미치 일행을 수행하며 반년 동안 유럽을 돌아보고 각계 거물들을 알게 된 일이라고 자랑했다. 사이토는 그 사이 미국 유학을 온 니레 중장의 장남, 케이치(景一)에게도 수학(修學)에 불편함이 없도록 도와주었다.

사이토는 9월 4일 미국 시찰을 마친 사이고 일행을 유럽까지 5개월 이상 수행하며 능숙한 영어로 길을 안내했다. 그가 사이고 일행과 함께 다닌 곳은 영국 런던, 프랑스 파리·툴롱(Toulon), 독일 베를린 등이었다. 사이토는 그때 파리에서 사이고를 통해 주프랑스 대리공사로 근무하던 하라 다카시를 처음 알게 됐다. 사이토는 이듬해 2월 15일 미국으로 돌아왔다. 그는 사이고 일행을 수행하는 동안 중위에서 대위로 승진하기도 했다.

사이토는 유학생활 4년 반 만인 1888년 2월 귀국 명령을 받고 그해 10월 25일 돌아왔다. 그의 앞길에는 선택된 코스가 기다리고 있었다. 그는 귀국하자마자 해군참모본부로 발령받았다. 그때 해군대신은 사이고와 카바야마를 이은 니레 카게노리가 맡고 있었다. 니레는 사이토에게 5천만 엔의 예산으로 군함 건조 계획을 세우도록 숙제를 주었다. 사이토는 이 물음에 갑철함과 비갑철함 등 8척을 6년 안에 건조할 수 있다는 답안을 내놓았다. 모두 사이토를 중용하기 위한 일종의 테스트였다. 니레는 크게 만족하고 그를 더욱 신임하게 됐다. 게다가 미국에서 돌아와 제출한 보고서 〈철에 관한 연구〉가 〈사이토 대위 보고서〉라 불리면서 해군 내부에서 우수한 논문으로 인기를 끌어 사이토를 더욱 기쁘게 했다. 〈철에 관한 연구〉는 그의 유학기간 연구 주제였다.

사이토는 35세 때 야마모토 곤베에의 중매로 니레 카게노리의 스무 살 난 딸 하루코와 결혼했다. 이어 이듬해(1893년) 12월 소좌로 승진, 해군성 인사과 요원 겸 군무국 제1과 요원으로 출세의 발판을 확실히 굳혔다. 그는 그로부터 7년 5개월 만인 1900년 5월 소장으로 진급, 해군 총무장관이 됐다. 그러나 아쉽게도 그를 이끌어주던 장인 니레가 1900년 11월 병사했다. 사이토는 1905년 러일전쟁이 끝나자 다시 중장이 되고, 그 이듬해 1월 야마모토를 이어 해군대신 자리에 올라 8년 넘게 일본 해군 행정을 좌지우지했다.[4]

성공을 위해 이런 역정을 걸어왔던 사이토로서는 하라 수상의 권유를 마냥 뿌리칠 수는 없었다. 수뢰 사건의 누명을 벗을 수 있는 좋은 기회이기도 했다. 사이토는 그날로 수상 관저를 찾아가 하라를 만났다. 마침 거기에는 다른 대신들도 와 있었다. 사이토는 이 자리에서 정무총감에 행정 전문가를 임명하는 조건으로 총독 취임을 수락했다. 그러면서 데라우치 내각의 내무대신이었던 미즈노 렌타로(水野錬太郎, 1868~1949)를 지명했다. 미즈노는 당시 이름을 날리던 행정의 달인으로, 하라 수상도 마음에 두고 있었다.

하라는 사이토의 요구조건을 순순히 들어주었다. 사이토에게는 한 가지 더 기쁜 소식이 기다리고 있었다. 예비역인 자신을 현역으로 복귀시킨다는 것이다. 따라서 사이토는 총독 발령과 함께 해군대장 계급장을 다시 달게 되었다. 당시는 식민지 관제를 개정하기 전이어서 육·

해군 현역 대장에게만 총독 자격이 주어져 있었기 때문이다.

하라 수상은 사이토를 조선 총독으로 선택한 데 대해 무관 가운데 가장 무관 같지 않은 무관, 육군이 아니라 해군 출신이었기 때문이라고 설명했다. 하라는 사이토의 건의에 따라 곧 미즈노를 만나 정무총감을 맡아줄 것을 요청했다. 그러나 미즈노는 "조선 총독부의 정무총감은 무관총독을 보좌하는 제일 고통스런 자리이다. 현

'행정의 달인' 미즈노 렌타로 정무총감.

상황을 보면 솔직히 더 큰 일이 벌어지지 않을까 걱정이다."며 난색을 표했다. 미즈노는 또 총독부에 무관을 두는 관제도 문제점으로 지적했다. 총독부에 무관을 배치하면 총독이 무관이므로 자칫 무관과 문관 사이에 파벌을 만들어 서로 충돌이 일어날 수 있고, 무관이 행정에 끼어들어 분란을 일으킬 수 있다는 의견이었다.

미즈노의 말을 듣고 있던 하라 수상은 "귀관의 말에는 모두 일리가 있다. 우리는 이번에 조선 통치제도를 개혁하려 한다. 개혁 실행에는 무게가 있고 행정지식과 경험이 풍부한 중량급 인사가 필요하다. 조선은 지금 국무대신급을 필요로 한다. 내무성에 여러 해 근무하며 인재를 길러낸 자네야말로 이 일에 적임자가 아닌가."라고 치켜세우면서 정무총감을 맡아주기를 거듭 설득했다.[5]

미즈노도 마침내 하라 수상의 간청에 못 이겨 제의를 받아들였다. 미즈노는 다만 한 가지 총독부 국장급 및 지방청장 인사를 자기 뜻대로 할 수 있다는 조건을 내걸었다. 그야 그리 어려운 문제가 아니었

다. 하라 수상도, 사이토도 이를 흔쾌히 받아들였다.

이런 줄다리기 끝에 사이토는 미즈노와 함께 8월 12일 수상관저에서 사령장을 받고, 13일 도쿄에 있던 조선총독부 출장소로 출근, 하세가와 요시미치로부터 사무를 넘겨받았다. 이어 14일에는 어소(御所)를 찾아 다이쇼왕 부부에게 인사를 하고 칙어(勅語)를 받았다.

사이토-미즈노의 총독부 재편

임명 절차를 끝낸 이들은 곧바로 조선총독부 관제 개혁에 나섰다. 기초 작업은 미즈노가 주도했다. 미즈노는 우선 총독부 본부를 내무, 재무, 식산, 법무, 학무, 경무국 등 6국 체제로 뜯어 고쳤다. 그리고 통신, 전매, 철도국을 소속 관서로 두었다. 각 국장급 이상 인사는 8월 20일자로 전원을 물갈이했다. 내무국장에는 아카치 아쓰시(赤池濃)를, 재무국장에는 고치야마 라쿠조(河內山樂三)를, 식산국장에는 니시무라 호키치(西村保吉)를, 법무국장에는 고쿠분 산가이(國分三亥)를, 학무국장에는 시바다 젠자부로(柴田善三郎, 뒤에 사이토 내각의 서기관장)를, 경무국장에는 노구치 준키치(野口淳吉)를 각각 발령했다.

이 가운데 아카치는 시즈오카 현지사에서, 니시무라는 사이타마 현지사에서, 시바다는 오사카 부 내무부장에서, 노구치는 경시청 경무부장에서 각각 데려왔다. 이들은 모두 내무 관료들로서 미즈노가 선발한 사람들이다. 미즈노는 이런 내용의 인사안을 만들어 사이토에게 뜻을 물었는데, 사이토는 그 가운데 단 한 사람에 대해서도 이의를 달지 않았다. 사이토는 미즈노가 총독 비서관만은 직접 뽑아달라고 진언했으나 "그것도 자네에게 맡기겠다."고 말해, 결국 미즈노가 선정한 모리야 에이오(守屋榮夫)를 그대로 임명했다. 미즈노는 사이토의 도량에 감동하고 책임의 중대함을 통감했다고 한다.[6]

이들은 또 지방제도도 8월 20일자로 고쳤다. 이때 지금까지 도장관으로 부르던 각 지방청장의 명칭을 일본과 마찬가지로 '지사(知事)'로 바꾸었다. 그러나 인사 이동은 9월 들어 본국 출신 6개 도지사를 대상으로 하고 조선인 지사는 유임시켰다. 이때 만들어진 도지사라는 용어는 우리말로 굳어져 오늘에 이르고 있다.

이와 같이 조선총독부 도쿄출장소에서 총독부 관제 개정을 마무리한 사이토와 미즈노는 8월 21일부터 24일까지 조선 통치에 직접 관련이 있는 추밀원, 대장성, 내무성, 척식국(拓殖局), 법제국, 육·해군 담당자들과 조선 관련 연구자, 종교인, 언론인 등을 초청하여 간담회를 열었다. 그런 다음 8월 25일 수상 관저에서 열린 오찬회에서 새 출발을 다짐했다. 이 자리에는 파리 강화회의에 참석했던 사이온지(西園寺)가 나와 열강들의 동향을 전해주었다.

이어 8월 27일에는 도고(東鄕)·사이온지·하라 수상, 다나카 육군대신, 가토 해군대신 등을 차례로 방문, 인사를 끝내고 28일 부임길에 올랐다. 이들은 시모노세키에서 '신라호(新羅丸)'를 타고 9월 1일 부산항에 내린 다음 이튿날 오후 5시 남대문역에 도착했다.[7] 17발의 예포가 울려 퍼지는 가운데 해군대장 예복 차림의 사이토가 아내와 함께 마차에 올랐다. 사이토는 대단한 애처가로, 아내와 함께 부임길에 오른 유일한 총독이기도 하다. 그런데 마차가 막 출발하려는 순간 갑자기 폭탄이 터졌다. 군중이 운집한 남대문역 광장은 일순간 아수라장으로 변했다.

애국지사 강우규(姜宇奎, 1855~1920)가 던진 폭탄으로 현장에서 취재하던 《도쿄 아사히》 특파원 다치바나와 경호를 서던 경기도 순사 스에히로(末弘又二郎)가 중상을 입고 병원으로 옮겨져 치료를 받았으나 다음 날 숨지고 《오사카 마이니치》 특파원 야마구치 이사오(山口諫南) 등 35명이 부상을 당했다.[8] 사이토는 긴 칼에 두른 띠가 폭탄 파편을 막아주어 무사했으나 미즈노는 크게 다쳤다. 미즈노는 이에 앙심을 품고 1923년 관동대지진이 일어나자 조선인이 일본인에게 복수하기 위해 폭동을 일으켰다는 헛소문을 퍼뜨려 많은 조선인을 죽음으로 내몰았다.[9]

이때 사이토를 수행하던 학무국장 시바다 젠자부로는 "사이토 씨는 여름이어서 순백의 해군대장 복장이었다. 그는 폭탄이 터지는 순간 옆에 앉아 있던 부인을 아무 말 없이 한 손으로 가볍게 잡고 마부에게 어서 마차를 몰라고 지시"하며 태연해 했다고 술회했다.[10]

그러나 사이토가 날마다 꼬박꼬박 쓰던 일기를 일주일 동안이나 중단했던 점을 감안하면, 충격이 보통이 아니었음을 짐작할 수 있다. 그리고 그는 일본에 있는 친구에게 "조선인의 마음은 의외로 험악하다. 누구나 독립을 꿈꾼다. 괘씸한 놈들은 이 기회에 음모를 꾸며 폭탄으로 총독 이하 고관을 죽이고 총독부를 불태우려 하고 있다. 일본에 반역한 죄인을 지사(志士)로 떠받들고, 옥사(獄死)한 자를 추모하기 위해 만 명이 넘는 참배객이 장례식에 몰려든다."는 내용의 편지를 보냈다.[11] 사이토가 조선인을 어떻게 인식하고 통치에 임했는지를 알 수 있는 대목이다.

2

문화정치의 실상

하라의 사견(私見)과 하세가와의 사무인계서

일본 역사가들은 흔히 사이토 마코토의 식민지 조선의 통치를 '문화정치'로 설명한다. 그러나 결론부터 말하면, 이는 3·1운동 당시 일본 정부와 한통속이 된 그 나라 언론이 성난 조선 민심을 다독이기 위해 지어낸 미사여구에 지나지 않는다. 이 허풍은 본디 사이토의 부임 인사말에서 발원(發源)하고 있다.

사이토는 1919년 9월 3일 열린 취임식에서 "이번 조선 관제 개혁은 금상(今上) 폐하의 조서(詔書) 내용과 같이 일한병합의 본뜻에 따라 일시동인을 실천하기 위한 것이다. 이를 위해 헌병경찰제를 보통경찰제로 바꾸고 관복제(官服制)를 개정하여 일반 관리와 교원들의 제복 및 대검 착용을 폐지하며 조선인을 관리로 임용, 궁극적으로 조선인의 정치·사회적 지위를 문화의 발달과 민력(民力)의 향상에 부응하여 내지인과 동일하게 하고자 한다."[12]고 관제 개혁의 의의를 설명한 뒤, 이를 위한 시정(施政) 강령으로 △치안 유지 △민의 창달 △행정 쇄신 △국민생활 안정 △문화 및 복리증진 등 다섯 가지를 내세웠다. 그때 신문들이 이를 받아 '문화통치시대 개막'이라고 지나치게 부풀려 보도함으로써 사이토의 조선 통치를 설명하는 말로 굳어지기 시작했다.

물론, 사이토의 시정에 문화적인 측면이 전혀 없었던 것은 아니다. 그러나 그가 한 일을 조금만 눈여겨 보면 본질에는 데라우치와 하세가와의 무단통치와 별반 다름이 없음을 곧바로 알 수 있다. 다시 말하면, 그는 겉으로 문화주의를 내세우고 뒤로는 하라 다카시 수상과 전임 총독 하세가와 요시미치의 조선통치요령을 철저히 실행한 사이비 문화통치가였다. 실제로 《조선총독부 30년사》에도 "사이토의 조선 정치를 보통 문화정치라 부르지만 반도 통치의 근본 방침은 종전과 조금도 변함이 없었다."[13]라고 쓰고 있을 정도다.

일제 수뇌부가 삼고초려 끝에 발탁한 사이토에게 주어진 임무는 첫째도, 둘째도 조선의 항일독립운동의 불씨를 끄는 일이었다. 이를 일본 학자들의 표현으로 바꾸면 치안 유지이다. 하라는 그런 사명을 띠고 임지로 떠나는 사이토에게 업무에 참고하라며, 조선 통치에 관한 사견(私見)을 직접 써서 건넸다. 사이토는 하라의 사견과 하세가와의 사무인계서를 지니고 부임했다. 먼저 사견의 내용은 다음과 같다.

현행 조선의 통치제도는 근본적으로 잘못돼 있다. 조선 통치의 궁극적인 목적은 내지와 같게 하는 데 있다. 우리 제국과 새 영토인 조선의 관계는 언어 풍속에 다소 차이가 있으나 그 바탕은 동일 계통에 속한다. 무엇보다 인종적으로는 다른 데가 없고 역사도 상고(上古)시대로 거슬러 올라가면 거의 같다. 이렇게 밀접한 관계에 있는 영토를, 유럽 열강이 본국과 멀리 떨어져 있는 특수한 영토를 다스리듯이 모방하고 있는 것은 큰 잘못으로, 성과를 거두지 못함은 너무도 당연한 일이다.

이를 개혁하기 위해서는 총독이 내지법(內地法)에 의거, 시책을 추진해야 한다. 조선에만 시행할 특별제도를 만드는 것은 근본적인 방침을 그르치게 한다. 나아가 국방이나 사법 등은 내지 해당 관청의 감독을 받도록 하고 조선은행도 대장성 감독 아래 두어야 하며 헌병제도를 폐지하여 치안은 보통경찰이 담당하도록 해야 한다. 또 지방제도도 내지와 같은 방향으로 개혁하고 관리 등용도 내지인과 조선인의 차별을 없애야 한다.

또한 현행 교육제도는 영국 등의 식민제도를 잘못 모방한 것이므로 이를 개정하여 내지 교육과 동일하게 해야 하고 내지인과 조선인이 섞여 살도록 하여 혼인을 허용해야 한다.[14]

이와 같은 하라의 생각은 이른바 내지연장주의(內地延長主義)*로 한

---

* 식민지를 본국의 연장으로 보아 같은 법령과 정책을 시행하는 식민정책 또는 그 이념.

국병탄 이후 식민정책학자들이 말해온 '조선은 지리적, 인종적으로 가까워 일본으로 편입시킬 수 있다'는 전형적인 동화론이다. 하라는 여기서 '조선인을 내지 일본인을 다루듯이 통치하면 결코 동화시킬 수 없는 대상은 아니'라고 강조한다.

또 한편 하세가와는 사무인계서에서 '△중추원은 병합 당초 새 정부에 임용할 길이 없는 옛 조선 정부 출신 관리들에게 사회적 지위를 부여하고 자문을 얻고자 설치했으나 그렇게 하지 못하고 양로원처럼 대했다. △특히 종교 교권을 외국인에게 내줌으로써 기독교를 조선의 민심과 부합되도록 한 것은 큰 잘못이다. △언론과 집회에 대한 탄압도 지나치게 가혹했다.'고 반성한 뒤 '△적어도 교권은 내지인 또는 조선인이 장악토록 해야 하고 △2~3개 언문(諺文)신문을 허가하여 민심의 통일과 시정 선전에 이용할 필요가 있다.'고 충고했다.[15]

식민정치에 문외한인 사이토가 이 두 가지 조언을 금과옥조로 삼았음은 말할 나위도 없다. 그가 취임사에서 공표한 시정강령과 △경찰제도 혁신 △교육 보급 개선 △산업 개발 △교통·위생 정비 △지방제도 개혁 △사법제도 개선 등을 주요 내용으로 한 시책도 이를 바탕으로 한 것이다.

관복과 대검 대신 프록코트

사이토는 토라진 민심을 돌리기 위해서는 무엇보다 전임 총독들이 저지른 무단통치의 폭력성을 지우는 일이 시급하다고 판단하고 관복부터 없앴다. 통감부에서 비롯되어 14년 동안 위세를 부리며 민족의 감정을 거스르던 관복은, 3·1운동 직후 일본 언론들이 만세운동이 일어난 원인 가운데 하나로 꼽을 만큼, 폭정의 상징이었다. 하라 내각은 총독부 관복이 민심 이반의 근원이라는 언론의 지적에 따라 각의(閣議)를 거쳐 그해 8월 31일 〈조선총독부 및 소속관서 직원 복제 폐지안〉(칙령 제403호)을 공포, 사이토에게 힘을 실어 주었다. 그때 사이토를 비롯한 조선 통치 관계자들이 시국 안정화 방안으로 관복 폐지를 얼마나 중요하게 여겼는지는 총독부 기관지 《경성일보》와 《매일신보》 보도가 잘 말해 준다.

부임길에 오른 사이토는 1919년 9월 1일 말쑥한 양복 차림으로 부산항에 모습을 드러냈다. 미즈노 렌타로 정무총감 등 새로 임명된 국장들도 모두 마찬가지였다. 《경성일보》와 《매일신보》는 이런 모습을 9월 2일자에 〈신임 총독·총감, 맑은 하늘 조선에 들어오다. 프록코트 차림으로 평민풍(平民風)을 발휘〉라는 제목 아래 "사이토 총독 일행의 의상은 환영인사들에게 강한 인상을 주었다. 지금까지 보아온 금색 줄무늬 제복에서 풍기던 분위기와는 사뭇 다르다. 총독은 프록코트에 멋스러운 쥐색 줄무늬 넥타이를 매어 살찐 체구를 감추었다. 일부 무관을 제외하면 마중 나온 관민 모두가 프록 또는 모닝코트 차림새라 민간인 같다."라고 보도하며 관복 폐지가 곧 문민·문화통치인 양 호도했다.

《경성일보》와 《매일신보》는 이에 앞서 관복 폐지 첫날(9월 1일) 〈오늘부터 제복·대검과 이별〉이라는 제목으로 "오랫동안 위용을 뽐내던 견장에 칼을 찬 모습이 어떻게 평민답게 바뀌었는지 각 부서를 돌아보라. 지위 높은 고등관이나 하급 관료들이나 입을 맞춘 듯이 양복을 입고 사무를 보아 마치 은행에 온 듯한 착각에 빠진다."는 기사를 실은 데 이어, 3일에도 〈대대로 군모를 건 모자걸이에는 오늘부터 파나마 모자〉라는 표제 아래 "8개 모자걸이에는 지금껏 어김없이 붉은 모자에 은빛 장검이 걸려 있었는데 오늘부터는 신기하게도 순백의 파나마 모자가 아무렇게나 올려져 있다."는 내용의 사이토 첫 출

■■ 제3대 조선 총독으로 임명되어 부임길에 오른 사이토 마코토가 1919년 9월 1일 신사복 차림으로 아내 하루코(春子)와 함께 부산항에 도착하고 있다. 《경성일보》 9월 2일자 보도 내용.

근 동정을 담는 등 무단통치기와 달라진 인상을 심으려 호들갑을 떨었다.

보통경찰제와 주둔군 증강

그러나 민심을 얻으려는 사이토의 잔꾀는 여기까지였다. 그는 경찰 개혁 문제에 이르러서는 아예 식민 통치자의 본성을 그대로 드러냈다. 헌병경찰을 없앤다는 미명 아래 오히려 민족운동 탄압기구와 인원을 크게 늘린 것이다. 잘 알려져 있듯이, 당시 일제 헌병경찰은 3·1운동의 도화선이 되었다는 악평을 들을 정도로 지탄의 대상이었으며, 악의 근원으로 지목되기도 했다. 사이토로서는 그런 악명 높은 헌병경찰을 그대로 끌고 갈 수는 없었다. 그래서 생각해낸 것이 '헌병경찰'을 '보통경찰'로 이름을 바꾸는 헌병경찰 무늬 바꾸기 공작이었다.

《조선총독부 30년사》에 따르면, 일제는 1919년 8월 조선총독부 관제를 고치면서 당시 총독부 외청(外廳)으로 있던 경무총감부를 총독부 경무국으로 흡수하고 그 안에 경무과, 특별고등경찰과, 보안과, 위생과 등 4개 과를 두었다.

이때 종전 고등경찰과에 '특별'이라는 수식어가 하나 더 붙은 특별고등경찰과*는 일제 패망 때까지 말 그대로 무소불위의 악명을 떨쳤다. 일제 치하를 경험한 7, 80대에게는 '고등계 형사'로 더욱 잘 알려져 있다. 일명 '특고(特高)'로 불리기도 한 이 사찰기구는 독립운동가나 반일 조선인을 무차별 연행하여 고문을 하고 심하면 죽음에 이르게 했다. 《조선총독부 역사(朝鮮總督府の歷史)》를 쓴 야부 케이조가

---

* 특별고등경찰과는 뒤에 과명(課名)이 도서과, 방호과, 경제경찰과 등으로 바뀌었으나 조선인 동태 파악 및 감시 기능은 '고등계'란 이름으로 존속되었다.

자신의 책에서 "특고는 지금도 그 이름만 들으면 비명 소리와 고문
이 머리에 떠오른다. 냉혈동물과도 같은 특고 요원들은 항일운동 가
담자를 집요하게 미행하고, 수시로 검문하며, 심지어 흙 묻은 신발을
신은 채 방안에 들어가 혐의 없는 사람까지 마구 끌고 가는 만행을 저
질렀다."[16]라고 폭로하고 있는 것을 보면 당시 '고등계'의 횡포가 어
떠했는지는 짐작이 가고도 남는다.

총독부는 이와 함께 지방 경찰권을 각 도지사에게 넘겨 조선인 동
정 감시 기능을 더욱 강화했다. 이에 따라 각 도에는 경찰부(제3부)가
생기고, 사무관이 책임자(부장)로 발령됐다. 이미 각 부·군에 설치돼
있던 경찰서에는 경시(警視), 또는 경부(警部) 계급을 서장으로 발령하
여 지방관으로서 치안 유지와 위생 업무를 책임지도록 했다. 또 경부
계급 아래에 경부보(警部補)와 순사부장을 신설하고 종전 조선인만 임
명하던 순사보(巡査補) 계급을 순사로 통일, 조선인과 일본인 구별 없
이 누구나 임용될 수 있게 했다.

경찰서는 부·군에 1개를 두는 것을 원칙으로 하고, 주재소도 1면 1개
를 기준으로 하되 필요에 따라 2개소 이상도 둘 수 있게 했다. 이 개편
으로 전국 경찰기관은 경찰서 247개, 파출소 121개, 주재소 1,438개로
크게 늘어났다. 경찰 인원도 종전 6,387명(헌병경찰 8천 명 제외)에서 2만
134명으로 1만 3,747명을 증강한 셈이다.[17] 총독부는 이를 위해 일본 각
부·현 경찰서로부터 조선 근무 희망자를 받아들이고 헌병 가운데 희망
자를 경찰로 임명하는 한편, 본토에서 3천 명을 새로 뽑았다.[18]

이렇게 하여 총독부는 1919년 11월 4일자로 그때까지 헌병경찰이 맡
고 있던 호적 관리, 위생 업무 등을 보통경찰로 넘기고 명목상 헌병경
찰제를 폐지했다. 그렇다고 전국에 박아두었던 헌병 부대와 주재소를
없앤 것은 물론 아니다. 헌병은 헌병대로 인원을 보충하여 탄압과 감시

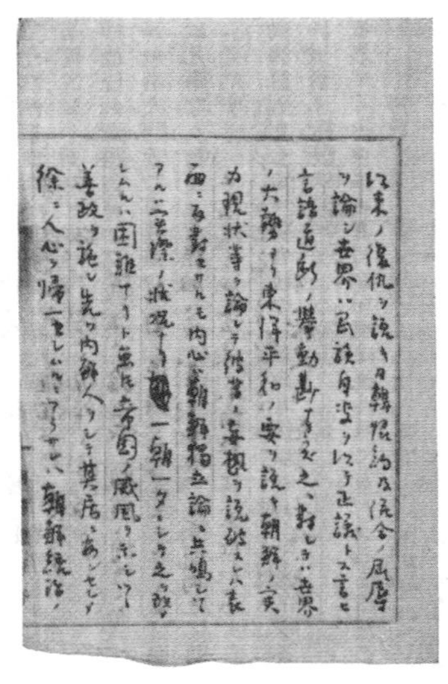

■■ 사이토 총독이 일본 정부에 제출한
2개 사단 증설 건의서.

기능을 보강했다. 3·1운동 전까지만 해도 없던 '상등병'이라는 계급을 새로 만들어 650명을 선발, 이들에게 종전 헌병하사관의 보조원들이 하던 일을 맡도록 한 조치가 바로 그 좋은 예이다.[19] 경찰은 경찰대로 기관총과 야포 등 중무기를 갖추고 우리 민족의 독립항쟁에 대비했다. 이것이 바로 헌병경찰제 폐지의 실상이었다.

이처럼 시위 탄압 조직을 보강한 사이토는 그래도 안심할 수 없었던지 "3·1운동이 이토록 확대된 것은 조선에 주둔하는 군대가 2개 사단밖에, 그것도 용산과 나남에 집중해 있었기 때문이다. 시위를 효율적으로 막기 위해서는 군대를 조선 전국에 고루 나누어 배치할 필요가 있다. 그러려면 현재의 병력으로는 모자라므로 2개 사단을 더 늘려야 한다. 본국에서 2개 사단을 파견하면 외교 문제도 일어나지 않을 것이다."라며 〈조선에 육군 병력 증가를 요하는 건〉이라는 건의서를 일본 정부에 냈다. 이 문서는 사이토의 정치 또한 본질은 무단정치와 다르지 않다는 사실을 극명하게 입증해 주고 있다. 전문을 요약하면 이렇다.

올 3월 소요사건 이후 민심 안정을 해치고 재선(在鮮) 내지인(일본인)에게 오만하게 대하는 조선인이 매일 증가하고 있다는 보고가 조선 각지로부터 빈번히 들어오고 있다. 센징(鮮人)은 눈앞의 위력에 꼼짝 못하는 성질이 있다. 이는 과거의 예에서 쉽게 확인할 수 있다. 따라서 앞으로 2개 사단을 더 보강하면 유사시 대비하기가 훨씬 쉬워질 것으로 판단한다.

지난번과 같이 소요가 있는 곳에 병력을 집중 배치하면 다른 곳에서 수비가 허술해진 틈을 타 불령(不逞) 도배(徒輩)의 발호가 극에 이를 것이 분명하므로 이러한 큰 소요에 대비해 다시 병력을 분산해야 한다. 따라서 내지로부터 증파된 부대를 조선 전국에 배치, 경계 행군을 하게 함으로써 불령한 센징의 경거망동을 예방해야 한다.

조선 13도는 실로 내지 혼슈(本州)에서 히로시마 현의 면적을 뺀 넓이와 맞먹는다. 이런 곳에 고작 2개 사단을 둔 것은 조선 통치에 실효를 거둘 수 없다. 내지는 인구 8천7백만 명으로 혼슈에만 14개 사단을 두고 있다. 조선 통치의 열매를 거두려 하니 하루빨리 내지에 있는 약간의 병력을 조선으로 이동 배치할 것을 제의한다. 조선으로 병력 이동은 제국(帝國) 안 군대 배비(配備)의 편중을 막기 위한 조치라고 변명하면 외국의 오해도 없앨 수 있다.[20]

사이토는 이와 함께 항일운동 가담자를 처벌할 법원도 크게 손질했다. 우선 시위운동이 빈발한 광주지방법원 전주지청과 평양지방법원 신의주지청, 함흥지방법원 청진지청을 각각 지방법원으로 승격시키는 한편, 업무 실효성이 떨어진 천안·영흥·영덕·울진·울산·금산 등 6개 지청을 없앴다. 이로써 재판소는 경성고등법원과 경성·평양·대구 등 3개 복심(覆審)법원, 경성·공주·함흥·평양·해주·대구·부산·광주 등 11개 지방법원, 46개 지청, 169개 출장소로 정비되어 재판 업무를 맡게 됐다.

사이토는 감옥 시설도 크게 늘렸다. 그는 1919년 말 235만 엔의 예산을 들여 개성·강릉·서흥(瑞興)·김천·안동·제주 등 6개소에 감옥을 신설하고, 감옥 분감으로 있던 영등포·청진·신의주·전주·목포 등 5개소를 본감(本監)으로 승격, 감방시설을 모두 5천3백여 평으로 확장했다. 이는 시위가담자를 기존 감방에 넣기에는 턱없이 모자랐기 때문이다. 《조선총독부 30년사》에 따르면, 3·1운동 이후 시위를 하다 붙잡혀 감옥에 갇힌 사람은 1919년 말 현재 모두 1만 5,161명에 이른다.[21] 총독부는 감방시설을 크게 확충하고도 3.3평방미터당 2.9명을 가둔 셈이다. 이는 일본 본토의 0.4명, 타이완의 0.5명에 견주어 매우 열악한 수준이었다. 사이토는 1921년 감옥이라는 이름이 수감자들에게 혐오감을 줄 수 있다며 '형무소(刑務所)'라 고쳐 부르도록 했다.

이상에서 알 수 있듯이, 시위 탄압 조직을 대폭 강화한 사이토는 취임 초부터 모든 시위가담자를 끝까지 추적, 검거토록 하는 등 강경 조치로 일관했다. 관청에서 제복만 사라졌을 뿐 무단통치기에 견주어 변한 것은 별로 없었다. 굳이 달라진 것을 꼽는다면 조선인에게 3개 조선어 신문 발행을 허가하고,* 보통학교 수업연한을 일본 소학교와 같이 6년으로 늘리고, 총독부에 종교과와 고적조사과를 신설, 종교업무와 고적조사 사무를 전담케 하고, 미술관을 설립하여 전시회를 열도록 한 것 등을 들 수 있다. 물론 이런 일들은 무단통치 아래서는 생각할 수 없는 일이었다. 하지만 이 또한 전임 하세가와의 의견을 받아들여 수립한 '매수 정책'에 지나지 않는다. 경계 태세는 오히려 전보다 더 삼엄해졌다.

그럼에도 일부 일본 역사가들은 그의 조선 정치를 문화정치라고 평가한다. 특히 황국사관에 젖은 학자들일수록 이에 대한 편견은 더욱

---

* 사이토는 1920년 1월 6일 예종석의 대정친목회에 《조선일보》를, 김성수가 내세운 박영효에게 《동아일보》를, 민원식의 국민협회에 《시사신문》 발행을 각각 허가했다.

심하다. 《식민지 조선의 연구(植民地朝鮮の研究)—일본지배 36년 사죄할 이유는 아무것도 없다.》를 펴낸 스기모토 미키오를 그 대표로 꼽을 수 있다. 스기모토는 그의 책[22]에서 "사이토가 부임하자마자 우선 하지 않으면 안 될 일은 당연 치안 회복이었다. 그는 먼저 제복부터 없앴다. 총독부 관리는 그때까지 문관, 교사, 재판관에 이르기까지 일정의 제복을 입고 대검을 찼으나 부임 때 세관, 감옥 등 일부 기관을 제외하고 이를 모두 폐지했다. 그는 대검을 없앰으로써 민중에 대한 위압감을 크게 줄였다."고 전제하고, "치안 회복의 최대 핵심은 종전의 헌병경찰을 폐지하고 일반경찰로 통일하는 경찰제도 개정이다. 즉 무력탄압을 버리고 설득과 민정 향상으로 치안을 회복하는 정책이었다. 그 최대의 문제점은 경찰관 확보였다. 탄압보다 설득에 인원을 요하는 것은 당연한 일이다. 당시 헌병은 약 8천 명. 이들을 그대로 경찰로 임용하는 것은 이름만 바꾸는 것으로 실효를 거둘 수 없다. 그래서 일본 전국 경찰의 협력을 얻는 한편 종전 조선인뿐이었던 순사보 계급을 없애고 순사로 통일, 11월에야 겨우 목표 인원을 충원하여 인수인계를 끝냈던 것이다. 그 결과 시국범죄 발생은 1919년 2,060건 7,597명에서 1920년 1,124건 2,526명, 1921년에는 459건 757명으로 크게 줄어들었다."고 극찬했다.

이와는 반대로 《일본통치하 조선》을 쓴 야마베 겐타로는 사이토에 대해 매우 비판적이다. 야마베는 이 책[23]에서 "사이토가 한 일을 조사해 보면 데라우치나 하세가와와 견주어 본질에는 큰 차이가 없다. 사이토의 정치도 무단정치라는 것은 그가 중앙정부에 낸 2개 사단 증설 건의서에 잘 드러나 있다. 헌병경찰 폐지 문제도 지금까지 헌병이 다루던 호적 사무나 위생 업무를 보통경찰에 넘긴 것에 지나지 않는다. 헌병경찰 폐지로 말미암아 탄압기관으로서의 헌병 인원은 오히려 크게 늘어났다. 그 가운데서도 특히 주목할 것은 헌병상등병이다. 헌병에 상등병이라는 계급은 3·1운동 전에는 없었다. 헌병상등병을 뽑아 종전 헌병하사관의 보조원들이 하는 일을 맡긴 것만 보아도 헌병경찰 폐지 공작의 실체를 알 수 있다. 경찰파출소와 헌병파출소, 헌병주재소(경찰주재소 포함)도 이전보다 크게 늘어났다. 다시 말하면 민중과 직접 대하는 헌병 병력과 탄압 관서는 늘었다.”고 밝히고 “이른바 ‘문화정치’라는 것도 결코 본질적인 정치개혁이 아니라 제복 폐지가 말해 주듯이 표면상의 ‘개혁’에 지나지 않는다. 사이토의 정치가 문화정치라면 데라우치나 하세가와의 정치는 요순정치라고 말하고 싶다.”고 혹평했다.

그렇다면 사이토는 총독 집권 10여 년 동안 항일 독립운동을 막고자 과연 무슨 공작을 폈을까. 이야기는 다음으로 이어진다.

3

교육개혁의 겉과 속

내선공학과 〈조선교육령〉

《조선총독부 30년사》는 사이토 마코토가 행한 조선 시정을 3백여 쪽에 걸쳐 장황하게 기술하고 있다. 항목만도 관제 개혁으로부터 민의 창달, 지방제도 개정, 치안 유지, 사법제도 개선, 재정 방침, 교육제도 쇄신, 종교, 위생, 교통, 문화시설, 국세 조사에 이르기까지 모두 30여 가지에 이른다.

　사이토는 그 가운데서도 교육제도 개선을 가장 큰 성과로 꼽는다. 그는 기회 있을 때마다 조선 지도층에게 일시동인과 내지연장주의를 강조하며 〈조선교육령〉 개정은 차별 철폐를 위한 특단의 조치라고 자랑하곤 했다. 거기에 더하여 정무총감 미즈노는 "신부민(新附民, 조선인)에게 본국과 동일한 교육제도를 실시한 것은 일시동인의 성지(聖旨)를 실천한 본보기로 세계 다른 나라에서는 유례를 찾아볼 수 없는 일"이라고 공언(公言)하고, "특히 내선공학(內鮮共學)은, 교육전문가인 사와야나기 마사타로(澤柳政太郎, 1865~1927)가 말했듯이, 영국과 미국도 아직 백인과 흑인의 공학을 실시하지 못하고 있는 마당에 이루어낸 쾌거로 세계에 내놓을 만한 자랑거리"[24]라며 한술 더 떴다.

　그러나 이는 자화자찬도 이만저만이 아니다. 말과 실제가 너무 달라 조금 심하게 표현하면 세계 여론을 유리하게 이끌기 위한 속임수였다. 지난 1998년 7월 《〈일본인〉의 경계》를 펴내 화제를 모았던 오구마 에이지도 그의 책에서 "사이토는 어떤 방침을 가지고 조선 통치에 임했는지 잘 알 수 없다. 말로는 내지연장주의를 부르짖으면서도 차별조항은 눈에 크게 띄는 부분, 그것도 총독부의 독립성에 저해받지 않은 범위에서 바로잡는 데 그쳤다. 더욱이 교육 분야의 업적 자랑은 지나치게 과장됐다."[25]고 비판한다. 물론 사이토와 미즈노의 진실 호도는 오구마의 말을 빌리지 않더라도 〈조선교육령〉과 〈신(新)조선교육령〉을 견주어 보면 곧바로 알 수 있다.

　두루 알다시피, 데라우치 마사타케는 대한제국을 강제 합병한 이듬해인 1911년 8월 22일 조선인을 일본 뜻대로 길들이기 위한 〈조선교육령〉을 제정·공포한 데 이어 사립학교, 보통학교, 고등보통학교, 여자고등보통학교, 실업학교, 전문학교, 서당, 교원시험 등에 관한 규칙을 잇달아 만들어 조선 교육계를 옥죄기 시작했다. 이른바 충량(忠良)한 제국 신민(臣民) 양성을 목적으로 한 〈조선교육령〉은 전문 30개조로 보통교육과 실업·전문교육에 관한 사항을 규정하고 있다. 그러나 대학교육은 아예 제외했다. 일제가 조선인에게 대학교육을 허용하지 않은 까닭은 '피지배민족에 대한 고등교육은 민족의식을 고취시켜 사회불안만 가중시킬 뿐 백해무익하다.'는 지배층의 우려에서 비롯됐다. 당시 '일한합병'을 주도한 가쓰라 다로, 데라우치, 도쿠토미 소호, 아카시 모토지로 등은 말할 것도 없고, 지식층 모임인 대일본문명협회(大日本文明協會)를 이끌던 오쿠마 시게노부를 비롯한 회원들도 생각이 같기는 마찬가지였다. 그럼 〈조선교육령〉부터 살펴보기로 하자.

> 제 2 조 교육은 '교육에 관한 칙어'의 취지에 따라 충량(忠良)한 국민
> 을 양성하는 것을 본의로 한다.
> 제 4 조 교육은 크게 보통교육, 실업교육 및 전문교육으로 나누어 한다.
> 제 9 조 보통학교 수업연한은 4년으로 한다. 단, 지역 실정에 따라 1년
> 을 단축할 수 있다.
> 제10조 보통학교 입학 연령은 8세 이상으로 한다.
> 제12조 고등보통학교 수업연한은 4년으로 한다.
> 제13조 고등보통학교 입학 자격은 12세 이상으로 보통학교를 졸업
> 한 자 또는 이와 동등 이상의 학력을 가진 자로 한다.
> 제14조 관립 고등보통학교에는 사범과 또는 교원속성과를 두어 보
> 통학교 교원이 되려는 자에게 필요한 교육을 할 수 있다. 사
> 범과 수업연한은 1년, 교원속성과는 1년 이내로 한다. 사범
> 과 입학 자격은 고등보통학교 졸업자로 하고 교원속성과 입

학 자격은 16세 이상으로 고등보통학교 제2학년의 과정을 수료한 자, 또는 이와 동등 이상의 학력을 가진 자로 한다.

제16조 여자고등보통학교 수업연한은 3년으로 한다.

제17조 여자고등보통학교 입학 자격은 12세 이상으로 보통학교 졸업자 또는 이와 동등 이상의 학력을 가진 자로 한다.

제18조 여자고등보통학교에는 기예과를 두어 12세 이상의 여자에게 재봉 및 수예를 전수케 할 수 있다. 기예과의 수업연한은 3년 이내로 한다.

제19조 관립 여자고등보통학교에는 사범과를 두어 보통학교 교원이 되려는 자에게 필요한 교육을 할 수 있다. 사범과 수업연한은 1년으로 한다. 사범과 입학 자격은 여자고등보통학교 졸업자로 한다.

제22조 실업학교 수업연한은 2년 또는 3년으로 한다.

제23조 실업학교는 12세 이상으로 보통학교를 졸업한 자 또는 이와 동등 이상의 학력을 가진 자를 입학 자격으로 한다.

제26조 전문학교 수업연한은 3년 또는 4년으로 한다.

제27조 전문학교에는 16세 이상으로 고등보통학교를 졸업한 자 또는 이와 동등 이상의 학력을 가진 자가 입학할 수 있다.

제28조 공립이나 사립 보통학교, 고등보통학교, 여자고등보통학교, 실업학교 및 전문학교의 설치 또는 폐교는 조선 총독의 허가를 받아야 한다.

제29조 보통학교, 고등보통학교, 여자고등보통학교, 실업학교 및 전문학교 교과목 및 교과과정, 직원채용, 교과서 사용, 수업료 등에 관한 규정은 조선 총독이 정한다.

　이상에서 알 수 있듯이, 3·1운동 당시 일제에 의한 조선 교육은 매우 제한적으로 이루어져 차별이 심했다. 교육 내용은 놔두고라도 우선 수업연한부터 일본 학교들보다 크게 모자랐다. 특히 보통학교의 경우 수업연한 4년을 다 채우지 못하고 1년을 단축하는 예가 많아 일본 소학교(6년)의 절반밖에 되지 않았다. 보통학교는 입학 연령도 8세로 소학교의 6세보다 두 살이 많았다. 또 고등보통학교는 수업연한(4년)이 중학교보다 1년이 적어 졸업생들이 상급학교에 진학하려면 일본으로 건너가 중학교 과정을 다시 배워야 하는 불편을 겪어야 했다. 게다가 여자고등보통학교 수업연한은 3년에 지나지 않았다.

　이러한 차별이 3·1운동이 일어난 원인이 되었음은 말할 나위도 없다. 식민지 관리를 새로 맡은 사이토 행정부는 민심을 수습하기 위해서는, 오구마의 말대로, 이와 같이 눈에 잘 띄는 차별조항부터 없애는 것이 시급한 일이었다. 이에 시바타 젠자부로 총독부 학무국장은 1919년 12월 1차 응급조치로 〈조선교육령〉을 손질하여 보통학교 수업연한을 소학교와 같게 6년으로 늘리고 지역 실정에 따라 1~2년을 줄일 수 있도록 했다. 아울러 일본 역사와 일본 지리를 보통학교 필수 과목으로 새로 지정, 국민사상과 애국심을 높이도록 하고 과학과 미술, 체육과목도 내지 소학교처럼 필수로 배우게 했다. 또 고등보통학교에 2년 이내 과정의 보습과(補習科)를 두어 이를 이수하면 중학교와 동등한 자격을 인정받을 수 있게 했다.

　이와 함께 고등보통학교와 여자고등보통학교 규칙을 고쳐 고등보통학교는 종전 선택 과목이던 영어를 필수로 하고 독어 또는 불어를 선택으로 가르치게 하는 한편, 이과(理科) 과목을 물리와 화학 두 과목으로 조정하고, 1개 과목으로 통합돼 있던 실업 및 법제경제를 실업과 법제경제 두 과목으로 나누어 학교 사정에 맞도록 하나를 선택

할 수 있게 했다. 여자고등보통학교는 영어 또는 불어를 선택으로 하고, 산술과목의 이름을 수학이라 고쳐 이수토록 했다. 물론 이는 고등보통학교와 여자고등보통학교 졸업생에게 내지에 있는 상급학교에 진학할 수 있는 길을 열어 주자는 취지였다.

이렇게 하여 일단 급한 불을 끈 사이토 행정부는 그래도 불만이 수그러들지 않자 1920년 11월 조선총독부 교과서조사위원회와 12월 임시교육조사위원회를 설치하고 교육개혁 작업에 나섰다. 두 위원회는 모두 미즈노 정무총감이 총괄했다. 이완용 등 16명으로 구성된 임시교육조사위원회는 1921년 1월부터 1년여에 걸쳐 교육 전반을 재검토하여 개선안을 만들고, 요시오카 사토하지메(吉岡鄕甫) 제5고등학교장 등 23명으로 짜인 교과서조사위원회는 교과서 편찬에 관한 사항을 조사, 심의·의결했다. 교과서조사위원회는 조선 학생들이 사용할 교과서는 일본어 가나(假名)와 조선어를 병용하기로 하고 철자법 등은 특별위원회를 따로 두어 정하기로 했다. 총독부는 두 위원회의 결론을 바탕으로 1922년 2월 4일 〈신조선교육령〉을 확정·공포, 4월 1일부터 시행에 들어갔다.

차별 못박은 〈신조선교육령〉

〈신조선교육령〉은 조선인만을 교육 대상으로 한 〈조선교육령〉 제1조를 '조선에서 교육은 본령에 따른다.'라고 고쳐 종전 따로 분리해 시행하던 조선인과 일본인의 교육제도를 통합했다. 또 제한적이나마 조선인에게 대학교육과 사범교육을 받을 수 있게 했다. 총독부가 1924년 5월 6일 서울 동대문구 청량리에 문을 연(건물은 1923년 12월 14일 완공) 수업연한 2년의 경성제국대학 예과는 새 교육령에 따른 유화 조치의 하나였다. 입학 자격은 중학교 또는 고등보통학교 졸업자에게 주어졌다.

사범학교는 본과를 제1부(소학교 교원 양성)와 제2부(보통학교 교원 양성)로 구분하고 그 밖에 연구과, 특과, 강습과를 두었다. 수업연한은 남자 6년, 여자 5년이었다. 이에 따라 1921년 경성에 최초로 사범학교가 생겨 초등교원을 양성하기 시작했다. 그 이듬해 4월에는 충남 공주에 특과 사범학교가 문을 열고 이를 신호로 각 도마다 사범학교가 들어섰다. 그렇지만 사범학교 또한 조선에 나와 살고 있는 일본인 위주로 조선 학생이 들어가기는 그리 쉬운 일이 아니었다.

또 조선인 학교에 조선어를 필수과목으로 인정하고, 일본인 학교에서 조선어를 가르칠 수 있게 하며, 실업·전문학교에 내선(內鮮)공학을 허용한 점도 전에 없었던 일이라고 크게 선전했다. 시바다 학무국장은 1922년 2월 6일 이와 같은 내용을 주요 골자로 하는 〈신조선교육령〉을 발표하면서 "이로써 조선지역 국민은 민족적으로 같고 다름을 불문하고 차별 없이 동일한 교육을 받을 수 있게 되었다."고 큰소리쳤다.

그러나 지금까지 예로 든 몇 가지를 제외하면 〈신조선교육령〉도 내선인(內鮮人) 사이에 차별을 두기는 마찬가지였다. 그 가운데서도 가장 큰 문제는 조선 내의 학생을 '국어(일본어)를 상용하는 자'와 '그렇지 않는 자'로 구분하여 학교 명칭을 정함으로써 합법적으로 조선인 학생과 일본인 학생을 분리 수용할 수 있는 길을 열었다는 사실이다. 총독부는 당초 조선과 일본의 초·중등교육을 별개로 규정하고 용어도 아예 조선인과 내지인으로 표현, 개혁안을 만들어 추밀원에 넘겼다. 추밀원은 심의 과정에서 "이와 같이 중요한 법률 제정에서 민족별로 대우를 달리하는 조항을 두는 것은 일시동인의 통치 취지에 어긋난다."고 지적, 내지인이라는 용어를 '국어(일본어)를 상용하는 자'

로 바꾸고, 조선인 대신 '국어(일본어)를 상용시켜야 할 자'로 규정하는 수정안을 가결했다.

그렇다고 달라진 것은 하나도 없었다. 교육제도가 통합되었다지만 조선 안에는 조선 학생들이 다니는 보통학교, 고등보통학교, 여자고등보통학교와 일본 학생들을 가르치는 소학교, 중학교, 고등여학교가 여전히 분리돼 있었다. 조선인 학교와 일본인 학교는 물론 교육 내용도 달랐다. 보통학교 학생들은 매주 일본어를 10시간, 일본사와 일본 지리를 각 2시간씩 필수로 배우는 것과 달리, 우리말과 한문은 6시간밖에 되지 않았다. 또 고등보통학교 학생들에게도 매주 일본어를 7시간, 일본사를 3시간씩 필수로 가르치게 했으나, 조선어와 한문은 3시간에 그쳤다.

사용하는 교과서도 서로 달랐다. 일본어를 상용하는 소학교, 중학교, 고등여학교는 문부성이 편찬한 교과서를, 그렇지 않은 보통학교, 고등보통학교, 여자고등보통학교는 총독부가 만든 교과서를 이용토록 했다. 조선 학생이 쓸 교과서는 총독부가 설립한 조선서적인쇄주식회사에서 찍어 공급했다.

일본 내지학교와 같게 했다고 생색을 낸 보통학교 수업연한도 최고 연한만 정해 주었을 뿐 실제로는 '지역 실정에 따라' 단축하는 예가 많았으며, 의무교육도 시행하지 않았다. 설립허가 민원이 끊이지 않았던 사립대학도 일절 허가하지 않았다. 구미인 또는 조선인이 경영하는 사립대학이 생기면 그만큼 통치에 어려움이 따르리라 판단했기 때문이다.

일본어 상용자든 비상용자든 소학교와 보통학교에 입학할 수 있게 한 규정도 구호에 그쳤다. 총독부 고위관리들이 조선인과의 공학을 극도로 꺼려한 탓이었다. 당시 총독부가 추밀원에 제출한 문서는 "이들 식민자들은 보통학교 이름을 소학교로 통일하는 것조차 거부했다.”고 기록하고 있다. 이 문서는 또 “〈신조선교육령〉 공포 직후 식민자들 사이에는 ‘내선공학은 내선동화라는 말처럼 그리 간단한 일이 아니다.’ ‘동화방침에 따라 교육을 실시하는 것은 적절하지 않다.’는 소리가 공공연히 나돌았고, 더욱이 모든 조선인이 내지인과의 공학을 진정으로 기대하지 않았다.”는 사실도 함께 적고 있다.[26]

제국대학 설립과 예과시험

이런 가운데 총독부는 1924년 5월 대학창설위원회의 심의를 거쳐 경성제국대학 설립 계획을 확정하고, 1925년부터 서울 종로구 동숭동 및 연건동 부지 4만 4,594평에 강의실과 대학본부, 도서관 등 부속건물을 짓기 시작했다. 일본 제국대학으로는 도쿄, 교토, 도호쿠, 규슈, 홋카이도에 이어 6번째였다. 경성제대는 1926년 5월 법문학부와 의학부로 첫출발했다. 법문학부는 강좌 수가 49개로 조선의 법률제도 및 경제, 언어, 문학, 사상, 신앙, 풍속, 관습, 미술, 역사 등에 관한 연구를 실행하고, 26개 강좌로 짜인 의학부는 일반 의학 외에 조선 특수 질병, 약물 등에 관한 연구를 목적으로 했다. 입학생은 모두 대학예과 졸업생들이었다.

총독부 관계자들은 이를 두고 ‘조선반도에서 대학교육의 시작은 미증유의 사건’이라고까지 치켜세웠다. 그러나 이 또한 조선에 이주해 살고 있는 일본인의 대학진학 희망이 크게 늘어남에 따른 조치일 뿐 차별은 여전했다. 총독부가 1924년 3월 18일부터 22일(학과시험 18~21일, 체격검사 22일)까지 실시한 제1회 대학예과 고등학교 입학모의시험이 실상을 잘 말해 주고 있다. 문과 80명, 이과 90명(정원은 80명이었으나 교실이 남아돌아 10명을 더 뽑았다.) 등 170명을 뽑는 이 시험에는 전국에서

■■ 예과시험 합격자 46명의 명단이 실린 《매일신보》 1924년 4월 1일자. 같은 날짜 《동아일보》
에는 합격자 수가 45명으로 발표됐다.

일본인 학생 3백여 명, 조선인 학생 2백여 명 등 모두 5백여 명이 응시,
3대 1의 경쟁률을 보였다. 시험과목은 문과의 경우 국어(일본어) 및 한
문(국문해석, 한문해석, 듣기, 작문), 영어(영문해석, 국문영역, 듣기, 쓰기),
수학(대수, 평면기하), 역사(서양역사 및 일본역사 전부) 등이고, 이과는 국
어 및 한문(문과와 같음), 외국어(영어, 독일어 가운데 선택), 수학(대수, 평
면기하, 삼각법), 박물(博物, 동물 및 박물통론) 과목으로 되어 있었다.

총독부는 무엇보다 조선 학생들의 대학 입학을 제한하고, 조선 민족
은 일본 민족보다 열등하여 일본의 지배를 받을 수밖에 없다는 침략논리
를 확인시키려 이 시험을 기획한 것으로 전해지고 있다. 그런데 그런 기
대와는 달리, 3월 27일 합격자 발표 결과 유진오(俞鎭午, 1906~1987)가

■■ 유진오. 그는 뒤에 헌법학자로서 대한민국헌법을 기초하고, 고려대총장, 신민당총재 등을 역임했다.

당당히 일본 학생들을 제치고 전체 수석을 차지했다. 차별을 극복한 이 이야기는 말 그대로 조선반도를 뒤흔들었다. 유진오는 비록 그 뒤 일제에 포섭되어 일제 침략전쟁을 미화하고 찬양한 행위로 오점을 남겼지만, 당시는 민족의 우상이었다. 조선인 학생은 유진오 외에도 문과A 9명, 문과B 19명, 이과 17명 등 46명이 합격했다.[27]

기무라 칸(木村幹) 일본 고베대학 교수는 이런 유진오의 일화를 슈에이샤(集英社)가 펴내는 서평지 《스바루(すばる)》 2008년 2월호에 〈역사를 살아가는 것과 심판하는 일—조선인 작가 유진오의 생애〉라는 제목으로 소개했다. 기무라는 이 글에서 당시 일제의 교육차별 실상을 적나라하게 들춰내고 있다. 이를 요약해 작은 결론으로 대신한다.

'역사'는 우리들에게 항상 고민스럽다. 그러나 그러한 때에 늘 생각한다. 우리들에게는 과연 과거 사람들을 심판할 자격이 있는 것일까. 그리고 그들에 대해 알고 있는 것이 얼마나 진실일까.

예를 들면 유진오는 어떨까. 그가 조선반도 사회에 갑자기 등장한 것은 1924년에 치러진 '모의시험'에서였다. 일본 통치가 한창일 때 조선반도에서도 모의시험이 있었다면 독자들은 조금 놀랄지 모른다. 그 이름도 '제1회 대학예과 고등학교 입학모의시험'. 경성(서울) 시내 중학교와 고등보통학교라는 두 종류 학교 졸업예정자를 대상으로 실시된 시험이었다.* 지금으로 말하면 '제1회 서울시내 고등학교 대학진학 수능시험' 정도가 되지 않을까. 그러나 이 모의시험은 그런 시험과는 성격이 다르다. 우선 중학교, 고등보통학교라는 서로 이름이 다른 학교가 참가한 사실에서 알 수 있듯이, 당시 조선반도에는 두 종류 중등교육기관이 있었다. 둘은 형식상으로는 언어를 기준으로 나뉘었다. 하나는 '국어(일본어)를 상용하는 자'를 위한 학교, 즉 중학교이고, 다른 하나는 '국어(일본어)를 상용하지 않는 자'를 대상으로 한 학교, 고등보통학교이다. 그렇게 말하지만 '국어를 상용하는 자'가 일본인을, 그리고 '국어를 상용하지 않는 자'가 조선인을 가리키는 것이 명확하므로, 그때 조선반도에서 중등교육은 민족별로 행해지고 있었던 셈이다. 이는 초등교육도 마찬가지로 일본인 자녀가 다니는 소학교와 조선인 자녀의 보통학교로 나눠져 있었다.

다른 학교로 나뉘어 다른 교육을 받아온 다른 민족 학생이 같은 모의시험장에서 우열을 걸고 격돌했다. 다시 말하면 이 모의시험은 개인과 개인 얼굴은 말할 것도 없고 중학교와 고등보통학교의 위신, 그리고 무엇보다 일본인과 조선인이 각각 민족의 자존심을 걸고 대결한 한판 승부이었다.

기세를 쉽게 예상할 수 있는 이 모의시험이 더욱 특별한 의미를 갖는 것은, 그것이 '제1회'였기 때문이다. 일본 통치 아래 조선반도 교육제도는 때로 오해되고 있는 점도 있는데, 거기에는 의무교육도 실시되지 않았고, '국어를 상용한 자'와 '국어를 상용하지 않은 자' 사이에 완전히 다른 교육제도가 적용되고 있었다. 그 단적인 증거가 두 쪽의 교

---

* 이 서술은 필자 기무라 칸의 잘못으로 보인다. 실제로는 전국의 고등보통학교와 중학교 출신 학생들이 이 시험에 응시했다.

육 연한 차이였다. 일본 통치가 시작된 당시 중학교는 5년제였던 데
견주어 고등보통학교는 4년제였다. 따라서 고등보통학교 졸업자는 수
업연한 부족으로 그대로는 대학에 진학할 수 없게 되어 있었다. 그 때
문에 그들은 대학진학을 위해 그들을 받아주지 않는 조선반도 중학교
가 아니라 일본 내지에 있는 중학교에 유학하여 대학입학 자격을 따지
않으면 안 되었다. 유학에는 당연히 많은 돈이 필요하여 대학에 진학
할 수 있는 조선인은 일부 돈이 많은 부자들의 아들딸뿐이었다.

이같이 일본인과 조선인 사이의 극단적인 교육 불평등은 1922년 〈신
조선교육령(현재 일본의 교육기본법에 해당)〉 시행에 따라 다소 완화됐다.
고등보통학교의 수업연한을 5년으로 연장하여 졸업생에게 대학진학시
험 응시자격을 준 것이다. 그 배경에는 3년 전에 일어난 '3·1운동'이 있
었다. 조선총독부는 조선인의 불만을 줄이는 방법의 하나로 교육 개혁
에 나서 1924년 조선반도 첫 대학인 경성제국대학 예과를 개설하게 되
었다. 제1회 모의시험도 이 대학예과 개설 준비를 겸하고 있었다.

이렇게 하여 역사적인 '제1회 대학예과 고등학교 입학모의시험'이
치러졌다. 서울 시내 중학교와 고등보통학교, 즉 경성중학교와 용산
중학교, 그리고 경성고등보통학교는 특별히 우수한 학생을 이 모의시
험에 응시토록 만전을 기했다. 일본인 측에는 식민지 지배자로서의 자
부심이 있고, 또 조선인으로서는 이 시험을 통해 늘 조선인의 열등성
을 강조해온 일본인의 코를 납작하게 해주겠다는 생각이 있었다. 그래
서 이 시험은 단순한 '모의시험' 이상의 성격을 띠게 되었다.

그리고 이 세기의 모의시험은 조선인 학생 한 사람의 압승으로 막을
내렸다. 소년의 이름은 유진오. 경성고등보통학교 학생이었다. 일본 통
치 아래서 모든 시험이 그랬듯이 백 퍼센트 일본어로 치러진 이 시험에
유진오는 수석을 차지했다. 그것도 승리는 완벽했다. 유진오는 자신감

을 갖고 치른 수학과 영어뿐만 아니라 스스로가 '상용하지 않은 국어' 즉 일본어 시험에도 일본인 학생을 누르고 정상을 차지했다. '조선인은 일본인보다 머리가 나빠서 식민지로 전락하게 되었다'는 말을 늘 반복하여 들어왔던 당시 조선반도 사람들에게 유진오의 성적은 쾌거 그 자체였다. 이제 한 사람의 고등보통학교 학생은 민족의 영웅이 되었다. 사람들은 그의 장래를 뜨겁게 주목했다. 그리고 그 기대에 부응이라도 하듯이 유진오의 진학은 순조롭게 계속됐다. 그는 내지로부터 수험생을 받아 실시한 경성제국대학 본과시험에서도 문과A, 즉 고급관리의 길로 이어지는 법학과 코스에 역시 수석 합격했다. 그것도 단순히 문과A의 정상일 뿐만 아니라, 이 해의 경성제국대학 응시자 전체에서 1위였다. 철학과 과정인 문과B의 수석도 조선 학생이었다. 당시 조선반도에서 발행되고 있던 모든 조선어신문은 이 조선인 수험생들의 쾌거를 대서특필했다.

당시 경성제국대학 법학과 정원은 조선인 1명, 일본인 3명으로 정해져 있었다. 일본인 학생은 입학시험에서도 크게 우대받았다. 그런 의미에서 경성제국대학은 조선반도에 있었지만 조선인을 위한 대학이 아니라 지배자 일본인을 위한 대학이었다고 말하는 편이 옳다. 그러나 조선인 정원을 제한한 결과, 역설적으로 우수한 학생은 조선인이 많았다고 전해지고 있다.

유진오의 수재다운 모습은 대학입학 뒤에도 변함이 없었다. 그는 예과로부터 본과까지 늘 수석을 놓친 적이 없었으며 졸업도 톱이었다. 그래서 그는 대학교수들의 관심에서 벗어날 수 없었다. 어느 날 어떤 일본인 교원(당시 경성제국대학의 교원은 전원 일본인이었다)은 유진오에게 '자네와 같은 인물은 이제 곧 이 대학의 교수가 되어야 한다.'고 말했다고 한다. 유진오는 이 말을 믿고 관리의 길이 아니라 대학교원, 즉 학자의 길을 걷게 된다.

■■ 사이토 마코토 총독이 1924년 6월 12일 열린 경성제국대학 예과 개교식에서 축사를 하고 있다.

그러나 유진오의 고난은 여기서부터 시작되었다. 경성제국대학 교수회가 일부 교원의 강력한 반대에도 '조선인이 이 대학의 상임 교원이 되는 것, 더 정확히는 신분을 보장받는 상임교원이 되는 것을 인정할 수 없다.'고 결의했기 때문이다. 결국 경성제국대학은 우습게도 가장 우수한 제1기생을 교원으로 받아들이지 않았다. 유진오는 그 뒤 그를 아끼는 법학과 교수 밑에서 임기제 조수로 계속 일했으나 자기보다 성적이 떨어진 일본인 학생들이 계속 각지 대학의 교수로 임명되자 1932년 보성전문학교(고려대학교 전신)로 옮겨 학생들을 가르쳤다.

그렇다고 일제는 그런 '수재'를 그대로 내버려 두지는 않았다. 그의 영향력과 문학적 재능을 높이 산 총독부는 자신들의 정책을 일본어로 써달라고 요청했다. 유진오는 어쩔 도리 없이 이에 응할 수밖에 없었다. 이렇게 하여 유진오는 1940년대에 들어 〈조선인의 황민화〉, 〈총력전을 위한 단결〉, 〈국어 교육과 국어 문학의 중요성〉, 〈내선일체의 필요성〉 등 일본의 식민지 지배와 전쟁을 예찬하는 글들을 쓰게 되었던 것이다.

민족 대표를 포섭하라

매수 정책의 표적

앞에서 설명했듯, 사이토 마코토는 두 차례나 조선 총독을 지냈다. 재임 기간도 자그마치 10년 2개월이나 된다. 그가 1927년 6월 2일부터 8월 4일까지 스위스 제네바에서 열린 군축회의에 일본 전권대표로 참석하기 위해 자리를 비운 7개월 남짓을 제외하더라도 9년 7개월에 이른다. 그렇게 보면 사이토는 8명의 총독이 35년 동안 행한 조선 통치 가운데 거의 3분의 1을 맡았던 셈이다. 그 공로로 그는 1924년 2월 일본 최고훈장 '욱일동화대수장(旭日桐花大綬章)'을 받고, 그 이듬해 4월 남작에서 자작으로 승작(陞爵)하는 영예도 안았다. 더욱이 욱일동화대수장은 이토 히로부미가 1889년 일본 역사상 처음 받은 훈장이기도 하다. 그런 사이토의 비결은 무엇이었을까.

《일본통치하 조선》의 저자 야마베 겐타로는 때로 '문화정치'로 오해되기도 하는 매수 정책에서 그 실마리를 찾는다. 쉽게 말해 조선어 신문 발행을 허가하고 기독교계 사립학교에 성서 강의를 허용한 것도 매수 정책의 한 가닥이라는 설명이다. 사이토는 정보 정치의 대가(大家)였다. 그는 특히 매수 공작에 뛰어났다. 그가 해군차관(7년)과 해군대신(8년)으로 15년 동안 일본해군 군정을 마음대로 요리할 수 있었던 것도 이와 무관하지 않은 것으로 알려져 있다. 사이토는 탄압 일변도의 데라우치나 하세가와와는 달리 일본 해군성에서 터득한 경험을 바탕으로 조선 지도층 인사들을 '친일파'로 끌어들여 민족을 분열시키고 독립 의지를 마비시켰다.

사이토는 맨 먼저 3·1운동을 주도한 민족 대표들을 매수 표적으로 삼았다. 그 가운데서도 독립선언서를 쓴 최남선(崔南善, 1890~1957)과 태화관 독립선언식에서 사회를 맡은 최린(崔麟, 1878~1958), 그리고 독립선언서 공약 3장을 쓰고 낭독을 맡았던 한용운 등 사회에 영향력을 미칠 수 있는, 문장력을 가진 지도급을 특별히 주목했다. 이들이 독립운동에서 손을 떼고 침묵을 지키는 것만으로도 시국 안정에 도움이 되리라 판단했기 때문이다. 마침 이들은 독립선언서 낭독 직후 제 발로 경찰서에 걸어 들어와 구금(拘禁)된 상태로 재판을 기다리고 있지 않은가.

사이토가 민족 대표들을 포섭하기로 마음먹기까지에는 무엇보다 사카다니 요시로(阪谷芳郎, 1863~1941)*의 조언이 크게 작용했다. 사이토(해군대신)와 함께 제1차 사이온지 내각(1906~08)에서 대장상으로 일하던 사카다니는 사이토가 총독으로 부임하자 "33인과 같은 자들을 불러내어 의견을 들어본 다음 개혁을 실행하면 같은 일을 하더라도 센징(鮮人)을 크게 만족시켜 민심을 자연스럽게 얻을 수 있을

---

* 오카야마(岡山) 현 출신으로 당시 일본의 유명한 실업가였던 시부사와 에이이치(涉澤榮一)의 둘째 사위. 대장성 총무장관, 대장성차관, 대장상, 귀족원의원 등을 역임. 러일전쟁 뒤 '전후국가경영'을 주도하기도 했다.

것"이라는 내용의 편지를 보내 격려했다.[28]

사카다니의 훈수에 공감한 사이토는, 우선 민족 대표들에 대한 재판을 최대한 미루도록 지시했다. 이들을 오랜 기간 가둬 놓고 구워삶을 생각에서였다. 그러고는 날마다 고문기술자를 보내 이들에게 독립 선언을 취소하라며 회유와 협박을 반복했다. 포섭 공작은 1920년 7월 12일 경성지방법원에서 첫 공판이 열릴 때까지 1년 3개월이 넘도록 계속됐다. 물론 그것만으로 음모가 모두 종결된 것은 아니다. 총독부 경무국 특별고등과 형사들은 경성복심법원이 1920년 10월 길선주(吉善宙, 무죄)와 김병조(金秉祚, 미검거)를 제외한 민족 대표 전원에게 징역 1년 6월에서 3년형을 확정한 뒤에도 이들에게 생각을 바꾸도록 공갈과 설득을 되풀이했다. 작전은 주효했다. 징역 3년형을 받은 최린과 징역 2년 6월형의 최남선이 끝내 두 손을 들고 만 것이다. 변절 과정은 참으로 통탄스럽다.

최린과 최남선의 변절

총독부는 1921년 10월 18일 최남선을, 이어 12월 22일 최린을 각각 가석방으로 풀어주었다. 이들이 재판 과정에서 전향을 약속했는지는 기록이 없어 알 수 없지만, 최린은 감옥에서 나온 뒤 한동안 정치를 멀리하며 천도교 교세 확장에 몰두하는 듯했다. 그러나 그의 머리는 어느새 조선독립론에서 조선자치론으로 기울어 있었다. 총독부가 그런 그를 그냥 내버려 둘 리 만무했다. 최린은 결국 1927년 총독부 지원을 받아 아일랜드를 비롯한 구미 30여 나라 순방길에 오른다.[29] 여행비는 조선은행에서 대준 것으로 알려져 있다. 당시 조선은행 총재는 미노베 슌기치(美濃部俊吉, 1869~1945)로 사이토의 든든한 후원자였다. 1916년 11월 조선에 건너온 미노베는 1928년 7월까지 경성에서 근무하면서 친일파 양성을 위한 일이라면 주저 없이 공작금을 내놓았다.

구미 여행에서 돌아온 최린은, 은혜에 보답이라도 하듯, 총독부 경찰간부 출신으로 황해도와 전라남도지사를 역임한 야기 노부오(八木信雄)와 친하게 지내면서 점점 친일의 늪으로 빠져들었다. 그는 마침내 1933년 말 '아시아 여러 민족이 단결해야 한다.'는 요지의 대동방주의(大東方主義)를 발표한다. 그리고 그 이듬해 총독부 내무국장 우시지마 세이조(牛島省三), 경무국장 이케다 기요시(池田淸), 동양척식회사 감사 박영철(朴榮喆) 등과 함께 시중회(時中會)를 만들어 일선융합(日鮮融合)을 외치며 본격적으로 일제를 찬양하기 시작했다.

전향의 대가(代價)는 두둑했다. 최린이 1934년 조선총독부 중추원참의가 되고, 1937년 조선총독부 기관지《매일신보》사장에 오른 것도 모두 협력에 대한 보상이었다. 그는 1939년부터 조선임전보국단(朝鮮臨戰報國團) 단장을 맡는 등 광복 때까지 친일 활동으로 일관했다. 이름도 일본식으로 고쳐 가야마 린(佳山麟)이라 불렀다.

최남선은 출옥하자마자 출판사 동명사(東明社)를 차려 주간지《동명(東明)》을 발행하기 시작했다. 총독부는 그에게도 적지 않은 자금을 지원했다. 돈줄은 물론 조선은행이었다.[30] 총독부는 1924년 그에게《시대일보(時代日報)》발행도 허가해주었다. 보통 사람으로는 도저히 상상할 수 없는 일이었다. 최남선 역시 총독부 조선사편찬위원회 위원(1927년)을 거쳐 중추원참의(1938년)로 추대되었다. 또 같은 해 친일 조선어신문인《만몽일보(滿蒙日報)》고문이 되었다가 1939년 일본 관동군의 건국대학(建國大學) 교수로 임명되어 가르쳤으며, 1943년에는 도쿄에서 재일조선인 유학생들에게 학병 지원을 권유하는 강연을 하기도 했다.

이 밖에 정춘수(鄭春洙), 박희도(朴熙道) 등도 줄줄이 변절했다. 도쿄에서 〈2·8독립선언서〉를 쓰고 상하이로 망명했던 이광수도 1921년 3월 말 스스로 귀국, 그와 절친하게 지낸 아베 요시이에(阿部充家, 1862~1936) 전 《경성일보》 사장을 통해 〈유랑 조선청년 구제 선도의 건〉이라는 건의서를 총독부에 제출하고 용서를 빈 뒤, 일제에 협력하기 시작했다. 이 건의서는 "중등 이상의 교육을 받은 자로서 중국 및 시베리아에 유랑하는 조선인은 2천 명이 넘는다. 이들을 그대로 내버려 두면 독립운동을 한답시고 무기를 들고 조선에 몰래 들어오거나, 과격파 러시아의 선전자가 되거나, 사기꾼 또는 절도·강도가 될 수 있으므로 방책을 세워야 한다."는 내용을 담고 있다. 이광수는 뒷날 이에 대해 《나의 고백》에서 "그때는 이른바 재등(齋藤) 총독의 문화 정책으로 해외에서 독립운동자가 들어오면 내버려 두었다. 나는 이것을 다행하게 생각하는 대신 무섭게 생각했다. 왜 그런고 하면, 필시 세상의 비난을 받기 쉽겠기 때문이었다."[31]고 변명하고 있다.

이와 달리, 징역 3년형을 받은 한용운은 끝까지 소신을 굽히지 않았다. 그는 감옥 안에서 〈조선 독립에 대한 감상의 개요〉라는 제목의 글을 써서 조선 독립의 당위성을 설파했다. 글의 분량도 2백 자 원고지로 20장쯤 된다. 일제가 이를 본국으로 가져가 학자들에게 반년 넘게 연구하게 했던 점으로 미루어보면 한용운의 주장이 얼마나 논리 정연했던가를 엿볼 수 있다.[32] 한용운의 기개(氣槪)가 역사에 더욱 빛나고 있는 것도 그와 같은 불굴의 지조 때문이 아닐까.

민원식과 조선인 참정권 운동

이와 함께 사이토의 매수 정책에서 친일파 민원식(閔元植)의 역할도 빼놓을 수 없다. 주지하다시피 민원식은 일찍이 친일파 거두 이지용(李址鎔)과 함께 친일단체 대한실업협회(大韓實業協會)를 조직(1908년)한 데 이어 1920년 신일본주의(新日本主義)*를 표방하고 이를 실천할 기관으로 국민협회를 만들기도 했다. 사이토는 조선인에게 정치적 기대감을 줌으로써 3·1운동의 열기를 가라앉히고 독립의지를 꺾기 위한 정치 쇼에 그를 이용했다. 이른바 '조선인 참정권 청원운동'이 그것이다.

조선인의 참정권 문제는 사실 당시 사이토가 풀어야 할 당면 과제의 하나였다. 3·1운동 뒤에도 만세운동이 그칠 줄 모른 데다, 일본의 거의 모든 언론과 식민정책학자들이 총독부의 압정을 비판하며 조선인에게 참정권 또는 자치권을 허용하라고 주문하고 있었기 때문이다. 물론 사이토는 당시 내무국장 오쓰카 쓰네사부로(大塚常三郎)가 극비리에 작성한 의견서에서도 읽을 수 있듯이 조선인에게 참정권을 허용할 생각은 추호도 없었다. 오쓰카는 의견서에서 "조선인을 의원으로 보내면 제국의회가 교란될 우려가 있고, 조선인에게는 병역의무가 없으므로 권리와 의무의 형평성에 어긋나며, 문화수준〔民度〕이 낮다."는 이유 등을 들어 참정권을 부여할 수 없다고 밝히고 자치권도 10년 뒤에나 고려할 문제라고 주장한다.

그럼에도 민원식은 도쿄를 드나들며 "일한병합은 식민지화가 아니라 아시아주의의 큰 뜻에 따른 대등한 합병이었다. 일본은 이제 지난날의 일본이 아니라 조선의 토지와 인민을 포용(包容)한 신일본이다. 따라서 조선인은 국민의 중요 권리인 참정권을 가져야 한다."고 조선인의 참정권을 청원하는가 하면, "동양 여러 나라 가운데 구미(歐美)

---

* 일본 민족만의 일본이 아니라 조선의 토지와 인민을 포함한 신일본 아래 일선일가(日鮮一家) 공존공영을 이룩하자는 내용.

에 대적할 수 있는 나라는 일본뿐이다. 동양인은 다같이 소아(小我)를 버리고 일본을 중심으로 합심협력, 백인을 막아낼 방법을 찾아야 한다.”며 마치 조선의 참정권이 실현된 것처럼 친일 발언을 서슴지 않았다.

이 음모에는 1922년 경무국장에 오른 총독부 경무국 사무관 마루야마 쓰루기치(丸山鶴吉, 1883~1956)가 깊이 관여하고 있었다. 마루야마는 국민협회의 활동을 일일이 간섭하는 것은 말할 나위 없고 민원식과 미노베를 연결, 공작금을 받을 수 있게 주선하기도 했다. 사이토는 민원식에게 1920년 《시사신문(時事新聞)》 발행을 허가하여 신생 민족지와 대립시키기도 했다. 민원식은 결국 조선인 참정권을 청원하기 위해 세 번째 도쿄에 갔다가 1921년 2월 16일 데이코쿠(帝國) 호텔에서 의사 양근환(梁槿煥)에게 살해됐다.

사회 곳곳에 파고든 민족분열책과 감시 기관

사이토의 민족분열 전략은 심지어 무당(巫堂)과 기생(妓生) 사회에까지 파고들었다. 무당과 기생은 접촉하는 사람들이 많아 조금도 소홀히 할 수 없는 대상이었다. 무당들의 매수는 사이토의 사설 참모 오가키 조부(大垣丈夫)를 우두머리로 하여 김재현(金在賢)이라는 이름의 조선인으로 행세하고 다니던 고미네 겐사쿠(小峰源作)가 실무를 맡았다. 이들은 무당을 면허소지자와 무면허자로 나눈 다음 면허소지자들을 중심으로 ‘경신교풍회(敬神矯風會)’라는 조직을 만들어 당국의 보호 아래 반(反)독립 정치 선전 및 첩보 활동을 하게 했다.

기생들은 경기 경찰부장 지바 사토루(千葉了)가 책임졌다. 당시 경성에는 대정·한정·한남·형화권번(券番) 등 4개 기생조합 아래 8백여 명의 조선인 기생이 활동하고 있었다. 지바는 여기에 대동권번(大

同券番)이라는 새로운 조합을 만들고 주로 지방에서 갓 올라온 기생들을 조합원으로 끌어들여 일본 노래와 예법을 가르치면서 친일 기생으로 만들어 스파이로 활용했다.

또 친일 관료들을 '민정시찰관'이라는 이름으로 각 지방에 내려 보내 주민 동정을 철저히 살피도록 했다. 그래서 그때를 '정탐과 모략의 시대'라고 규정하는 학자도 더러 있다. 사이토는 그도 모자라 1920년 11월 조선정보위원회를 설치하고 조선인 감시를 강화했다. 정보위원은 총독부 각 부서에서 뽑힌 58명으로 구성됐으며, 실행 기구로 서무부 문서과에 정보계가 신설됐다. 위원장은 미즈노 정무총감이, 부위원장은 아오키 가이조(靑木戒三) 서무부장이, 간사는 나카라이 기요시(半井淸) 문서과장이 맡았다.

정보위원회는 겉으로 조선과 일본의 사정을 서로 교환·소개하고 시정 현황과 방침을 주지·보급하는 일에 대한 조사와 심의를 목적으로 내세웠으나, 국내외 조선인의 민족운동 동향과 조선 통치에 관한 국제여론 수집도 겸하고 있었다. 요약하면 '시정 선전'과 '정보 수집'이라는 두 가지 목적을 띠고 출발한 것이다. 사이토는 이를 통해 우리 민족의 항일운동 움직임을 철통같이 감시했다. 이 정보위원회는 1924년 12월 각 기관별 정보 체제가 구축됨에 따라 해체됐다.

조선인 도지사 중용과 관료 기용의 노림수

사이토는 관청 곳곳에 친일파를 심어 민족 분열을 꾀하는 데도 남다른 수완을 보였다. 그는 1차 재임 때 12번, 중임 때 4번 등 모두 16번 각 도지사 인사 발령을 단행했다. 사이토는 그때마다 13개 도지사 가운데 일본인 8명, 조선인 5명의 비율로 임명하던 종전의 관례를 지키려 힘썼다. 조선인 도지사는 말하나마나 합방 때부터 각 도 참여

조선총독부(본부) 주요 국·부 조선인 관료(1930년 7월 1일 현재)

성 명	부 서		직
노병필(盧炳弼)	총독관방(總督官房)	회계과	촉(屬)
김세연(金世演)	〃	〃	기수(技手)
박길용(朴吉龍)	〃	〃	〃
장연채(張然系)	〃	〃	〃
박동진(朴東鎭)	〃	〃	〃
양재하(楊在河)	내무국(內務局)		사무관
엄성섭(嚴星燮)	〃		(겸)사무관
신익균(申益均)	〃		촉
이용희(李龍熙)	〃		〃
이득영(李得永)	〃		〃
이택수(李宅洙)	〃		〃
김영보(金榮涉)	〃		〃
명린화(明麟華)	〃		(겸)촉
정재영(鄭在英)	〃		기수
민한식(閔漢植)	〃		〃
김세환(金世煥)	〃	경성토목출장소(京城土木出張所)	〃
김해림(金海琳)	〃	〃	〃
이희준(李熙晙)	〃	평양토목출장소(平壤土木出張所)	기사(技師)
손홍길(孫洪吉)	〃	〃	기수
조병국(趙炳國)	〃	〃	〃
최경열(崔景烈)	〃	〃	〃
인태식(印泰植)	재무국		촉
이범승(李範昇)	식산국		사무관
김처순(金處洵)	〃		촉
이준홍(李俊泓)	〃		〃
정재성(鄭在性)	〃		〃
이용훈(李容薰)	〃		기수
윤상희(尹相曦)	〃		〃
정문기(鄭文基)	〃		〃
박희열(朴喜烈)	〃		〃
이창근(李昌根)	학무국		사무관
현 헌(玄櫶)	〃		시학관(視學官)
이능화(李能和)	〃		편수관(編修官)
노승갑(盧承甲)	〃		촉
김창구(金昌鉤)	〃		편수서기
조영근(趙永根)	〃	관측소	기수
최탁(崔卓)	경무국		촉
위종기(魏鐘冀)	〃		〃
황우락(黃雨洛)	〃		〃
이정기(李禎基)	〃		〃
박종호(朴鐘浩)	〃		〃
이태수(李泰洙)	산림부		촉
곽하형(郭河亨)	〃		기수
곽린호(郭麟浩)	〃		〃
강석린(姜錫麟)	〃		〃
이창섭(李唱燮)	〃		〃
윤명선(尹明善)	토지개량부		촉
주석균(朱碩均)	〃		〃
강완무(姜琓武)	〃		기수
김창석(金昌錫)	〃		〃

출처: 《직원록(職員錄)》 (내각 인쇄국, 1930)

사이토가 총독으로 취임할 당시 수상이었던 하라 다카시는 어느새 다카하시 고래기요(高橋是淸, 1854~1936), 가토 도모사부로(加藤友三郎, 1861~1923), 야마모토 콘베에, 기요우라 케이고(淸浦奎吾, 1850~1942) 등 4명의 수상을 거쳐 1924년 6월 11일 가토 다카아키(加藤高明, 1860~1926)로 바통이 이어졌다. 신임 수상 가토는 행정기관의 경비 절약을 이유로 총독부 인원을 크게 줄이도록 했다. 감원 목표는 고등관 350명, 판임관 850명, 판임관대우 2천 명 등 모두 3천2백 명이나 됐다. 고용원도 1만 명 가운데 25퍼센트인 2천5백 명을 해고토록 했다. 이 가운데 고용원은 대부분 조선인이었다. 판임관, 판임관대우 가운데에도 조선인들이 많았다. 이들은 갑자기 직장을 잃게되어 자연히 여론은 나쁠 수밖에 없었다. 각 신문들은 날마다 조선인몫을 강조하며 중용을 호소했다. 인원 정리는 1924년 7월 4일 부임한 시모오카 추지(下岡忠治, 1870~1925) 정무총감 지휘 아래 이루어졌다. 사이토는 이런 상황에서 파격인사를 통해 조선인들의 불만을 무마할 목적으로 이진호를 선택했던 것이다.[33] 이진호는 사이토의 기대에 어긋나지 않게 1929년 1월까지 4년 넘게 근무했으며, 학무국장에서 물러난 뒤에도 중추원참의(1929년 1월)와 일본 귀족원의원(1943년)을 지내기도 했다.

사이토는 1923년 고등문관시험에 조선인 최초로 합격한 이창근(李昌根)에 대해서도 '조선인 인재등용'의 길이 활짝 열렸다며 생색을 냈다. 그러나 1943년까지 고문시험에 합격한 조선인은 133명으로 전체 9,565명의 1.4퍼센트에 지나지 않았다. 그나마 총독부에는 98명만 발령했다. 이창근은 1942년 5월 고이소 구니아키(小磯國昭) 총독 때 충북도지사에 올랐다.

사이토는 이와 같이 총독의 시정에 협력한 사람에 대해서는 '당근'

각 지방 본청(도청) 조선인 주임관(1930년 7월 1일 현재)

성 명	도 청	직
김동훈(金東勳)	경기도	도참여관·사무관, 산업부장
장윤식(張潤植)	〃	도이사관, 산업부 산업과장
김한목(金漢睦)	충청북도	도참여관
서기순(徐紀淳)	충청남도	도참여관
권중식(權重植)	〃	도이사관, 내무부 산업과장
이동한(李東漢)	전라북도	도이사관, 내무부 산업과장
주익상(朱益相)	〃	도경시(경찰부), 순사교습소장
정교원(鄭僑源)	전라남도	도참여관·도사무관, 산업부장
이성근(李聖根)	〃	도이사관, 산업부 산업과장
김승연(金承鍊)	〃	도경시(경찰부), 경찰관교습소장
유만겸(兪萬兼)	경상북도	도참여관·도사무관, 산업부장
송문헌(宋文憲)	〃	도이사관, 산업부 산업과장
남궁영(南宮營)	경상남도	도참여관·도사무관, 산업부장
박근수(朴根壽)	〃	도경시(경찰부), 순사교습소장
백홍기(白興基)	황해도	도참여관
김종석(金鐘奭)	〃	도이사관, 내무부 산업과장
안병춘(安秉春)	〃	도소작관(내무부)
고원훈(高元勳)	평안북도	도참여관
김대우(金大羽)	〃	도이사관, 내무부 산업과장
김덕기(金悳基)	〃	도경시, 경찰부 고등경찰과장
유기호(柳基浩)	평안남도	도참여관
이기방(李基枋)	〃	도이사관, 내무부 산업과장
조동춘(趙鐘春)	〃	도경시, 경찰부 보안과장
손영목(孫永穆)	강원도	도참여관
강경의(康璟義)	〃	도경시, 경찰부 위생과장
이윤영(李胤榮)	함경북도	도참여관
김시권(金時權)	〃	도사무관, 내무부장
장석원(張錫元)	함경남도	도참여관
류홍순(劉鴻洵)	〃	도이사관, 내무부 산업과장
윤태빈(尹泰彬)	〃	도사무관, 재무부장
최태두(崔泰頭)	〃	도경시(경찰부)

출처: 《직원록(職員錄)》(내각 인쇄국, 1930)

을 주는 반면, 항일운동 가담자에 대해서는 가차 없이 처벌했다. 그럼에도 시위는 끊임없이 계속됐다. 1926년 6월 10일 순종황제 서거를 계기로 일어난 6·10만세운동이 그 대표적인 예이다. 총독부는 그때 서울지역 주동자 2백여 명을 포함, 전국적으로 1천여 명을 검거 투옥했다. 총독부 치안당국은 만세운동 기미를 미리 알아차리고 모든 경찰력과 육군병력 5천여 명을 동원해 시위 방지에 나섰으나 완전히 막지는 못했다.

총독부는 또 1929년 11월 3일 광주와 나주 지역에서 조선인과 일본인 학생 사이에 민족차별 문제로 발생한 광주학생운동에서도 학생 130명과 일반인 35명 등 165명을 재판에 넘겨 유죄판결을 받게 했다. 잘 알려져 있듯이, 이 운동은 전국으로 번져 그 이듬해까지 계속됐다. 사이토는 광주학생운동을 미리 막지 못한 책임을 물어 아사리 사부로(淺利三朗) 경무국장을 즉각 해임(11월 8일)하고 후임에 모리오카 지로(森岡二朗)를 발령, 사태수습을 맡겼다. 이후 곳곳에서 학생검거

■■ 이토 히로부미의 혼을 기리기 위해 장충단 공원에 세워졌던 사찰, 하쿠분지. 1967년 신라호
텔 영빈관이 들어서면서 철거되었다.

선풍이 일어 경기도의 경우 1929년 말 1,207명이 붙들렸고, 그 이듬
해엔 836명이 끌려가 곤욕을 치렀다.

사이토는 1926년 1월 6~8일 남산 왜성대에 있던 조선총독부 청사
를 지금의 경복궁 자리로 옮긴 일도 치적으로 자랑했다. 지금은 철거
되어(1995년) 사라졌지만 총독부 새 청사는 연건평 9,619평(3만 1천8백
평방미터) 5층 규모로 1916년 7월에 착공, 총공사비 675만여 엔을 들
여 10년 만에 완공한 것이다. 그는 본국 예산을 따와 1932년 충남도청
을 공주에서 대전으로 옮기는 밑돌을 놓기도 했다.

또 고다마 히데오 정무총감의 발상에 따라 1929년 12월 장충단(獎
忠壇)*을 공원으로 만들고 그 자리에 이토 히로부미 초대통감을 기리
기 위한 '하쿠분지(博文寺)'를 세우기도 했다. 이 절은 철근콘크리트

---

* 고종황제가 1884년 12월 갑신정변 때 희생된 순국자와 을미사변(1895년 10월)으로 숨진
　명성황후의 혼을 달래기 위해 1900년 지금의 장충동에 세운 초혼단(招魂壇).

건물로 크기도 부지 면적 4만 1,882평(13만 8,210평방미터)에 2층 연건평 563평(1,858평방미터)이나 된다. 1932년 10월 완공되어 35년 동안 영화(?)를 누리다 1967년 호텔신라 영빈관이 들어서면서 철거됐다.

이런 지략과 용병술로 잘 버티던 사이토도 나이는 어찌할 수 없었음인지 1931년 5월 도쿄에서 목욕을 하다가 쓰러져 사표를 냈다. 그때 나이 73세였다. 그러나 그는 곧 건강을 되찾아 이듬해 5월 22일 내각 조직의 명을 받고 내각의 우두머리가 됐다.

야마나시 한조

배금(拜金) 장군

야마나시 한조 약력

1864. 4. 6	사가미(相模) 국 시모지마(下島)에서 출생 (지금의 가나가와 현 히라쓰카 시).
1886. 6.	육사 졸업(구8기).
1892. 12.	육군대학 졸업(8기).
1895. 2.	대위. 제5연대 중대장.
1897. 12.	육군대학 교관.
1898. 8.	독일 유학.
1905. 12.	오스트리아공사관 무관.
1907.	독일대사관 무관. 육군대좌.
1908. 11.	육군대학 간사.
1910. 11.	보병 제51연대장.
1911. 9.	육군소장. 보병 제30여단장.
1912. 4.	참모본부 총무부장.
1916. 1.	교육총감부 본부장. 육군중장.
1918. 10.	육군차관.
1920. 8.	육군차관 겸 항공국 장관.
1921. 6.	육군대신. 육군대장.
1923. 9.	관동 계엄사령관. 도쿄 경비사령관.
1924. 5.	군사참의관.
1925. 5.	예비역.
1927. 12. 10	조선 총독.
1929. 8. 17	조선 총독 사임.
1934. 9.	퇴역.
1944. 7. 2	사망.

육사 동기를 등에 업고

다나카의 부활

제4대 총독 야마나시 한조(山梨半造)는 한마디로 친구를 잘 만나 출세한 인물이다. 야마나시가 당시 물망에 오르내리던 미즈노 렌타로 전 조선총독부 정무총감, 사이토 마코토 총독의 직무를 대리했던 우가키 가즈시게(宇垣一成, 제6대 조선 총독) 육군대신 등 쟁쟁한 인물들을 제치고 조선 총독에 오를 수 있었던 것은 그의 친구 다나카 기이치(田中義一) 수상이 이끌어준 덕이었다.

야마나시가 육군차관이 되고 육군대장으로 승진한 것도 다나카의 힘이 컸다. 이런 사실은 다나카 내각 때 총독대리로 근무하다 다시 군사참의관으로 물러난 우가키의 일기에도 잘 드러나 있다. 우가키는 야마나시가 대장으로 승진한 1921년 12월 19일 일기에서 "야마나시는 다나카 군벌에 기생하여 대장이 되었는데, 이는 돈을 벌기 위해 가짜 명품시계를 마구 찍어내듯이 자격미달 대장을 멋대로 만들어낸 표본이다. 이로 말미암아 일본 육군대장의 가치는 땅에 떨어졌다."고 혹평했다.

여러 일본 기록을 종합해 보면, 야마나시는 사실 총독감은 아니었다. 우선 성격이 '찬합 구석에 낀 반찬 찌꺼기까지 이쑤시개로 파내 먹을 사람'으로 비유될 만큼 잘고 좀스러워 그를 따르는 사람이 별로 없었다. 자신을 보필할 정무총감도 찾을 수 없었다니 그의 성품을 알고도 남을 만하다. 게다가 그는 '배금(拜金)장군'이라는 불명예스런 딱지가 붙어 다닐 만큼 재물에 욕심이 많았다. 그가 1925년 5월 25일 군복을 벗고 아무런 직업 없이 지냈던 것도 시베리아 금괴사건을 비롯한 각종 비리사건에 연루되었기 때문이다.

그런 야마나시에게 다나카의 부활은 큰 행운이었다. 육군대신 시절 잡음으로 군복을 벗고(1925년) 정우회(政友會)* 총재를 맡아 와신상담하던 다나카는, 금융공황으로 와카쓰키 레이지로(若槻禮次郞) 내각이 무너지자 1927년 4월 20일 정권을 잡았다. 다나카는 수상에 오르자마자 만철 총재, 가라후토청(樺太廳) 장관 등을 정우회계 인물로 바꾸고 그해 12월 10일 야마나시를 조선 총독으로 임명했다. 다나카는 야마나시에 대한 나쁜 여론을 의식한 듯 인사안(案)를 발표하면서 "그를 놔두고는 내 생각을 충실히 실행할 수 있는 사람은 없다."고 두둔하였고, 야마나시를 각료회의에 출석시켜 잘해낼 수 있을 것이라고 용기를 북돋워주기도 했다.

총독 발령 반대여론과 시베리아 금괴사건

그러나 야마나시의 조선 총독 발령이 공표된 이날, 일본 정계는 마치 벌집을 쑤셔놓은 듯 발칵 뒤집혔다. 와카쓰키를 총재로 한 민정당(民政黨)**은 당장 총독 탄핵을 결의하고, 이누카이 쓰요시(犬養毅, 1885~1932)가 이끄는 혁신구락부**도 총독 취임에 반대하는 성명을

---

* 이토 히로부미가 1900년 헌정당과 일부 관료 등을 모태로 하여 조직한 '입헌정우회' 의 약칭. 1924년 6월 11일 가토 다카아키 헌정회 총재에게 정권을 내줄 때까지 제1당으로 이토, 가쓰라 다로, 하라 다카시 등이 당을 이끌었다.

** 1916년 입헌동지회가 중정회(中正會), 공우(公友)구락부 등과 합동하여 조직한 정당. 가토 다카아키(加藤高明) 초대총재가 죽은 뒤 와카쓰키가 총재직을 이어받았다.

** 이누카이 쓰요시가 1922년 자신이 이끌어오던 국민당을 해체하고 일부 무소속 의원을 흡수하여 조직한 정당. 자유주의 정강정책을 내걸었다.

발표했다. 이들 야당은 한결같이 "야마나시는 정우회당의 총독이다. 당원이 요직에 오르면 당에 필요한 정치자금을 대는 것은 상식이다. 야마나시가 정치자금을 마련하기 위해서는 이권 허가에 개입하게 될 것이고, 이권 다툼이 뜨거워지면 조선인 사이에 총독정치의 위신을 실추시킬 수밖에 없다. 더군다나 그는 비리에 얽혀 이미지가 더럽지 않은가. 공공연히 비난의 표적이 된 그런 사람에게 총독을 맡기면 결과적으로 조선 민심에 악영향을 끼칠 수밖에 없다."는 우려와 함께 맹렬한 비난을 퍼부었다.

일반 여론도 다나카와 야마나시에 대해 극히 부정적이었다. 신문들은 "정책을 경쟁하는 정당정치와 조선 지배는 서로 받아들일 수 없는 정치행위다. 본국의 정치는 각 정당들이 나름대로 간판 정책을 내걸고 정책중심주의에 따라 정권을 담당하고 있으나, 조선 정치는 메이지텐노의 조칙에 따르지 않고는 일절 움직일 수 없다. 다시 말하면 정책 변경 없이 어느 정당 내각이 총독 자리를 움직이려 꾀하는 것은 대권을 멸시한다는 비난을 피할 수 없다. 따라서 조선 총독은 정당의 사권(私權)을 완전히 배격하여 어떤 내각에서도 총독의 지위가 보장되지 않으면 안 된다."며 총독의 정치 중립을 강조했다. 신문들은 내각이 7번이나 바뀌는 동안 사이토(3대)가 흔들리지 않고 총독 자리를 지킬 수 있었던 것은 바로 그런 정신의 발로라고 역설했다.

야마나시에 대한 이런 들끓는 도쿄 여론은 궁중에까지 들어갔다. 쇼와왕은 후임 총독 결재를 받으러 온 다나카에게 "야마나시에 대한 세평이 아주 나쁜데 임명해도 무방한가."라고 물으면서 위구심을 나타냈다고 한다.[1]

사실 당시 세간에는 다나카와 야마나시에 대한 나쁜 소문이 공공연히 떠돌고 있었다. 소문 내용도 "이들은 1918년부터 2년 남짓 동

안 육군대신과 차관으로 근무할 때 러시아 파병 기밀비로 나온 4천
만 엔 가운데 2천만 엔을 횡령하고, 러시아군 막사에서 노획한 1천만
루불 상당의 금괴와, 또 다른 부대가 러시아군으로부터 빼앗은 1백
만 엔 상당의 금괴를 일본 국내로 들여와 가로챘다."는 등으로 구체
적이었다. 이 같은 사실은 1926년 3월 4일 나카노 세이고(中野正剛,
1886~1943) 민정당 의원이 국회에서 이를 폭로함으로써 세상에 알려
지게 되었다.

이들의 비리는 나카노의 폭로가 있은 지 하루 뒤인 3월 5일 다나
카 육군대신 밑에서 관방(官房) 2등 주계(主計)로 근무하던 미가메(三
瓶俊治)가 다나카와 야마나시를 배임 및 횡령 혐의로 고야마 마쓰기
치(小山松吉, 1869~1948) 검사총장에게 고발장을 제출함으로써 더욱
흥미를 끌었다. 미가메는 "다나카와 야마나시는 시베리아 파병 당시
군사기밀비 8백만 엔을 횡령하는가 하면 제14사단이 러시아군 막사
에서 노획한 금괴와 또 다른 부대가 빼앗은 금괴를 모지(門司) 항으로
싣고 들어와 어디론가 빼돌려 가로챘다."며 철저히 조사하여 처벌하
라고 촉구했다.

이 사건은 도쿄 지방재판소 이시다 하지메(石田基) 상석(지금의 수
석)검사에게 배당되어 수사가 시작되었다. 이시다는 센다이(仙台) 출
신으로 1909년 도쿄대 법과를 우등으로 졸업하고 사법관이 되어 가
고시마(鹿兒島) 지방재판소 판사·검사, 도쿄 지방재판소 검사 등을
거쳐 1923년 상석검사로 승진, 1926년부터 도쿄 지방재판소에서 일
해왔다. 그는 '귀신'이란 수식어가 붙을 만큼 굵직굵직한 사건을 매
끄럽게 처리하는 검사였다. 외부 압력도 좀처럼 들어주지 않는 성격
이었다. 그런 그가 수사가 진행중이던 1926년 10월 30일 도카이도 선
(東海道線) 가마다(蒲田)-오모리(大森) 간 철로에서 변사체로 발견되

자 충격과 의혹은 한층 더했다. 그는 죽기 전 여러 차례 전화와 편지로 협박을 받은 것으로 전해졌다.

사건이 걷잡을 수 없는 방향으로 흐르자 정부는 마침내 야마나시가 시베리아에서 노획한 금괴는 "일부를 국고에 반납하고, 나머지는 러시아에 돌려주었다."고 발표했다. 그러나 이를 믿는 사람은 아무도 없었다. 이 사건은 결국 비리를 폭로한 미가메가 다나카 측의 협박에 못 이겨 '고발 내용은 모두 거짓이다'는 참회록을 검찰에 제출함으로써 종결되고 말았다. 그러나 미가메는 고발을 취하하지는 않았다. 일본 역사는 이 사건을 '시베리아 금괴사건'으로 기록하고 있다.

각 정당이 기를 쓰고 야마나시의 총독 임용을 막으려 한 까닭은, 그가 꼭 정우회 출신이어서가 아니라, 바로 이런 비리 전과 때문이었다. 사실 이 시기 일본 정치는 '정당=금권'이라는 등식이 성립될 만큼 금권정치가 판을 치고 있었다. 이런 상황에서 야마나시가 또다시 그런 부정을 하지 않는다는 보장이 없었다.

그렇다면 다나카와 야마나시의 연결고리는 무엇이었을까.

다나카 군벌의 탄생과 독주

두 사람은 우선 나이가 동갑(1864년생)이다. 생일로 따지면 야마나시가 4월 6일로 7월 25일의 다나카보다 석 달쯤 빠르다. 야마나시와 다나카는 1886년 육군사관학교(구8기)와 1892년 육군대학(8기)을 같이 졸업한 단짝이었다. 학업성적은 야마나시가 한 수 위였다. 야마나시는 학창시절 줄곧 수재라는 말을 들었다. 그는 육군대학 졸업 때 메이지왕이 상으로 주는 군도(軍刀)를 받기도 했다. 그래서였을까. 청일전쟁(1894~95년)에서 제1군 참모부장으로 용맹을 떨치던 다무라 이요조(田村怡与造, 1854~1903)는 야마나시를 사위로 삼았다. 그러나 다무라

가 일찍 죽는 바람에 그에게 큰 힘은 되지 못했다. '제2의 가와카미'*
로 불리며 장래가 촉망되던 다무라 참모본부차장(중장)은 러시아와 일
전을 4개월 앞둔 1903년 10월, 전쟁 준비를 독려하다가 과로로 쓰러져
숨졌던 것이다. 당시 수상 가쓰라 다로는 장대비가 쏟아지는 가운데
상가를 찾아가 다무라의 영정을 쳐다보며 '애석하다'는 말을 되풀이했
다고 한다. 다무라는 군과 정계의 최고 실세인 야마가타 아리토모 앞
에서도 팔짱을 낀 채 소신을 밝힐 정도로 당찬 군인이었다. 야마나시
가 그런 다무라의 눈에 들었으니 실력을 인정받았던 셈이다.

   야마나시와 다나카는 청일전쟁에도 함께 참전하고, 해외 유학도 같
은 해(1898년)에 떠났다. 야마나시는 독일을, 다나카는 러시아를 택했
다. 야마나시는 그곳에서 2년, 다나카는 4년 동안 공부했다. 그러나
둘의 우열은 출생지에서 갈렸다. 야마나시는 사가미(相模) 국 시모지
마(下島, 지금의 가나가와 현 히라쓰카 시)가 고향이다. 이와 달리 다나카
는 당시 가장 잘 나가던 조슈의 하기(萩) 번(지금의 야마구치 현 하기 시)
에서 태어났다. 그때 육군을 마음대로 요리하던 야마가타 아리토모,
가쓰라 다로, 데라우치 마사타케 등이 그의 선배였다. 앞에서도 설명
했듯이, 그는 조슈 군벌의 직계로 육군대학을 나오면서부터 장래가
이미 보장돼 있었다.

   유학에서 돌아온 다나카는 육군의 요직을 맡으면서 말 그대로 승승
장구했다. 1909년 육군성 군사과장이 되고 이듬해 소장으로 승진했
다. 보직은 말할 것도 없고 계급 승진도 야마나시보다는 늘 한발 빨
랐다. 다나카는 1911년 육군성 군무국장을 맡은 데 이어 1915년 중

---

* 육군 참모차장으로 청일전쟁을 승리로 이끈 가와카미 소로쿠(川上操六) 대장을 일컬음.
  그는 작전의 귀재였다.

장으로 승진, 육군 참모차장에 올랐다. 1918년에는 하라 내각의 육군대신으로 중용되어 자신이 참모차장 시절 입안한 시베리아 파병 작전을 총지휘했다.

한편 야마나시는 유학에서 돌아와 육군대학 교관, 제2군 참모, 제3사단 참모장, 오스트리아공사관 무관, 독일대사관 무관, 육군대학 간사, 보병 제51연대장 등을 역임하고 다나카보다 1년 늦은 1911년 9월 소장으로 진급했다. 보직 역

■■ 조슈 군벌의 마지막 주자. 다나카 기이치.

시 초라했다. 보병 30여단장, 제1여단장, 교육총감부 본부장 등이 그가 맡은 직책이었다. 그는 중장 계급도 다나카보다 1년 늦은 1916년 5월에야 달았다. 그러나 1918년 육군대신 다나카가 그를 육군차관으로 불러들여 '다나카 군벌'에 합류시켰다. 이를테면 야마나시가 다나카 군벌의 2인자가 된 셈이었다. 육군성 정상을 육사 동기가 싹쓸이한 이 인사는 다나카 군벌의 독주를 뜻했다. 이때부터 둘은 앞서 설명한 시베리아 파병 기밀비 횡령과 금괴사건이라는 희대의 독직사건을 공모하게 된다.

시베리아 파병과 육군대신의 맞교대

이미 알려져 있듯이, 제1차 세계대전 이후 강국으로 부상한 일제는 연합군과 함께 1918년 8월부터 4년 남짓 동안 시베리아에 군대를 파병했다. 명분은 러시아 혁명군(러시아는 1917년 10월 볼셰비키혁명으로 제국이 붕괴됨)에게 갇힌 체코 병력을 구출한다는 데 있었다. 병력은 자그마치 10개 사단 7만 3천 명이나 된다. 전비도 9억 엔을 넘었다. 그 배후에는 제1차 세계대전에 연합국으로 참전한 미국의 충동이 크게 작

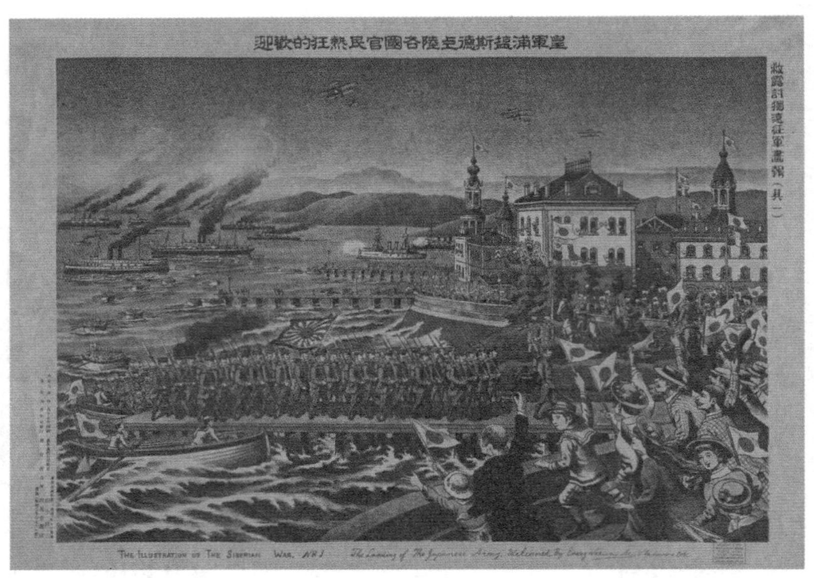

■■ 일본의 시베리아 파병을 적극 환영한다는 내용의 일러스트. 일본군이 블라디보스토크에 들어오고 있다.

용했다. 물론 이때 미국도 7,950명을 시베리아에 보냈다. 뿐만 아니라 영국은 1천5백 명, 캐나다는 4,192명, 이탈리아도 1천4백 명을 파병했다. 이들 연합국들은 인명 피해가 잇따르고 승산이 없게 되자 1920년 말까지 모두 철수했다. 그러나 일본만은 1922년 10월까지 주둔을 강행하며 엄청난 희생을 불러왔다.

일본군의 시베리아 파병은 당초 데라우치 마사타케 내각이 결정했다. 이에 관여한 주요 각료는 데라우치 수상을 비롯하여 고토 신페이 외무대신, 미즈노 렌타로 내무대신, 오시마 겐이치(大島健一, 1858~1947) 육군대신, 가토 도모사부로 해군대신 등이었다. 작전계획은 우에하라 유사쿠(上原勇作, 1856~1933) 참모총장을 우두머리로 하여 다나카 참모차장과 우가키 참모본부 제1부장이 맡았다.

그러나 데라우치 내각은 파병 1개월 남짓 만인 1918년 9월 쌀값 파동으로 실각하고 하라가 다음을 이었다. 다나카는 하라 내각의 육군대신에 기용되었다. 시베리아 병력 관리권은 자연히 다나카에게 돌아갔다. 실권을 장악한 다나카는 시베리아 주둔 병력을 계속 늘려 나갔다. 하지만 작전은 그리 만만치 않았다. 성공보다 실패가 더 많았다. 그 가운데서도 1919년 2월 26일 알렉세프스크 지역에서 벌어진 전투는 그에게 큰 실망을 안겼다. 재하바롭스크 사단 직할부대 소속 병력 150명을 이끌고 작전에 나선 대대장 다나카 카쓰노리(田中勝輔) 소좌가 부하들과 함께 몰사한 것이다.

그 이듬해 3월 12일 니콜라예프스크 항에서 러시아 빨치산과 벌인 일전〔이른바 '니항(尼港) 학살사건'〕은 더 큰 충격이었다. 제14사단 제2연대 제3대대 대대장 이시가와 마사가(石川正雅) 소좌가 러시아군 과격파와 전투를 벌이다 부대원 384명과 함께 최후를 맞았다. 이 전투에서 민간인도 351명이나 희생됐다.

이렇게 시베리아에서 4년여 동안 죽어간 일본군은 무려 4천6백여 명에 달했다. 다친 사람도 2천6백여 명을 헤아렸다. 상황이 여기에 이르자 다나카는 책임을 지고 1921년 6월 야마나시 육군차관에게 육군대신 자리를 내어주고 물러났다. 그때 갑자기 도진 협심증도 퇴임의 한 원인이었다고 한다. 다나카는 사임하면서 "작전의 실패에 대한 책임은 참모총장이 지는 것이 원칙이지만 육군대신도 이를 면할 수는 없다"며 겉으로는 군인다운 모습을 보였다. 그러나 그는 뻔뻔스럽게도 사퇴하기 이틀 전 육군대장으로 승진했다. 그것도 육군대장 진급은 육군대신의 추천을 필요로 하므로 자신이 스스로 승진한 꼴이었다. 뿐만 아니라 그는 시베리아에서 많은 군인이 죽어가고 있는데도

1920년 남작 작위까지 받았다. 이는 당시 '군벌의 횡포'가 어떠했는
지를 여실히 말해 주고 있다.

다나카로부터 육군대신 자리를 물려받은 야마나시는 대장 승진과
함께 다카하시 고래기요 내각(1921. 11~1922. 6)과 가토 도모사부로 내
각(1922. 6~1923. 9)의 육군대신을 연임하면서 기반을 다졌다. 그는
1922년부터 군비축소 작업에 나서 이듬해 9월까지 5개 사단 규모 병력
6만 2천5백여 명을 감축하고, 군마 1만 3천4백 필을 줄여 연간 2,462만
엔의 군비를 절약했다. 관동대지진이 일어난 1923년 9월에는 관동 계
엄사령관과 도쿄 경비사령관(11월 16일)을 역임하기도 했다.

그러는 사이 다나카는 군사참의관을 거쳐 1923년 9월 2일 야마모토
콘베에 2차 내각의 육군대신으로 다시 돌아왔다가 1925년 4월 스스로
군복을 벗고 예편, 정우회 총재를 맡았다. 다나카는 이때 정우회에 3백
만 엔을 정치 자금으로 내놓았다. 그래서 항간에는 '다나카는 돈으로
총재 자리를 샀다. 정우회에 기부한 돈은 시베리아 파병 기밀비에서 나
온 것이다. 앞으로 시베리아 금괴에서 생긴 돈도 틀림없이 정치인 매수
에 사용될 것이다.'는 말들이 파다하게 나돌았다. 그럼에도 다나카는
1927년 4월 금융대공황에 책임을 지고 물러난 와카스키에 이어 내각
조직의 큰 부름을 받고 내각 총리대신에 올랐다. 그로부터 8개월 뒤 야
마나시를 조선 총독으로 발령한 인사는 다나카로서는 시베리아 금괴
사건의 공범에 대한 보상의 의미가 크다고 학자들은 해석한다.

우여곡절 끝에 출범한 야마나시 총독부

야마나시가 조선 총독으로 발령되자 유아사 구라헤이(湯淺倉平,
1874~1940) 정무총감은 곧바로 사표를 냈다. 이미지가 더러운 야마나
시 밑에서는 같이 일할 수 없다는 이유에서였다. 유아사는 평소 '공정

무사', '불편부당'을 좌우명으로 삼고 있었다. 유아사는 야마나시가 유임을 권했으나 거절했다. 보름 동안 정무총감을 고르다 못한 야마나시는 하는 수 없이 1923년 오사카 시장을 마지막으로 공직에서 물러난 이케가미 시로(池上四郎, 1857~1929)를 불러왔다. 그는 이미 71살을 넘긴 노인이었다. 이케가미는 고등문관시험을 거치지 않고 특별 임용으로 일선 경찰 말단부터 올라간 경찰부장 출신으로 1914년부터 약 10년 동안 오사카 시장으로 근무한 것이 경력의 전부였다. 더욱이 조선과는 아무 관계도 없었다. 다나카는 "야마나시 총독이 악평을 듣고 있는 마당에 그 내조 역은 각계의 호평을 받는 원만한 인물을 고르고 싶어 여러 사람에게 의사를 물어보았으나 모두 거절해 어쩔 수 없이 이케가미를 뽑게 되었다."고 추천 경위를 설명했다. 이 말을 들은 정객들은 모두 실소를 금치 못했다.

야마나시는 전 신문기자였던 요리미쓰 요시아키(依光好秋)와 오사카 시에서 근무하던 후쿠시 스에노스케(福士末之助)를 총무관방 비서관으로 발령했다. 이들 또한 모두 고문(高文)시험을 거치지 않은 특별 고용직 출신이었다. 문관 사회에서 보면 이들은 모두 무자격자들이었다. 이처럼 비서관에 무자격 고용직을 기용할 수 있었던 것은 총독 비서관의 임용이 문관 임용령의 적용을 받지 않았기 때문이다. 그렇더라도 전임 총독 사이토가 비서관들을 모두 고문시험 합격자 가운데서 고른 것에 견주면 사사로운 야마나시의 성격을 엿볼 수 있다. 야마나시는 또 히다 리키치(肥田理吉)를 개인비서로, 오마 다쓰겐(尾間入顯)을 촉탁으로 임용하는 등 관료 출신이 아닌 사람들을 측근에 배치했다. 다분히 사적인 인맥으로 얽힌 야마나시의 비서 인사는 한심하기 짝이 없었다. 뒤에 이들 측근들이 총독을 배경으로 연출한 일련의 의혹사건은 정말 가관이었다. 이 악평은 곧 본국에까지 알려져 야마나시 자신의 악평으로 되돌아왔다.

이런 나이 많은 정무총감과 자격 미달 비서진을 이끌고 서울에 온 야마나시는 한동안 일할 마음이 썩 들지 않았다. 야마나시 밑에서 일하기를 기피하는 풍조와 부임 뒤에도 계속 터져 나온 야마나시 경질설이 가장 큰 이유였다. 그래서 총독부 고위직 인사이동도 이케다 히데오(池田秀雄) 식산국장을 이마무라 다케시(今村武志)로 바꾼(3월 29일자) 것 말고는 거의 손을 대지 않았다. 그는 총독으로 근무한 지 1년이 지난 1929년 1월에 들어서야 국·부·과장급 52명에 대한 인사를 단행했다. 야마나시는 이때 사이토가 그동안 상징적으로 심어놓은 유일한 조선인 총독부 관료인 조선인 학무국장 이진호를 중추원참의로 발령하고 대신 마쓰우라 히사지로(松浦鎭次郎) 경성제대 총장을 앉혔다. 그러나 조선인 도지사는 평남도 참여관이던 김서규(金瑞圭)를 전남도지사로 새로 임명하고, 박상준(황해), 한규복(충북), 유성준(강원), 신석린(충남)을 유임시키는 등 일본인과 조선인을 8대 5의 비율로 기용하던 종전 관례를 그대로 지켰다.

고령의 인물을 정무총감으로 발령한 것도 잘못된 인사로 드러났다. 이케가미는 공무로 도쿄에 출장 갔다가 1929년 4월 뇌일혈로 쓰러져 사망했다. 후임 발령이 시급했으나 지망자가 없어 2개월 동안 비워두어야만 했다. 결국 후임은 6월 21일 각료회의에서 고다마 히데오로 결정됐다. 고다마는 1905년부터 1916년까지 약 12년 동안 통감부와 총독부에서 근무한 조선통이었다. 그는 그때 마침 관직 없이 귀족원 의원으로 쉬고 있었다. 앞에서도 설명했지만 히데오는 고다마 겐타로 육군대장의 아들이자 데라우치 마사타케의 무남독녀 사위이기도 했다. 히데오의 아버지 겐타로는 육군대장으로 무단정치 초기의 타이완 총독이었다. 히데오 자신은 문관 관료였으나 이런 친인척 관계로 이른바 무단정치기 '재래 관리'의 상징으로 비춰지고 있었다. 야마나시가 그런 인물을 정무총감으로 받아들인 것은 곧 자신이 다나카의 꼭두각시에 지나지 않는 사실을 인정하는 증거였다.

　그런 야마나시도 조선인 등용문제에 대해서만은 고집을 부렸다. 그는 이진호 학무국장 경질에 대해 "조선인 국장의 존재는 조선인들에게 조선인 정무총감 대망론(待望論)을 불러일으킬 수 있다. 이 욕구가 뒤에 불만의 소지가 될 수 있으므로 미리 싹을 잘라야 한다."며 조선인 국장 불가론을 폈다. 그는 "그렇게 가볍게 자리를 빼앗으면 조선인들을 자극할 우려가 있으므로 경질에 따른 보상 조치가 필요하다."는 다른 참모들의 의견도 들으려 하지 않았다.

2

'배금장군'의 독직

쓸쓸한 서울 생활

　야마나시 한조의 홀아비 서울 생활은 참으로 쓸쓸했다. 엎친 데 덮친 격으로 부임하고 반 달이 지나도록 수그러들 줄 모르는 야당과 언론의 비판은 그를 더욱 초조하게 만들었다. 더욱이 〈획기적인 개혁이 필요한 조선 통치〉라는 제목으로 "조선인을 정치적으로 어떻게 이끌어갈 것인가를 심사숙고해야 할 중대한 시기에 가장 비전문적인 야마나시를 총독으로 임명한 것은, 우리들의 기대를 매우 위태롭게 하는 일이다."라고 지적한 1927년 12월 31일자《도쿄 아사히》사설은 그의 가슴에 비수를 꽂는 격이었다. 저절로 얼굴에는 어두운 그림자가 드리워졌다.

그래서인지 누구 하나 그에게 말을 붙이려 하지 않았다. 일을 마치고 넓디넓은 관사에 돌아와도 말벗은 비서 몇 사람과 식사를 도와주는 가정부가 고작이었다. 아내를 도쿄에 두고 홀몸으로 부임한 야마나시는 여자를 가까이 하지 않은 편이어서 일과 뒤 공식 행사가 없으면 큰 방에서 홀로 긴 시간을 외로이 지냈다. 그는 늘 새벽 4시에 일어나 5시에 산책을 하고 7시에 아침을 들었다. 식사가 끝나면 조간신문을 뒤적이다가 8시쯤 출근했다. 퇴근 때는 무료한 시간을 보내기 위해 일과시간에 보다가 만 결재서류를 갖고 가서 꼼꼼히 읽었다. 그리고 미심쩍은 점이 있으면 밤 10시든 11시든 해당 국장들을 불러댔다.

그러나 그 시간에 집에 붙어 있는 국장은 거의 없었다. 총독부 고위 관리들은 대부분 민원인 또는 친구들과 어울려 요정에서 술을 마시기 일쑤였다. 간부들의 이런 기방 출입은 통감부가 설치되면서부터 생긴 관행으로 굳어졌다. 이를 못마땅하게 여긴 야마나시는 곧바로 '요정출입 금지령'을 내리고 조회 때마다 기강 확립을 강조하며 훈시를 계속했다. 그러다 보니 비서들은 말할 나위 없고 간부들도 여간 고역이 아니었다.

하지만 그런 '기강 바로 세우기'도 얼마 가지 못했다. 야마나시가 부임한 지 한 달쯤 지났을까. 오이 시즈오(大井靜雄)라는 변호사가 갑자기 서울에 나타나면서 총독부를 둘러싼 싸늘한 분위기는 눈 녹듯 사라졌다. 물론 그 까닭을 아는 사람은 아무도 없었다. 심지어 비서들도 잘 몰랐다. 비서들은 오이가 야마나시를 함부로 대하고, 자기들에게도 반말을 마구하는 점 등으로 미루어 두 사람은 시베리아 금괴

사건 때 서로 알게 된 사이거나 야마나시가 그에게 뭔가 약점을 잡힌
것으로 짐작할 뿐이었다.

오이 시즈오의 등장과 뇌물 천국

오이는 서울에 사무실을 차리고 총독부를 상대로 각종 민원을 취
급하기 시작했다. 민원 종류도 금광채굴권 허가, 국유지 불하, 수리
조합 관련 문제, 인사 청탁 등 손을 대지 않는 분야가 거의 없을 정도
였다. 더욱이 그는 현직 변호사여서 민원 업무에 아무 거리낌이 없었
다. 오이는 이런 장점을 최대한 활용하여 민원을 풀어 나갔다. 불가
능해 보이던 일도 그가 손을 쓰면 척척 해결됐다. 그는 수시로 총독실
을 드나들며 야마나시에게 본국 정보를 비롯한 각종 뉴스를 물어다
날랐다. 뿐만 아니라 가끔 야마나시를 요정으로 불러내어 술을 사기
도 했다. 야마나시는 오이가 부르면 때와 장소를 가리지 않고 자리를
같이했다.

오이는 이로부터 야마나시를 업고 조선을 가히 '뇌물 천국'으로 만
들어 간다. 덩달아 야마나시도 활기를 되찾았다. 비록 조선반도 곳곳
에서는 학생들의 동맹 휴학과 노동자의 파업이 잇따라 일어나고, 신
간회(新幹會)*가 결성되어 항일독립운동을 이끄는 등 사회 불안은 여
전했지만 야마나시에게 그런 시끄러운 일은 별로 걱정될 게 없었다.

---

* 1927년 안재홍(安在鴻)·이상재(李商在)·백관수(白寬洙)·신채호(申采浩)·신석우(申錫
雨)·유억겸(俞億兼)·권동진(權東鎭) 등 34명의 좌우익 세력이 합작하여 결성한 대표적
인 항일단체. 조선민족의 정치적·경제적 해방과 조선 독립을 목표로 근검 절약운동을 펴
며 청년운동을 지원했다. 1929년 11월 광주학생운동을 계기로 독립을 촉구하는 민중대
회 개최를 기도했다가 조병옥(趙炳玉)·이관용(李灌鎔)·이원혁(李源赫) 등 44명이 체포
되어 조병옥 등 6명은 실형을 받기도 했다. 1930년에는 전국적으로 140여 개 지회 아래
3만 9천여 명의 회원을 확보했다. 그러나 1931년 5월 조선중앙기독교청년회 대의원 77명
이 참석한 가운데 해산을 결의, 발족한 지 4년 만에 간판을 내렸다.

항일 무장봉기나 시위는 조선군 사령관이 막아주었기 때문이다. 그때 조선은 총독과 군사령관이라는 쌍두마차가 행정과 치안업무를 둘로 나누어 이끄는 이원체제였다. 마침 조선군 사령관은 그가 잘 아는 가나야 한조(金谷範三, 1873~1933) 중장이 맡고 있었다. 가나야는 오이타(大分) 현 고쿠도(國東) 군 다카타(高田) 출신으로 육군사관학교(5기)와 육군대학(15기)을 우등으로 졸업한 뒤 지나주둔군 사령관, 참모본부 제1부장, 제18사단장, 육군대학 교장 등을 거쳐 야마나시보다 한발 앞선 1927년 3월 5일 서울에 왔다. 제19사단과 20사단, 영흥만(永興灣) 요새사령부, 진해만 요새사령부, 조선 헌병대 등 예하 5개 부대를 통솔하는 조선군 사령관은 소요사태가 발생하면 경찰도 그가 지휘하게 되어 있었다.

야마나시에게 이런 근무조건은 더 없는 행운이었다. 그는 맡은 일만 잘 하다 보면 여론도 나아지리라 믿고 예정된 행사부터 일일이 챙기기 시작했다. 야마나시는 우선 1928년 2월 21일 처음 문을 연 진남포 무선전신국에 축전을 보내고, 같은 해 4월 20일 운행을 시작한 경성 부영(府營)버스 개통식에 참석했다. 이어 6월 14일을 '농민의 날'로 정하고, 수원 벼 시험재배 논에서 각 도지사들과 함께 모심기 시범 행사를 가졌다. 또 7월 1일에는 조선철도회사가 운영하던 대구-학산(鶴山), 경주-울산 간 경동선(慶東線)을 사들여 노선 이름을 동부중부선이라 고치고, 9월 1일 열린 원산-회령 간 함경선 개통식에도 사람을 보내 전 구간 완전 개통을 축하하기도 했다.

이렇듯 한동안 아무 탈 없이 잘 나가던 그에게 시련이 닥쳤다. 부임한 지 9개월 만이었다. 1928년 9월 21일부터 29일까지 함경남북도 일대에 기록적인 폭우가 쏟아져 가히 천문학적 피해를 낸 것이다. 사망·실종자만도 1천4백여 명에 달했다. 주택도 3만 7,323채가 유실되거나

■■ 1928년 4월부터 운행을 시작한 경성 시내 버스.

부서졌다. 조선반도의 수해가 해마다 되풀이되던 시절이었지만 최북단 함경도 지방을 쑥대밭으로 만든 이때 폭우는 예전에는 볼 수 없던 큰 재난이었다.

야마나시는 1만 5천 엔의 구호자금을 풀고 복구 작업에 나섰다. 그러나 민심은 말 그대로 흉흉했다. 주민들은 왕조시대 모든 변고(變故)를 왕의 허물로 돌렸듯이 '이는 되지 못할 인물이 총독이 된 탓이다.'며 야마나시를 원망했다. 야마나시는 이런 불평을 뒤로 하고 묵묵히 일을 계속했다. 그러면서 그는 행정의 묘미도 터득했다. 이재에 밝은 이권 관계자들이 돈을 싸들고 서울로 몰려들고, 서울시내 요정들이 이들로 넘쳐나는 까닭도 알게 되었다. 그때 총독부에는 각종 민원이 쉴 새 없이 밀려들었다. 그 가운데서도 국유지 이용, 산림 벌채, 어업권, 사설철도, 비행장 개설 등의 사업은 경쟁자가 많았다. 이들 사업은 허가만 얻으면 많은 돈을 벌 수 있는 '노다지'나 다름없었다. 돈으로 관직을 사는 엽관운동도 유행이었다.

자연히 로비와 음모가 판을 쳤다. 변호사 오이는 말할 필요도 없고 비서들도 물때를 만났다. 특히 오이의 위세는 그야말로 하늘 높은 줄 몰랐다. 오이의 부탁이라면 야마나시도 꼼짝 못한다는 소문이 퍼지자 사무실에는 별난 브로커들이 다 모여들었다. 오이가 요구하는 로비 대가도 상상을 초월했다. 당시 원효섭(元孝燮)이라는 황해도 안악군 서하면 면장의 군수발령 청탁은 매관매직의 실상을 그대로 보여준다.

어느 브로커의 소개를 받았는지 원효섭은 오이를 명월관(明月館)이라는 요정으로 불러내어 기생들과 함께 술과 요리를 대접한 뒤 군수만 되게 해주면 3만 엔을 주겠다며 계약금 명목으로 1만 엔을 선뜻 내놓았다고 한다. 이를 당시 쌀값(가마당 15엔)으로 환산하면 2천 가마에 해당하는 큰돈이었다. 이런 사실은 그가 군수 임명장을 받는 자리에서 인사청탁 로비 내막을 전혀 모르는 총독부 총무과장 나카무라 도라노스케(中村寅之助)에게 나머지 2만 엔에 대한 약속이행 방법을 묻는 과정에서 들통이 났다.[2] 원효섭은 1940년 4월 황해도회 의원이 되어 도내 순회강연을 하며 강제로 일본 성씨를 쓰도록 하는 창씨 독려에 앞장서기도 했다.

최측근의 일탈행위

또 공주에 있던 충남도청이 대전으로 이전하게 된 것도 이런 이권 음모의 산물이었다. 일은 처음 대전에서 토지회사를 경영하던 하토야마 간초(鳩山幹長)와 마스하라 카즈우마(增原一馬)가 야마나시의 비

서인 히다 리키치와 요리미쓰 요시아키를 움직이면서 시작됐다. 하
토야마와 마스하라는 충남도청 이전 가능성을 미리 점치고 대전에 엄
청난 논밭을 사둔 땅부자였다. 이곳에 도청만 옮겨오면 큰 부자가 될
수 있는 절호의 기회였다.

이들은 두 비서를 화월(花月)이라는 요정으로 안내하여 술을 접대
하고 성 상납과 함께 로비 활동비로 2만 5천 엔을 건넸다. 일이 성사
되면 더 많은 돈을 내겠다는 약속도 빼놓지 않았다. 충남도청 이전 계
획은 마침내 변호사 오이와 야마나시의 아내 로쿠코(六子)까지 동원
되어 밑그림이 그려졌다. 대전의 토지회사가 10만 엔의 뇌물을 쓴 결
과였다. 히다는 이때 로쿠코에게 1만 엔을 송금한 것으로 전해진다.

로쿠코는 앞서 설명했듯이 명문 무가(武家)의 딸이었다. 그의 아버
지를 비롯하여 삼촌 다무라 오키노스케(田村沖之甫, 1865~1919)·모리
에(田村守衛, 1871~1923) 등 3명이 육군중장까지 올랐다. 그래서였을
까. 그는 남편 대하기를 남의 집 머슴 보듯 했다고 한다. 그녀 역시 돈
을 좋아했다. 일본 역사가들은 그런 그녀의 금전욕이 결과적으로 야
마나시를 배금장군으로 만든 것으로 분석하고 있다.

이렇게 하여 야마나시가 최초 청사진을 그린 충남도청 이전 계획
은 제5대 사이토 총독 때 유임된 고다마 정무총감이 1931년 3월 귀족
원을 움직여 예산을 확보하고, 제6대 총독 우가키 가즈시게가 공사를
마무리, 1932년 9월 30일 이전을 끝냈다.

비서들의 일탈 행위는 시간이 흐를수록 도를 더해갔다. 비서 히다
는 요리미쓰와 서로 짜고 안동현 이륭양행(怡隆洋行) 지배인 김문규
(金文奎)에게 평북 의주군 옥상면과 고령면에 있던 총독부 소유의 금
광에 대한 채굴권을 허가받게 해주겠다며 2만 엔을 요구하여 선금으
로 2천5백 엔을 받아냈다. 또 평북 용천군 황초평도(黃草萍島) 일대

■■ 대전으로 옮겨가는 충남도청의 신축 공사 모습.

갈대 채취를 목적으로 차지권(借地權)을 청원한 아다치 아키이쿠(足
立秋生)와 가토 데쓰지로(加藤鐵治郎)로부터 허가조건으로 조선연초
매팔(煙草賣捌) 회사 등 8개 회사 주식 4만 824엔어치를 받고, 황해도
갑부 김홍량(金鴻亮)에게는 재령강 제방보수 공사로 새로 생긴 하천
부지를 싸게 살 수 있게 해주겠다며 교제비 명목으로 5천 엔을 받아
나누었다.

　이들은 이 밖에도 전북 김제군에 사는 최석호(崔錫浩)에게 김제군과
부안군에 있는 국유지 17만 9,082평을 불하받는 조건으로 1만 엔을
챙기고, 원산의 정호영(鄭鎬永)에게도 놀려둔 하천부지를 사게 해주
겠다고 1만 엔을 요구하여 선금으로 3천 엔을 뜯어내기도 했다.

'조선 의혹사건'의 전말

　꼬리가 길면 잡힌다는 속담은 이들에게 적중했다. 비서들의 부정, 부조리는 1929년 6월 야마나시가 도쿄 가와사키(川崎)상사 사장 가와사키 도쿠노스케(川崎德之助)에게 5만 엔의 뇌물을 받고 부산 미두(米豆) 거래소를 허가해준 이른바 '조선 의혹사건'이 터져 검찰수사가 진행되면서 전모가 드러나기 시작했다. 그러나 변호사 오이와 요리미쓰는 법망을 용케 빠져 나갔다. 수사는 총독이 직접 가담한 의혹사건에 초점이 맞춰졌다. 검사국이 밝힌 사건의 전말은 대강 이렇다.

　가와사키는 평소 미두 거래소를 운영하는 것이 소원이었다. 그래서 부산에 거래소를 내기로 마음먹고 광산업을 하는 친구 고토 나가에(後藤長榮)와 출판업을 하는 나미즈 히사켄(波津久劍)에게 도움을 요청했다. 고토와 나미즈는 총독비서 히다를 움직이면 될 일이라고 귀띔하며 그가 일본에 자주 출장을 온다는 사실도 알려주었다.

　가와사키의 부탁을 받은 고토와 나미즈는 때마침 일본에 와 있던 히다를 교토에 있는 지모토(千本)라는 요릿집으로 초대하여 1차 의견을 들었다. 히다는 돈만 내면 어려운 일이 아니라고 말했다. 고토와 나미즈는 곧 가와사키에게 허가신청서를 내도록 알렸다. 그러나 가와사키는 히다의 말을 직접 듣지 않고는 믿을 수 없다며 반신반의했다. 셋은 의논 끝에 히다에게 확인해 보기로 하고 함께 그의 집을 찾아갔다. 히다는 이들에게 빠른 시일 안에 허가신청서를 내라고 예전의 답을 되풀이했다.

　서울로 돌아온 히다는 야마나시에게, 정치자금 5만 엔을 내겠다는 사람이 있으니 미두 거래소를 허가해 주자고 건의했다. 야마나시는 흔쾌히 승낙했다. 이렇게 은밀히 승낙받은 히다는 고토와 나미즈를 통해 돈을 가져오도록 했다. 그러나 돌다리도 두드려 건너는 성격인 가와사키는 뭔가 미심쩍었던지 잠시 발을 빼는 모습이었다. 그러자 히다가 다급해졌다. 뒷수습을 걱정한 그는 가와사키에게 허가서를 받아준다는 각서까지 써주었다. 그리고 야마나시에게는 가와사키를 직접 만나 허가를 약속하라고 권했다. 야마나시는 이런 수모까지 참아내면서 총독 사저(私邸) 응접실에서 기어코 가와사키로부터 5만 엔을 받아냈다.

여기서 잠시 미두 거래소의 실상을 알아두는 것도 사건을 이해하는 데 도움이 될 듯싶다. 당시 미두 거래소는 '황금알을 낳는 거위'로 통했다. 증거금(20~100엔)과 수수료만 내면 큰 이익을 얻을 수 있었기 때문이다. '미두'라는 말은 원래 현물 없이 쌀을 거래하는 일을 말한다. 다시 말하면 오늘날 선물거래와 비슷하게 현물이 아니라 쌀 시세를 이용하여 거래하는 일종의 투기행위이다. 이는 일제의 무한 수탈의 한 단면이자 협잡의 대명사이기도 했다.

우리나라 미두 거래소는 일본인 가쿠 에이타로(加來榮太郞)가 1896년 3월에 설립한 인천 미두 거래소가 처음이다. 가쿠는 함경감사 조병식이 1889년 9월 방곡령(防穀令)을 내려 원산 지방의 곡물 반출이 어렵게 되자 무대를 인천으로 옮겨 거래소를 차렸다. 인천 미두 거래소는 처음 쌀, 콩, 방적사, 석유, 면포, 명태, 무명 등을 잡다하게 취급했으나 차츰 주종을 쌀로 바꿨다. 이 미두 거래소가 국내 주식 거래의 모태가 되었음은 말할 나위 없다.

이렇게 시작된 미두 거래소는 거래 방식도 3개월을 기한으로 하는 선물매매(先物賣買)로 틀을 잡았다. 즉 그 달 기한을 '도키리(堂限)', 다음 달 기한을 '나카모노(中限)', 그 다음 달 기한을 '사키모노(先限)'라 하여 쌀 1백 섬을 한 단위로 하는 '다마(玉)'를 사고팔았다. 거래장은 일요일만 빼고 날마다 오전과 오후 두 번씩 섰다. 기한 마감 시점

■■ 인천 미두 거래소. 이곳은 쌀값의 시세차를 이용해 일확천금을 노리는 투기꾼들로 항상 붐비었다.

에서 다마 값이 오르면 이익을 얻고 내리면 손해를 보게 되는 요령이다. 거래에는 당연히 갖가지 부정이 끼어들게 마련이었다. 일본인 중매인(仲買人)들은 시세조작, 담합(談合), 공(空)매매 등 온갖 부정행위를 서슴지 않았다. 따라서 패가망신하는 사람들이 속출했다. 총독부도 이런 폐단을 보다 못해 1920년대 들어 거래소 허가를 일절 금지하기에 이르렀다.

이런 시점에 터진 부산 미두 거래소 허가 부정은 실로 큰 충격이었다. 그것도 총독이 직접 많은 돈을 받고 이를 허가한 데 대해 일반 사람들은 혀를 내둘렀다. 야마나시의 뇌물수수 사실은 민정당의 끈질긴 추적 끝에 밝혀졌다. 당시 일본 신문들은 이 사건을 '텐노 직속 총독이 지위를 악용해 독직'이라는 제목을 달아 호외로 긴급 보도했다. 이윽고 1929년 7월 히다가 구속되고 야마나시도 8월 옷을 벗은 뒤 그해 11월 28일 법정에 서게 됐다. 일본 역사는 이를 쇼와시대 '3대 의혹사건'의 하나로 기록하고 있다.

이 사건은 다나카 정권 붕괴와 맞물려 흥미를 더했다. 사건이 검찰 수사로 비화되자 야마나시는 다나카에게 구원을 요청했다. 그러나 야마나시가 하늘같이 믿었던 다나카마저도 1929년 7월 2일 하마구치 오사치(浜口雄幸, 1870~1931) 민정당 총재에게 정권을 인계하고 물러났다. 이유는 1928년 6월 4일 관동군 사령부가 중국 펑톈(奉天, 지금의 선양)에서 일으킨 '장쭤린(張作霖) 폭살사건'*을 매끄럽게 수습하지 못한 데 대한 인책이었다.

다나카 정권의 붕괴와 장쭤린 폭살사건

다나카는 1927년 정권을 잡자마자 군부세력을 등에 업고 암암리에 만주 침략을 위한 사전 계획을 마련하여 작전에 들어갔다. 이에 따라 만주에 주둔하고 있던 관동군은 만주 지배에 방해가 되는 걸림돌을 하나씩 치워 나가기 시작했다. 장쭤린 폭살사건도 그 일환이었다. 그때 사실상 만주 지배권을 장악한 장쭤린이 미국의 지원을 받아 남만 주철도에 맞서는 철도도로망 구축을 계획하는 등 관동군과 사사건건 맞섰기 때문이다. 마적 출신인 장쭤린은 러일전쟁 때만 해도 일본에 협력한 친일파로 관동군의 비호를 받고 있었다. 그러나 그가 1926년 12월 베이징에 입성하여 중화민국 주권자라고 선언한 이후 미국과 손을 잡고 만주 개발에 나서면서 일본과 틀어졌다.

장쭤린을 그대로 두었다가는 장래 화근이 되리라 판단한 관동군 사령

---

* 사건이 일어난 지명을 따 '펑톈 사건' 또는 '황구툰(皇姑屯) 사건'이라 부르며, 당시 일본 정부는 '만주모(某)중대사건'이라 일컬었다.

부는 그를 없애기로 결정하고 만반의 태세를 갖추었다. 작전은 관동군 사령관 명령에 따라 관동군 참모 고모토 다이사쿠(河本大作, 1883~1955) 대좌가 짜고 펑텐독립 수비대 도미야 데쓰오(東宮鐵男, 1892~1937) 대위 와 조선군 용산공병대 기리하라 사다도시(桐原貞壽, 1895~1944) 중위가 행동대로 대기했다. 그런 가운데 중국 국민당군과의 싸움에서 진 장쭤린이 1928년 6월 4일 베이징을 떠나 기차편으로 본거지인 펑텐으로 돌아온다는 소식이 들려왔다. 이에 행동대는 펑텐 근교 황구툰 철로에 폭발물을 묻고 기다리다가 기차가 통과하는 순간 폭파시켰다. 이 사건으로 장쭤린 등 17명이 희생됐다.

다나카는 장쭤린 사건이 일어나자 쇼와왕에게 "이 사건은 관동군 참모 고모토가 단독으로 소수 인원을 동원하여 저지른 것"이라고 보고한 뒤 국제적 의혹을 말끔히 없애고자 관계자를 처벌하겠다고 상주했다. 그러나 육군은 물론 각료 및 중신들이 이들의 처벌을 강력히 반대하고 나섰다. 폭파 가담자를 처벌할 수 없게 된 다나카는 하는 수 없이 다시 왕에게 "이 문제는 어쩔 수 없이 묻어둘 수밖에 없다"고 보고했다.

이 말을 들은 쇼와왕은 "그렇다면 귀하가 처음 말한 사실과 다르지 않은가."라고 질책한 다음 "다나카 총리가 한 말은 도무지 알 수가 없다. 다시 듣기 싫다."며 역정을 냈다. 이에 다나카는 눈물을 흘리며 7월 2일 다른 각료들과 함께 총사직했다. 이 사건은 단순히 대좌급 장교가 단독으로 벌일 수 있는 음모가 아니었다. 실제 관동군 사령관의 명령이 있었음에도 1929년 4월 고모토가 전적인 책임을 지고 옷을 벗는 선에서 일단락됐다.

수상에서 물러난 다나카는 대중 앞에 모습을 잘 드러내지 않았다. 1929년 9월 28일에 열린 귀족원의원 당선 축하회에도 주빈으로 초대

됐으나 기운이 없어 보였다. 그리고 그는 그 다음 날 아침 6시 눈을 감았다. 병명은 급성협심증이었다.

이런 소용돌이 속에 야마나시는 1929년 8월 도쿄 검사국에 소환되어 조사를 받았다. 그리고 같은 해 11월 28일 뇌물수수죄로 기소됐다. 그러나 1, 2심에서 모두 무죄가 선고되어 풀려났다. 이와 달리 야마나시와 같이 기소된 가와사키는 뇌물공여죄로 징역 5월에 집행유예 2년이, 히다는 뇌물방조죄로 징역 3월이 선고됐다. 사람들은 정범(正犯)은 없고 공범만 있는 웃지 못할 판결이라고 수군거렸다.

야마나시는 총독 재임 20개월을 이렇듯 추하게 막을 내렸다. 결국 그는 시베리아 금괴사건 이후 또 다른 독직(瀆職)을 위해 조선을 다녀간 셈이다.

제6대 조선 총독
1931. 6. 17~1936. 8. 4

우가키 가즈시게

宇垣一成

우가키 가즈시게 약력

1868. 8. 9   오카야마 현 오우치(大內)에서 출생.
1890. 7.   육군사관학교 졸업(1기).
1900. 12.   육군대학 우등 졸업.
1902~1904.   독일 유학.
1906. 2.   두 번째 독일 유학.
1915. 8.   육군소장.
1916. 3.   참모본부 제1부장.
1919. 4.   육군대학 교장.
       7.   육군중장.
1921. 3.   제10사단장.
1923. 10.   육군차관.
1924. 1.   기요우라 내각 육군대신.
       6.   가토 내각 육군대신 유임.
1925. 8.   육군대장. 제2차 가토 내각 육군대신.
1926. 1.   제1차 와카쓰키 내각 육군대신.
1927. 4.~10. 조선 총독 임시대리.
1929. 7.   하마구치 내각 육군대신.
1931. 4.   예비역.
       6.   조선 총독.
1932. 5.   조선총독부 기구 개편.
1936. 8.   조선 총독 사임.
1937. 1.   조각 대명을 받았으나 육군의 반대로 좌절.
1938. 5.   제1차 고노에 내각 외무대신 겸 척무대신.
1944.   척식대학 제5대 학장.
1946.   정치 금지 조치.
1953. 4.   참의원 당선.
1956. 4. 30   사망.

# '정계 혹성(惑星)'의 유배

일본육군의 핵심

제6대 총독 우가키 가즈시게는 별명이 '정계의 혹성'이었다. 이는 그가 내각 총리대신이 되기 위해 열심히 뛰면서도 좀처럼 성공하지 못하는 모습을 태양의 주위를 맴도는 '행성(혹성)'에 빗댄 말이다.

이 한마디가 말해 주듯, 우가키는 근대 일본이 낳은 125명(왕족 제외)의 육군대장* 가운데 한 사람으로, 비록 총리대신에 오르거나 원수가 되지는 못했지만 일본육군을 마음대로 움직인 '우가키 군벌'의 리더였다. 그는 '군부가 국가 경영을 주도해야 한다'고 주장한, 철저한 군국주의자이자 육군이 권력을 독점하고 왕(텐노) 아래 전 국민을 결집 동원할 수 있는 최초의 틀을 짠 인물이기도 하다. '만주사변'**은 말할 나위 없고 중일전쟁과 미일전쟁 때도 무조건 군부를 지지하고 격려했다. 일본 역사학자 이노우에 기요시(井上淸)는 '우가키는 그 이름

---

* 이들 가운데 8명은 내각 총리대신이 되고 13명은 육군 최고계급인 원수까지 승진했다.

** '사변(事變)'이라는 말은 일제가 전시(戰時)국제법 적용을 피하기 위해 사용한 용어로 '선전포고 없는 전쟁'을 뜻한다. 일제는 중국을 국가로 인정하지 않음으로써 일본 국민들에게 중국에 대한 멸시감을 심고 일본의 군사행동이 마치 '아시아 혁신'을 위한 조치인 것처럼 국내외에 선전하고자 이런 말을 사용함으로써 고도의 정치수작을 부렸다. 학계에서는 일제가 중국과 전쟁을 통해 만주를 식민지로 만든 것이므로 '전쟁'이라고 표현하는 것이 옳다고 주장한다. 그럼에도 일본은 아직도 중일전쟁을 뜻하는 '지나사변' 등과 함께 이 용어를 그대로 쓰고 있다.

자체가 곧 일본 군대와 군국주의의 역사'라고 평한다. [1]

이런 일본육군의 핵심이 1931년 6월 17일 사이토 마코토로부터 조선 총독을 이어받았다. 이른바 '3월 사건'이라는 육군의 쿠데타 미수 사건에 대한 책임을 지고 하마구치 내각의 육군대신을 그만둔 지 꼭 두 달만이었다. 그때 정권을 잡고 있던 민정당이 그를 신임 조선 총독으로 지명한 것이다. 민정당은 우가키가 청렴하고 정당색(政黨色)이 없어 소신껏 식민정책을 추진할 수 있는 인물로 판단하고 그를 선택했다고 한다. 우가키를 조선 총독으로 기용한 민정당의 입장은 "만약 정당 출신 인사를 조선 총독으로 보내면 야마나시(제4대 총독)와 같은 불미스런 사태가 또 일어날 게 뻔하다. 정당색이 없는 우가키야말로 식민지 장관의 적임자이다."라고 밝힌 와카쓰키 레이지로 내각 총리의 설명에서도 읽을 수 있다.

그러나 이런 미사여구는 여론을 의식한 겉치레일 뿐 그 뒷면에는 복잡한 사정이 얽혀 있었다. 우선 《식민지 관료의 정치사》를 펴낸 오카모토 마키코의 이야기부터 들어보자. 그는 이 인사 발령을 '민정당 내각의 우가키 경원책(敬遠策)'이라고 해석한다. [2] 다시 말하면 우가키를 겉으로는 공경하는 체하면서 실제로는 멀리하는 정략(政略)이라는 분석이다. 오카모토에 따르면, 우가키는 우선 군부 급진파가 민정당 정권을 무너뜨리고 군사정권 수립을 획책한 '3월 사건'에서 군부 수반으로 옹립된 중심 인물로 민정당을 혼란에 빠뜨린 장본인이다. 거기에 더하여 우가키는 그때 이미 후계 내각 총리 후보의 한 사람으로 떠올라 민정당 안에서조차 대립이 심각한 상태였다. 그런 마당에 아무리 육군대신을 구하지 못해 정권을 내놓는 상황을 맞는다 하더라도 민정당 리더들이 그런 우가키를 좋아할 리 만무했다. 당시 제국헌법은 육군이나 해군대신을 현역에서 영입하지 못하면 내각을 출범할 수 없게 되어 있었다. 뒤에 다시 설명하겠지만, 조각(組閣)의 왕명을 받고도 뜻을 같이 할 육군대신을 찾지 못해 내각을 구성하지 못한 예는 우가키가 처음이었다.

오카모토는 "이러저러한 사정으로 우가키를 싫어한 민정당 중진들이 그를 중앙 정계에서 멀리 떼어 놓음으로써 '조각 공작'을 차단하고 당내 평화를 꾀하자는 데 뜻을 모아 조선 총독으로 보내게 된 것"이라고 설명한다. 일단 우가키를 조선으로 보내면, 설령 다음에 정우회 내각이 들어서더라도 그는 정우회와도 가까우므로, 계속 자리를 유지할 것으로 보았기 때문이다. 쉽사리 중앙으로 돌아오지 못하리라는 계산도 깔려 있었던 것이다. 이를테면 일종의 '유배'인 셈이다. 이유야 어디에 있든 '군사참의관'이라는 한직에서 쓸쓸히 시간을 보내고 있던 우가키로서는 조선 총독 발령이 고마울 따름이었다. 멀리서 중앙 정계를 관망할 수 있는 좋은 기회가 될 수도 있었기 때문이다.

3월 사건과 우가키 군벌

사실 우가키는 쿠데타 음모가 드러나기 전까지만 해도 내각 총리는 '떼어 놓은 당상'이라는 분위기였다. 그는 5대 내각에 걸쳐 육군대신으로 근무하며 정계의 신망을 차근차근 쌓아가고 있었다. 그러나 3월 사건이 터지면서 그의 출세 가도에 제동이 걸렸다. 아니 이 사건은 그가 뒤에(1937년) 조각의 명을 받고도 수상이 되지 못한 이유의 하나로 작용할 만큼 치명적이었다.

이 음모를 꾸민 오가와 슈메이(大川周明, 1886~1957)* 등의 증언에

---

* 쇼와기의 국가주의자. 도쿄대학을 졸업하고 만철(滿鐵)에 입사하여 동아경제조사국 조사과장, 국장, 이사장 등을 역임. 전후 A급 전범으로 재판을 받다가 정신장애를 일으켜 입원. 1948년 면소 처분으로 석방.

따르면, 사건의 줄거리는 대략 이렇다. '(노동 연령·근무시간 등의 내용을 담은) 노동법 상정이 예정된 1931년 3월 20일을 기해 △오가와 등이 군중 1만여 명을 동원하여 의회를 포위, 데모를 하며 △정우회와 민정당사, 수상 관저 등을 습격, 혼란을 일으킨 다음 △의회를 보호한다는 구실 아래 육군을 출동시켜 계엄령을 선포하고, △의사당에 들어가 하마구치 내각을 총사퇴시킨 뒤 우가키 가즈시게 육군대신을 수반으로 하는 군사정권을 수립한다.'

이 사건은 겉으로는 오가와가 주도한 것으로 알려져 있으나, 실은 나중에 육군대장으로 내각 총리와 조선 총독을 지낸 고이소 구니아키(小磯國昭, 제8대 조선 총독) 군무국장, 니노미야 하루시게(二宮治重, 1879~1945) 참모차장, 육군중장까지 오른 다테카와 요시쓰구(建川美次, 1880~1945) 참모본부 제2부장, 패전 뒤 A급 전범으로 종신형을 받은 하시모토 킨고로(橋本欣五郎, 1890~1957) 중좌, 육군중장으로 오키나와에서 미군과 싸우다 전사한 초 이사무(長勇, 1895~1945) 소좌, 다

■■ 3월사건의 주동자 가운데 하나인 하시모토 킨고로 육군중좌.

나카 기요시(田中淸) 소좌 등 육군 급진파 장교 150여 명과 사회민중당의 아카마쓰 카쓰마로(赤松克麿, 1894~1955), 가메이 간이치로(龜井貫一郎, 1892~?) 등이 적극 힘을 보태고 있었다. 군인들은 모두 '우가키 군벌'이었다. 이 가운데 하시모토 중좌는 지바(千葉)에 있던 육군보병학교에서 훈련용 폭탄 3백 발을 구해 오가와의 심복(心腹)인 시미즈 유키노스케(淸水行之助)에게 건네주며 성공을 빌기까지 했다.

이들은 이에 앞서 이미 1930년 정당정치가 일본 발전에 걸림돌이 되고 있다는 데 인식을 같이하고 사쿠라카이(櫻會)라는 단체를 만들어 비밀리에 군사정권을 수립하기 위한 쿠데타를 준비해왔다. 화족(華族) 출신인 도쿠가와 요시치카(德川義親, 1886~1976) 귀족원의원은 여기에 20만 엔의 자금을 대기도 했다.

쿠데타 미수사건이 일어난 배경에는 물론 정당정치로 말미암은 정계 불안과 정치인들의 부패가 있었다. 그때 정권은 1년이 멀다고 자주 바뀌었고 정치 뒷돈을 둘러싼 구린내가 연일 신문을 뒤덮었다. 때마침 군축 문제로 비난을 받아오던 하마구치 내각 총리는 1930년 11월 14일 도쿄 역에서 국가주의자인 사고야 도메오(佐鄕屋留雄)의 저격을 받아 중상을 입고 병원에 입원중이었다.

그런데 쿠데타 계획은 거사 3일 전인 3월 17일 갑자기 취소됐다. 이 계획의 중심에 선 우가키 육군대신이 고이소 군무국장에게 실행을 중지하도록 지시했기 때문이다. 우가키는 "이런 중대한 문제에 군대를 출동시켜서는 안 된다고 판단하여 한마디로 거절했다."고 중지 이유를 그의 일기에서 밝혔다. 그럼에도 3월 사건은 우가키의 소행이라는 소문이 계속 시중에 나돌았다. 그러자 그는 "3월 사건을 중지시킨 것은 나다. 그래서 3월 사건은 일어나지 않았다. 그런 나를 두고 사건의 주인공인 것처럼 말하는 것은 잘못이다."며 거듭 사건 개입 의혹을 극구 부인했다.

그렇지만 여러 가지 정황으로 미루어 우가키는 처음부터 계획을 미리 알고 추이를 살피고 있었던 것으로 보인다. 그가 내각 총리 자리를 평생의 목표로 삼고 있었다는 점, 쿠데타 음모에 가담했던 다나카 기요시가 일기에 "우가키는 1931년 1월부터 쿠데타 계획을 추진했다."고 기록한 점 등이 이를 뒷받침한다. 그래서 쿠데타 음모를 묵인하고 있던

그가 '정치인들이 우가키를 차기 수상으로 추대할 움직임'이라는 보고
를 듣고 급히 계획을 바꾼 것'이라는 설이 더욱 설득력을 갖는다.

일본제국헌법은 내란죄를 엄히 다스리도록 규정하고 있다. 특히 텐
노 칙유(勅諭) 및 군인훈계는 정치 관여 금지조항을 위반한 군인들에게
더욱 엄격했다. 그럼에도 이 쿠데타 미수사건에 가담한 군인 가운데 처
벌이나 징계를 받은 사람은 단 한 사람도 없었다. 육군 당국이 사건에
대해 조사는커녕 모두 불문에 부쳤기 때문이다. 육군의 위신을 크게 떨
어뜨리고 정치군인들에게 정치 개입에 대한 야심을 키워준 이 사건은,
하마구치 총리와 우가키 육군대신이 사퇴하는 선에서 일단락됐다. 이
는 당시 우가키의 힘이 어느 정도인가를 말해 주기에 부족함이 없다.

정치군인과 국가주의자들이 함께 꾸민 3월의 쿠데타 미수사건은 그
뒤 10월 사건(이 책 〈우가키 가즈시게〉 참조), 5·15사건, 2·26사건 등을
거쳐 결국 군부가 정권을 잡고 국민을 전쟁의 늪으로 몰아넣는 기폭제
로 작용했다.

이처럼 우가키가 군부를 마음대로 쥐락펴락할 수 있는 '우가키 군
벌'의 리더가 되기까지에는 육군사관학교를 졸업(1890년)하고 40여 년
이 걸렸다. 육사 1기인 그는 육사와 육군대학 출신을 중심으로 자신
의 파벌을 만들었다. 당시 이름난 장교들은 거의 우가키 파(派)일 정
도로 세력도 막강했다. 우가키 군벌은 3월 사건 가담자 말고도 육사
동기로 참모총장과 조선군 사령관을 지낸 스즈키 소로쿠(鈴木莊六,
1865~1940), 상하이 파견군 사령관으로 1932년 상하이 훙커우(虹口)
공원(지금의 루쉰 공원)에서 윤봉길 의사에게 폭탄을 맞아 중상을 입고
사망한 시라가와 요시노리(白川義則, 1869~1932), 내각 총리대신과 제
9대 조선 총독을 지낸 아베 노부유키(阿部信行), 육군원수로 패전 뒤
자결한 스기야마 하지메(杉山元, 1880~1945), 교육총감과 육군대신 등

을 거쳐 육군원수로 패전 후 A급 전범으로 종신형을 받은 하타 슌로쿠(畑俊六, 1879~1962), 육군차관과 관동군 사령관 등을 역임하고 사후 육군대장으로 추서된 하타 에이다로(畑英太郎, 1872~1930), 육군대장으로 조선군 사령관과 육군대신 등을 지낸 가와시마 요시유키(川島義之, 1878~1945) 등이 면면들이다. 우가키의 뒤를 이어 육군대신과 제7대 조선 총독을 역임한 미나미 지로(南次郎)도 한때 등을 돌린 적이 있지만 처음부터 열렬한 우가키 지지자였다.

우가키의 성장과 군축의 결행

우가키는 메이지유신이 일어난 1868년 8월 9일 오카야마(岡山) 현 오우치(大內)에서 농가의 5형제 가운데 막내로 태어났다. 어렸을 때 이름은 모쿠지(杢次)였으나 1896년 중위로 승진하면서 가즈시게로 바꾸었다. 가즈시게란 이름에는 '일본에서 제일가는 사나이로 성공하겠다'는 뜻이 담겼다고 한다. 그는 1890년 육사 동기 150명 가운데 11등으로 졸업했다. 1900년 육군대학을 마치면서는 39명 가운데 3등으로 왕이 주는 은사상(恩賜賞)을 받기도 했다. 독일에 두 번이나 유학한 점도 남다르다. 위관 시절에는 사쓰마 출신의 가와카미 소로쿠 밑에서 계급을 높이고, 가와카미가 죽은 뒤(1899년)에는 조슈 출신의 다나카 기이치에 붙어 승진을 거듭했다. 그래서 사쓰마 측에서는 우가키를 박쥐 같은 사내라고 비꼬기도 했다.

우가키는 정략결혼을 한 일로도 이름이 나 있다. 그는 독일 유학(1902~04년) 시절 첫 번째 아내를 여의고 1906년 2월 상사로 모시던 오하라 요시지로(小原芳次郎) 소장의 딸 사다코(貞子)와 재혼했다. 그때 우가키는 38살, 사다코는 18살로 스무 살 차이가 났지만 오하라는 우가키의 장래를 내다보고 딸을 설득했다고 한다.

그때는 출세를 위한 정략결혼이 대유행이었다. 더욱이 육군 안에서는 '출세하려면 장군의 딸을 잡아라.' 는 유행어까지 나돌 정도였다. 그래서 육군대학은 좋은 사윗감의 진열장 구실을 했다. 정략결혼의 예를 들면 사쓰마 군벌의 중진이던 노즈 미치쓰라 육군원수의 딸을 아내로 맞이한 우에하라 유사쿠(上原勇作, 1856~1933) 육군원수, 기병 창설자인 모리오카 마사모토(森岡正元) 소장의 딸과 결혼한 다테가와 요시쓰구 육군중장, 다무라 이요조의 딸과 결혼한 야마나시 한조, 니레 카게노리 해군중장의 딸을 맞은 사이토 마코토, 오가와 마타지(小川又次, 1848~1909) 대장의 사위인 스기야마 하지메 원수 등 손꼽을 수 없을 정도이다. 다치미 나오부미(入見尚文) 육군대장은 심지어 다섯 명의 딸 가운데 네 명을 모두 뒤에 장군이 된 장교에게 시집보냈다.

우가키는 육군대학에 들어가 야마구치 출신인 오카 이치노스케(岡市之助, 1860~1916)의 지도를 받으면서 출셋길이 열렸다. 그는 오카가 1911년 5월 육군성 차관이 되면서 군사과장으로 발탁됐다. 육군성 군사과장은 군무국장과 함께 장성이 되기 위한 필수 코스였다. 우가키는 제1차 야마모토 콘베에 내각(1913. 2~1914. 4)이 들어서 예비역도 군부(육군·해군)대신이 될 수 있도록 규정을 고치자, 이에 반대하고 '군부대신은 반드시 현역이 맡아야 한다'는 유인물을 몰래 만들어 뿌렸다. 그는 이 때문에 일선 부대로 좌천되었다가 1914년 4월 오카가 제2차 오쿠마 내각의 육군대신이 되자 군사과장으로 되돌아왔다. 우가키는 이때 오카를 도와 조선에 2개 사단을 상설한 조선주둔군 파병계획을 만들어 실행했다.

우가키는 그 뒤 연대장, 참모본부 작전부장, 육군대학 교장, 사단장, 교육총감부 본부장, 육군차관 등을 역임하고 1924년 1월부터 통산 만 5년 동안 5개 내각의 육군상으로 육군의 우가키 시대를 열었다. 그가 처음으로 육군대신 자리에 오른 것은 조슈 군벌 다나카의 도움이 컸다. 제2차 야마모토 내각(1923. 9~1924. 1)에서 육군대신으로 우가키 육군 차관과 함께 일하던 다나카가 물러나면서 자기를 보좌했던 그를 기요 우라 내각(1924.1~1924. 6)의 육군대신으로 추천한 것이다. 사쓰마 벌 을 이끄는 우에하라 유사쿠는 후쿠다 마사다로(福田雅太郞, 1866~1932) 를 밀었으나 고배를 마셨다.

육군대신이 된 우가키는 이어 가토 다카아키(加藤高明, 1860~1926) 내각(1924. 6~1926. 1)에 들어 군비 축소 작업에 나섰다. 그때는 극심 한 경제 불황에다가 관동대지진(1923. 9. 1)까지 겹쳐 국가재정이 말 이 아니었다. 당장 군비를 줄여야 한다는 각계의 소리가 높았다. 그 는 육군성에 미쓰이 기요이치로(三井淸一郞) 육군성 경리국장을 위원 장으로 하는 육군 회계경리규정 정리위원회를 설치하여 군 축소안을 만들게 하고, 여기서 마련된 1차안을 다시 군사참의관 회의에 넘겨 최종안을 확정했다.

이에 따라 총 21개 사단 가운데 다카다(高田)의 제13사단, 도요바시 (豊橋)의 제15사단, 오카야마(岡山)의 제17사단, 구루미(久留米)의 제 18사단 등 4개 사단과 여기에 소속된 16개 연대구(連隊區) 사령부를 없 앴다. 이와 함께 5개 육군 병원, 2개 육군 유년학교도 정리했다. 그 결 과 3만 4천여 명의 장병과 6천 마리의 군마(軍馬)가 줄어들게 됐다. 예 편된 인력 가운데에는 대장 4명, 중장 7명, 소장 12명, 대령과 중령급 146명도 들어 있었다. 이때 옷을 벗은 대장은 후쿠다 마사다로, 야마 나시 한조, 오노 미노부(尾野實信), 마치다 게이우(町田經宇) 등이었다. 이들은 대부분 육군에서 능력 부족으로 문제가 된 인물들이었다.

우가키는 군축에서 생긴 비용으로 전차와 경기관총으로 무장한 전 차부대 1개 연대, 자동차 견인포와 야전중포 등 각종 야포를 갖춘 고사

포부대 1개 연대, 폭격기로 구성된 전투비행부대 2개 연대, 산포(山砲) 부대 1개 연대를 신설하는 등 무기 현대화를 꾀했다. 이와 함께 자동차 학교와 통신 학교를 개교하여 장병들에게 신기술을 익히게 했다.

부대에서 정리된 장교들은 새로 제정된 〈육군 현역장교 배속령〉에 따라 대부분 남자 중·고등학교 배속장교로 임명되어 학생들의 군사 훈련을 담당하게 되었다. 이 군사훈련은 곧이어 의무교육으로 둔갑, 육군이 학생들에게 군국주의 사상을 주입시켜 전쟁터로 내몰기 위한 수단으로 활용한다는 비난을 사기도 했다.

우가키는 이런 군비 축소 과정을 거쳐 우가키 군벌의 총수로 우뚝 서게 됐다. 이른바 '우가키 군축'은 정계로부터 군비 축소 여론을 거꾸로 이용, 군축으로 보이면서도 실은 군비를 개선·확충했다는 평을 받았다. 다시 말하면 그가 행정능력을 인정받는 계기가 되었다. 다음 내각 총리는 그의 차례라는 말까지 공공연히 나돌았다. 우가키 가 1925년 8월 육군대장으로 승진하고 와카쓰키 레이지로 내각(1926. 1~1927. 4), 하마구치 내각의 육군대신으로 연임할 수 있었던 것도 그 공이 크게 작용했다.

그러나 후유증 또한 만만치 않았다. 군비 축소 규모가 메이지 건군 이래 야마나시 군축에 이어 지나치게 큰 데다 해고된 장교들이 대부 분 이른바 '무천조(無天組)'* 출신이었기 때문이다. 무천조 출신들은 두 차례에 걸쳐 3천 명이나 정리되었다. 이들은 기준 없는 인사라고 항의하며 노골적으로 반감을 드러냈다. 또 정리 대상에서 다행히 살 아남은 무천조 출신들은 조직을 만들어 '천보전조'에 대항하자고 외

---

* 육군대학을 나오지 않고 장관 등에 승진한 사람들을 가리키는 은어. 육군대학 출신들이 졸업 때 어깨에 두른 휘장이 '천보전(天保錢)'이라는 돈을 닮았다 하여 비유적으로 붙인 말이다.

쳤다. 이들의 불만과 반발은 군 내부로 번져 결과적으로 우가키가 국
가적인 측면에서 군축을 성공적으로 마무리하고도 내각 총리에 오르
지 못한 또 하나의 원인으로 작용했다.

세 번째 발 딛는 조선반도

우가키는 이런 정계 소용돌이 속에 강풍을 만나 마침내 군복을 벗
고 조선 총독으로 물러앉게 되었다. 그의 조선과의 만남은 이번이 세
번째였다. 그는 1904년 6월 러일전쟁 때 제8사단 선견(先遣)참모로
맨 처음 이 땅을 밟았다. 우가키는 이때 원산에서 블라디보스토크 쪽
으로 후퇴하는 러시아군을 쫓아가며 정보수집 활동을 벌였으나 전투
를 벌인 적은 없었다. 우가키는 이때 벌써 우리 민족의 사회생활, 습
관, 풍속 등을 세밀히 관찰하고 조선에 취해야 할 기본 정책을 마련했
다고 한다.

두 번째는 그로부터 23년 뒤 제3대 사이토 총독이 스위스 제네바에
서 열린 군축회의에 참석하기 위해 자리를 비운 1927년 5월 10일부터
9월 말까지 4개월 20일 동안 총독을 대
리하면서였다. 그는 사실 이때 정식 총
독으로 임명되기를 은근히 바랐으며 하
마평에도 오르내렸다.

그로부터 꼭 4년, 우가키는 제6대 총독
으로 정식 임명되어 뒤늦게나마 소원을
풀었다. 그는 발령을 받자마자 야마나시
총독 때부터 근무해오던 고다마 히데오
정무총감을 물러나게 하고 후임에 이마
이다 기요노리(今井田淸德, 1884~1940) 체

신차관을 추천했다. 이마이다는 우가키와 고향이 같은 오카야마 출신
으로 그때 나이 48세였다. 우가키는 지연 관계를 떠나 이마이다가 민정
당 총재 와카쓰키와 가까운 데다 아다치 겐조(安達謙藏, 1864~1948) 내
무대신과도 친하여 여당과 원만한 관계를 유지하기 위해 선택했다고 설
명했다.

그러나 총독부 간부들은 조선과 전혀 연고가 없는 젊은 체신통이 정
무총감으로 온 데 대해 크게 반발했다. 우가키는 그때 "뭐야, 총독이
'백면(白面)서생 애송이' 정무총감을 데리고 오다니 조선을 바보로 만
들려는 게 아니냐는 야유를 직접 듣기도 하고 소문으로도 들었다."며
회상기에 적고 있다. 우가키는 이런 애송이를 7월 7일 서울로 미리 보
내 직원들을 독려하도록 하고 자신은 그로부터 1주일 뒤 도착했다.

2

조선을 대륙침략기지로

총독 부임과 만주전쟁 지원

조선 총독으로 부임한 우가키 가즈시게는, 3월 사건의 실의를 딛고
이를 재기의 발판으로 삼아 다시 뛰기 시작했다. 그는 서울에 오자마
자 서둘러 각계 저명인사들을 찾아가 인사를 하고 협조를 당부한 다
음 8월 6일 전국 도지사 회의를 소집, 통치방침을 시달했다. 토론 형
식으로 진행된 이날 회의에서 우가키는 "조선 통치의 당면과제는 내

지인과 조선인을 하나의 민족으로 묶는 내선융화(內鮮融和) 사업을 통해 통치기반을 더욱 튼튼히 다지는 일이 그 첫째이고, 조선인의 빈곤을 해결하는 문제가 그 다음으로 중요한 일이다. 내선융화는 그동안 당국의 노력으로 나아졌다고는 하지만 아직도 개선할 여지가 많아 각별한 주의가 필요하다. 조선의 부(富) 또한 병합 이후 크게 늘어난 것이 사실이나 조선인은 별로 혜택을 받지 못해 여전히 생활고로 신음하는 사람이 상당수에 이른다. 앞으로 이들에게 적당히 빵을 줄 계획"이라고 밝혔다.[3]

그는 이어 "조선 총독에게 주어진 첫째 임무는 물론 통치기반 확충이지만, 중국과 소련을 보고 계획을 수립, 추진하는 일이 그에 못지않게 중요하다. 그런데 지금까지 당국자는 대부분 내지(內地), 특히 도쿄를 향해서 일해왔다."고 역대 총독들을 비판하며 이들과는 다른 총독이 되겠다고 다짐했다.[4] 이는 우가키가 부임 준비를 하며 7월 2일 쇼와왕에게 보고한 내용으로 사이토 총독 임시대리로 근무하면서부터 구상했다고 한다. 시정방침 가운데 '조선인에게 적당히 빵을 주겠다.'는 발상은 쇼와왕에게 긍정적인 반응을 얻은 것은 물론 언론으로부터도 역대 총독에서는 찾아볼 수 없는 선정(善政) 구상이라는 평을 듣기도 했다.

그러나 그가 본격적으로 일을 시작할 무렵 만주에서 갑자기 전쟁이 일어나 발길을 머뭇거리게 했다. 이른바 '만주전쟁'이다. 평소 '일본이 만주와 몽고를 영유(領有)해야 한다'고 주장해온 그에게 만주 문제는 조선 통치 이상으로 중요한 관심사였다. 그는 육군대신으로 근무하면서 지휘관 회의가 열릴 때마다 사령관들에게 "만약 만몽(滿蒙)을 차지하지 못한다면 일본 안보에 심각한 지장을 초래할 수 있다."고 강조하며 이에 대한 대책을 서둘러 마련해 시행하도록 주문하곤 했다.

만주전쟁은 모두 알다시피 만주 지방에 주둔하고 있던 일본 관동군이 1931년 9월 18일 밤 10시 20분쯤 중국 펑톈 북쪽 8킬로미터 거리의 류타오 호(柳條湖)에 놓인 만주철도 선로를 폭파하고는 이를 중국 측의 소행이라고 덮어씌워 선전포고도 없이 중국군을 일방적으로 공격한 다음, 그 이듬해 3월 1일 청나라 마지막 황제 푸이(溥儀)를 옹립하여 '만주국'이라는 일본 괴뢰정권을 세운 사건을 말한다.

사건 주모자는 관동군 수석참모 이타가키 세이시로(板垣征四郎, 1885~1948) 대좌를 비롯, 작전참모 이시하라 간지(石原莞爾, 1889~1949) 중좌, 육군성 중국과장 시게토 치아키(重藤千秋, 1885~1942) 대좌, 육군성 러시아반장 하시모토 킨고로 중좌, 참모본부 요원 초 이사무 소좌 등 우가키 군벌의 급진파 중견장교들이었다. 이들은 일제를 파시즘* 체제로 이끌어 결국 나라를 패망에 이르게 한 주역들이다. 특히 이타가키는 만주전쟁 뒤 관동군 참모장, 제5사단장, 육군대신 등을 거쳐 1941년 7월부터 일본 패망 때까지 조선군 사령관으로 우리 민족을 괴롭혔으며, 패전 뒤 A급 전범으로 극동국제군사재판(일명 도쿄재판)을 받고 일본 스가모(巢鴨) 감옥에서 처형된 전쟁광이었다.

■■ 만주전쟁의 주모자 이타가키 세이시로 관동군 수석참모.

이들은 1931년 8월 1일자로 관동군 사령관이 히시카리 다카(菱刈隆,

---

* 제1차 세계대전 뒤 나타난 극단적인 전체주의 정치이념으로 어원은 결속·단결을 뜻하는 이탈리아어 파쇼(fascio)에서 유래한다. 자유를 부정하고 폭력적인 방법에 따른 일당독재를 선호하며 지배자에게 절대복종을 강요하는 것이 특징이다. 대외적으로는 철저한 국수주의, 군국주의, 민족지상주의를 내세워 침략정책을 추구한다.

1871~1952) 대장에서 강경파 혼조 시게루(本庄繁, 1876~1945)로 바뀌자 49일 만에 일을 저질렀다. 혼조라면 자신들의 군사행동을 인정해 주리라는 믿음이 있었기 때문이다. 우가키의 추천으로 관동군 사령관이 된 혼조는 평소 젊은 장교들의 뜻을 이해하고 서로 의견을 자주 나누는 편이었다. 더욱이 우가키 육군대신 때는 제10사단을 이끌면서 그의 만주영유론을 열렬히 지지했다. 그는 만주 사건을 성공적으로 마무리한 공으로 욱일대수장 수상과 함께 육군대장으로 승진하고 남작 작위까지 받았으나 일제가 패망하자 1945년 11월 30일 스스

■■ 강경파 혼조 시게루 관동군 사령관.

로 목숨을 끊어 최후를 마친 일제 군인의 '전형(典型)'이기도 하다.

러일전쟁 때 중대장으로 참전한 뒤 만주 근무가 두 번째인 혼조는 9월 초부터 부대 순시에 나서 다스차오(大石橋), 안산(鞍山), 펑톈, 공안링(公安嶺), 창춘, 랴오양(遼陽) 등에 주둔한 예하부대를 차례로 돌아보고 18일 뤼순(旅順) 사령부로 돌아와 막 몸을 씻으려던 참에 급보를 받았다. 먼저 이타가키로부터 "펑톈에서 중국과 일본군이 충돌하는 긴급 사태가 발생하여 독립수비대 병력 등을 출동시켰다."는 긴급전화가 걸려온 데 이어, 이시하라가 랴오양의 제2사단 병력을 펑톈으로 급파해 달라는 출동명령서를 들고 찾아왔다. 이시하라는 철로 폭발은 자신들이 꾸민 자작극이라는 사실을 그대로 털어놓고 결재를 구했다. 내막을 알게 된 혼조는 처음 얼굴이 창백해질 정도로 당황해했으나, 곧 평상심을 되찾고 모든 책임은 자신이 지겠다며, 전 관동군에 출

동령을 내린 뒤 군용열차를 타고 펑텐으로 향했다. 그때 관동군은 이미 펑텐 일대를 완전 장악하고 우가키 파인 도이하라 겐지(土肥原賢二, 1883~1948) 펑텐특무기관장이 시장을 맡고 있었다.[5]

현장을 돌아본 혼조는 즉시 사실을 육군성과 참모본부에 보고하고, 우가키에게도 9월 22일 "지금이야말로 각하가 예전에 말씀하신 만몽 현안을 해결할 절호의 기회입니다. 대신과 총장에게는 만주에 새로운 정권을 수립하여 현안을 처리할 계획이라고 보고드렸으니 일이 순조롭게 진행될 수 있도록 곁에서 잘 지원해 주시기 바랍니다."는 내용의 전문(電文)을 보내 도움을 요청했다. 이와 같은 내용의 사후 수습방안을 서로 주고받은 우가키는 와카쓰키 수상과 미나미 육군대신에게 만주 경영의 중요성을 강조하고 작전이 성공할 수 있도록 적극적인 지원을 건의했다. 우가키는 그러고도 미덥지 않았던지 전투가 확전으로 치닫던 10월 29일 아예 서울에서 도쿄로 자리를 옮겨 12월 6일까지 38일 동안 머무르며 수습책을 조언하기도 했다. 이런 그를 두고 항간에는 '정변 임무를 띤 출장'이라는 소문이 파다했다.

게다가 하야시 센주로(林銑十郎, 1876~1943) 조선군 사령관도 이때 내각의 〈조선군 월경 금지령〉을 무시하고 함경북도 나남에 주둔하던 제19사단 제39여단과 항공대를 제멋대로 만주에 급파하여 강대국 반발을 우려한 내각을 더욱 놀라게 했다. 그는 9월 20일 새벽 0시 20분 참모본부로부터 부대 이동금지 명령을 받고도 강경파 참모 간다 마사다네(神田正種, 1890~1983)의 건의에 따라 21일 오후 1시 20분쯤 만주 파병을 강행했다. 하야시는

■■ 하야시 센주로 조선군 사령관.

이 조치로 '월경장군(越境將軍)'이라는 별명까지 얻었다.

당시 부대 이동을 포함한 군사작전은 왕(텐노)의 재가 사항이었다. 재가 없이 부대를 멋대로 움직였다가는 사형을 받을 수도 있었다. 그럼에도 이들은 '관동군 사령관은 긴급 시 관외 출동을 명할 수 있다'는 〈군사령부 조례〉 제3조를 악용, 음모를 꾸민 것으로 밝혀졌다. 이들의 구실은 1927년과 29년의 대공황으로 위기에 처한 일본 경제를 살리기 위해 만주에서 돌파구를 찾고, 중국이 부설하는 만철병행선(滿鐵竝行線) 철로공사를 막아 적자 문제를 해결한다는 데 있었다. 실제로 당시 일본은 공무원과 교원들에게 봉급을 제대로 줄 수 없을 정도로 경제 사정이 엉망이었다.[6] 심지어 도호쿠(東北) 지방 농가에서는 쌀이 동이 나서 딸을 팔아 생계를 연명하는 예도 속출했다.

이러한 상황에서 만주 지도자 장쉐량(張學良)이 중국 국민당 정부와 손잡고 일본에 대항한 것도 한 원인이라는 분석이다. 그때 만주에서는 '나카무라 신타로(中村震太郎) 대위 살해사건',* '완바오 산 사건'** 등 중국과 일본군 사이에 무력 충돌이 자주 발생하고 있었다. 만주에서 일본·군부의 음모는 이 밖에도 3월 사건에 실패한 급진파 장교들의 화풀이 성격도 띠고 있었다.

이렇게 시작된 만주전쟁은 일단 만주를 장악하는 데는 성공했지만 동시에 많은 후유증을 남겼다. 특히 상부의 명령 없이 부대를 움직인 나쁜 선례는 결국 군부 독재를 불러왔고 종국에는 나라를 패망에 이

---

 * 중국군이 1931년 6월(날짜 미상) 이스기 노부타로(井杉延太郎) 일본군 예비역 상사와 함께 지질조사를 위해 만주를 여행하던 일본육군 참모본부 소속 나카무라 대위를 스파이로 몰아 살해한 사건. 8월에야 일본에 알려짐.

** 1931년 7월 2일 중국 지린(吉林) 성 창춘에 있는 완바오 산(万宝山) 인근 마을에서 조선인 농민과 중국인 지주 사이에 분쟁이 발생하였는데 일본 경관이 이에 가세함으로써 무력충돌로 번진 사건.

르게 한 도화선으로 작용했다. 와카쓰키 내각은 이런 사태의 재발을 막기 위해 군부의 사건 조작 여부에 대한 진상조사에 나섰으나 미나미 지로 육군대신을 비롯한 스기야마 하지메 육군차관, 가나야 한조(金谷範三) 참모총장, 고이소 구니아키 군무국장 등 당시 육군 수뇌부가 모두 한 통속이어서 손을 쓰지 못하고 더 이상 전투를 확대하지 않는다는 조건으로 무단(無斷) 군사행동을 덮어두기로 했다.

그럼에도 일본 관동군은 이에 아랑곳하지 않고 싸움을 계속하여 전투를 시작한 지 1백여 일 만에 만주 전역을 손아귀에 넣었다. 그러자 쇼와왕은 사건 발생 3개월 20일이 지나서야 칙어(勅語)를 내려 이를 시인하는 촌극을 벌였다. 거기에 더하여 사건 도발자들을 승진시키고 훈장까지 주었다. 이런 전쟁 도발 행위가 국제연맹의 비난을 샀음은 말할 필요도 없다. 일본은 이 사건을 계기로 1933년 3월 27일 국제연맹을 탈퇴했다. 물론 외무성보다는 육군의 뜻이 크게 작용했다. 이로부터 일본 군부는 고삐 풀린 망아지처럼 내각의 통제에서 벗어나 더욱 날뛰기 시작했다.

농촌진흥운동의 내막

이런 급진파 장교들의 거사를 거쳐 일제가 만주를 장악함에 따라 조선반도의 중요성은 더욱 커지게 되었다. 만주와 조선에 주둔한 일본군에 공급할 식량과 군수물자는 물론, 더 많은 노동력이 필요했기 때문이다. 우가키는 그동안 일본의 '창고' 구실을 해온 조선반도를 병참기지로 만들면 이 문제를 쉽게 해결할 수 있을 것으로 판단했다. 그가 농공병진이란 구호를 내걸고 1933년부터 시작한 '농촌진흥운동'도 바로 그 일환이었다.

우가키는 처음 겨울철이면 농촌 일손이 놀고 있는 점에 착안, 부업을

장려하여 그 수입으로 농가가 봄철마다 식량이 떨어져 '보릿고개'의 춘
궁(春窮)을 겪는 일이 없도록 충분한 식량을 비축케 하고, 금전 수지균
형을 맞추어 돈을 빌릴 필요가 없게 하며, 빌린 돈을 점차 갚아 나가도
록 한다는 구상에서 출발했다. 그렇다고 총독부가 농가에 자금을 지원
하는 것은 아니었다. 오로지 마음가짐을 바로 하여 자력갱생을 추구하
는 운동이었다. 우가키는 이를 '심전개발(心田開發)'이라 일컬었다.

그는 이를 위해 총독부 조직부터 개편했다(1932년 7월 27일자). 그때 총
독부는 내무국, 재무국, 경무국, 학무국, 식산국, 법무국, 토지개량부,
산림부 등 6국 2부와 철도국, 체신국, 전매국 등 3개 외청으로 짜여 있
었다. 이 가운데 토지개량부와 산림부를 통폐합하고 식산국의 농무 및
축산과를 분리하여 농림국을 신설, 종전 이들 부서가 맡고 있던 모든 농
촌 관련 업무를 책임지도록 했다. 국장에는 와타나베 시노부(渡辺忍) 식
산국장이 전보 발령됐다. 농업 업무를 떼어낸 식산국은 주로 금광을 비
롯한 지하자원 개발, 전력생산 등 공업진흥 업무를 맡게 했다.

농림국에는 이 운동을 지도·감독할 조선총독부 농촌진흥위원회가
설치됐다. 위원장은 정무총감이 맡고 각 국장과 경기도지사 등이 위
원으로 위촉됐다. 또 지방에도 각급 행정단체장을 위원장으로, 일선
경찰과 공무원을 위원으로 하는 '농촌진흥위원회'를 두고 농민 지도
에 나서도록 했다. 실무는 농림국 토지개량과의 야마구치 모리(山口
盛)가 총괄했다.

우가키는 일본 모범 농부 야마자키 노부키치(山崎延吉, 1873~1954)
를 데려와 총독부 직원으로 발령하고, 이 운동을 돕도록 했다. 도쿄제
대를 졸업하고 아이치(愛知) 농림학교 교장과 일본 농사시험장장 등을
지낸 야마자키는 공무원을 그만두고 아이치 현 헤키카이(碧海) 지방
에 들어가 농가에 자립정신을 불어넣으며 이곳을 일본의 덴마크로 만

■■ 야마자키 노부키치는 총독부의 농촌진흥운동에 힘을 보탰다. 그의 지도이념은 전후 한국 새마을운동의 구호와 맥이 닿아 있다는 평이다.

든 일로 각광을 받고 있었다. 그는 '봉공의 정신', '협동의 정신', '자조의 정신'을 지도이념으로 내세워 일본 전국을 돌며 농민들에게 독농정신을 설명하기도 했다. 우가키는 이 밖에도 조선 농촌지도 전문가 야히로 이쿠오(八尋生男)와 우가키의 정치고문이자 신문기자인 가마다 사와이치로(鎌田澤一郎)까지 이 운동에 동원했다.

이렇듯 조직 구성을 마무리한 우가키는 1932년 10월 18일부터 3일 동안 총독업무 시작 이래 최초로 전국 군수, 도사(島司)*들을 서울로 불러 이 운동의 취지와 추진계획을 설명했다. 그런 뒤 이듬해 3월 각 읍·면마다 한 곳씩 30~40호 정도의 시범마을을 뽑아 실행에 들어갔다. 그는 시간이 날 때마다 각 지방을 돌며 면 단위 이하 외딴 마을까지 직접 찾아가 진척 상황을 확인했다.

그러나 이 운동은 처음부터 실패를 예고하고 있었다. 계획서 작성이 까다로운 데다 현실을 무시한 계획이었기 때문이다. 정무총감 이름으로 각 도에 내려보낸 3월 6일자 〈농가경제 회생계획 수립에 관한 건〉이라는 공문은 그 계획의 비현실성을 그대로 말해 주고 있다. 공문은 △개개 농가의 경제회생 방법과 정신적인 의의를 계획서에 구체적으로 밝히고, △집집마다 노동력을 완전히 소화하고 작업능률을 높일 수 있도록 다각적인 형태로 작업 계획을 짜서 한 가지 일에 편중

---

* 일제 강점기 섬의 행정사무를 맡아보던 관직. 군수급으로 흔히 경찰서장이 겸했다.

되는 일이 없게 할 것, △자급자족을 원칙으로 하고 기업적 영리 위주로 흐르지 않게 할 것, △지역 여건을 감안하되 식량 확보와 금전출납 균형 유지, 부채 근절 등에 역점을 두어 연차계획을 수립할 것 등을 골자로 하고 있다.

이에 따라 시범부락 농가는 집집마다 가족 실태와 겸업 여부, 토지 이용 상황, 농가부채 상황, 노동력 등을 〈농가갱생 5개년 계획〉 양식에 따라 적어내야 했다. 농민들 대부분은 글을 몰랐으므로 경찰주재소 순사, 학교 교원, 금융조합 직원 등의 도움으로 계획서를 작성했다. 하지만 농경지와 산림 면적·가족 구성원·가축 등 영농규모, 현금 수입지출, 부족 식량, 채무액 등은 농가의 비밀사항이었다. 게다가 양돈, 양계, 양잠, 퇴비 증산계획, 새끼 꼬기, 가마니 짜기 등 부업까지 가계부를 쓰도록 했다.

그러나 글과 셈법을 잘 모른 농가는 이런 기록 작성이 여간 어려운 일이 아니었다. 말로는 담당 공무원들이 상부 계획을 알기 쉽게 가르쳐 준다고는 하지만 멸시와 괴롭힘은 이루 다 말할 수 없었다. 또한 마을 담당자들은 지도를 핑계로 노인부터 유아까지 일가의 노동, 휴식, 의식주 전부를 24시간 내내 감시하여 이에 따른 고통이 상상을 초월했다. 자연히 불평이 따를 수밖에 없었다.

더군다나 이 계획은 농민의 8할이 소작인인데도 가난의 직접 원인인 지주의 무법적인 착취에 대해서는 아무 대책이 없었다. 소작료를 조금이라도 경감해 주지 않고 농민의 궁핍을 해소하기란 불가능한 일이었다. 더욱이 그때 소작인들은 소작료 경감은커녕 지주에게 언제 소작권을 빼앗길지 모르는 불안한 상태였다.

이와 같은 우가키의 농촌진흥운동에 대해 대다수 학자들은 조선 농민을 획일적인 감시 아래 두어 항일운동을 미리 막고, 농업생산력을 높여 일본군에 식량 공급을 원활하게 하며, 노동력을 최대한 빼앗기 위해 꾸민 고도의 정치 수작이었다고 혹평한다. 이노우에 기요시는 "농민들이 부채 수렁에서 헤어나지 못한 상황에서 자금 지원과 부채 탕감과 같은 특별조치 없이 정신운동만으로 자립갱생을 이뤄내라고 독려한 것은 중국과 전쟁을 앞두고 조선을 더욱 튼튼한 병참기지로 만들기 위한 청사진과 밀접한 관계가 있다."고 설명했다.[7]

그럼에도 극우 칼럼니스트 스기모토 미키오는 우가키의 농촌진흥운동은 조선 농가의 문맹 퇴치와 생활 개선에 크게 기여한 것은 물론 박정희시대 새마을운동의 모델이 되기도 했다고 주장한다. 특히 새마을운동 구호를 농촌진흥운동 슬로건에서 따고 당시 농촌진흥운동에 앞장섰던 이념가가 서울에 와 새마을운동을 지도했다는 이야기는 충격에 가깝다. 스기모토는 그가 쓴 《식민지 조선의 연구》에서 "우가키의 농촌진흥운동은 전후 한국 새마을운동의 원형이 되어 한국의 쌀 면적당 수확량을 세계 1위로 끌어올리게 되었다."고 밝히고, "새마을운동이 태동할 때 우가키의 핵심 두뇌이자 저널리스트인 가마다 사와이치로가 서울을 왕래하며 실무를 지도하고, '근면·자조·협동'이라는 새마을운동 구호도 야마자키 노부키치의 지도이념 가운데 '봉공의 정신'을 '근면'으로 바꾸어 그대로 모방한 것이다."라고 적고 있다.[8]

우가키는 이 운동을 시작하면서 특히 함경도와 평안도지방의 개척사업에 주목했다고 한다. 그는 이곳의 원시림을 베어내어 토지를 개간하고 공업을 일으켜 인구밀도가 높은 남쪽 사람들을 이주시킬 생각이었다. 이를 위해 철도와 도로망을 확충하고 임업과 목축업에도 손을 댔다. 그는 이와 같은 생각을 1935년 10월 일본의 한 출판사〔日本之日本社〕에서 《조선을 말한다(朝鮮を語る)》는 책으로 담아냈다.

식산흥업의 실상

병참기지 구축에 없어서는 안 될 비료와 전력이 그때 조선에서 생산되고 있었던 점은 우가키에게 큰 행운이었다. 수력발전은 사이토 시대에 이미 궤도에 올라 있었다. 사업가 노구치 시타가우(野口遵, 1873~1944)가 비료공장에 전력을 공급하기 위해 부전강(赴戰江)에 댐을 만들어 13만 킬로와트 규모의 발전소를 건설한 것이다. 공사는 1926년부터 3년 남짓 걸렸다. 노구치는 이와 함께 1927년부터 흥남에 동양 제일의 질소비료공장 건설에 나섰다. 비료공장은 1929년 11월부터 전력이 공급됨에 따라 본격 생산에 들어가 각 농가에 비료를 공급하기 시작했다.

■■ 부전강 발전소와 흥남 질소비료공장 등을 건설, 조선을 일제의 대륙침략 병참기지화에 앞장선 노구치 시타가우. 그는 일본과 조선의 공업발전에 기여한 공로로 훈1등에 수훈을 받기도 했다. 이를 보도한 《매일신보》 1942년 5월 6일자.

■■ 흥남질소비료공장(위)에 전력을 공급하기 위해 세워진 부전강 수력발전소(아래).

우가키는 노구치를 도와 이를 더욱 확장시켰다. 1932년 말까지 부전강수계 발전소 건설을 모두 끝내고, 그 이듬해부터 14만 4천 킬로와트 용량의 장진강(長津江) 제1수력발전공사를 시작하여 2년여 만에 완공했다. 여기서 생산된 전력 역시 모두 흥남비료공장으로 송전됐다. 그동안 한산하기만 하던 어촌마을 흥남은 1936년 말 인구 6만여 명이 북적거리는 화학공업도시로 탈바꿈했다. 이는 엄밀히 말하면 우가키의 일이라기보다 자본가 노구치의 사업을 도와준 것이다. 두 사람의 이런 밀착관계는 노구치가 우가키에게 정치자금을 대고 있다는 소문으로 이어졌다. 그럼에도 우가키는 노구치와 서로 도움을 주고받으며 병참기지의 밑돌을 튼튼히 다져나갔다.

농촌진흥운동과 마찬가지로 지하자원과 공업개발 또한 조선 민중의 생활 향상과는 아무런 관계가 없었다. 우가키의 산금(産金) 장려로 조선인 광산 노동자는 노예처럼 혹사당했다. 그렇다고 조선인 자본가가 금광을 캐내어 큰 사업가가 된 예도 없었다. 일본 자본가들만이 많은 이익을 남겨 일본으로 모두 가져갔다. 이노우에는 그의 책에서 "이것이 우가키가 부르짖은 농공병진이자 식산흥업의 실상이었다."고 비판했다.[9]

일본 정국의 혼란과 물거품이 된 총리의 꿈

우가키는 출판, 집회에 대한 단속과 탄압도 강화 일변도였다. 그의 악정은 각종 사회단체와 사상범 통계에서도 확연히 드러난다. 조선의 합법적 단체는 우가키 취임 전(1930년) 민족주의 관련 246개, 노동 관련 561개, 청소년 관련 1,970개 등 모두 2,714개이던 것이 1933년 민족주의 108개, 노동 374개, 청소년 1,261개 등 1,743개로 크게 줄어들었다. 971개 단체가 행동 불온 판정으로 해산되었기 때문이다. 사

상범 검거자 수도 1930년 397건, 4,025명에서 1932년 345건, 4,989명
으로 건수는 줄었으나 인원수는 964명이나 늘어났다.[10]

우가키는 부임 초부터 조선 민족을 일본 민족과 완전 동화시킬 수
있다고 장담했다. 그리고 이른바 융화귀일(融和歸一) 정책을 펴면서
한동안 잘 버텨왔다. 그러나 그가 부임한 지 4년이 지나도 현실은 나
아진 것이 별로 없었다. 조선인의 항일구국운동은 사그라질 줄 몰랐
고, 가혹한 수탈에 견디다 못한 소작농들의 분쟁 또한 여전했다. 그
는 조선 통치에 차츰 회의를 느끼기 시작했다.

바로 그 무렵 1935년 8월 12일, 그것도 대낮에 도쿄 육군성 집무실
에서 황도파(皇道派)* 장교 아이자와 사부로(相澤三郎) 중좌가 나가타
데쓰잔(永田鐵山, 1884~1935) 군무국장(소장)을 칼로 찔러 죽인 엽기
적인 사건이 일어나 우가키의 마음을 아프게 했다. 나가타는 우가키
가 육군대신으로 있을 때 육군성 초대 동원과장으로 총력전 체제구축
에 능력을 발휘하여 가장 아끼던 부하였다. 군부 하극상을 개탄한 우
가키는 이때부터 군부 숙청을 다짐했다고 일기에 적고 있다.

엎친 데 덮친 격으로, 그로부터 1년도 안 돼 도쿄에서 또다시 쿠데타
가 일어났다. 황도파 영향을 받은 소위에서 대위까지 20대 청년장교들
이 1936년 2월 26일 통제파(統制派)** 군인들이 국가 개조를 막고 있다
며 이를 타도한다는 명분으로 도쿄 근위사단 제3연대, 보병 1·3연대,
미시마(三島) 야전포 제7연대 소속 병력 등 1,483명을 이끌고 일본의

---

* 1932년 무렵 아라키 사다오와 마자키 진자부로(眞崎甚三郎) 두 육군대장이 위관급 청
  년장교들을 규합해 만든 육군 안의 한 파벌. 텐노의 권위를 이용하여 국민을 통제하고
  자 '텐노 중심 국체지상(國體至上)주의'를 신봉했다.
** 일본 육군성 중앙막료 등 영관급 장교를 주축으로 형성된 군부 파벌. 재벌·관료들과 결
   탁, 군부세력의 신장 및 전시체제 수립을 위해 군권의 군부 내 통제를 주장했다.

정치 1번지인 가스미가세키(霞ヶ關) 일대를 점거, 오카다 케이스케(岡
田啓介, 1868~1952) 수상 관저를 비롯하여 각 대신들의 관저와 사저,
아사히 신문사 등을 습격하여 사이토 마코토 내대신, 다카하시 고래기
요(高橋是淸, 1854~1936) 대장상, 와타나베 조타로(渡辺錠太郎) 교육총
감 등을 살해한 것이다. 쿠데타는 3일 만에 진압되었으나 파문은 엄청
났다.

우가키는 이 사건을 계기로 조선 총독을 그만두기로 결심하고 이마
이다 정무총감을 시켜 중앙에 사표를 내도록 했다. 이마이다는 1936년
3월 28일 서울을 출발하여 히로다 코키 수상을 방문, 우가키의 뜻을 전
달했다. 우가키가 그만두려는 이유는 첫째 건강이 좋지 않고, 둘째 재
임이 5년 가까워 후진에게 길을 열어주고 싶으며, 셋째 최근 불상사에
대해 육군 원로로서 도의적인 책임을 느낀다는 세 가지였다. 그러나 쇼
와왕이 사임을 만류하는 등 그의 사의는 좀처럼 받아들여지지 않았다.
그는 5월 25일 히로다 수상에게 편지를 보내 자신의 사퇴를 빨리 재가
해 주도록 독촉했다. 이런 과정을 거쳐 우가키의 사임은 8월 5일에야
결정됐다.

조선 총독을 그만둔 우가키는 8월 11일 서울을 떠나 도쿄로 돌아와
모처럼 한가로운 시간을 보냈다. 하지만 그러기를 5개월. 히로다 내각
이 육군의 공작으로 무너졌다. 그러자 쇼와왕은 흐트러진 군기를 바로
잡도록 우가키에게 조각의 명을 내렸다. 하지만 당시 쿠데타 진압에
앞장섰던 이시하라 간지(당시 참모본부 작전과장) 등 통제파들은 우가키
가 육군대신 때 육군을 감축했다는 이유를 들어 수상이 되는 것을 극
구 반대했다. 이미 군부 주도의 정치를 계획한 이들은 평소 군 개혁의
필요성을 강조해온 우가키가 수상이 되면 숙군 바람이 일어 자신들의
자리가 흔들릴 수도 있다는 우려에서 그런 명분을 내세웠다.

이시하라는 '현역이 아니면 군부대신이 될 수 없다'는 규정에 눈을 돌려 참모본부를 비롯한 육군 수뇌부들에게 아무도 육군대신 자리에 앉지 못하도록 압력을 넣었다. 우가키가 군사과장 시절 강력히 반대하던 병임(竝任, 예비역도 군부대신의 자격을 줌.) 규정이 하필 2·26사건의 여파로 1936년 5월 18일을 기해 23년 전의 '현역제'로 부활해 그의 발목을 잡은 셈이다. 군부대신 자격 규정만 바뀌지 않았더라도 예비역 육군대장인 그가 육군대신을 겸하면 곧바로 내각을 발족시켜 수상에 오를 수도 있었다. 군부대신 현역제는 이 사건으로 물러난 장성들이 육군대신으로 기용되어 정치에 개입하는 일을 막기 위한 조치였으나, 군부가 정부를 압도하며 제2차 세계대전을 일으키고 결국 나라를 패망으로 이끈 결과를 가져왔다.

이시하라의 공작은 주효했다. 평소 그와 가깝게 지내던 데라우치 히사이치(寺內壽一, 1879~1946) 대장과 스기야마 하지메 대장은 물론, 부하였던 고이소 구니아키마저 등을 돌렸다. 우가키는 고심 끝에 현역으로 복귀하여 육군대신을 겸하기로 마음먹고 왕을 보좌하는 유아사 구라헤이(湯淺倉平) 내대신에게 의견을 물었으나 거절당해 결국 평생 염원의 뜻을 접고 말았다.

조선의 히틀러

제7대 조선 총독
1936. 8. 5~1942. 5. 28

미나미 지로

南次郎

미나미 지로 약력

1874. 8. 10	오이타(大分) 현 히지(日出)에서 태어남.
1895. 7.	육군사관학교 졸업(6기).
1903. 12.	육군대학 졸업.
1904. 2.	기병 제1연대장으로 러일전쟁 참전.
1906.	관동도독부 육군참모.
1917.	육군성 군무국 기병과장.
1919.	소장 진급. 중국주둔군 사령관.
1926.	중장 승진. 제16사단장. 육군사관학교장.
1927.	육군참모차장. 제1차 산동 출병에서 전면 침략 주장.
1921. 8.	조선군 사령관.
1930.	육군대장
1931. 4.	제2차 와카쓰키 내각 육군대신.
	만주전쟁 때 조선군 독단 월경 추인.
1934. 12.	관동군 사령관.
1936. 4.	2·26사건 여파로 예비역 편입.
1936. 8.	조선 총독.
1942. 5.	조선 총독 퇴임. 추밀원 고문.
1946. 5.	A급 전범 용의자로 극동군사재판에 회부.
1948. 11.	종신금고형 선고.
1954.	복역 중 병으로 가석방.
1955. 12. 5	사망.

만주파의 입성

제7대 조선 총독 미나미 지로. 역대 총독의 악명 높이를 견주면 그를 능가할 사람은 아무도 없다. 그는 재임 5년 9개월 동안 조선 민족의 정신과 육체를 송두리째 앗으려 한 포악한 총독이었다. 오랜 세월 동안 간직해온 조선 고유의 성씨(姓氏)와 이름을 일본식으로 바꾸게 하고, 조선말과 글을 못 쓰게 하며, 조선의 젊은이와 여성들을 지원병과 정신대(挺身隊)라는 이름으로 전쟁터에 내몬 '반(反)문명 식민자'였다. 어디 그 뿐인가. 전국 곳곳에 신사(神社)를 세워 참배를 강요하고, 이른바 〈황국신민서사(皇國臣民誓詞)〉를 만들어 시도 때도 없이 일왕

■■ 미나미 총독이 1939년 청와대 자리인 경무대에 지은 총독 관저. 당시 세칭 '아방궁'으로 불렸다.

■■ 도쿄 시내 번화가인 나가다쵸(永田町) 일대를 점거한 쿠데타군(왼쪽)이 이후 대책을 논의하고 있다(오른쪽).

에게 충성을 맹세케 하며, 민족지 《조선일보》와 《동아일보》를 폐간, 민족의 입을 막은 것도 바로 그였다. 그는 1939년 지금의 청와대 자리인 경무대에 총독 관저를 새로 지어 영구 통치를 위한 대못을 박기도 했다. 역사는 그런 미나미를 '조선의 히틀러'로 기록하고 있다.

미나미는 1936년 8월 5일 조선 총독으로 임명되었다. 우가키 가즈시게가 사표를 낸 지 4개월 만이었다. 미나미가 자파(自派) 보스 우가키의 자리를 직접 물려받은 것은 육군대신에 이어 두 번째였다. 1929년 8월 1일부터 이듬해 12월 22일까지 1년 4개월 남짓 조선군 사령관을 지낸 그가 6년여 만에 조선 총독으로 다시 우가키의 뒤를 잇게 된 것은 '2·26사건' 덕이었다.

앞에서도 잠시 설명했지만, 2·26 쿠데타 미수사건은 실제로 일제의 국기(國基)를 흔드는 충격적인 사건이었다. 간로지 오사나가(甘露寺受長, 1880~1977) 시종(侍從)의 보고를 받고 사건 내막을 알게 된 쇼와왕은 곧바로 군복으로 갈아입고 집무실로 나가 반란군 진압 상황을 직접 챙길 정도였다. 이처럼 쇼와왕의 노여움을 산 이 사건에서 사망자는 사이토 내대신, 다카하시 대장상, 와타나베 교육총감 외에도 군인 6명,

경찰 5명 등 11명에 이른다. 이 사건에 도의적 책임을 지고 군복을 벗은 육군대장만도 7명이다. 쿠데타 사건의 배후세력으로 알려진 황도파 군벌 아라키 사다오(荒木貞夫, 1877~1966)와 마자키 진자부로(眞崎甚三郎, 1876~1956), 아베 노부유키, 하야시 센주로, 이 사건에 미온적으로 대처한 시종무관장 혼조 시게루, 청년장교들의 하극상 풍조를 눈감아온 미나미 지로, 당시 육군대신 가와시마 요시유키 등이 그들이다. 사건 진압을 총지휘했던 카시이 고헤이(香椎浩平,

■■ '황도파' 군벌의 지도자 아라키 사다오.

1881~1954) 계엄사령관(육군중장)도 7월 말 계급장을 뗐다.

사건 수습에 나선 일제 정부는 1936년 7월 29일까지 일단 군 주동자 처벌을 모두 끝냈다. 재판 결과 가다 기요사다(香田淸貞) 대위를 비롯한 16명(군법회의)에 대해서는 반란죄로 사형이, 6명은 무기금고, 6명에게는 4~6년 금고형이 내려졌다. 배후 세력에 대한 재판은 이듬해 8월 14일까지 계속되어 기타 이키(北一輝, 1883~1937) 등 민간인 3명이 반란(수괴)죄로 사형을 선고받고(도쿄 지방재판소), 가메가와 데쓰야(龜川哲也)는 무기금고형, 19명은 1년 6월에서 15년까지 금고형을 받았다. 또 4명은 1년 6월에서 2년까지 금고형에 4년 동안 집행유예 처분됐다. 마자키 진자부로도 반란군을 도운 죄로 기소되었으나 무죄 판결을 받았다.

정부는 이와 함께 육군 수뇌부를 완전히 물갈이 했다. 12개 자리 가운데 유임은 간인노미야 고토히토(閑院宮載仁, 1865~1945) 참모총장 단 한 사람뿐이었다. 육군대신에는 데라우치 마사타케의 아들 히사이치(寺內壽一, 1879~1946)가 기용되고, 육군차관에는 우메즈 요시지로(梅津美治郎, 1882~1942), 군사국장에는 이소가이 렌스케(磯谷廉介, 1886~1967), 군사과장에는 마치지리 카즈모토(町尻量基, 1888~1945), 참모차장에는 니시오 도시조(西尾壽造, 1881~1960), 작전부장에는 구와키 다카아키라(桑木崇明, 1885~1945), 작전과장에는 시미즈 기노리(淸水規矩), 교육총감에는 니시 요시카즈(西義一, 1878~1941), 관동군 사령관에는 우에다 켄키치(植田謙吉, 1875~1962), 관동군 참모장에는 이타가키 세이시로, 관동군 참모부장에는 이마무라 히토시(今村均, 1886~1968)가 각각 발령됐다. 이로써 황도파가 퇴조하고 도조 히데키(東條英機, 1884~1948)를 비롯한 통제파가 전면에 나서 군부와 정권을 요리하기 시작했다.

내각은 이어 계엄령을 해제하고 평온을 되찾은 다음 우가키의 사표를 수리했다. 우가키에 대한 인사 결정이 늦어진 것은 2·26사건의 뒷수습이 만만치 않았기 때문이다. 쇼와왕을 비롯한 겐로(元老) 사이온지, 유아사 내대신 등 궁중 측근과 히로다 수상 등은 처음 우가키의 사의를 극구 만류하며 유임을 권유했다. 쿠데타 직후 바로 물러나면 세간에 인책 사임으로 말이 날 수 있고, 우가키가 본국으로 돌아오면 수상 옹립운동으로 정국이 또다시 소용돌이 칠 우려가 있다는 이유에서였다. 후임 선정이 어려웠던 것도 우가키가 그대로 눌러앉기를 바라는 이유 가운데 하나였다.

2·26사건은 우가키와 미나미가 잇단 정치발언으로 정치 지향의 청년장교들을 고무시킴으로써 불씨를 키웠다는 게 일본 학자들의 분석이다. 우가키 육군대신 때 일어난 '3월 사건'과 미나미 육군대신 시절 발생한 '만주전쟁'이 그 시작이었다. 학자들에 따르면 3월 사건은 '국방이 정치를 앞선다'는 우가키의 발언에서 발원하고, 만주전쟁 또한 미나

미가 1931년 8월 4일 열린 전국 주요지
휘관 회의에서 만주 지배의 불가피성과
군인의 정치 관여를 강조한 선동적 발
언이 촉매제로 작용했다는 설명이다.

게다가 이들 사건을 일으킨 주동자
들에 대한 미미한 처벌도 젊은 정치군
인들에게 재도전의 꿈을 불어넣은 꼴
이었다. 더욱이 이누카이 쓰요시(犬養
毅) 수상을 살해한 5·15사건의 경우 가
담자 18명 가운데 미카미 타쿠(三上卓,
1905~1971) 해군중위 등 3명만, 그것도

■■ 해군장교들이 일으킨 쿠데타에 희
생된 이누카이 쓰요시.

금고 13~15년형으로 가볍게 처벌하고 나머지는 훈방 조치했다.

여하튼 미나미에게는 2·26사건이 화(禍)이자 복(福)인 셈이었다.
미나미 역시 내각 총리대신이 꿈이었다. 그는 2·26사건이 일어나기
전만 해도 육군대장 계급장을 달고 '만주국' 주재 특명전권대사 겸 관
동장관, 관동군 사령관으로 이 지역을 마음대로 요리하며 그런 꿈을
키우고 있었다. 그러나 뜻하지 않게 젊은 장교들의 쿠데타 미수사건
으로 1936년 4월 군복을 벗고 군사참의관의 한직으로 물러나야만 했
다. 하지만 그로부터 4개월 만에 조선 총독으로 화려하게 부활했다.
우가키 후임에는 예비역 육군대장 스즈키 소로쿠(鈴木莊六)도 물망에
올랐으나 미나미로 결정됐다. 둘은 참모총장(스즈키)과 차장으로 한
때 참모본부를 이끈 사이였다. 우가키, 시라가와 요시노리 등과 육
군사관학교 1기 동기인 스즈키는 타이완군 사령관과 조선군 사령관
(1924. 8~1926. 3)을 역임한 점이 강점으로 부각되었으나 나이 때문에
미나미에게 밀렸다. 스즈키는 그때 이미 일흔 살을 넘긴 노인이었다.

군인의 정치 개입 공인한 미나미

미나미는 1874년 8월 10일 오이타(大分) 현 히지(日出)에서 태어났다. 1895년 육군사관학교(6기)와 1903년 육군대학을 졸업하고 기병(騎兵) 제1연대장으로 러일전쟁에 참전했다. 미나미는 그 뒤 관동도독부 육군참모(1906년), 육군성 군무국 기병과장(1917년) 등을 거쳐 1919년 소장으로 진급, 지나(중국)주둔군 사령관을 지낸 뒤 우가키의 추천으로 육군성 기병감(騎兵監, 1924년)에 발탁됐다. 앞에서 설명했듯이, 그는 '우가키 군벌'의 일원이었다. 미나미가 육군 참모차장(1927년)이 되고, 1931년 4월 제2차 와카스키 내각의 육군대신으로 입각하게 된 것도 우가키 입김이었다. 우가키는 3월 사건의 책임을 지고 육군대신 자리에서 물러나면서 자신의 정책을 충실히 계승하는 조건으로 미나미에게 자리를 물려주었다.

미나미의 육군대신 재임기간(1931. 4. 14~12. 13)은 8개월로 짧다. 그러나 영향력은 지대했다. 미나미는 1931년 8월 1일자 육군 정기 인사이동에서 만주 경영에 뜻을 같이한 제10사단장 혼조 시게루를 관동군 사령관으로, 제6사단장 아라키 사다오를 교육총감부 본부장으로, 제1사단장이던 마자키 진자부로를 타이완군 사령관으로 각각 발령했다. 그리고 8월 4일 전국 주요지휘관회의를 소집, 훈시를 통해 다음과 같은 내용의 정치적 발언을 했다.

> 육군대신은 군직(軍職)에 있다고 하나 국무대신의 각료(閣僚)인 이상 만몽(滿蒙)이 중요한 이유를 강조하고 해결방안을 제시함은 맡은 바 임무에 어긋남이 없는 일이다. 군인은 군정(軍政)을 담당하는 사람이므로 군인의 정치 관여는 본래부터 부여된 본분이라 말할 수 있다.

신문들은 이와 같은 미나미의 주장에 대해 '민주국가를 지향하는 나라에서 군인이 이와 같은 발언을 한다는 것은 국민에 대한 모독이며 위협임이 분명하다.'며 일제히 비판하고 나섰다. 그러자 육군도 곧바로 신문을 반박하는 담화문을 발표하고 응수했다.

미나미의 소신에 용기를 얻은 이시하라 간지, 이타가키 세이시로, 하시모토 킨고로, 시게토 치아키 등이 만주전쟁(만주사변)을 일으킨 것은 앞에서 설명한 대로이다. 일제 내각은 당시 만주전쟁의 불확대 방침을 결정하고 미나미 육군대신을 통해 관동군에 전투 중지를 지시했다. 그러나 미나미는 정부방침을 따르도록 지시하기보다는 오히려 관동군을 두둔하는 태도로 나왔다. 그러는 사이 관동군은 이미 설명한 바와 같이 전투를 중단하기는커녕 병력을 몰아 지린(吉林)을 거쳐 동지나 철도를 횡단하고 흑하(黑河)까지 진출, 마침내 만주를 석권하고 만다.

이에 대해 강창성은 그가 쓴 《일본/한국 군벌정치》에서 "장군은 전쟁에서 군주의 명령을 받지 않을 때가 있다고 《손자병법》에도 나와 있다. 그러나 전쟁 중에 있는 장군은 천자의 부름을 듣지 않는다는 통수원칙은 일반적인 상황에서 상부의 지시 또는 명령을 무시해도 좋다는 뜻은 결코 아니다."고 지적하고, "관동군은 그런 견지에서 법을 어긴 것이며, 천황의 허가 없이 군대를 국외로 출동시킨 하야시 조선군 사령관, 이시하라 간지를 비롯한 관동군의 책임자, 사전방지와 사후수습을 제대로 하지 못한 참모총장 가나야 한조와 육군대신 미나미 지로 등은 모두 위의 조항을 명백히 위반한 것이다."고 주장한다.

미나미는 만주전쟁 처리를 놓고 시데하라 키주로(幣原喜重郎, 1872~1951) 당시 외무대신과도 크게 대립했다. 만주 사건이 걷잡을 수 없이 확대된 데 대해 책임을 지고 물러난 시데하라가 "미나미는 각의에서 철이 들지 않은 어린 아이처럼 선악의 구별이 없었다. 그는 앞뒤가 맞지 않는 궤변을 늘어놓기 일쑤였다."고 그의 회고록에 쓰고 있을 정도이고 보면 둘 사이가 어떠했는지 짐작이 가고도 남는다.

군인의 정치적 개입을 공인(公認)한 미나미의 훈시는 이른바 '10월 사건'의 직접 동기가 되기도 했다. 10월 사건은 사쿠라카이(櫻會) 회원 중견장교 120여 명이 극단주의자들과 손잡고 군대를 동원하여 와카쓰키 내각을 무너뜨린 뒤 군사정권을 수립하려던 쿠데타 미수사건을 말한다. 음모는 3월 사건에 실패한 하시모토 킨고로와 초 이사무 등 영관급 장교들이 꾸몄다. 당초 민간인은 우익인 오가와 슈메이와 이와다 아이노스케(岩田愛之助)가 가담했으나 뒤에 기타 이키와 니시다 미쓰구(西田稅)가 가세했다. 기타와 니시다는 2·26사건에도 가담하여 사형을 당한 극단주의자이기도 하다.

이들은 1931년 10월 24일 새벽 정부에 타전할 '관동군이 일본으로부터 분리, 독립한다'는 암호를 신호로 근위보병 10개 중대, 해군 폭격기 13대, 육군 정찰기 등을 출동시켜 수상 관저, 경시청, 육군성, 참모본부 등을 습격하고, 와카쓰키 레이지로 수상 등 각료들을 암살한 뒤 새 정권을 수립할 계획이었다. 이들 급진파들은 이를 위한 예비 내각도 짰다. 내각 총리에는 아라키 사다오를 옹립하고, 다테가와 요시쓰구에게 외무상을, 고바야시 세이자부로(小林省三郎, 1883~1956)에게 해군대신을 맡기며, 쿠데타 주체인 오가와 슈메이는 대장상을, 하시모토 킨고로는 내무상을, 기타 이키는 법무상을, 초 이사무는 경시총감을 각각 맡을 계획이었다.

그러나 이 쿠데타 음모는 10월 16일 육군성과 참모본부에 알려져 다음 날 아침 헌병들이 주모자들을 일제히 검거함으로써 실패로 막을 내렸다. 당시 군사과장 나가다 데쓰잔은, 다시는 이와 같은 일이 재발하지 않도록 주동자들을 극형에 처해야 한다고 주장했다. 나가다는 이로 말미암아 이들 급진파의 원한을 사, 앞에서 설명한 대로, 대낮에 육군성 집무실에서 칼에 찔려 숨졌다.

하지만 일본 정계의 정보통인 스기야마 시게마루(杉山茂丸, 1864~1935)가 내각에 영향력이 큰 겐로 사이온지 긴모치(西園寺公望, 1849~1940)에게 선처를 호소한 데다 하시모토와 절친한 이시하라 간지가 육군 수뇌부에 손을 써 이 사건 역시 3월 사건처럼 형식적인 처벌에 그치고 말았다. 주동자 12명 가운데 벌을 받은 사람은 2명뿐이었다. 그것도 하시모토는 근신 20일에 만주 근무, 초는 근신 10일에 지방 전출이 전부였다. 그런데 이들은 반성은커녕 아침부터 요정을 드나들며 기생들이 따라주는 술을 마시며 호화로운 생활을 계속했다. 그럴 만큼 이들의 세력은 막강했다.

그래서 군 내부에서는 "군의 질서가 어디에 있으며, 군기를 어떻게 유지할 수 있느냐. 군을 이 지경에 이르게 한 육군대신과 참모총장이야말로 일본군의 군기파괴자이다."라는 비난의 목소리가 그칠 줄 몰랐다. 이 사건을 계기로 우가키 군벌이 퇴조하고 급진파 장교들을 중심으로 한 아라키 군벌이 급성장했다.

이때 육군참모총장은 앞의 제6장에서 소개한 가나야 한조(金谷範三)였다. 그는 미나미보다 한 살 많았다. 육사도 한 기수 빠르며, 육군대학도 2년(1901년) 먼저 졸업했다. 둘은 서로 둘째가라면 서러워할 정도로 대단한 술꾼이었다. 그래서 술에 관한 일화가 수 없이 많다. 심지어 이런 일도 있었다.

미나미는 아침부터 육군대신 집무실을 비우는 예가 더러 있었는데 그날따라 분초를 다투는 긴급보고 사항이 생겼다. 대신이 행방불명이니 육군성이 발칵 뒤집힐 수밖에 없었다. 각 국에는 대신을 찾는 전화가 빗발쳤다. 관사에 확인한 결과 출근한 지 한참 지났다고 한다. 정문 초소에서도 분명 출근은 했으나 외출한 사실은 없다는 대답이다. 국장과 비서들은 화장실까지 뒤지며 야단법석을 떨었다. 이런 소동이 벌어지고 있는 가운데 미나미는 오전 10시가 다 되어서야 시뻘건 얼굴로 뒷문에서 나타났다. 그러면서 그는 참모총장실에서 가나야 총장과 함께 해장술을 한잔 했는데 웬 난리냐는 투였다. 이런 둘 사이의 친분관계로 설령 육군성과 참모본부의 실무자들 사이에 서로 다툼이 있는 어려운 문제라 할지라도 술자리에서 쉽게 해결되곤 했다. 평소 '술을 실컷 마시다가 예순 살로 죽겠다'고 입버릇처럼 말해온 가나야는 1931년 12월 군사참의관으로 옮겨 그의 말대로 술을 즐기다 꼭 60세가 된 1933년 6월 6일 이승을 등졌다.[1]

이 같은 미나미에 대해 마쓰시다 요시오(松下芳男)는 그의 저서《일본군벌의 흥망(日本軍閥の興亡)》에서 "육군대신은 육군의 행정장관으로 모든 부하들을 통솔하고 감독할 책임이 있다. 그런 그가 관동군의 독주를 막지 못하고 부하인 중견 장교들의 충동질에 따라 꼭두각시가 되었다. 한마디로 입헌국가의 국무대신으로 자격이 없다. 군벌에 의한 하극상이 활개를 칠 수 있었던 것도 그의 이런 우유부단함 때문이라고 설명할 수밖에 없다."고 비판했다.

한동안 잘 버티던 미나미도 10월 사건이 일어난 지 두 달 만에 그가 몸담고 있던 제2차 와카스키 내각이 와해됨(12월 12일)에 따라 아라키 사다오에게 육군대신 자리를 넘겨주고, 군사참의관으로 물러났다. 그는 그곳에서 3년 동안 보직 없이 지내다 1934년 12월 만주국 주재 특명전권대사 겸 관동장관, 관동군 사령관에 임명되었다. 만주국의 군사, 외교, 행정권을 한 손에 쥔 그는 전제군주처럼 군림하며 온갖 몹쓸 짓을 다했다. 그가 우리 민족과 중국에 저지른 죄상(罪狀)은 일본 패전 뒤 열린 극동국제군사재판(도쿄재판) 결과가 극명하게 입증한다. 미나미는 A급 전범으로 이 재판에서 종신금고형을 받았다.

만주파 관료 진용과 일장기 말소사건

군사참의관이라는 한직에서 조선 총독으로 다시 일어선 미나미는 도쿄 조선총독부 출장소로 출근, 현황을 파악하며 부임 준비를 서둘렀다. 그는 우선 자기를 보좌할 정무총감에 오노 로쿠이치로(大野綠一郎)를 지명했다.

오노는 정무총감이 되기 전 만주에서 관동국(관동청의 후신) 총장으로 미나미를 돕고 있었다. 미나미는 그때 오노의 행정능력을 보고 발탁했다고 한다. 오노는 1887년 사이타마(埼玉)현에서 태어나 1912년 도쿄제국대학 법학과를 졸업하고 아키타(秋田) 현 지방관으로 관계에 첫발을 내디뎠다. 그 뒤 가가와(香川) 현 등을 거쳐 1926년 도쿠시마(德島)현 지사로 승진하여 1927년 기후(岐阜) 현 지사, 1931년 내무성 지방국장 등을 역임한 뒤 1932년 1월 경시총감에 올랐다. 그는 내무부 서기관으로 근무하는 동안 구미 각국을 여행하며 안목을 키우기도 했다.

■■ 미나미를 보좌한 오노 로쿠이치로 정무총감.

그러나 1932년 1월 8일 의사 이봉창이 사쿠라다몬(櫻田門) 밖에서 쇼와왕이 타고 가던 마차에 폭탄을 던진 이른바 '사쿠라다몬 사건'이 일어난데 이어 이누카이 수상을 살해한 5·15사건이 터지는 바람에 자리에서 물러나야 했다. 그는 그 뒤 3년 동안 하는 일 없이 지내다 1935년 관동국 총장으로 기용되어 미나미를 만나게 됐다. 그리고 1942년 5월 29일

■■ 베를린 올림픽 마라톤에서 금메달을 획득한 손기정 선수의 유니폼 가슴에 새긴 일장기를 지우고 보도한 《동아일보》 1936년 8월 25일자 신문(《동아일보》 제공).

까지 미나미와 진퇴를 함께했다.

미나미는 또 만주국 국무원 총무청 인사처장으로 근무하던 시오바라 도키사부로(鹽原時三郎)와 관동청* 때 체신국 경리과장으로 일했던 곤도 기이치(近藤儀一)를 비서관으로, 미쓰바시 고이치로(三橋孝一郎)를 경무국장으로 각각 발령했다. 시오바라는 그 이듬해 7월 3일 총독부 학무국장으로 옮겼다. 미나미는 무자격자인 시오바라를 학무국장으로 부리기 위해 일단 비서관을 거치는 편법을 사용했다. 미쓰바시는 오노 정무총감의 추천으로 서울에 올 수 있었다. 미나미 시대에는 이들 만주파들이 총독부를 요리했다.[2]

이와 같이 만반의 준비를 끝낸 미나미는 1936년 8월 26일 서울에 부임했다. 오노 정무총감은 이보다 한 발 앞서 8월 22일 도착했다. 그러나 예기치 않은 사건이 미나미를 기다리고 있었다. 《동아일보》가 1936년 8월 10일 베를린 올림픽 마라톤에서 1위를 차지한 손기정과 3위를 한 남승용 선수 소식을 15일이 지난 8월 25일자에 전하면서 손 선수의 가슴에 붙인 일장기(日章旗)를 지운 사진을 실은 것이다. 이른바 '일장기 말소사건'이다.

조선총독부는 이를 즉각 문제 삼고 나섰다. 이 사건을 주도한 사회부(체육담당) 이길용(李吉用)·장용서(張龍瑞) 기자와 현진건(玄鎭健) 사회부장, 사진부 백운선(白雲善)·서영호(徐永浩) 기자, 신낙균(申樂均) 사진과장, 사진을 수정한 화가 이상범(李象範) 등을 구속하고, 《동아일보》에 대해 무기정간 처분했다. 또 사장 송진우(宋鎭禹), 주필 김준연(金俊淵), 편집국장 설의식(薛義植) 등 간부 8명은 퇴사와 함께 언론 활동을 일

---

* 일제가 1905년 러일전쟁에서 이긴 뒤 뤼순·다롄 지역을 관리하기 위해 관동도독부를 개편하여 만든 기구. 관동청은 그 뒤 관동군 사령부로 바뀌었는데, 1935년 행정업무는 관동국으로 이전됐다.

절 금지토록 했다. 구속자들은 '언론계에서 활동하지 않겠다.'는 각서를 쓰고 40일 만에 풀려났다. 신문도 정간을 당한 지 9개월 만인 1937년 6월 2일자로 복간되어 1940년 8월 폐간될 때까지 발행을 계속했다.

여운형(呂運亨)이 발행하던 《조선중앙일보》도 일장기가 지워진 손 선수의 사진을 1면에 내보냈으나 사진 상태가 좋지 않아 검열 당국의 눈을 피할 수 있었다고 한다. 그러나 그 사실이 뒤늦게 확인되어 정간 처분되고 여운형은 사장 자리에서 물러났다. 《조선중앙일보》는 그 뒤 사주들의 협의를 거쳐 자진 폐간했다. 이처럼 미나미는 집무 시작부터 가혹했다.

2

내선일체(內鮮一體)

'조선과 만주는 하나'

하늘도 노여워했음일까. 미나미 지로가 조선 총독으로 임명된 지 5일 만인 10일부터 14일까지 서울에는 667.6밀리미터의 기록적인 폭우가 쏟아진 데 이어 27일부터 3일 동안 태풍까지 몰아쳐 전국적으로 1,916명이 사망하거나 실종됐다. 재산피해액도 자그마치 1억 567만 4,884원에 이르렀다.[3] 미나미는 부랴부랴 수해상황을 파악하고자 9월 2일 강원도 지방을 돌아보고, 오노 로쿠이치로 정무총감은 그보다 하루 전 경남으로 향했다. 도쿄에서도 마키노 노부아키(牧野伸顯, 1861~1949) 텐노 시종

(侍從)이 달려와(9월 7일) 4일 동안 수해지역을 돌며 피해 정도를 확인하고 돌아가 쇼와왕에게 보고했다.[4] 조선반도에서 수해는 거의 해마다 겪는 일이지만 이처럼 전국적으로 피해가 큰 것은 처음이었다. 자연히 항간에는 유언비어가 나돌고 민심은 뒤숭숭했다.

그런 탓에 미나미는 1937년 4월에 열린 제2차 전국 도지사회의(제1차 회의는 1936년 9월 24일)에서 비로소 시정방침을 밝힐 수 있었다. 그가 내세운 시정은 △국체명징(國體明徵), △선만일여(鮮滿一如), △교학진작(敎學振作), △농공병진(農工竝進), △서정쇄신(庶政刷新) 등 다섯 가지였다. 국체명징이란 두 말할 필요도 없이 텐노 중심 국가체제를 분명히 구현하겠다는 다짐이다. 선만일여는 말 그대로 조선과 만주가 하나라는 뜻으로, 조선 총독이 만주 문제를 시정방침으로 들고 나온 것은 퍽 이례적인 일이었다.

육군대신 시절 만주 침략을 조장하고 관동군 사령관 때 중국을 샅샅이 파악한 그는, 실은 선만일여 정책을 통해 만주 지방의 조선 독립운동을 막고 일본 괴뢰정부 만주국을 도와 중국 국민당 정부에 맞서게 할 생각이었다. 그가 수해복구 작업이 한창이던 1936년 10월 29일 중국 지린 성 옌볜에 있는 투먼을 찾아가 우에다 겐키치 관동군 사령관과 △선만일여 실천, △선만 산업경제 유대 △치안 유지 방안 등을 논의한 것도 바로 그런 구상에서 출발하고 있다. 이는 당시 정무총감으로 미나미를 보좌했던 오노 로쿠이치로의 증언을 들어보면 더욱 확실해진다. 오노는 1959년 11월 4일 조선근대사료연구회와 나눈 대담에서 다음과 같이 말했다.[5]

당시 일본 지도층은 후방(만주를 의미)이 평온하지 못하면 조선 통치가 불가능하다고 생각했다. 만주를 잘 아는 미나미가 우가키 후임으로 결정된 것도 아마 그 때문이었을 것이다. 아시다시피 일본은 그때 전 국력을 쏟아 부어 만주국을 만든 상태였고, 만주 경영을 위해 오족협화(五族協和)를 건국이념으로 내걸었다. 즉 일본인·조선인·만주인·몽골인·한족(漢族) 등 다섯 개 민족을 서로 융합시켜 한 덩어리로 뭉치게 하고, 일본을 그 위에 둠으로써 동양을 안정시킨다는 구상이었다. 그런 상황에서 미나미는 관동군 사령관으로 있으면서 러시아 세력의 동청철도를 사들여 만주철도에 편입시키는 등 러시아에 대한 견제 기반을 구축했다. '만선일여'는 옛날처럼 세금 관계도 자유롭게 하고, 국경을 흐르는 강 위에 17~18개의 다리를 놓아 교통을 자유롭게 하면 이른바 비적(匪賊)이라는 존재도 자연히 사라질 것이라는 생각에서 출발했다. 다시 말하면 만주국 건설을 돕다 보면 조선 통치도 한결 쉬워지리라는 기대가 바로 만선일여의 취지였다.

지식인 길들이기와 수양동우회 사건

그렇지만 미나미의 이 같은 구상은 시간이 흐르면서 중국과 한판 싸움을 앞두고 이에 대처하기 위한 준비 작업이었음이 곳곳에서 드러났다. 일제 경찰이 조선의 수해 상처가 채 아물기도 전인 1937년 6월 6일 이른바 '수양동우회(修養同友會) 사건'을 일으킨 것만 보아도 짐작이 어렵지 않다. 수양동우회 회원 '검거 선풍'은 한마디로 일제가 중국과의 전쟁을 앞두고 우리 지식인과 언론의 입을 봉쇄하기 위해 꾸민 조작극이었다.

검거 인원만도 도산 안창호를 비롯, 모두 181명이나 됐다. 지역적으로는 평안도가 93명으로 가장 많고, 서울 55명, 황해도 33명 등이었다. 이 가운데 41명은 기소되어 1941년 11월 17일까지 4년 5개월 동안 재판정에서 고초를 겪어야 했다. 혐의는 치안유지법 위반. 동우회를 통해 몰래 독립운동을 하고 있다는 이유였다.

수사는 미쓰바시 고이치로 경무국장이 지휘했다. 1895년 지바에서 태어난 그는 1918년 도쿄제대 법학과를 졸업하고 고등문관 시험에 합격, 내무성 관리로 들어가 주로 경찰 분야에서 일해왔다. 1929년부터 1931년까지 조선총독부 경무국 경무과장으로 근무하기도 했다. 그는 그 뒤 본국 내무성 경보국(警保局) 고등과장으로 영전했으나 1932년 12월 27일 일본 도라노몬(虎の門)에서 무정부주의자 난바 타이스케(難波大助, 1899~1924)가 국회 개원식에 참석하기 위해 차를 타고 가던 황태자를 산탄총으로 저격한 이른바 '도라노몬 사건'에 책임을 지고 물러나 있다가 오노 정무총감 추천으로 총독부 경무국장으로 왔다. 경력이 말해 주듯, 그는 사상범 수사의 전문가였다.

1931년 9월 이미 만주 침략에 재미를 붙인 일제는 또다시 중국 본토 침공의 기회를 호시탐탐 노리고 있었다. 그런 때 일어난 《동아일보》의 일장기 말소사건은 여간 신경 쓰이는 문제가 아니었다. 게다가 이광수는 일제가 강제로 맡긴 조선문예회 회장을 거부하고, 김윤경(金允經)*은 일제가 청탁한 '심전(心田) 개발' 강연을 거절하는 등 총독부의 비위를 거슬렀다. 이에 경찰은 조선 지식인들을 혼내주려고 단단히 별렀다.

때마침 재경성 기독교청년 면려회가 1937년 5월 금주운동의 일환으로 〈멸망에 함(陷)한 민족을 구출할 기독교인의 역할〉이라는 제목

---

* 1894~1969. 국어학자. 조선어학회 상무이사, 연희전문 대학원장, 한양대 문리대학장 등을 역임. 1911년 상동(尙洞)청년학원에 들어가 주시경(周時經)에게 한글을 배운 뒤 1913년 마산 창신(昌信)학교에서 한때 교원으로 일했으며 그 뒤 연희전문(1922년)과 일본 릿교(立敎)대학(1929년)을 졸업, 배화여고보(培花女高普) 교원으로 근무했다. 1942년 조선어학회 사건으로 다시 검거되었다가 이듬해 기소유예로 풀려났다.

의 글 등을 담은 인쇄물을 국내 35개 지부에 발송한 것이 적발됐다. 경찰은 이 일에 이용설(李容卨)·정인과(鄭仁果)·이대위(李大偉)·주요한(朱耀翰)·유형기(柳瀅基) 등 동우회 회원들이 관련되어 있음을 확인하고 이를 독립운동의 하나로 몰아 대대적인 수사에 나선 것이다.

그러나 죄가 있다면, 이광수가 일제가 강제로 맡긴 조선문예회 회장을 거부하고, 김윤경이 총독부의 강연 요청을 거절한 일밖에는 없었다. 더군다나 동우회는 총독부가 인정한 합법 단체였다. 동우회는 1926년 안창호와 이광수가 이끌던 수양동맹회와 김동원(金東元)·김성업(金性業) 등이 주축을 이룬 동우구락부가 통합해 수양동우회란 이름으로 출발했다. 수양동우회는 다시 1929년 흥사단과 합쳐 이름을 '동우회'로 바꾸고 계몽운동을 이어갔다. 회원은 대부분 개화문물을 접한 변호사·의사·교육자·성직자 등 전문 직업을 가진 지식인들이었다. 실업인과 광산업자 등 자산가들도 들어 있었다. 이 단체는 무실(務實)·역행(力行)·신의(信義)·용기(勇氣) 등 4대 정신을 근본 요의(要義)로 하여 지(智)·덕(德)·체(體)를 수련, 민족정신을 일깨우자는데 일차적 목표를 두었다.

재판 결과 이들은 전원 무죄로 석방되었다. 그러나 안타깝게도 많은 회원들이 강압에 못 이겨 전향한 뒤 일제에 협력하기 시작했다. 이광수, 주요한, 홍난파, 정인과, 이용설 등을 대표적인 예로 꼽을 수 있다. 이때 일본 여론을 쥐락펴락했던 도쿠토미 소호가 이광수를 도와 친일로 이끈 일화는 지금도 역사가들의 입에 오르내리고 있다.[6]

루거우차오 사건과 전쟁의 장기화

일제는 이 사건을 꾸민 지 한 달여 만인 1937년 7월 7일 또다시 루거우차오(蘆溝橋) 사건을 일으켜 중국과 전쟁을 시작했다. 루거우차오는 베이징에서 남서쪽으로 15킬로미터쯤 떨어진 곳에 있는 중국에서 가장 오래된 아치형 석조 다리이다. 세우는 데 5년(1187~92년)이 걸렸으며, 청대(淸代)에 들어와 보수한 것으로 전해진다. 길이 266.5미터에 11개의 아치형 구멍이 뚫려 있고 다리 양쪽 140개의 돌기둥에 485마리의 사자 조각이 새겨져 아름다움을 더한다. 베네치아 여행가 마르코 폴로가 1260년대 중국을 왕래하다가 이 다리를 보고 세계에 둘도 없는 아름다운 다리라고 극찬했다고 한다.

이처럼 유서 깊은 다리에서 펑타이(豊台)에 주둔하고 있던 일본군이 한 병사의 실종을 트집 잡아 중국군의 짓이라며 사격을 가했다.(뒤에 확인 결과 이 병사는 루거우차오 밑에서 용변 중이었던 것으로 밝혀졌다.) 당시 지나군 사령관은 다시로 간이치로(田代皖一郎, 1881~1937)였으나 병중으로, 사건 경위를 보고받은 무다구치 렌야(牟田口廉也, 1888~1966) 연대장이 상부의 지시 없이 독단으로 공격 명령을 내려 전투를 확대시켰다. 지나주둔군 사령관은 그해 7월 11일 가쓰키 기요시(香月淸司)로 교체됐다.

충돌이 벌어지자 양측은 서둘러 협정을 맺고 이 사건을 덮어두기로 합의했다. 그럼에도 확전(擴戰) 구실을 찾던 일본군 지휘부는 이를 무시하고 7월 28일부터 2개 사단 병력을 증강, 본격적인 중국 침략전투에 들어갔다. 전쟁 발발로 루거우차오는 중국 현대사에 다시 한 번 이름을 새겼다. 일본은 이 전쟁 또한 만주전쟁처럼 중국에 선전포고도 하지 않았고, 국가간 전쟁이었음에도 아직도 '루거우차오 사건' 또는 '지나(支那)사변'이라 일컫는다.

그때 일본군은 현대화된 무기를 바탕으로 잘 훈련된 30만 명 이상의 정규군과 일본군 장교가 지휘하는 만주국 출신 만주인 및 몽골인 병력 15만여 명, 그리고 2백만 명에 가까운 예비군을 보유하고 있었

다. 게다가 당시 세계 3위를 자랑하는 해군과 육군 및 해군 항공대가
이들을 엄호하는 지원체제도 갖추었다.

이에 견주어 중국 국민당군은 4백만여 명으로 수적으로는 일본군
을 앞섰으나, 현대식 무기를 제대로 갖춘 병력은 장개석 직속의 10만
여 명뿐이었다. 나머지는 모두 지방 군벌세력으로, 대부분 부패하고
무능했으며 변변한 장비조차 없었다. 더욱이 국민당군은 항공기는
말할 나위도 없고 해군도 전무한 상태였으며, 보급문제도 외부 원조
로 겨우 해결할 정도였다.

일본군은 전쟁을 시작하자마자 베이징과 텐진을 손쉽게 점령하는
등 파죽지세로 승승장구했다. 마침내 8월에는 중국 최대 항구도시인
상하이를 공략, 손안에 넣었다. 일본군 지휘부는 이런 추세로 2~3개
월 정도만 나아간다면 중국대륙 전역을 점령하고 전쟁을 끝낼 수 있
을 것이라고 큰소리쳤다. 그러나 그들의 예상과는 달리 전투는 좀처
럼 결말이 나지 않고 장기전으로 접어들었다.

황국신민화 정책과 〈황국신민서사〉의 제정

미나미는 중국과의 전투가 차츰 격화됨에 따라 내선일체(內鮮一體)
라는 구호를 내걸고 황국신민화(皇國臣民化, 줄여서 '황민화'라 함) 정책
을 펴기 시작했다. 여기서 내선일체의 '내(內)'라 함은 일제가 그들의
해외식민지를 '외지(外地)'라 부른 데 대한 일본 본토를 일컫는 '내지
(內地)'의 첫 자이며, '선(鮮)'은 조선을 가리키는 말로, 일본과 조선이
하나라는 뜻이다.

이에 따라 각 면마다 1개 이상의 신사(神社)가 설치되고 각 학교에
는 일장기 게양과 신사 참배, 노력 봉사 등이 의무화됐다. 각 가정에
는 일본의 조상신이라는 아마테라스 오미카미(天照大神)를 모시는 신

■■ 조선신궁에 참배하는 조선 여인들.

선반〔가미다나(神棚)〕을 설치하여 매일 아침 기도하도록 했다. 서울 남
산에는 아마테라스 오미카미와 메이지텐노를 제신(祭神)으로 한 관폐
대사(官幣大社) 조선신궁(朝鮮神宮)을 만들어 참배를 강요했다.

또 매월 1일을 애국일, 6일을 애국저축일 및 근로보국대봉사일로 정

해 이를 철저히 지키도록 하고, 1일과 10일, 15일, 국경일에는 의무적으로 국기게양식을 갖도록 하며, 매월 1일에는 군대 위문과 함께 국방헌금을 내도록 했다. 10가구를 1개 반으로 하는 애국반을 만들어 매월 1일과 15일 함께 신사를 참배토록 하고, 매월 한 번씩 무기 제조에 필요한 철제품 수집운동을 벌이는 바람에 각 가정의 솥, 냄비, 식기, 수저 등이 남아나지 않았다.[7] 미나미는 특히 1942년 들어 이 국시를 새긴 비석을 전국 각지에 세우고 그 뜻을 기리도록 했는데, 현재 충남 독립기념관이 그해 9월에 만든 비석을 증거 유물로 보관하고 있다.

총독부는 이와 함께 육군지원병제(1938년 2월), 조선어 폐지 및 일본어 상용(1938년 4월), 창씨개명(1940년 2월), 육군징병제(1942년 5월) 등을 차례로 강제해 나갔다.

이 황민화 정책은 미나미의 비서로 채용된 지 11개월 만(1937년 7월

3일)에 일약 학무국장으로 발탁된 시오바라 도키사부로가 주도했다. 시오바라는 도쿄제국대학 독일법률학과에 다니던 1919년 4월 국가주의자인 오타 코조(太田耕造, 1889~1981), 미노다 무네키(蓑田胸喜, 1894~1946) 등과 함께 흥국동지회를 만들어 요시노 사쿠조(吉野作造, 1878~1933)의 다이쇼데모크라시 운동에 맞선 황도(皇道)주의자였다. '황국신민'이란 용어도 그가 새롭게 의미를 붙여 만든 말이다. 그에 따르면 이 말은 텐노를 받들고, 텐노에게 절대 순종하는 도(道)이다. 다시 말하면 나(我)와 사(私)를 버리고 오로지 텐노에게 봉사하는 충(忠)의 길을 걷는 것이 국민의 살아가는 유일한 길이요, 모든 힘의 원천이라는 논리이다. 따라서 텐노를 위해 몸과 마음을 바치는 것은 자기희생이 아니라 소아(小我)를 버리고 위대한 텐노의 권위에 영생하는 것이라는 설명이다. 이는 곧 전쟁터에서 목숨을 초개같이 버리는 일본군 병사의 이상상(理想像)으로 둔갑하기도 했다.[8]

미나미는 또 이른바 〈황국신민서사(誓詞)〉를 만들어 암송하도록 했다. 이 또한 시오바라가 국장으로 있던 조선총독부 학무국이 교학 진작(敎學振作)과 국민정신 함양을 목적으로 제정했다. 그런데 이 맹세문은 뜻밖에도 일본인이 아닌 당시 학무국 사회교육과장으로 있던 김대우(金大羽)가 안을 내고, 이각종(李覺鍾, 창씨명 靑山覺鍾)이 썼다고 한다.[9] 이각종은 보성전문학교를 졸업한 뒤 조선총독부 관리가 되어 3·1운동 때에는 경기도 김포군 군수였다. 그러나 병으로 1920년 6월 사퇴했다. 그는 병을 고친 뒤 조선총독부 학무국 촉탁으로 다시 들어가 글과 강연을 통해 황민화 운동에 앞장서면서 〈황국신민서사〉 문안을 기초했다.

김대우는 평안남도 강동 출신으로 1925년 일본 규슈제국대학 공학부를 나와 총독부 관리로 들어갔다. 처음에는 말단직인 임야조사위원회 서기로 출발했으나 충성심과 능력을 인정받아 3년 만에 평북 박

■■ 황국신민화의 이름 아래 폭정으로 조선인을 못살게 괴롭힌 미나미 지로 총독. 뒷 벽에 〈황국신민서사〉가 걸려 있다.

천(博川)군수로 승진했다. 이후 고시 출신들을 앞질러 1936년 조선총
독부 학무국 사회교육과장이라는 요직에 기용됐다. 그는 〈황국신민
서사〉의 제정 공로로 1943년 8월 전북도지사가 되고, 1945년 6월 경
북도지사로 옮겨 영화를 누렸다. 일본 패망 뒤에는 일제로부터 총독
부 행정권 이양문제를 위임받아 여운형·송진우 등 민족지도자들과
접촉하기도 했다. 1949년 반민특위에 체포되었으나 증거 불충분으로
석방되었다.

〈황국신민서사〉는 어린이용과 어른용 두 가지로 되어 있다. 내용
은 다음과 같다.

△ 어른용

1. 우리는 황국신민(皇國臣民)이다. 충성으로써 군국(君國)에 보답하련다.

1. 우리 황국신민은 신애협력(信愛協力)하여 단결을 굳게 하련다.

1. 우리 황국신민은 인고단련(忍苦鍛鍊)하여 힘을 길러 황도를 선양하련다.

△ 어린이용

1. 우리들은 대일본 제국의 신민(臣民)입니다.

1. 우리들은 마음을 합하여 천황폐하에게 충의를 다합니다.

1. 우리들은 인고단련(忍苦鍛鍊)하여 훌륭하고 강한 국민이 되겠습니다.

이 〈황국신민서사〉는 미나미가 1937년 10월 2일 결재함에 따라 위
력을 발휘하기 시작했다. 미나미는 이를 모든 조선인들에게 외우도
록 하고, 각급 학교 조회 때는 물론 모든 집회를 시작하기에 앞서 다
같이 암송하도록 지시했다. 또 모든 책은 이를 반드시 게재해야 출판
이 가능했다.

1938년 6월에는 '국민정신총동원 조선연맹'을 결성, 국어 강습, 공출, 헌금, 폐품 수집, 지원병 응모, 창씨개명 등 국책사업을 주도하도록 했다. 시오바라 학무국장이 이사장을 맡고, 윤치호, 이각종, 이승우(李升雨), 조병상(曺秉相)과 일본인 4명이 상무이사로 활약했다. 이 단체는 1940년 10월 '국민총력 조선연맹'으로 개편되었다.

황민화의 목적은 동원체제 구축

그렇다면 이런 민족정신을 말살하는 황민화 정책이 왜 그때 갑자기 맹위를 떨치게 되었던 것일까. 《〈일본인〉의 경계》를 펴낸 오구마 에이지(小熊英二)는 그 해답을 중일전쟁에서 찾는다. 그는 이 책에서 "황민화 정책은 곧 극단적인 동화노선이다. 동화노선 자체는 원래 국방과 밀접하게 결부되어 있었다. 이런 정책이 여태까지 없었던 세력에 힘입어 갑자기 강해진 이유는 말할 필요도 없이 중일전쟁이었다. 개전으로 말미암아 조선은 일본의 대륙침략 병참기지로서 역할이 더욱 요구되었고, 조선인을 병력이나 노동력으로 동원할 필요조차 생기게 되었다. 그러기 위해서는 조선인의 일본에 대한 충성심을 키우는 일이 무엇보다 급한 일로 떠올랐다. 황민화 정책은 바로 그런 긴급한 요구를 충족시키고자 기획되었던 것이다."라고 설명했다.

오구마에 따르면, 황민화의 근본은 일본의 국체에 대한 확고한 신념을 각인하는 것을 으뜸으로 했다. 따라서 총독부는 조선인에게 일본에 대한 충성심을 주입하는 데 그치는 것이 아니라, 그 결과를 문화나 언어동화라고 하는 눈에 보이는 형태로 확인해야만 마음을 놓을 수 있었다. 다시 말하면 황민화의 근본은 정신에 있지만, 정신을 바깥으로 드러내어 풍속이나 습관을 개선하고, 경신숭조(敬神崇祖) 정신과 도의 관념을 향상시키는 것이다. 그런 의미에서 황민화 정책은 단순한 일본 문화에 대한 동질화라기보다 민족정신의 정복이자 정신 총동원체제였다는 게 오구마의 해석이다.

그에 따르면, 일제는 당초 조선인을 군인으로 동원하려는 생각은 적었다고 한다. 그때 일제에 부족한 것은 군인이 아니라 장비이고 장비를 조달하는 자금이었다는 것이다. 그래서 군인의 가치가 엽서 한 장에 비유되기도 했다. 그런 상황에서 귀중한 장비를 충성심이 의심되는 조선인에게 지급하기 위해서는 특단의 조치가 필요했다. 바꿔 말하면 조선인을 일본군으로 동원하기 위해서는 '일본인'일 필요가 있었다. 왜냐하면 일제는 같은 시대의 영국과 프랑스 등이 식민지 출신을 본국인 부대와 따로 식민지군으로 편성했던 것과는 달리, 조선인을 일본 정규군에 편성했기 때문이라는 설명이다. 일제는 혹시 반란을 일으킬까 두려워하여 조선인만으로 부대를 만들지 않고, 무기가 필요 없는 후방근무 부대나 일본인 전투부대에 조금씩 나누어 배치했다. 그것은 오키나와 출신 병사를 규슈 지방 구마모토에 주둔한 부대 등에 나누어 편성했던 것과 닮은꼴이었다. 이처럼 조선 장병이 일본군에 편입되기 위해서는 '식민지인'이 아니라 '일본 국민'으로 되지 않으면 안 되었다.[10]

물론 그것만이 전부는 아니었다. 황민화 정책의 추진 배경에는 더욱 복잡한 문제들이 얽혀 있었다. 반대와 비난도 빗발쳤다. 그런 복잡한 사정은 미나미의 발언에서도 잘 읽을 수 있다. 미나미는 1941년 12월 8일 미국과 전쟁을 시작할 때 이렇게 말했다.

조선은 일본의 식민지가 아니다. 그런데 걸핏하면 반도를 식민지로 단정한 여러 외국의 예를 들어 '이민족은 동화가 안 된다. 식민지는 단지 본국의 번영을 위해, 필요한 한도에서 육성해야만 하며 동화일체를 꾀하는 것은 영구히 불가능하다'고 비꼬며 내선일체에 대해 이론(異論)을 제기하는 자가 있는 것으로 아는데, 그것은 '가당치 않다'고 말하지 않으면 안 된다.

이는 말할 필요도 없이, 황민화 정책의 비판에 대한 반박이다. 이와 같은 발언에는 조선인을 '일본인'으로서 동원할 필요성 말고도 전쟁 도발을 분식(粉飾)하려는 변명의 뜻도 들어 있었다. 일제는 중국 또는 미국과 전쟁을 일으킬 때마다 이 전쟁을 '구미제국주의의 식민 지배로부터 아시아를 해방하는 정의의 싸움'이라고 주장했다. 그런 일본이 식민지를 갖고 있다면 모순도 이만저만이 아니었다.

미나미는 황민화 정책에 대한 비판에 "팔굉일우(八紘一宇)*의 이상에 바탕을 둔 일시동인의 야마토(大和)·대애(大愛)의 숭고함을 잊고, 단순히 구미 여러 나라의 식민정책의 잣대를 가져와 황민화 정책을 재단하려는 것은 말도 안 되는 소리다."라고 비난하고, "조선을 식민지라고 말하는 자가 있으면 때려 주라."고까지 말했다. 그는 나아가 "내선(內鮮)의 관계는 인류학에서, 언어학에서, 그리고 인문사상에서도 동조동원(同祖同源)임이 명확히 입증되고 있다."고 강조하기도 했다.

또 총독부 경무국 보안과장 후루가와 겐슈(古川兼秀)는 1941년 강연에서 "일본 내부 일각에서는 '조선인 교육 따위는 집어치워라.' '군사훈련, 지원병제도도 위험하니 중단하라.' '자기가 키운 개에 오히려 손을 물릴 수 있다.'는 등의 말들이 나오고 있는데, 이는 열국의 제국주의적 식민제도에 대한 비판을 흉내 낸 말이다."라고 지적하고,

---

* 온 세계가 하나의 집이라는 뜻으로, 일본이 태평양 전쟁 때 세계 정복을 위한 제국주의 침략 전쟁을 합리화하기 위해 내세운 구호.

"황민화 정책은 열국의 식민정책과는 본질적으로 다른, 숭고한 덕과 사랑을 바탕으로 한 동질화 운동"이라고 치켜세웠다. 그는 "조상이 하나의 피로 이어진 내선은 지금이야말로 소원한 관계를 떨쳐버리고, 서로 받아들이고 섞이어 1억1심(一億一心)의 커다란 야마토 민족으로 거듭나지 않으면 안 된다."고 목청을 높였다. 거기에는 물론 병합이 침략이 아니라 옛날로 돌아간다는 복고(復古) 논리가 깔려 있었다. 후루가와는 심지어 창씨개명조차도 복고라고 했다. 그는 고대 조선의 인명은 일본풍(日本風)에 가까웠는데, 중국의 영향으로 대부분 중국식으로 바뀌었다며, 내지인다운 씨명(氏名)을 가질 수 있도록 한 조치는 종래의 중국식에 대한 반성이자 조선 본래의 전통을 찾는 제1의 길이라는 해괴한 말을 늘어놓기도 했다.

이들 식민정책 관계자들은 중일전쟁의 시작과 함께 조선과 일본을 별개로 나누는 말 자체를 없애려 애썼다. 일례를 들면 센징(鮮人)이나 조센징(朝鮮人)이라는 말 대신 반도인 또는 반도동포라고 불렀다. 이는 규슈인(九州人)이라거나 시코쿠인(四國人)처럼 조선인을 일본의 한 지방주민으로 간주하는 호칭이었다. 거기에는 차별로 말미암은 조선인의 민족의식을 건드리지 않으려는 통치상의 음모가 깔려 있었음은 말할 나위도 없다. 일본의 각 신문사 간부들은 이런 용어를 출판물에 정착시키고자 1938년 10월 합동좌담회를 열고, 신문·잡지 기사 가운데서 '내선인', '조선인'과 같은 차별을 뜻하는 용어를 없애자고 결의했다. '일본어'라는 말도 '국어'로 바꿔 쓰기로 의견을 모았다.

미나미는 이처럼 황민화 정책을 통해 우리 민족의 저항을 미리 차단·말살하고 민족정신까지 철저히 짓밟아 지워버리려고 했다.

3

일본어 상용(常用)과 지원병제

일본어 상용 강제한 〈교육령〉

조선 민중을 일본인화하기 위한 미나미 지로의 집념은 실로 광적
(狂的)이었다. 더욱이 모든 행정력을 동원하여 밀어붙인 일본어 상용
운동은 또 다른 형태의 민족 학대라 해도 틀린 말이 아니다. 그는 '국
체명징(國體明徵)', '내선일체', '인고단련(忍苦鍛鍊)' 등 세 가지를 교
육방침으로 내세워 모든 학교수업을 일본어(국어)로 진행하도록 하
고, 일반 가정에서도 일본어를 상용하도록 했다. 또 공무원이 솔선하
여 모범을 보이지 않으면 안 된다며 총독부를 비롯한 전국 각 행정기
관에 근무하는 조선인들에게 일본어를 생활화하는 데 앞장서도록 엄
명했다.[11]

이처럼 미나미가 펼친 여러 황민화 시책 가운데 일본어 교육에 열
을 올린 까닭은 조선 민중이 일상생활에서 일본어를 사용하지 않으면
황민화는 어렵다고 판단했기 때문이라고 한다. 일본어 보급에 대한
그의 의지는 "국어는 국민의 사상 정신과 떼려야 뗄 수 없으며, 국어
를 떠난 일본 문화는 있을 수 없다. 반도인의 진정한 황국신민화는 반
도 민중으로 하여금 국어를 알게 하고, 말할 수 있게 함으로써 큰 효
과를 거둘 수 있다고 믿는다. 국어 보급이야말로 내선일체의 절대 조
건이다."[12]라는 발언에서도 확인할 수 있다.

미나미의 말은 곧 법이었다. 총독부 학무국에는 비상이 걸렸다. 학

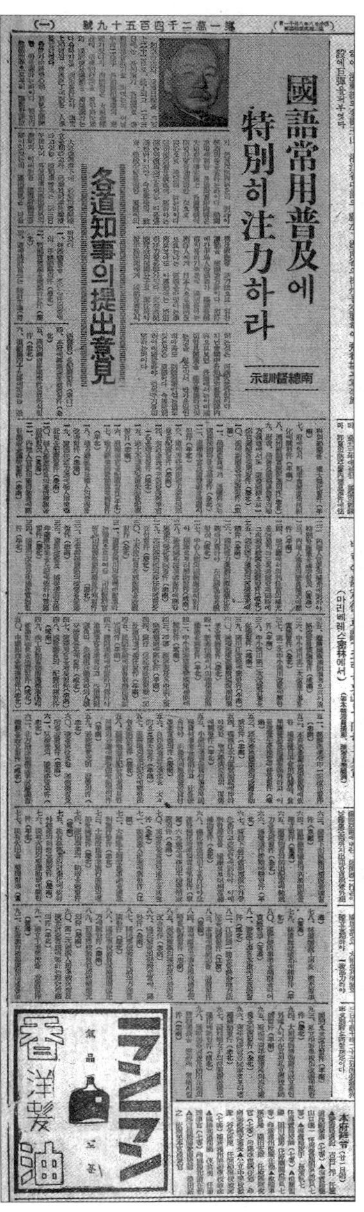

■■ 국어(일본어)의 보급상용이 황민화의 절대 요
건이라고 강조한 미나미 총독의 훈시 내용을
보도한 1942년 4월 15일자 《매일신보》 기사
(왼쪽)와 이에 대한 각 도지사들의 의견을 실
은 4월 23일자 내용(오른쪽).

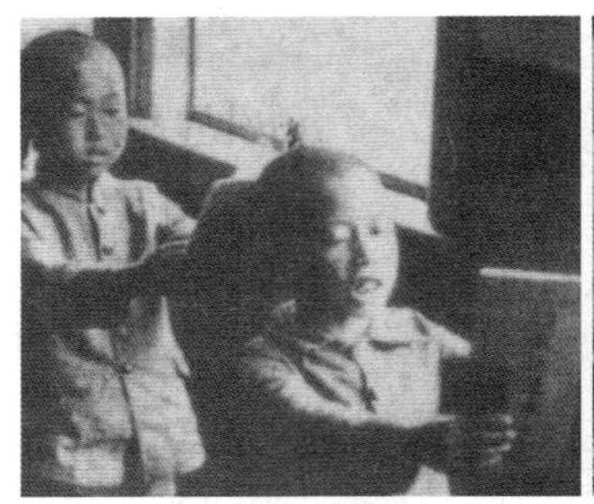

■■ 〈제3차 조선교육령〉에 따라 한국어 학습은 전폐되었다. 사진은 일본어 독본을 읽는 초등학생(왼쪽)과 습자(習字)시간에 일본어 글씨를 연습하고 있는 모습(오른쪽).

무국은 우선 〈조선교육령〉(이 책 〈사이토 마코토〉 3절 참조)부터 고쳤다. 1938년 4월 1일부터 시행된 〈제3차 조선교육령〉은 각급 학교 교명을 일본인 학교와 같게 하고, 조선어를 필수에서 학생이 자기 의사대로 수강할 수 있는 과목으로 바꾸어 유명무실하게 하고, 수업 언어를 일본어로 새로 규정했다. 이에 따라 조선인이 다니던 '보통학교, 고등보통학교, 여자고등보통학교'라는 호칭은 각각 일본인 학교처럼 '소학교, 중학교, 고등여학교'로 부르게 되었다. 하지만 학교 명칭만 같아졌을 뿐 조선인과 일본인이 다니는 학교를 여전히 갈라놓아 내선공학(內鮮共學)을 실행하겠다던 생색은 이번에도 빈말에 그쳤다. 〈소학교령〉은 '소학교에는 조선어를 이수(履修)과목으로 두거나 선택과목으로 할 수 있다.'고 규정함으로써 조선어 과목은 점차 폐지의 길을 걷게 되었다. 이와는 달리 〈소학교령〉 제16조 7항에 '국어 교육을 철저히 하여 국어 사용을 정확히 하고, 자유자재로 응용토록 하여 황국신민다운 성격을 함양하는 데 힘써야 한다.'고 규정, 국어 교육을 황민화의 방편으로 삼았다. 나아가 〈소학교령〉 제16조 8항에는 '교수 용어는 반드시 국어를 써야 한다.'고 명시하여 교사도 학생도 학교에서 조선어를 일절 사용할 수 없게 되었다. 〈제3차 조선교육령〉은 교육령 시행일과 같은 날 일본의 모든 인적, 물적 자원을 정부가 마음대로 통제 운영할 수 있는 〈국가 총동원법〉이 발효됨에 따라 더욱 탄력을 받게 되었다.

일본어 상용책: 학교

총독부는 이와 함께 일본어 상용을 촉진하기 위한 방법으로 당근과 채찍을 동시에 들고 나왔다. 즉 일본어를 사용하지 않는 자에게는 벌을 주도록 하는 '벌찰(罰札)'과 일본어를 잘하는 개인과 가정에 상(賞)을 주는 포상제도가 그것이다. 이는 일제가 오키나와에서 오키나와 말을 말살하고 일본어를 강제하기 위해 쓰던 수법이었다.[13] 아시아와 아프리카에 식민지를 두고 있던 서구 열강도 일찍이 이 방법을 사용했다. 더욱이 '벌찰'은 피지배민족이 스스로 자국어로 말하는 것을 서로 감시하는 시스템을 만들어 민족어는 말하기조차 부끄럽고 뒤떨어진 언어임을 각인시키고, 민족어 쓰기 자체가 국민의식 결여임을 느끼도록 하는 것이 특징이었다. 이런 시책의 최종 목표는 말할 나위도 없이 피지배민족의 말글살이 공동체를 무너뜨려 지배국 언어로 문화를 통합하려는 데 있었다.

총독부 지시로 조선인이 다니는 학교에서 벌찰을 사용한 예는 당시 신문의 지면에서 얼마든지 찾아볼 수 있다. 그 가운데서도 《아사히신문》이 1942년 5월 23일자 3면에 보도한 함경북도 길성(吉城)국민학교에 관한 기사는 단연 압권이다.* 기사에 따르면, 이 학교는 국어상용표를 만들어 학생들이 일본말로 대화하지 않을 경우 X인(印)을 찍고 '국

---

* 1941년 4월 1일자로 〈국민학교령〉이 시행되면서 소학교 호칭이 국민학교로 바뀌었다.

어상용위반장(違反章)'을 목에 걸게 하는 방법으로 조선어 말하기를 제재했다. 이에 적발된 어린이는 '위반장'을 넘겨줄 다른 위반자를 찾느라 혈안이었다. 또 국어상용표에 X인이 세 번 이상 찍힌 학생에게는 정학 처분을 내려 한동안 학교에 나오지 못하게 했다. 이 밖에도 '국어상용일지(日誌)'를 만들어 어린이가 집에서도 일본어를 쓰고 있는지를 기록하게 하고, 이를 확인하여 일본어만 쓰는 학생에게는 '국어장(國語章)'이라는 배지를 상으로 주어 옷에 달아 자랑하도록 했다.

조선총독부 기관지 《경성일보》가 1942년 4월 18일자에 보도한, 〈다음 세대 어머니 국어 상용—성신(誠信)가정여학교 엄벌을 채택〉이라는 제목의 기사도, 일본어 강요 실상을 잘 말해 준다. 성신가정여학교는 학교 안에서 일본어를 쓰지 않고 조선어로 말하는 자가 적발되면 위반자에게 '국어 애용, 발음을 정확히'라고 쓰여진 표찰을 교복에 붙이게 하여 반성을 촉구했다. 그리고 위반자는 길성국민학교처럼 새 위반자가 나타날 때까지 '벌찰'을 계속 붙이고 다녔다. 이 여학교에서는 일본어 상용이 내선일체의 첫걸음이고, 제2국민을 길러내야 하는 '다음 세대의 어머니'가 일본어 상용을 철저히 하지 않으면 안 된다는 생각으로 이를 실행하게 되었다고 신문은 전했다.

함경북도 청진의 청덕(清德)국민학교에서는 '국어카드'를 만들어 일정량을 어린이들에 나누어준 다음 조선어를 말하다 들키면 앞으로 주의하라는 뜻으로 갖고 있던 카드를 빼앗았다. 그리고 그 결과를 통계로 내어 일본어 상용운동의 효과를 확인했다. 이 학교 또한 '국어상용자'에게 상(賞)을 주고, '국어상용모범생'에게 '국어장'을 주어 가슴에 붙이도록 했다.[14] 덕성여자실업에서는 지폐와 비슷한 카드를 학생들에게 10장씩 나누어 주고 조선어를 사용하는 학생들로부터 1장씩 회수하여 카드가 빨리 없어지는 학생을 '성적 불량자'로 판정했다. 이 또한 학생들이 서

로 감시하여 오로지 일본어만을 쓰도록 하는 강요책이었다.[15]

평양사범부속국민학교에서는 '국어부'를 신설하고 일본어를 잘하는 5명을 뽑아 '국어상(國語賞)' 배지를 시상한 뒤 이들을 각 반에 한 명씩 배치하여 학교 안에서는 물론 등하교길이나 가정에서 일본어 회화 지도를 맡도록 하여 일본어 상용을 촉진하는 추진력으로 삼았다. 평양부청에서는 1942년 5월 23일 각 과별로 회의를 열고 평양부민 35만 명을 모두 '국어완전상용자'로 만들기 위한 '신(新)작전'을 펴기로 결의했다. 새로운 작전이란 각 과마다 과장을 위원장으로 하는 '국어상용독려위원회'를 설치하고 '국어독려명부'를 만들어 조선어로 말하는 자를 볼 때마다 이 사실을 명부에 기재하고 행정에 활용한다는 내용이다.[16]

또 다른 당근책으로는 일본어 상용을 실천하는 가정에 대해 '국어상용의 집' 문패를 상으로 주어 대문에 달도록 하거나, 일본어 상용 모범자에게 '국어상용장' 배지를 포상했다. 이는 당시 함경북도 나남본정소학교 교사로 근무하던 에바라 시게루(江原繁)가 제안하여 1940년 10월 '기원 2천6백 년 교육칙어 공포 50주년' 기념식에서 처음 시상함으로써 전국적으로 일반화했다. 에바라는 1942년 2월호 《문교조선(文敎の朝鮮)》에 이에 관한 이야기를 자세히 적고 있다. 그는 이 글에서 "'황국신민 육성'이 교육의 출발점이자 귀착점이 되어야 하고, 국어 보급과 국어생활 심화방법은 교육뿐만 아니라 조선 통치의 근본 문제라고 인식되어 이 제도를 제안하게 되었다."고 설명하고, "조선에서 학교 교육에 종사한 자는 통치자이기도 하다는 자부심을 가져야 한다."고 주장했다.

에바라는 또 1939년 말 현재 조선의 일본어 보급률은 13.9퍼센트로, 숫자로는 일본어를 조금 아는 자 149만 1,126명, 일본어 회화에 지장이 없는 자 157만 7,916명 등 모두 306만 9,032명이라고 밝히고, 1910년부터 1940년까지 30년 동안 초중등학교 졸업자 및 초중등학교 이상의 학교에 재적중인 학생 수가 160만 명인 상황에 견주어 학교교육을 거치지 않고 일본어를 습득한 자가 몇이나 되는지에 대해 의문을 던졌다. 에바라는 지금까지 일본어 교육은 거의 학교에 의존해온게 사실이라며 앞으로 이를 탈피하여 사회교육으로서의 일본어 교육에 힘을 쏟아야 한다고 강조했다.

일본어 상용책: 가정과 사회

나남본정소학교는 첫 번째 '국어상용의 집'을 뽑기 위해 학교에서 한 번, 가정을 돌며 한 번 등 두 번 조사를 했다고 한다. 그 결과 전체 대상 1,239호(7,879명) 가운데 136호(약 11퍼센트)가 '국어상용의 집'으로 뽑혔다. 105호는 가족 전원이 일본어를 잘하고, 나머지 31호는 조부모를 제외한 가족이 일본어를 말할 수 있는 것으로 나타났다. 이 학교는 그 뒤로도 해마다 교육칙어 공포 기념일(10월 30일)에 '국어상용의 집'을 뽑고, 이를 상징하는 휘장을 상으로 주어 대문에 붙이도록 했다. 이와 함께 '국어상용의 집'을 본교 '국어교육모범가정'으로 지정하여 이를 본받도록 했다. 이와 달리 '국어상용의 집'에 뽑히지 못한 가정에 대해서는 가족들을 나남본정소학교가 주관하는 야학에 의무적으로 보내 일본어를 배우도록 했다. 이 일본어 야간 교육은 그 뒤 경남 진주제1국민학교(1941년 11월 3일) 등으로 번졌다.

부산의 목도(牧島)국민학교에서는 1942년 2월 11일 기원절에 관내 115개 가정을 '국어의 집'으로 뽑아 표창을 했는데, 이때 시상된 '국어의 집' 표찰을 황대신궁(皇大神宮)*에 사용한 노송나무로 만들어 수

---

* 일본 미에(三重) 현 이세(伊勢) 시에 있는 신궁. 일본 왕의 아들이나 형제들이 결혼할 때 참배하는 것이 관례로 되어 있다.

상 자체를 더욱 값지게 했다. 뿐만 아니라 이 상을 받은 일본어 모범 가정에 대해서는 통제물자*를 우선 배급하고 부역을 일부 면제하며 물품 구입, 공직 취업, 임금 수령, 입학시험, 학업성적 등을 우대하는 특전이 주어졌다(1942년 5월 전국 부윤·군수회의에서 결정). 이 포상 제도는 각 공장과 광산, 사회단체에도 퍼졌다. 일본어 상용 모범가정에 시상하는 표지의 문구는 각 지역에 따라 '국어상용', '국어상용 가정', '국어의 집', '국어상용의 집', '국어상용의 가정', '국어애용의 집', '국어전해(國語全解)' 등으로 다양했다. 표지도 문찰(門札), 문표(門標), 표찰, 휘장 등으로 불렀다.

구마가이 아키타이(熊谷明泰)는 미나미 총독시대에 강행한 일본어 상용운동에 관한 글에서 "각급 학교의 이런 '국어 상용운동'은 궁극적으로 일본어를 아는 자를 일본어 회화 지도 자원으로 활용하여 일본어 사용을 늘려 나갈 속셈이었으며, 일본어로 말할 수 있는 자에게 '국어상용장' 등의 휘장을 주는 것도, 이를 붙인 자가 조선어를 사용해서는 안 된다는 심리적 압력을 넣으려는 수단이었다."고 설명했다.

이와 같이 각급 학교의 일본어 교육에 채찍을 가한 총독부 학무국은 〈제3차 조선교육령〉 시행과 함께 '국어보급 3개년 계획'을 수립하고 범사회적인 일본어 상용운동에 들어갔다. 이는 역대 총독 가운데 처음 있는 일로, 학교 교육만으로는 바라는 바 목적을 이룰 수 없다고 분석했기 때문이다. 구마가이의 연구에 따르면, 1938년 말 현재 조선의 일본어 보급률은 12퍼센트에 지나지 않았다. 취학률도 38퍼센트로 나타났다.

이에 따라 학무국은 '어른용 국어교본'을 만들어 나누어 주고, 전

---

* 일제는 1938년 4월 1일 〈국가총동원법〉을 공포, 모든 생활물자를 배급제로 통제했다.

국 3,660개 소학교에 '국어강습소'를 설치하여 일제히 강습회를 열었다. 수강 대상은 일본어를 전혀 알지 못한 일반인 청년, 장년, 노년이며, 수강기간은 2개월이었다. 이 운동 첫 해인 1938년의 경우 총 21만 373명이 수강했다. 강습 결과 수강자의 44퍼센트인 9만 2,564명은 간단한 회화가 가능하게 되고, 15만 3,572명(73퍼센트)은 일본어문자 가타가나(片假名)를, 5만 8,875명은 히라가나(平假名)를 읽을 수 있게 되었다고 한다.[17]

당시 총독부 학무국 편집과장 시마다(島田牛稚)는 "5월의 차가운 밤, 학교 교정까지 넘칠 정도로 많은 사람들이 어린이나 손자 손에 이끌려 삼삼오오 강습소로 몰려들었다. 먼저 일본 국가(國歌) 기미가요(君ガ代)를 부르고 황국신민선서를 한 다음 국어 교육을 받았다."고 1941년 5월에 발행된 잡지 《일본어》 제1권 제2호에 〈일본어 보급의 사명과 과제〉라는 제목으로 당시 모습을 남기고 있다.

조선인 관리가 앞장선 일본어 상용운동

그런데 부끄럽게도 이 '국어(일본어) 상용운동'은 1937년 10월 〈황국신민서사〉를 창안한 김대우 학무국 사회교육과장과 1938년 9월 그의 뒤를 이은 이원보(李源甫)가 앞장섰다. 함경남도 덕원(德源, 지금의 강원도 원산시)에서 태어난 이원보는 1907년 원산원흥일어학교(元山源興日語學校)를 졸업하고 모교 교원, 함경남도 번역관보(飜譯官補), 통감부 통역 등을 거쳐 1912년 경부(警部)로 진급하여 진주·평양·서울 등지의 경찰서 간부로 근무하면서 민족 탄압을 주도한 인물이다. 1920년 도경시(道警視)가 되고, 1925년 경기도 형사과장, 1930년 경기도 진위군수(振威郡守) 등을 역임한 뒤 1932년 도이사관(道理事官)에 올랐다. 그는 1920년 서울 종로경찰서에 있을 때 미즈노 렌타로 당시 정무총감의 특명을 받고 중국 상하이에 파견되어 임시정부 요인들의 동정을 살피고, 1937년 전라남도 참여관으로 일할 때에는 관내 종교계(系) 학교를 교묘한 방법으로 모두 폐쇄하기도 했다. 이원보는 일본어 상용운동 공로로 1940년 9월 전라북도 지사가 되었다.

미나미는 이처럼 동족에게 동족을 괴롭히는 악역을 맡기는 행위도 서슴지 않았다. 그는 특히 현영섭(玄永燮), 김두정(金斗禎), 김문집(金文輯) 등 친일인사들을 끌어들여 일본어 상용운동에 협조를 당부했다. 이 가운데 현영섭은 미나미가 조선 민심을 떠보고자 1938년 7월에 개최한 조선지식인 간담회에서 "조선인이 완전한 일본인이 되기 위해서는 무의식적 융합, 즉 완전한 내선일원화가 되지 않으면 안 되기 때문에 신도(神道)를 통해 조선어를 전폐하지 않으면 안 된다."고 말하여 미나미를 기쁘게 했다. 현영섭은 그 뒤 국민정신총동원조선연맹 주사를 거쳐 내선일체 실천사 이사 겸 황도학회 이사가 되어 일본 패전 때까지 전쟁독려 강연을 하는 등 친일활동을 계속하다가 광복 뒤 일본으로 도주하여 생을 마쳤다.

김두정은 〈아시아 부흥과 내선일체〉라는 글에서 "조선은 식민지가 아니라 대일본제국의 한 지방으로 홋카이도나 규슈와 같은 격이고, 따라서 남아 있는 모든 현안도 반드시 해결될 것이다. 이런 뜻에서 나는 2천만 반도동포가 한 사람도 빠짐없이 황민으로서 소질과 실력을 배양함과 동시에 내선일체는 반도인의 노력만으로 되는 것이 아니기 때문에 1억 국민이 총력으로 완성시켜야 한다."고 주장했다.

김문집은 〈조선민족의 발전적 해소론 서설〉에서 "수천 년에 걸친 과거사, 그 가운데 이조 5백 년 역사만을 보더라도 완전한 독립은 '일장춘몽'에 지나지 않았다는 것은 우리 조선인의 상식이다. 아니 최근 50년의 국제정세, 특히 하루가 다르게 험악해지고 있는 세계사상을 볼 때 조선이 실력을 기르지 않은 채로 자립해보자고 외치는 것은 처음부터 말이 되지 않는다. 그렇게 보면 지금 우리들에게 남아 있는 유일한 길은 육체적으로도, 정신적으로도 내지인과 동족이 되어 모든 의무와 권리를 동일하게 향수하려는 황국신민의 길뿐이다."라고 써서 황민화 시책을 적극 뒷받침했다.[18]

이러한 '국어 상용운동'은 태평양전쟁(미일전쟁, 1941년 12월 8일 개전)을 앞두고 한층 격화되었다. 소학교는 1941년 4월 1일 〈국민학교령〉 시행과 함께 이름을 국민학교(초등과 6년, 고등과 2년)로 바꾸고, 교육목적도 '황국노선에 따라 초등보통교육을 실시하여 국민의 기초적 연성(鍊成)을 이룬다.'로 규정, 황민화 교육을 더 철저히 하도록 했다.

이와 함께 1942년 5월 6일 국민총력조선연맹을 결성하고 〈국어보급운동요강〉을 마련, 일반 사회인을 대상으로 '국어완전말하기운동'을 강행했다. 국민총력조선연맹은 그동안 일부 초등학교에서 해오던 '국어상용의 집' 등 일본어 상용자에 대한 표창 및 우대 업무를 맡아 일본어 상용자는 물론 국어 보급에 공이 있는 자 등을 포상했다. 또 조선청년특별연성소를 열고 초등학교 미취학 청년을 이곳에 1년 동안 의무적으로 입소시켜 일본어 학습 4백 시간 등 모두 6백 시간을 이수토록 했다. 훈련 목적은 물론 청년들을 징병과 징용에 보내기 위해서였다. 국민총력조선연맹은 총독부와 합동으로 전국 3천1백 개 국민학교에 국어강습소를 새로 설치, 남녀 청년 7백만 명을 목표로 일본어 강습에 나섰다. 총독부와 국민총력조선연맹은 '국어생활 실천 강조 표어'를 공모하여 '1억 국민의 말은 하나', '국어로 나아가 대동아', '내선일체 국어 먼저', '일본정신 국어로부터' 등 5점을 우수상으로 뽑고 이를 포스터로 만들어 전국에 나누어 주기도 했다.

그러나 이와 같은 강압적인 일본어 상용운동은 기대와 달리 큰 성과를 거두지는 못했다. 그만큼 일반 민중이 이를 외면한 데다 반발 또한 컸기 때문이다. 이는 총독부가 1938년 2월부터 시행한 육군지원병 응모 실태에서도 잘 드러났다.

일본어를 알아듣지 못한 지원병에 강제 재교육

첫해 지원병은 4백 명 모집에 2,946명이 지원, 경쟁률은 7.3대 1로 높았다. 고이소 구니아키(小磯國昭) 당시 조선군 사령관의 말에 따르면, 응모 자격이 17세 이상 6년제 소학교 졸업자 또는 이와 동등 이상의 학력을 가진 자 가운데 군에 입대해도 가족 생계에 지장이 없는 자로 제한되었음에도 경쟁률이 높았던 것은 총독부 지시 아래 각 도가 경쟁적으로 경찰관을 움직여 권유한 결과였다고 한다.

이 가운데 제1기생 202명은 같은 해 6월 15일 지원병 훈련소(서울 용산과 평양에 설치되었음)에 들어갔다. 그런데 입소하자마자 전혀 예상하지 못했던 일이 일어났다. 황민화는커녕 일본말도 제대로 알아듣지 못한 지원병이 수두룩했기 때문이다. 더욱이 군대는 정확한 명령 전달이 부대의 안위를 좌우하기 때문에 일본어 사용 능력은 무엇보다 중요한 문제였다. 조선 청년들이 그동안 충분히 황민화된 것으로 판단하고 지원병제도를 결정한 군으로서는 실망이 컸다.

이에 당황한 사령관 고이소, 참모장 가노(加納誠一), 지원병 용산훈련소장 가이다(海田要) 등 군 관계자들은 황민화 교육을 총독부에만 맡겨둘 수 없다고 판단, 훈련소에서 기초부터 지원병들을 다시 가르치게끔 했다. 학과는 제식훈련은 말할 것도 없고 일본 가정의 교양과 예법, 생활방식 등 일상생활 전반에 걸쳐 일본화 교육이 강화되었다.

지원병제도는 사실 만주전쟁 이듬해인 1932년 가와시마 요시유키(川島義之)가 조선군 사령관을 맡던 무렵부터 비밀리에 검토되고 있었

■■ 병영 안에 설치한 초등국어(일본어)교실을 소개한 1944년 10월 24일자 《매일신보》 기사.

다. 장래 중일전쟁에 대비하자면 많은 병력이 필요했기 때문이다. 그러나 조선인에게 총을 주면 총구를 거꾸로 돌리지나 않을까 우려하여 머뭇거렸다. 그런 가운데 육군성은 중일전쟁 시작 1개월 전인 1937년 6월 조선군에 '조선인 병역문제에 관한 의견'을 물었다. 이에 조선군은 '조선인 청년을 지원병으로 뽑아 부대에 배치하여 시험해보는 것도 좋은 일이다.'라는 의견을 냈다. 이런 결론은 과거 조선인 헌병보조원과 조선인 경찰, 일본육사 출신 조선인 장교, 1935년 동만(東滿) 국경에 배치된 조선인 국경감시대 병사 등이 일제에 우호적이었다는 분석에서 나왔다. 이러한 과정을 거쳐 조선군 참모 이하라 준지로(井原潤次郎)는 1937년 8월 5일 미나미를 비롯, 내무·학무·경무국장 연석회의를 열고 지원병제도를 도입하기로 최종 의견을 모았다. 그리고 미나미는 1938년 1월 15일 도쿄로 가 쇼와왕에게 상주(上奏), 일본정부 방침으로 확정했다.

그 뒤 지원병은 해마다 늘어 1939년은 6백 명 모집에 1만 2,348명이 지원, 20.2대 1의 경쟁률을 보인 데 이어 1940년은 3천 명 모집에 8만 4,443명이 지원, 27.6대 1이었고, 1941년은 3천2백 명 모집에 14만 4,743명(45.1대 1), 1942년은 4천 명 정원에 25만 4,273명(62.4대 1), 1943년에는 6천 명 모집에 30만 3,394명이 몰려 50.6대 1의 치열한 경쟁률을 보였다.

이처럼 지원자가 많았던 것은 무엇보다 각 도가 황민화 실상을 자랑하기 위해 경쟁적으로 많은 청년들을 지원병으로 나가도록 강요했기 때문으로 분석되었다. 지원자들은 대부분 중류 이하 가정 출신이었고, 학력은 초등학교 졸업 정도였다. 훈련을 마친 지원병은 1940년까지는 전원 조선주둔군 부대에 배치되었으나 1941년 이후에는 남양군도 등에도 발령이 났다. 주특기도 보병, 고사포, 특무 분야에 주어

지던 것이 1943년부터는 방공병 등 모든 분야로 확대 개방되었다.

이상에서 보아온 것처럼 지원병제도와 일본어 상용운동은 서로 떼려야 뗄 수 없는 관계에 있었다. 특히 지원병제도는 내선일체를 실체화하고, 일본어에 통달한 제대자를 조선 사회의 중견으로 육성, 친일 세력을 불리는 데 주요 목표를 두었다.

조선총독부 기관지 《매일신보》는 1942년 4월 24일자 사설에서 "반도인이 야마토(大和) 정신, 야마토 문물을 진정으로 이해하고 이를 체득하려 한다면 우선 국어부터 깨치지 않으면 안 된다. 국어 보급은 반도인의 진정한 황민화의 절대 조건이자, 내선일체의 조건이다."며 미나미의 말을 되풀이, 육군지원병을 포함한 모든 반도인에게 일본어 상용을 촉구했다.

이러한 일본어 상용운동에 대해 구마가이 아키타이는 자신의 글에서 "이는 '내선일체화'라는 이름 아래 강행된 동화정책의 기둥으로, 조선 민중의 자존심을 짓밟고 민족성을 박탈하기 위한 폭력행위였다."고 주장한다. 그는 "이러한 식민지배 역사가 엄존함에도 일본 사회 일각에는 일제가 조선의 식민지 시대 '어문철자법을 제정하고 조선어 교육을 실시하는 등 좋은 일도 했다'며 은혜라도 베푼 듯이 주장하는 사람이 있으나 그릇된 과거사를 솔직하게 인정하지 않으면 안 된다. 더욱이 일본은 지배 기간 동안 조선 민중에게 조선어 사용을 금지한 사실이 없고 오히려 조선의 교육제도를 정비하고, 조선어 정서법(正書法)을 만들고, 조선어 교과서를 편찬하여 조선어 교육을 발전시켰다고 주장하며 피해 당사자의 비위를 거스르는 의론(議論)도 보이는데, 그런 유의 주장은 식민지 언어지배 역사를 외면하고 마치 자기 논리가 정당한 것처럼 기형적으로 짜 맞추어 조선 식민지배 전부를 정당화하려는 편협한 내셔널리즘에 지나지 않다."고 비판했다.

《식민지 조선의 연구》를 쓴 스기모토 미키오(杉本幹夫)도 구마가이가 지적한 그런 부류의 한 사람이다. 그는 자기 책에서 "한국의 교과서는 '일본 식민지 시대에는 민족의 언어와 역사를 배우는 것이 금지되었다'고 쓰고 있으나, 여기서 반드시 말해두어야 할 것은 조선어가 금지된 적은 단 한 번도 없었고 오히려 한글이 오늘처럼 보급된 것은 일본의 교육 성과라는 점이다. 일본은 1941년 보통학교(소학교)에서 조선어 교육을 중단했지만 수업이 없어진 것일 뿐 조선어 사용을 금지한 것은 아니다. 총독부 관리들은 1939년까지 30년 동안 조선어 장려비를 받아가며 조선어를 배우고, 조선인에게는 일본어를 배우게 하여 의사소통을 꾀하는 데 노력했다. 한글 보급이 늘어난 것은 《한성주보》 편집을 담당한 이노우에 가쿠고로(井上角五郎)와 이를 도와준 후쿠자와 유키치 덕이다. 《매일신보》는 전쟁이 끝날 때까지 한글로 신문을 발행했다."며 당시 실상과 그 이면을 송두리째 가린 채 유리한 부분만 짜깁기하여 역사를 왜곡하고 있는 것이다.

창씨개명(創氏改名)

〈개정 조선민사령〉 공포

제2차 세계대전의 전운이 짙게 드리운 1939년 11월 10일 조선반도는 또 한 번 충격에 휩싸였다. 〈국민징용령〉(10월 1일)이 발동된 데 이어 조선 민족이 천 년 넘게 전통으로 지켜온 개개인 성명(姓名)*을 모두 일본식으로 바꾸게 하는 이른바 '창씨개명'을 골자로 한 〈개정 조선민사령(民事令)〉이 공포되었기 때문이다. 이는 한마디로 조선인의 영혼을 빼앗기 위한 민족 말살 정책이자 황민화의 결정판이었다. 차기 내각 총리를 노리며 황민화에 혈안이던 미나미 지로가, 쇼와왕을 비롯한 정부 고위당국자에게 던진 마지막 '승부수'이기도 했다.

그러나 2년 7개월 동안의 준비와 연구 끝에 선보인, 이 야심작이 자기의 발목을 잡으리라고는 미나미 자신도 상상하지 못했다. 이 창씨개명을 강요한 정책으로 그는 내각 총리는커녕 조선 총독 자리도 내놓아야 하는 처지가 되고 말았다.

창씨개명은 식민제국주의 시대에 강대국들도 성공률이 낮아 좀처럼 쓰지 않은 정책이었다. 실제로 아시아와 아프리카에 식민지를 두고 있던 서구 열강 가운데 창씨개명을 동화정책으로 채택한 나라는 프랑스 하나뿐이다. 일본의 거의 모든 식민정책학자들과 조선에 살던 일본인들은 미나미의 창씨개명 정책에 대해 매우 부정적이었다. 정부 고위당국자들 또한 반신반의 했다. 다른 민족의 성(姓)을 본국과 똑같은 식으로 바꾸는 창씨개명은 무리수만 따를 뿐 효과가 적었다. 괜히 민족 자존심을 건드려 혹시 프랑스 식민지 알제리의 전철을 밟지나 않을까 하는 우려도 컸다. 물론 메이지 정부가 홋카이도와 오키나와를 강제병합하면서 원주민에게 본토 씨명(氏名)을 쓰도록 하여 성공한 예가 있었지만, 이는 근대 일본의 씨명제도 시행과 함께 이루어진 일이어서 3·1운동을 경험한 조선과는 근본적으로 차원이 다른 문제였다.

---

* 우리나라 성과 본관체계는 940년 고려 태조 왕건이 호족들에게 성씨를 하사하면서 확립된 것으로 전해지고 있다.

그럼에도 미나미는 왜 이처럼 제국주의 조류(潮流)에 뒤떨어진, 조선 민족의 저항이 예상된 정책을 들고 나왔을까. 이 질문에 답하기 전에, 우선 이날 발표된 〈개정 조선민사령〉의 주요 내용부터 함께 알아보자.

〈개정령〉은 △사위나 성(姓)이 다른 사람도 양자로 받아들일 수 있게 하고, △가정(家庭) 호칭으로 반드시 '씨(氏)'를 사용하되, △호주(戸主)는 '씨'를 새로 만들어 〈민사령〉 시행에 따라 6개월 이내에 〈씨설정계(氏設定届)〉를 읍면사무소에 제출해야 하고, △〈씨설정계〉를 내지 않을 경우 호적 담당자가 직권으로 호주의 성을 '씨'로 등록할 것 등을 주요 내용으로 하고 있다. 다시 말하면 '씨'는 한 가정을 대표하는 서양의 '패밀리 네임(Family Name)'과 비슷한 성격으로 반드시 새로 만들어야 하는 의무 규정이었다. 따라서 종전까지 호주와 다른 성으로 호적에 등록된 호주의 아내와 어머니는 새로 만든 호주의 '씨'로 바꾸어야 했다.

이 정책을 처음 발의하고 실행에 앞장선 사람은 다름 아닌 학무국장 시오바라 도키사부로였다. 창씨개명은 원래 법무국 소관의 사무였지만, 미나미의 신임이 두터운 그가 학무국장으로 발령(1937년 7월 3일)되기 전 비서로 있을 때 이를 창안했다. 시오바라는 조상을 숭배하는 종족 중심의 조선 가족제도를 약화시키는 것이 황민화의 지름길이라고 단정하고, 종족집단의 결속력을 분산시키기 위해 될 수 있는 대로 다양한 씨(氏)를 갖도록

■■ 미나미 총독 때 악명높은 황국신민화 정책을 주도한 시오바라 도키사부로 총독부 학무국장.

하는 일본식의 씨 제도를 고안해냈다.[19]

시오바라의 제안에 공감한 미나미는, 1937년 4월 총독부에 사법법규개정조사위원회를 설치하고, 이를 위한 법안 마련에 나섰다. 위원은 정무총감 등 모두 14명으로 이루어졌다. 조선인에게도 2명의 촉탁위원이 배정됐다. 이들은 조선의 관습이나 조선인의 뜻을 반영하여 개정안을 기초한 것이 아니라 식민 지배에 편리한 대로 조선 사회를 규정하는 법령을 만들었음은 말할 나위도 없다. 〈민사령〉 개정안이 성안된 1939년 중반 시점에서 위원장은 정무총감 오노 로쿠이치로, 간사는 법무국 법무과장 모리우라 후지로(森浦藤郎)와 법무과 사무관 이와시마 하지메(岩島肇)가 맡고, 법무국장 미야모토 하지메(宮本元), 고등법원 검사국 검사 마스나가 세이치(增永正一), 경성제대 법문학부 교수 야스다 미키오(安田幹太) 등은 위원으로 활동했다. 조선인으로는 변호사 이승우(李升雨)와 중추원 참의 한규복(韓圭復)이 참여했다.

〈개정 민사령〉은 그해 8월 31일 내각 총리대신을 거쳐 11월 7일 각의에서 결정하고 왕의 재가로 최종 확정되었다. 총독부는 〈조선민사령〉 개정안을 내각에 제출하면서 "가정 호칭이 없으면 가족제도의 미풍을 유지할 수 없고, 다른 성의 양자를 인정하기 위해서는 상속할 가명(家名)이 필요하며, 일중전쟁 이후 조선인이 실질적이고 완전한 황국신민이 되기를 열망하고 있는 데다 일본식 이름을 희망하는 사람이 많고, 내지에서는 귀화인, 또는 홋카이도 토착민조차 '내지인풍의 씨'를 인정하고 있는 마당에 하물며 조선에서 이를 인정하지 않는다면 부자연스러워 도입하게 되었다."고 창씨개명 시행 배경을 설명했다.[20]

그러나 이는 겉으로 내세운 명분일 뿐 실은 부계(父系) 혈통으로 똘똘 뭉친 혈통 중심주의의 조선 가족제도를 허물어 충성심을 강조하는

천황 중심의 국체 관념, 즉 황실중심주의를 확립하고, 조선인을 전쟁터에 동원하려는 데 근본적인 목적이 있었다. 미나미는 1940년 10월호 《킹(キング)》 잡지에 기고한 〈조선도 열심히 하고 있다〉는 제목의 글에서 그런 목적을 확실히 밝혔다.

> 지금까지 조선에는 혈족집단의 호칭으로 이(李)라든가 박(朴)이라든가 하는 성은 있지만 일본에서는 예부터 내려온 가계(家系)의 호칭인 씨(氏)라는 것이 없다. 그리고 한 가정의 남편과 아내가 각각 다른 성을 갖고 있는 등 우리(일본)의 풍습과 일치하지 않는 점이 있다. 그래서 반도인으로 하여금 그 혈족 중심으로부터 탈피시켜 국가 중심의 사상을 북돋우고 천황을 중심으로 하는 국체의 본의에 철저를 기하는 뜻에서 금년 황기(皇紀) 2천6백 년의 기원절(紀元節)*을 맞이하여 창씨를 허용하게 되었다.[21]

일본 성씨제도의 유래

하지만 일본에 성씨제도가 생긴 것은 미나미의 주장과는 달리 메이지유신 이후였다. 미즈노 나오키는 1898년(메이지 31년) 메이지민법 친족편이 제정됨으로써 비로소 완성되었다고 주장한다. 또 다케미쓰 마코토(武光誠)는 그가 쓴 《이름과 일본인(名字と日本人)》에서 징병제가 실시되기 시작한 1871년(메이지 4년)에 정착되었다고 적고 있다. 그런가 하면 성씨 전문가인 니와 모토지(丹羽基二)는 《역사독본(歷史讀本)》 1986년 1월호에 실린 〈일본의 성씨와 지명〉 특집에서 "농민과

---

* 진무텐노(神武天皇)가 일본을 건국하고 즉위한 것을 기념한 날(2월 11일)로, 우리의 개천절에 해당한다. 지금은 '건국기념일'로 이름을 바꾸어 국경일로 지키고 있다.

상인을 비롯한 일반인은 1875년(메이지 8년)부터 오늘날과 같은 성씨를 사용하게 되었다."고 설명한다.

이상에서 보듯 일본의 성씨제도가 언제 일반화되었는지 정확한 일자는 알 수 없지만 이들의 주장을 종합해보면 메이지유신 이후 서양의 성씨제도에 영향을 받은 것만은 분명하다. 메이지유신 이전 성씨를 사용한 무사(武士)를 비롯한 귀족들도 부부 별성(別姓)이 일반적이었으며, 법률상으로도 부부동씨(夫婦同氏) 원칙은 정해져 있지 않았던 것으로 보인다.

일본의 성씨는 주로 조상의 발상지 또는 조상의 묘가 있는 곳, 고향·출생지 등의 지명(地名)이 대부분을 차지하고 있다. 나머지는 무사, 옥호(屋號), 직업명, 영주(領主) 등이다. 그 결과 일본 행정당국도 현존하는 성씨가 모두 몇 개나 되는지 제대로 파악하지 못할 정도이다. 다케미쓰는 29만여 개로 어림하고 있다. 이와 달리 니와는 13만 5천 개로 추정되지만 한자(漢字)의 읽는 법을 고려하면 배가 될 수도 있다고 털어놓는다. 가령 우리말로는 '신전'으로밖에 발음되지 않는 '新田'을 예로 들면 일본에서는 '닛타(ニッタ)', '아라타(アラタ)', '신다(シンダ)', '신덴(シンデン)', '니이타(ニイタ)', '니우타(ニウタ)' 등 여섯 가지로 읽는다. 따라서 한자로는 똑같은 '신전'일지라도 여섯 가지 성씨가 있는 셈이다.

미즈노에 따르면, 메이지민법은 가장(家長)인 호주에게 큰 권한을 주고 국가가 가정을 통하여 개인을 파악하는 구조를 만들어냈다. 이에 따라 각 가정은 직접 텐노와 연결된다는 관념이 형성되어 결과적으로 텐노를 정점으로 하는 국가체제를 확립할 수 있었다는 설명이다. 그렇게 보면, 총독 미나미는 메이지 중기에 완성된 이런 가정제도를 창씨개명이라는 미명 아래 조선에 강요하면서 일본의 씨명제도가 마치 옛날부터 있어왔던 것처럼 미화한 셈이다.

　이에 견주어 조선의 성씨제도는 우리 모두가 알고 있듯이 △부계 (父系)혈통으로 계승하고, △죽을망정 성은 바꾸지 않으며, △아무리 촌수가 멀어도 동성동본(同姓同本) 사이에는 결혼하지 않고, △양자 도 동성동본이 아니면 들이지 않으며, △여자가 출가해도 성은 아버 지 성을 그대로 따른다는 점 등이 특징이었다. 이처럼 성씨에 대한 인 식을 서로 달리하는 관습에서 조선인들이 창씨개명을 순순히 받아들 일 리는 만무했다.

실적 저조하자 으름장

　창씨개명 정책의 내용이 발표되자 '이제는 조상 대대로 물려받은 성도 제대로 쓸 수 없는 세상이 되었구나.'라는 탄식이 전국 방방곡곡 에서 터져 나왔다. 민족 언론들도 비판 또는 냉담한 자세를 보였다. 1939년 5월 26일자에 창씨개명 움직임을 최초로 폭로한 《조선일보》 는 〈조선민사령 개정 발령〉이라는 제목의 사설을 싣고 이를 신랄하게 비판했다. 《동아일보》는 창씨개명에 관한 기사 자체를 아예 다루지 않았다.[22]

　이런 소용돌이 속에 총독부는 1940년 2월 11일 그들의 기원절을 맞 아 창씨개명 시행에 들어갔다. 이에 따라 자기 뜻대로 씨를 갖기 원하 는 사람은 〈씨설정계〉를 8월 10일까지 읍면사무소에 내야 했다. 그렇 지 않은 사람은 〈씨설정계〉를 제출하지 않아도 호적담당 직원이 알아 서 씨를 만들어 주었다. 그렇다고 아무렇게나 씨를 지을 수는 없었다. 총독부는 〈조선인 씨명에 관한 규정〉으로 역대 천황의 이름이나 왕공 족(王公族) 칭호, 이세(伊勢)·미야자키(宮崎)·야스구니(靖國) 등 유명 한 신궁 또는 신사 명칭, 고노에(近衛)·다카쓰카사(鷹司)·구니(久邇)

등 황실과 유서 깊은 성씨 또는 이름, 자기 성 이외의 성을 씨로 하는 것(예를 들어 김을 성으로 갖고 있는 자가 이나 박으로 하는 것) 등은 금지했다. 도고(東鄉)·노기(乃木)·사이온지(西園寺) 등 일본 근대사의 공신(功臣)들 성도 쓰지 못하도록 규제했다. 또 박이(朴李)·김양(金梁) 등 부부의 성을 합친 두 글자의 씨, 중촌김(中村金)·정상박(井上朴) 등 일본식의 씨에 성을 붙여 만든 씨도 받아들이지 않았다. 총독부는 두 자로 된 씨가 일본식이라고 장려했다. 따라서 새로운 씨로 인정받기 위해서는 '두 문자 성'을 만들지 않으면 안 되었다.

총독부의 설득과 독려에도 성을 바꾸는 사람은 그리 많지 않았다. 총독부 법무국이 작성한 〈씨 제도 실시상황〉에 따르면 그해 2월 전국 씨설정 신고 건수는 1만 5,746건으로 전체 대상자의 0.4퍼센트에 지나지 않았다.[23] 그럼에도 경무국장 미쓰바시는 3월 12일에 열린 총독부 정례국장회의에서 2월 한 달 동안 〈씨설정계〉를 제출한 사람은 전국적으로 13만 명이라고 허위로 보고했다. 창씨를 선동하기 위해 일부러 접수 건수를 부풀린 것이다. 《경성일보》는 이를 받아 3월 13일자에 〈기쁨의 창씨 13만〉이라는 제목으로 "이 숫자는 이번 창씨제도에 대한 반도인의 기쁨을 여실히 말해 주는 것"이라고 보도했다.

사실 〈씨설정계〉 접수 건수의 많고 적음은 별로 큰 문제가 아니었다. 접수 마감일까지 〈씨설정계〉를 내지 않은 사람에 대해서는 규정에 따라 호적담당이 직권으로 씨를 만들면 그만이었기 때문이다. 문제는 창씨개명은 어디까지나 자발적으로 이루어지고 있다고 미나미 총독이 공언한 것이었다. 접수 건수가 바로 자발 여부를 판단하는 잣대였다. 그로서는 다급해질 수밖에 없었다.

이에 미나미는 4월 23일 전국 도지사회의를 소집하고 창씨개명에 절대 소홀함이 없도록 하라고 엄포를 놓았다. 그는 이 자리에서 훈시를 통해 "이번 기원절을 기하여 시행된 씨 제도는 반도 통치사에서 없었던 획기적인 일로, 야마토(大和)·대애(大愛)의 건국정신을 받드는 국가 본연의 소명이자 반도동포에 새로이 문호를 여는 내선일체의 대도(大道)이다. 여러분은 기꺼이 이 제도의 근본정신을 깨닫고 각계각층의 민중에게 철저히 해주기 바란다."고 지시했다. 이와 함께 도회(道會)·부회(府會) 의원과 공무원들은 빠짐없이 '씨'를 새로 만들어 일반 민중에게 모범을 보이라고 주문했다.

미나미는 특히 사회에 영향력이 큰 중추원 참의와 작가·언론인·지방 유력인사들에게 이에 앞장서도록 다그쳤다. 이 가운데서도 총독 자문기관인 중추원은 더 없이 중요한 자리였다. 당시 중추원 참의는 모두 65명이었다. 하지만 "중추원 참의 57명이 씨를 쓰겠다는 성명을 발표하고 권유와 지도에 적극 나설 모양이다"라는 1940년 2월 23일자 《오사카 마이니치》 기사를 보면 중추원의 의견 통일도 쉽지 않았던 것으로 보인다. 미즈노 나오키는 창씨개명에 찬성한 참의 숫자 자체도 왜곡되었다고 그의 책에서 밝히고 있다.[24]

이로부터 각 행정기관과 지방기관, 경찰, 사회단체, 회사, 관변 언론 등을 통한 창씨 강요와 강압은 더욱 심해졌다. 각 도·부·군·읍·면이 경쟁체제에 들어갔음은 말할 나위도 없다. 함경북도 나진부는 6월 22일까지도 창씨 신고가 13퍼센트에 그치자 부윤이 각급 학교 교장과 마을대표들을 직접 불러 부 내 모든 조선인의 창씨개명을 철저히 권유해 줄 것을 요구했다. 함경

■■ 전주 남문시장에 설치된 창씨 상담소. 《오사카 마이니치》 1940년 8월 13일자.

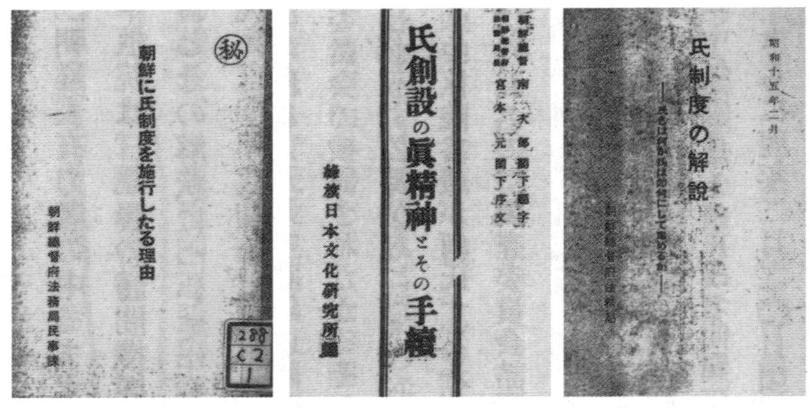

■■ 창씨개명을 독려하기 위한 각종 해설 소책자.

남도에서는 3월 무렵부터 '창씨를 한 자는 입학할 수 있으나 그렇지 않은 자는 할 수 없다'는 소문을 퍼뜨려 창씨를 독려했던 것이다. 신문들도 "경우에 따라서는 장래 어린이의 소학교 입학에 창씨자와 비(非)창씨자를 고려할 방침이다. 지원병 훈련소에 입소한 1939년 후기생 3백 명은 수료식을 앞두고 전원이 제국 군인이 되기에 걸맞은 씨명을 택했다. 관청에 등록된 기생들도 한꺼번에 창씨를 신고했다."는 등의 기사를 경쟁적으로 내보내 창씨를 부채질했다. 각 단체 가운데서도 황민화를 목적으로 설립된 국민정신총동원조선연맹은 더욱 극성이었다.

윤치호는 창씨개명이 강요된 실상을 5월 30일자 일기에서 이렇게 적고 있다. "촌에서는 민중에게 일본 이름을 쓰게 하기 위해, 지방경찰, 공무원, 면장이 나서서 압력을 넣고 있다. 집을 짓거나 사려고 해도 신청자가 일본 이름을 쓰지 않으면 공무원들은 허가를 해주지 않는다. 곳에 따라서는 어린이들이 소학교에 들어가고자 하여도 이름을 일본식으로 바꿀 때까지 호적증명을 받을 수 없다."

경찰은 처음 창씨개명에 반대했다. 창씨개명을 하면 조선인과 내지인의 구별이 어려워 각종 단속 등 업무처리에 지장이 많다는 이유에서였다. 그러나 〈씨설정계〉가 접수되기 시작하자 신고방해행위, 유언비어 등을 집중 단속하며 시책에 적극 참여했다. 지방법원 검사국 검사정(檢事正, 검사장)의 협조 지시도 영향이 컸다. 경찰서는 검사의 지휘를 받을 수밖에 없었기 때문이다. 검사정은 수시로 경찰서장 회의에 참석하여 창씨개명을 적극 지원하도록 독려했다.

■■ 1940년 일제 검찰이 작성한 〈씨 제도 실시에 관한 민심 동향〉.

각급 학교를 통한 독려는 더욱 심했다. 총독부는 특히 창씨를 하지 않은 사람에 대해서는 불이익을 주었다. 재야사학자 문정창(文定昌, 1899~1980)*이 그의 책 《군국일본 조선강점 36년사》에서 밝힌 내용만 해도 여섯 가지나 된다. 이에 따르면 총독부는 창씨를 하지 않을 경우 △그 가정의 자녀에 대해 초등학교 입학과 상급학교 진학을 거부하고, △일본인 교사가 어린이를 이유도 없이 때리고 꾸중하여 부모에게 창씨를 강요하고, △총독부 관계기관의 직원으로 일절 채용하지 않는 것은 물론 현직자도 면직 조치하고, △행정기관에서는 민원서류를 일절 받아주지 않으며, △경찰이 비국민 또는 불령선인 명부에 올려 사찰·미행 등을 강화함과 함께 노무 징용에 우선적으로 내

---

* 일제강점기 황해도 사회과장, 은율군수 등을 지낸 뒤 광복 후 월남하여 자신이 일제 관리로 근무하면서 모은 자료를 바탕으로 저술활동을 펼쳤다. 저서로 《근세일본의 조선침탈사》(1964년), 《단군조선사기연구》(1968년), 《한국고대사》(1971년) 등이 있다.

보내거나 통제물자 배급에서 제외하고, △철도 또는 운송점에서는 화물운송을 일절 취급하지 못하게 했다.

개명 백태

이처럼 창씨가 더욱 강제됨에 따라, 이에 항의하는 자살자가 속출하고 총독부에는 비난 서한이 빗발쳤다. 전북 진안의 설진창(薛鎭昌, 일명 鎭永, 1869~1940)은 "구가(舊家)의 자랑으로, 창씨를 거부한 탓에 부근 일대가 모두 창씨에 응하지 않아, 학교 선생이 창씨하지 않으면 취학은 물론 진학을 못하게 하겠다고 위협했다. 그래서 어쩔 수 없이 창씨를 했는데, 선조에게 면목이 없다."는 말을 남기고 우물에 뛰어들어 자살했다.[25]

또 구한말 의병장으로 전남 곡성에서 은둔생활을 하던 유건영(柳建永, 1883~1940)은 미나미 총독에게 항의서를 보낸 뒤 "나라가 망할 때 따라 죽지 못하고 30년간 욕을 당하면서 그들의 패륜과 난륜을 차마 귀로 듣지 못하고 눈으로 보지 못하겠더니 이제는 혈족의 성까지 빼앗으려 한다. 짐승이 되어 사느니 차라리 깨끗한 죽음을 택하려 한다."는 내용의 유서를 남기고 자결했다.

창씨를 비꼬는 '씨'를 지음으로써 저항하는 사례도 있었다. '회산(檜山)'이라는 씨를 택한 경남 동래읍 회산 석두(檜山錫斗, 당시 54세)는 처음 '개

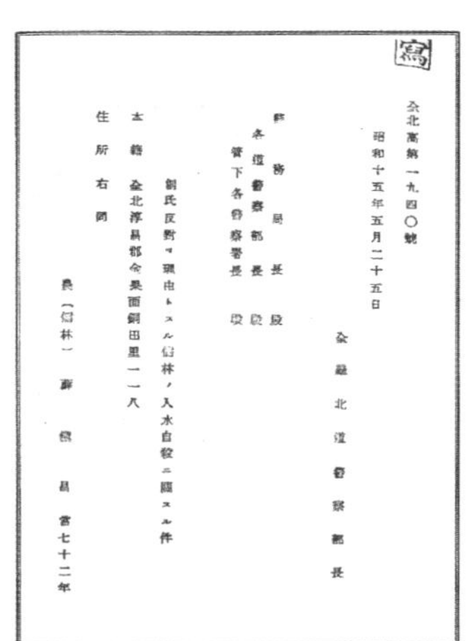

■■ 1940년 5월 25일 창씨개명에 항의하여 자살한 설진창(진영)에 관한 전북경찰의 보고문서

새끼(犬の子)'라는 씨를 지어 읍장에게 신고서를 냈는데, 읍장이 이에 대한 이유를 묻자 '조선인은 성을 바꾸면 개새끼, 쇠새끼라고 부르기 때문에 개새끼라고 지었다'고 대답했다. 그는 그렇게 비꼬는 뜻으로 성을 지으면 처벌받게 된다는 읍장의 말에 결국 '회산석두'라고 고쳐 신고했다. 그는 이런 사실을 1942년 11월 2일 부산부 수정(壽町) 복성(福成)여관 뜰 앞에서 김광금술(金光今述) 등 2명에게 자랑했다가 경찰에 끌려가 결국 징역 6월형 판결을 받았다. 또 '미나미 지로(南次郎)'의 이름 가운데 '차(次)'자가 둘째를 뜻한다는 데 착안, 그의 형을 뜻하는 '미나미 다로(南太郎)'라고 이름을 지어 비꼬는 예도 많았던 것으로 전해지고 있다.

창씨 강제 실태를 비꼬거나 이런 행위를 다른 사람에게 알리는 것도 단속 사유였다. 제주도 조천(朝天)면의 김유환(金鎏煥)은 1940년 6월 친구에게 "씨를 만들어도 조선인은 역시 조선인으로 일본인은 되지 않기 때문에 개라고 하건 돼지라고 하건 무방하지 않은가. 일본 정부가 조선인에게 씨를 만들도록 한 것이 아니라 미나미가 자신의 얼굴을 세우기 위해 멋대로 한 제도이므로 복종할 필요가 없다"고 말했다가 보안법 위반으로 징역 6월형을 받았다. 이 밖에도 충북 충주의 김한규(金漢圭)는 같은 혐의로 징역 1년형을, 충남 대덕의 이기용(李紀鎔)은 징역 8월형을 받았으며, 구류 처분된 사람은 헤아릴 수 없이 많았다.

경기도 양주군 유대흥(柳大興)은 1941년 12월 경성에 살던 어느 친지의 연회에 참석, "우리 면에서는 9할 8부 정도가 창씨했는데 그 가운데 8할 이상은 당국의 강요로 어쩔 수 없이 했다. 나의 성은 일본말로 '야나기(柳)'라 따로 만들 필요가 없었으나 강제로 유본(柳本)이라고 고쳤다. 사람들은 이를 비난하고 있다. 나도 반대자의 한 사람이다."고 말했다가 종로경찰서에 끌려가 곤욕을 치렀다. 그는 다행히

검찰에서 기소유예 처분되어 풀려났다.[26]

미나미는 창씨개명은 어디까지나 자유 의사라고 여러 번 강조했다. 그러나 지금까지 예에서 보았듯 대부분 강제로 행해졌다. 설령 문중 회의나 호주가 창씨하지 않겠다고 결정한다 해도 행정당국, 특히 읍 면사무소는 신고 실적을 높이기 위해 호주도 모르게 창씨 신고서를 내거나 호적을 멋대로 고치는 일이 허다했다.

중앙조선협회가 반대한 까닭

당시 조선에 살던 일본인들은 조선인과 구별을 할 수가 없어 자신들의 권위가 떨어진다며 창씨개명을 반기지 않았다. 심지어 '미나미의 조상이 조선인이어서 취한 조치이다'라는 엉뚱한 소문이 나돌기도 했다. 창씨개명을 반대하기는 조선총독부 전직 고위관료 모임인 중앙조선협회도 마찬가지였다. 전 정무총감 미즈노 렌타로(水野錬太郎), 유아사 구라헤이(湯淺倉平), 고다마 히데오(兒玉秀雄), 전 학무국장 세키야 테이자부로(關屋貞三郎), 전 경무국장 마루야마 쓰루기치(丸山鶴吉), 전 내무국장 이쿠다 기요사부로(生田淸三郎), 우사미 카쓰오(宇佐美勝夫), 전 철도국장 유게 고타로(弓削幸太郎), 전 조선식산은행 총재 아리가 코호(有賀光豊) 등이 그들이다. 회장은 전 대장대신 사카다니 요시로(阪谷芳郎, 1863~1941)가 맡고 있었다.

이들은, 미나미의 창씨개명 강요로 조선의 여론이 악화되자, 6월 27일 긴급이사회를 열고 대책 마련에 나섰다. 총독부를 돕기 위해 만들어진 이 단체가 총독부의 정책에 브레이크를 걸고 나선 것이다. 일본인과 조선인과의 구별을 통치방법으로 인식해온 이들은 미나미의 강압이 조선인의 반발을 일으켜 식민지 지배 자체가 곤란하게 되지나 않을까 걱정했다. 이들은 우선 협회 이름으로 척무대신 고이소 구니아키에게 '중대 경고'를 하고, 총리대신 요나이 미쓰마사(米內光政, 1880~1948)에게 진정서를 제출하며, 세키야를 경성으로 보내 미나미에게 시책을 포기하도록 권고하기로 결의했다.

세키야는 이에 앞서 수차례에 걸쳐 미나미에게 편지를 보내 창씨정책에 대한 의문과 우려를 전달했다. 마루야마도 3월 9일 열린 귀족원 예산위원회에 참석, 창씨개명을 너무 성급하게 추진하는 것은 금물이라고 경고했다. 중앙조선협회는 이어 5월 하순 협회 실무자 나카지마 쓰카사(中島司)를 경성에 보내 실정을 정확히 알아오도록 했다. 나카지마는 5월 24일 《동아일보》 고문 송진우, 일본인이 경영하던 《조선신문》 사회부장 곤도 시로스케(權藤四郎介) 등을 만나 창씨 상황, 민족지 폐간 문제 등에 관한 이야기를 나누었다. 나카지마는 그때 이들에게 "내지 의회에서 창씨문제를 다루게 되어 있었으나 총독부 로비로 중지되었다. 미나미 총독은 오는 10월경 사임이 확실하다."고 전했다.[27]

이와 같은 중앙조선협회의 움직임은 극비리에 행해져 당시 신문에는 보도되지 않았으나 윤치호는 5월 24일 일기에 이런 총독의 경질설을 기록하고, 7월 5일에도 "10월 말까지 미나미가 경질된다. 우사미·세키야·마루야마·다나카·사카다니·유아사·고다마·미즈노 등의 지도자가 조선인에 일본 이름을 강제한 것에 적극 반대하고 있다는 소문을 사촌으로부터 들었다."고 적고 있다.

협회는 6월 12일 때마침 도쿄에 와 있던 미나미를 초청하여 오찬회를 가졌다. 미나미는 이 자리에서도 "조선의 '조상중심주의'는 우리 황실중심주의와는 달라 받아들일 수 없는 것이므로 황실중심주의 사상에 모범이 되는 씨 제도를 창설하여 진짜 의미의 내선일체 열매를 거두는 것이 큰 뜻이다. 반도인의 창씨개명은 강제가 아니라 자발적으로 이루어지고 있으니 오해 없기를 바란다."며 총독부로서는 정책 변경 의사가 없음을 분명히 했다.

그 뒤 미나미의 강압은 더욱 심해졌다. 이에 견디다 못한 지식인과 언론인들이 줄줄이 창씨개명에 참여했음은 주지의 사실이다. 물론 이광수·김문집·현영섭·최린·이승우·이원보·조병상처럼 자발적으로 창씨개명한 사람도 수두룩했다. 여기에 열거하기에는 그 수가 너무 많으므로 《친일인명사전》 등 다른 친일 연구서적을 참고하기 바란다. 특히 이광수가 '가야마 미쓰로(香山光郞)'로 이름을 고친 뒤 1940년 2월 20일자 《매일신보》에 기고한 〈창씨와 나〉라는 글은 지금도 사람들의 입에 오르내리고 있다.

조선여성의 창씨개명 영향

창씨는 여성에게도 큰 변화를 가져왔다. 그때까지 아버지 성을 따르고 있던 기혼 여성은 이 제도에 따라 남편(호주)의 씨를 쓰게 되었기 때문이다. 잡지 《삼천리(三千里)》가 1940년 3월호에 보도한 〈전쟁 장기화·가정생활·주부〉를 주제로 한 좌담회 기사를 보면, 당시 기혼여성들의 고뇌를 읽을 수 있다. 《동아일보》 기자였던 황신덕(黃信德, 남편은 《동아일보》 기자 임봉순(任鳳淳)]은 이 좌담회에서 "남편의 성에 따르라면 따르겠다. 여성이라는 것은 아버지 성에 따르든 남편의 성에 따르든 근본적인 문제가 아니기 때문이다"고 말하면서 "네 글자의 성명이 필요하다면 임황신덕(任黃信德)이라고 하려고 생각한다"고 부부 성을 합쳐 씨로 할 생각임을 분명히 했다. 작가 최정희(崔貞熙)는 이름이 작가의 생명이자 가치표이므로 호적의 이름과는 달리 아호 또는 별명의 사용을 인정해야 한다고 주장했다.

《창씨개명》의 저자 미즈노 나오키는 그의 책에서 "《삼천리》 좌담

이광수의 창씨개명을 보도한 《경성일보》 1940년 1월 11자(왼쪽). 이광수는 창씨개명을 한 뒤 〈창씨와 나〉라는 글을 《매일신보》 1940년 2월 20일자(오른쪽)에 실었다.

기사는 남성 위주의 씨 제도에 대한 비판”이라고 말하고, “그 가운데 황신덕의 발언은 남녀평등의 요구”라고 해석한다.

　다만 여성 호주는 사정이 달랐다. 남편이 사망한 뒤 아들이 없거나 (즉 호적에 남성이 등록되어 있지 않는 경우) 독신 여성은 호주가 되었는데 이 경우 여성의 의사대로 씨를 결정할 수 있었다. 평생 독신으로 지낸 김활란(金活蘭)을 그 대표로 꼽을 수 있다. 당시 이화여자전문학교 교장으로 학교 존속을 위해 일제에 협력했던 그는 창씨개명에도 솔선수범할 수밖에 없었다. 그는 김해 김씨였지만, 일족이 택한 ‘김해’를 쓰지 않고 자기 의사대로 ‘천성(天城)’이란 씨를 만들어 ‘천성활란(天城活蘭)’으로 개명했다. 그의 조카 김정옥(金貞玉)에 따르면, “고모는 어차피 씨를 바꿀 바에야 창씨를 통해 자기의 독립된 일가를 세우려 생각하고 ‘천성’이라는 씨를 선택했다.”고 한다.[28]

　총독부는 8월 10일 〈씨설정계〉 접수마감 결과 모두 322만 693건을 받아 80.3퍼센트의 실적을 올렸다고 발표했다. 그리고 이날 《조선일보》와 《동아일보》를 폐간 조치했다. 이어 9월 2일 각 도지사 인사 이동을 단행했다. 이때 창씨개명을 하지 않은 전북지사 손영목(孫永穆)과 충북지사 유만겸(俞萬兼)은 경질되었다. 이유는 정책 불이행에 대한 문책이었다. 그러나 그냥 면직이 아니라 유만겸을 중추원 참의로, 손영목을 조만척식(朝滿拓殖)주식회사 이사로 각각 발령한 것을 보면 창씨개명이 강요가 아니었음을 보여주기 위한 ‘연극’으로 해석할 수밖에 없다. 이름을 이등태빈(伊藤泰彬)으로 바꾼 윤태빈(尹泰彬), 김촌태남(金村泰男)으로 개명한 김병태(金秉泰), 김천성(金川聖)으로 한 김성근(金聖根) 등 3명의 도지사는 다른 도로 전보되고, 무영헌수(武永憲樹)로 이름을 바꾼 엄창섭(嚴昌燮)이 전남도지사로, 이가원보(李家源甫)로 개명한 이원보(李源甫)가 전북도지사로 새로 임명되어 조선인

지사 숫자는 종전 그대로였다.

　미즈노 나오키는 그의 책에서 "창씨개명은 신청 절차만 보면 마치 자발적인 의사에 따른 것으로 보인다. 그러나 이를 거부하는 자는 황국신민이 아니고 비국민이라는 논리가 큰 압력으로 조선인을 짓눌렀다. 이를 달리 표현하면 '자발성의 강요'라고 할 수 있다. 창씨개명 또한 지원병이나 〈황국신민서사〉 등 전시체제의 구축 과정에서 실시된 다른 정책과 마찬가지로 행정의 말단이 아니라 총독부 전체가 '자발성'의 미명 아래 강요와 독려로 추진했음을 지적해 두고 싶다."며 자발성을 강조하는 일부 극우들의 주장을 비판했다.

　출세를 위해 그토록 안간 힘을 다하던 미나미도 결국 창씨개명 비난 여론에 휩쓸려 1942년 5월 18일 추밀원 고문으로 밀려났다. 그리고 일제 패망과 함께 극동군사재판에 넘겨져 종신금고형을 받고 복역하다가 1954년 가석방으로 풀려나 이듬해 12월 5일 숨졌다.

제8대 조선 총독
1942. 5. 29~1944. 7. 23

고이소 구니아키

小磯國昭

고이소 구니아키 약력

1880. 3. 22   도치기(栃木) 현 우쓰노미야(宇都宮)에서
               경부(警部)의 장남으로 태어남.
1900. 11.   육군사관학교 졸업(12기).
1904. 3.   러일전쟁 출정.
1910. 11.   육군대학 졸업(22기).
1912. 9.   관동도독부 참모.
1922. 6.   유럽 출장.
~1923. 3.
1926. 12. 1   육군소장.
1927. 7.   항공본부 총무부장.
1930. 8.   육군성 군무국장.
1931. 8. 1   육군중장.
1932. 2. 29   육군차관.
1934. 3. 5   제5사단장.
1935. 12. 2   조선군 사령관.
1937. 7. 21   육군대장.
1938. 7. 29   육군예비역.
1939. 4. 7   제15대 척무대신.
1940. 1. 16   제17대 척무대신.
1941. 7.   만주이주협회 이사장.
1942. 5. 29   조선 총독.
1944. 7. 22   내각 총리대신.
1948. 11. 12   A급 전범으로 도쿄재판에서 종신형 선고.
1950. 11. 3   복역 중 사망.

배신자의 출세

도조의 절대 권력과 확전

제8대 조선 총독은 고이소 구니아키(小磯國昭)였다. 그 역시 일본 육사(12기)와 육군대학(22기)을 졸업한 육군대장 출신이다. 그는 만주이주협회* 이사장으로 있다가 미일전쟁이 달아오른 1942년 5월 29일 총독 발령을 받았다. 당시 내각 총리대신 도조 히데키(東條英機) 덕분이었다. 도조가 '현역 대장을 조선 총독으로 보내야 한다'는 군부의 요구를 뒤로 하고 나이로는 본인보다 네 살 많고, 육사와 육군대학은 각각 5기 선배인 예비역을 고른 것은 현역 가운데는 그의 마음에 드는 인물이 없었기 때문이다.

당시 도조의 권세는 가히 '텐노'나 다름없었다. 1941년 10월 18일 고노에 후미마로(近衛文麿, 1891~1945) 수상의 사임으로 육군대신에서 대장 승진과 함께 일약 총리대신이 된 도조는 내각 출범 당시부터 내무·육군·군수대신을 겸했다.

태평양 전쟁을 일으켜 일본을 파멸로 이끈 도조 히데키.

---

* 고이소가 요나이 미쓰마사 내각(1940. 1~1940. 7)의 척무대신 때 스스로 만든 척무성 산하 재단법인.

한때는 외무·문부·상공 등 6개 대신과 참모총장까지 함께 맡기도 했다. 러일전쟁 뒤 조선 경성 수비여단장으로 일하다 한국주차군 사령관 하세가와 요시미치를 비판했다는 이유로 군복을 벗은 도조 히데노리(東條英教, 1855~1913) 중장이 그의 아버지이다.

히데키는 대령 때까지만 해도 평범한 장교에 지나지 않았다. 그러나 소장 계급장을 달고(1933년 3월) 1935년 9월 관동 헌병대 사령관 겸 관동국 경무부장으로 임명되면서 두각을 나타내기 시작했다. 그는 맡은 바 임무에는 성실했지만 반대파를 포용할 줄 몰랐다. 통제파였던 그는 황도파 장교들을 철저히 숙청했다. 그가 만주에서 붙잡아 처벌한 군인과 관료, 민간인은 2천 명을 넘어 '신징(新京)형무소'를 새로 지을 정도였다고 한다. 그는 1940년 7월 육군대신이 되자, 만주전쟁 주모자로 2·26사건 때는 반란군을 진압하며 기세등등했던 이시하라 간지(石原莞爾) 교토사단장(당시 중장)을 파면 조치했다. 까닭은 이시하라가 1938년 8월 18일 만주국 주재 무관으로 근무하면서 관동군 참모장이던 도조의 만주 통치 방식에 대해 비판했다는 단순한 악감정이었다. 이런 횡포는 도조가 수상에 오르면서 더욱 심해졌다. 그는 수상 재임(1941. 10~1944. 7) 2년 9개월 동안 45명의 장성을 파면 또는 예편시키고, 50여 명의 국장급 이상 행정 공무원을 그만두게 했으며, 또 3만 2천여 명의 민간인을 체포 구금하기도 했다. 모두 도조를 반대하거나 그의 정책을 비판했다는 이유에서였다.[1]

■■ 2·26사건 진압 책임자 이시하라 간지.

이와 같은 도조의 무소불위 절대 권력은 쇼와왕의 묵인에서 비롯되었다 해도 틀린 말이 아니다. 일본 역사서를 종합해 보면 쇼와왕은 중국과의 전쟁을 하루속히 끝내고 싶어 했다. 그때 전쟁이 4년 넘게 끌면서 국민들도 염증을 느끼고 있던 터였다. 그러나 그의 힘으로는 도저히 군부를 통제할 수 없었다. 이에 고심하던 쇼와왕은 '도조라면 한 손에 군을 장악할 수 있을 것'이라는 기도 고이치(木戸幸一, 1889~1977) 내대신의 말에 솔깃하여 그를 내각 총리로 임명했다. 게다가 현역 육군대장 계급을 그대로 유지케 하여 군을 마음대로 움직일 수 있는 막강한 힘도 실어주었다.

그러나 호전적인 현역 대장을 수상으로 발탁한 것은 커다란 실수였다. 아니 일본제국을 파멸로 이끈 비극의 씨앗이었다고 표현하는 쪽이 더 옳겠다. 그는 독일의 히틀러에 영향을 받은 철저한 주전론자(主戦論者)였다. 히틀러에 관한 연구서를 항상 가까이에 두고 꼼꼼히 읽을 정도였다. 그는 일찍이 육군차관으로 일하던 1938년 11월 28일 군인회관에서 열린 육군관리사업주 간담회에서 "지나사변(중일전쟁) 해결이 늦어지고 있는 것은 미·영과 소련이 중국을 지원하고 있기 때문이므로 지금부터 이들과 싸울 준비를 하지 않으면 안 된다."고 발언, 신문에 크게 보도되기도 했다. 그런 그에게 내각을 넘겼으니 고양이에게 생선가게를 맡긴 꼴이었다. 도조는 전쟁을 진화하기는커녕 총리가 된 지 51일 만인 1941년 12월 8일, 미국에 선전포고도 없이 진주만을 기습 공격, 전쟁을 더욱 확대시켰다. 이 때문에 그가 일본 패전 뒤 A급 전범으로 극동국제군사재판에서 교수형에 처해진 것은 모두 아는 사실이다. 따라서 도조의 전쟁 도발행위를 눈감아준 쇼와왕 또한 책임을 피할 수 없다. 그럼에도 일본 우익들은 전쟁은 군부가 한 일이어서 쇼와왕은 책임이 없다고 변명하고 있다.

'조선의 호랑이' 부임

도조는 수상 부임 이후 한동안 대미(對美)전쟁 수행에 정신이 팔려 당면 과제였던 조선 총독 교체 문제에 대해서는 손을 쓸 새가 없었다. 그는 1942년 5월 8일 각료회의를 열고 조선인 징병제 시행을 의결했다. 그런 다음 곧바로 쇼와왕에게 상주하고 아울러 조선 총독 교체 문제를 보고했다. 도조는 그로부터 쇼와왕을 보좌하는 기도 고이치 내대신 등과 협의 끝에 조선 총독을 고이소로 교체하기로 최종 결정했다. 미나미의 사임이 항간의 관심사가 된 지 거의 2년 만이었다. 사실 미나미 총독 경질 문제는 앞장에서 설명했듯이, 도조가 육군대신으로 있을 때부터 드러난 비밀이었다. 도조는 1940년 10월 당시 육군차관으로 자기를 도와주던 아나미 고래치카(阿南惟幾, 1887~1945)를 서울로 보내 미나미에게 사임을 권유했다. 이는 무엇보다 창씨개명을 비롯한 그의 지나친 황민화 정책으로 빚어진 들끓는 민심을 바꿔보자는 뜻이었다. 그러나 미나미는 '혹시 정무총감 오노(大野)가 마음에 들지 않는다면 그의 결점은 내가 보완하겠다.'며 자진 사퇴를 완강히 거부하다 결국 모양새만 구겼다.[2]

이와 달리, 1940년 7월 22일 제17대 척무대신을 끝으로 관직에서 물러나 쉬는 것이나 마찬가지였던 고이소로서는 정말 행운이었다. 거기에 더하여 고이소는 조선 총독을 발판으로 2년 뒤 자신을 도와준 도조를 밀어내고 전시체제의 막강한 권력까지 쥐게 되었다.

뒷이야기야 어찌 되었건 도조가 고이소를 조선 총독으로 보낸 것은 고이소가 2년 반 넘게 조선군 사령관(1935. 12.~1938. 7)으로 근무한 데다 두 번에 걸친 척무대신 경력에 좋은 점수를 준 것으로 분석된다. 고이소는 조선군 사령관으로 있으면서 처음에는 우가키 가즈시게와, 뒤에는 미나미 총독과 손발을 맞추며 우리 민족 탄압에 앞장섰다. 당

시 그에게 '조선의 호랑이'라는 별명이 붙여진 사실만 보아도 그의 폭
거를 짐작하기에 어렵지 않다. 고이소는 특히 미나미 총독 때 조선인
지원병제를 실시한 장본인이기도 하다.

그러나 그가 소장이 될 때(1926. 12. 1)까지의 군대생활은 별로 자랑
할 게 없다. 비록 육군사관학교와 육군대학을 졸업했지만 군정(軍政)
분야에서는 늘 소외되고 있었다. 한마디로 그는 엘리트는 아니었다.
고이소의 육군대학 성적은 동기 55명 가운데 33위였다. 20위 이하에
서 고이소만큼 출세한 사람은 하나도 없다. 소년 때는 부랑배들처럼
거리를 쓸 데 없이 쏘다니는 일이 많았고, 군에 들어와서는 눈치를 보
아가며 왔다 갔다 했다.

30여 년 동안이나 군 요직과 거리가 먼 음지를 맴돌던 고이소에게도
마침내 햇볕이 찾아들었다. 1930년 8월 육군대신 우가키가 그를 육군
의 꽃이자 장래가 보장된 육군성 군무국장으로 끌어들인 것이다. 고이
소는 그때부터 출세 가도를 달리게 된다. 그는 군무국장이 되자 기대
이상의 실력을 발휘했다. 붙임성이 좋아 조직원들과 아래위 구분 없이
잘 어울리고 연설도 잘 했다. 그의 연설은 짜임새가 있고 표현력이 풍
부하여 일품이란 평을 들었다. 더욱이 그는 고운 목소리로 노래도 잘
해 '기생 개구리'라는 별명까지 얻었다. 그가 도쿄 화류계에 들러 그때
유행하던 〈백두산절(白頭山節)〉*이라는 민요라도 부를 때는 기생들이
사미센(三味線) 반주를 서로 맡겠다며 다툴 정도였다고 한다.

그는 장래 일본은 반드시 만주·몽고·중국 등 동아시아 대륙으로
뻗어 나가야 하므로 이에 따른 병력 수송을 위해 일본에서 가장 가까

---

* 우에다구니 교코(植田國境子)가 1914년에 부른 데뷔곡. 시마무라(島村抱月)가 노랫말
  을 짓고 나카야마(中山晉平)가 작곡했다.

운 부산과 시모노세키 사이에 터널을 뚫어야 한다며 자비로 2백여 쪽의 청사진을 만들어 각계에 돌린 일로도 유명하다. 군무국장 때는 어머니가 80세 고령으로 병상에 누워 아침저녁으로 그를 보기를 원하자 관사를 비워두고 지금의 아자부(麻布)에 있던 자택으로 옮겨 어머니를 간호하기도 했다.[3]

고이소는 또 비록 꾸며진 신화(神話)이지만 일본 고대사에도 상당한 지식을 갖고 있었다. 그는 《일본서기(日本書紀)》에 나오는 스사노오노미코토(素戔嗚尊)의 출생지가 강원도라고 믿었다. 즉 《일본서기》에는 '스사노오노미코토가 조선의 소시모리(曾尸茂梨)에 집을 짓고 살다가 권태를 느껴 그의 아들 이소다케루노미코토와 함께 배를 타고 이즈모(出雲, 지금의 시마네 현 동쪽)로 건너왔다.'는 기록이 보이는데 여기에 나오는 소시모리는 춘천 가까이에 있는 우두산(牛頭山) 자락이라는 설명이다. 고이소뿐만 아니라 초대 총독 데라우치 마사타케도 이 신화를 믿고 춘천 일대를 직접 돌아보았다. 데라우치는 이 사실을 "춘천을 찾아 스사노오노미코토가 강탄(降誕)하셨다고 일컫은 우두리와 기타 고적지를 조사했다."[4]고 《원수(元帥) 데라우치백작전(寺內伯爵傳)》에 남겼다. 이는 조선인과 일본인은 같은 뿌리라는 동조동근론(同祖同根論)을 내세워 동화정책을 뒷받침하려는 수작이었음은 말할 필요도 없다.

기회주의자의 면모

그러나 고이소는 지나친 기회주의자였다. 앞서 설명한 대로 그는 군무국장이 된 뒤 하시모도 킨고로(橋本欣五郎) 등과 함께 우가키를 내각 총리로 옹립하고자 3월 사건을 꾸미고는 이 쿠데타 음모가 실패로 끝나자 곧 우가키에게 등을 돌리고 새 실력자로 떠오른 아라키 사다오 육군 대신 밑으로 들어가 육군차관을 맡았다. 그리고 관동군 참모장, 제5사단장, 조선군 사령관 등 출세를 위한 경력을 차례로 쌓아 나갔다.

그런데 그가 조선군 사령관으로 있던 1937년 1월 21일 본국 의회에서 의원과 육군대신 사이에 격렬한 말다툼이 벌어지면서 뜻하지 않은 고민거리가 생겼다. 화살은 정우회의 하마다 구니마쓰(浜田國松, 1868~1939) 의원이 먼저 당겼다. 하마다는 이날 대정부 질문에서 육군대신 데라우치 히사이치(寺內壽一)에게 격한 어조로 군부의 독주(獨走)를 맹비난하고 나섰다. 그러자 데라우치도 군을 모욕하지 말라며 목청을 높였다. 이에 하마다는 속기록을 조사하여 자신의 발언에 군대를 욕되게 한 언사가 단 한마디라도 있으면 자신이 배를 갈라 사죄하되, 만약 없으면 육군대신이 할복해야 할 것이라고 맞섰다. 일본 역사서는 이를 '할복문답(割腹問答) 사건'으로 기록하고 있다. 이 언쟁은 결국 그해 1월 24일 히로다 고키(廣田弘毅) 총리가 정권을 내놓는 내각 붕괴 사태로 이어졌다.

이에 따라 쇼와왕은 다음 수상으로 우가키 가즈시게를 지명했다. 그동안 군부의 전횡(專橫)에 염증을 느낀 국민들은 이 소식을 전해 듣고 우가키라면 군부와 정당을 잘 아우를 수 있을 것이라며 박수갈채를 보냈다. 우가키의 사무실에는 날마다 수천 통의 격려 전보가 날아들었다. 그러나 뜻밖에도 우가키의 조각(組閣)에 제동이 걸렸다. 현역들 가운데 육군대신을 맡겠다는 사람이 하나도 없었기 때문이다. 앞에서 잠시 설명했듯이, 육군참모본부 제1부장이던 이시하라 간지 등 통제파 장교들이, 육군대신 때 군축(軍縮)을 단행한 우가키는 총리 자격이 없다며, 육군대신을 추천하지 말도록 군부 겐로들을 부추긴 결과였다. 당시 육·해군대신은 현역 전임제여서 현역 중장이나 대장을 육군대신 또는 해군대신으로 선정하지 못하면 내각을 출범시킬 수 없었다. 어려움에 빠진 우가키는 현역 복귀를 시도했으나 이 또한 군부와 황실 측의 반대로 뜻을 이루지 못했다. 우가키는 하는 수 없이 마지막으로 한때나마 그의 심복이었던 현역 육군중장 고이소 조선군 사령관에게 머리를 조아려 육군대신을 맡아줄 것을 간청했다.

그러나 고이소는 군부와 맞서는 것이 불리하다고 판단했음인지 우가키의 요청을 끝내 거절했다. 이로써 국민이 고대하던 우가키 내각은 명리(名利)에 어두워 대의(大義)를 버린 고이소의 배신으로 생겨나기도 전에 물거품이 되고 말았다. 일본 역사가들은 이런 그의 배은망덕을 '고이소의 부덕(不德)'이라 쓰고 있다.

그러고도 고이소는 같은 해 7월 21일 마침내 대장으로 승진했다. 하지만 영화는 오래가지 못했다. 그는 1938년 7월 조선군 사령관 직을 물러나면서 예비역에 편입, 대장 진급 1년 만에 계급장을 떼야 했다. 그 뒤 히라누마 기이치로(平沼騏一郎, 1867~1952) 내각(1939. 1~1939. 8)과 요나이 미쓰마사 내각(1940.1~1940. 7)에서 척무대신을 맡은 것은 그나마 위안이었다.

시국사건 전문인력 강화

이런 길을 거쳐 조선 총독에 오른 고이소는 함께 일할 정무총감으로 자기보다 14살 아래인 다나카 다케오(田中武雄)를 지명했다. 다나카는 고이소가 요나이 내각의 척무대신일 때 척무차관으로 그를 보좌했다. 둘은 만주이주협회에서도 상사와 부하 사이의 긴밀한 관계였다. 그렇지만 다나카는 정무총감으로서는 좀 특이한 경력의 소유자였다. 총독부 간부라면 으레 도쿄제국대학 법학과 출신이었으나 그는 보기 드물게 간사이대학 야간부를 거쳐 메이지대학 법학과를 나온 사학(私學) 출신이었다. 와카야마(和歌山)중학교 3학년 때는 교장 탄핵을 주도한 말썽꾸러기이기도 했다. 다나카는 1916년 대학을 졸업하고 나가노(長野) 현 경

무국 경부보(警部補)로 공직에 첫발을 디뎠
다. 그는 이곳에서 어느 정도 업무를 익힌 뒤
1919년 9월 사이토 총독이 헌병경찰을 없앤
다는 핑계로 본국에서 많은 경찰인원을 뽑
자 조선으로 묻어 들어왔다.

그는 스스로도 "조선에서 관리로서 내 생
활을 돌이켜보면 정말 남이 싫어하는 일만
했다. 시국사건 치고 내가 개입되지 않은
사건은 하나도 없다."[5]고 토로했듯이, 총독

■■ 다나카 다케오 정무총감.

부 경무국 고등경찰과, 함경북도 경찰부장, 경무국 고등경찰과장·보
안과장, 경기도 경찰부장 등을 역임하며 1919년부터 1936년까지 17년
남짓 동안 우리 민족의 항일독립운동을 탄압하는 데 전력을 다했다.

다나카는 당시 총독부 경무국장 미쓰바시 고타로(三橋孝太郎)와는 서
로 앙숙이었다. 미쓰바시가 미나미 총독과 함께 총독부로 들어오면서
부임한 지 6개월도 안 된 다나카의 경무국장 자리를 빼앗았기 때문이
다. 다나카는 눈물을 머금고 경기도지사로 쫓겨나야 했다. 그때 분위기
는 경무국장이 도지사로 발령되면 좌천이었다. 그런데 그 악연의 미쓰
바시는 다나카가 정무총감으로 올 때까지도 경무국장으로 근무하고 있
었다. 미쓰바시는 다나카가 부임하자마자 즉시 사표를 내고 스스로 물
러났다. 이에 고이소는 6월 2일자로 당시 경기도지사로 있던 단게 이쿠
다로(丹下郁太郎)를 경무국장으로 임명하고, 평남지사 고안언(高安彦)을
경기지사로, 총독부 농림국 양정과장 시모이이 사카모토(下飯坂元)를
평남지사로 각각 발령했다. 신임 경무국장 단게 역시 10년 넘게 조선에
서 이른바 시국사건을 전담해온 사상범 수사의 전문가였다.

이와 같이 총독부에 시국사건 전문인력을 대폭 강화한 고이소는

조선총독부와 소속관서 연도별 직원수

내지인= 일본인

연도	친임관급 및 칙임관·동대우관			주임관·동대우관			판임관·동대우관			촉탁직				고용직			합계			
	내지인	조선인	합계	내지인	조선인	합계	내지인	조선인	합계	내지인	조선인	외국인	합계	내지인	조선인	합계	내지인	조선인	외국인	합계
1910			74			1026			8261										−	14529
1911			78			1089			9602										−	17066
1912			86			1074			10739										−	21759
1913	44	39	83	700	305	1005	7708	4048	11756	162	24	−	186	5709	4651	10360	14323	9067	−	23390
1914	43	41	84	685	305	990	7964	4210	12174	145	24	−	169	5883	5571	11454	14720	10151	−	24871
1915	44	38	82	682	315	997	8053	4861	12914	171	28	−	199	6195	5548	11743	15143	10790	−	25933
1916	44	37	81	697	318	1015	8240	3291	11531	369	34	−	403	6360	5987	12347	15710	9667	−	22377
1917	42	38	80	636	262	898	7294	2480	9774	337	37	−	374	4300	4928	9228	12609	7745	−	20354
1918	44	39	83	671	302	973	7331	2694	11025	177	32	−	209	4642	5370	10012	12865	8437	−	21302
1919	44	36	80	725	316	1041	14344	9737	24081	178	40	1	219	4444	3369	7813	19735	13498	1	33234
1920	43	44	87	741	312	1053	16495	10618	27113	220	41	1	262	4794	3142	7936	22293	14157	1	36450
1921	63	35	98	859	344	1203	17500	11101	28601	241	50	4	295	5108	3993	9101	23771	15523	4	39298
1922	51	35	86	956	355	1311	18439	11240	29679	309	85	4	398	5584	4749	10333	25339	16464	4	41807
1923	53	35	88	970	353	1323	19145	10857	30002	324	71	5	400	6018	4816	10834	26510	16132	5	42647
1924	41	35	76	892	333	1225	17613	9658	27271	286	72	7	365	5448	4587	10035	24280	14685	7	38972
1925	48	37	85	817	329	1146	18394	9569	27963	227	63	5	295	7201	4773	11974	26687	14771	5	41463
1926	59	39	98	905	327	1232	18266	9621	27887	273	112	*10	385	7748	5194	12942	27251	15293	10	42544
1927	62	38	100	960	331	1291	18767	9949	28716	294	126	*14	420	8394	5531	13925	28477	15975	14	44452
1928	62	37	99	1031	330	1361	19269	10118	29387	313	122	*11	435	8884	5804	14688	29559	16411	11	45970
1929	66	37	103	1058	302	1360	19730	10059	29789	360	135	*13	495	9518	6179	15697	30732	16712	13	47444
1930	66	37	103	1077	323	1400	20199	10018	30217	366	121	*16	487	10053	6548	16601	31761	17047	16	48808
1931	65	38	103	1047	323	1370	19417	10154	29571	*424	162	*	586	10307	6962	17269	*31260	17639	*	48899
1932	68	32	100	1058	322	1380	20252	10912	31164	*421	166	*	587	*10677	7355	18032	*32476	18787	*	51263
1933	75	33	108	1085	322	1407	20089	10724	30813	415	188	−	603	10956	7657	18613	32620	18924	−	51544
1934	80	35	115	1092	326	1418	20963	11051	32014	439	300	−	739	11594	7935	19529	34168	19647	−	53815
1935	84	34	118	1118	329	1447	21712	11180	32892	489	324	−	813	12239	8456	20695	35642	20323	−	55965
1936	88	35	123	1189	333	1522	22740	11747	34487	579	418	−	997	13486	8957	22443	38082	21490	−	59572
1937	98	39	137	1350	349	1699	24177	12477	36654	597	478	−	1075	14967	10497	25464	41189	23840	−	65029
1938	103	34	137	1432	357	1789	25599	12987	38586	571	444	−	1015	15540	12142	27682	43245	25964	−	69209
1939	108	35	143	1505	359	1864	27269	13535	40804	521	630	12	1163	16775	15462	32237	46287	29912	12	76211
1940	113	33	146	1624	383	2007	28984	14224	43208	671	541	9	1221	18515	20821	39336	49907	36002	9	85918
1941	124	37	161	1784	403	2187	31982	14952	46934	851	763	10	1624	20474	26363	46837	55215	42518	10	97743
1942	129	38	167	1883	404	2287	32627	15479	48106	914	836	4	1754	21749	29162	50911	57302	45919	4	103225

주 1. 《조선총독부 통계연보》 각 연도판에서 작성.

2. 표 가운데 *는 외국인 수. 1926~1930년의 촉탁직 외국인 수는 내지인(일본인)과 조선인 가운데 어느 쪽에 포함되어 있는지 알 수 없어 두 쪽에 모두 실음.

또한 1931~1932년의 외국인 고용원 수는 내지인 수에 포함되어 있음.

출처: 《식민지 관료의 정치사》(오카모토 마키코, 2008)

1942년 6월 26일 임시도지사회의를 열고 자신의 통치방침을 밝혔다. 그는 이 자리에서 "나는 이미 3년 동안 조선군 사령관으로 근무하고 그 뒤 척무대신으로 외지(식민지) 행정의 책임을 맡으면서 조선에 대해 잘 알게 되었다. 조선에 시급한 것은 '전시비상 체제의 구축'이다. 도지사들은 이 일에 아낌없는 노력을 기울여주기 바란다."고 당부했다. 그리고 '국체본의(國體本義) 투철', '도의(道義)조선 확립'을 주요 방침으로 내걸었다.

그러나 당시 조선 민심은 속으로 끓어오르고 있었다. 수양동우회 및 흥업구락부 회원들의 구속과 《조선일보》, 《동아일보》, 《문장》, 《인문평론》 등의 신문·잡지 강제폐간 조치는 그만두고라도 조선말 과 성(姓)마저 빼앗긴 데 대한 민족의 울분은 곧 터질 것 같은 분위기 였다. 일제 경찰은 이런 열기를 가라앉히기 위해 뭔가 구실이 필요하 다고 판단하고 이를 찾는 데 혈안이 되었다.

조선어학회 사건의 속사정

그런 철통같은 감시 속에 마침내 빌미가 잡혔다. 1942년 9월 초 함 흥영생(咸興永生)고등여학교 학생 박영옥(朴英玉)이 기차 안에서 조선 말을 하다가 '야스다(安田)'로 개명한 안정묵(安正黙)이라는 조선인 경 찰관에게 붙들린 것이다. 심문에 견디다 못한 박영옥은 서울의 정태 진(丁泰鎭)으로부터 민족정신교육을 받았다고 털어놓았다. 불똥은 곧 서울로 옮아갔다. 경찰은 9월 5일 정태진을 연행, 조사한 결과 때마 침 조선어사전 편찬 작업을 하고 있음을 알아내고, 그로부터 조선어 학회는 민족주의 단체로 독립운동을 목적으로 하고 있다는 억지 자백 을 받아냈다. 이에 따라 경찰은 한글부흥운동에 힘쓰고 있던 지식인 들을 모두 검거할 수 있는 꼬투리를 잡게 되었다.

모두 알다시피 조선어학회는 1931년 1월 임경재(任暻宰)·최두선(崔斗善)·이규방(李奎昉)·권덕규(權悳奎)·장지영(張志暎)·신명균(申明均) 등 10여 명이 한글운동의 선구자 주시경(周時經)의 뜻을 받들어 1921년 12월에 조직한 조선어연구회를 확대 개편한 민간 연구단체였다. 일제의 방해와 박해가 심했음에도 1929년 10월에는 조선어사전 편찬회를 조직하고, 1933년에는 사전 편찬을 위한 〈한글맞춤법통일안〉, 〈표준어 사정〉, 〈외래어 표기법〉 등을 만들어 발표하기도 했다. 이런 한글부흥운동은 3·1운동 이후 국민계몽운동의 일환으로 시작되었음은 말할 나위도 없다.

일제는 이런 단체가 눈엣가시였다. 자진 해산하도록 압력을 넣기도 했다. 그러나 회원들은 순수 학문연구단체임을 내세워 말을 듣지 않았다. 그런 상황에서 민족정신 말살의 좋은 기회를 잡은 일제 경찰은 1942년 10월 1일부터 관련자 검거에 나서 이듬해 4월 1일까지 모두 33명을 잡아들였다. 증인으로 붙들려간 사람도 48명이나 되었다. 이들은 모두 3~9개월 동안 경찰서 유치장에서 혹독한 고문을 당하며 조사를 받은 끝에 검찰로 넘겨졌다. 검찰은 1943년 6월 말 이들 가운데 이극로(李克魯)·이윤재(李允宰)·최현배(崔鉉培)·이희승(李熙昇)·정인승(鄭寅承)·정태진·김양수(金良洙)·김도연(金度演)·이우식(李祐植)·이중화(李重華)·김법린(金法麟)·이인(李仁)·한징(韓澄)·정열모(鄭烈模)·장지영(張志暎)·장현식(張鉉植) 등 16명을 기소하고, 나머지 17명에 대해서는 기소유예(12명) 또는 무혐의로 풀어주었다. 기소 대상자에게는 〈치안유지법〉의 내란죄가 적용됐다.

1942년 7월 1일부터 함흥지방재판소에서 시작된 재판은 9회 심리를 끝으로 1945년 1월에 막을 내렸다. 그 결과 이극로 징역 6년, 최현배 4년, 이희승 2년 6개월, 정인승·정태진 2년, 김법린·이중화·이

우식·김양수·김도연·이인 징역 2년 집행유예 3년, 장현식은 무죄가 선고되었다. 이에 앞서 이윤재는 재판 도중 12월 8일 고문 후유증으로 유치장에서 사망하고, 한징도 그 이듬해 2월 22일 순국했다. 정열모와 장지영은 공소 소멸로 풀려났다.

담당 판사는 '고유 언어는 민족의식을 양성하는 것이므로 조선어학회의 사전 편찬은 조선의 민족정신을 유지하기 위한 민족운동의 한 형태이다.'라는 논리를 내세워 유죄를 선고했다. 역사는 이를 '조선어학회 사건'으로 부르고 있다.

이 사건에 대해 야마베 겐타로는 "민족에게 자국어가 얼마나 중요한가는 프랑스 소설가 알퐁스 도데가 알자스-로렌 지방이 프로이센에 점령되었을 때를 배경으로 쓴 작품 〈마지막 수업〉에서 읽을 수 있듯이 그 민족의 사활이 걸린 문제이다. 일본에게 모든 것을 빼앗긴 조선인에게도 민족의 말이 남아 있었는데 그 말까지 말살하려는 것이 바로 이 사건이다."라고 일제의 잘못을 신랄하게 비판하고 있다.[6]

2

전시비상 체제 구축

태평양전쟁 확전과 조선인 징용

일제 전시(戰時)비상 내각이 고이소 총독에게 맡긴 주요 임무는 두 가지였다. 하나는 종전과 다름없이 민족독립운동을 막는 공작이고,

다른 하나는 전쟁 수행에 필요한 조선의 인적·물적 자원을 최대한 동원하는 일이었다. 미국과 영국을 비롯한 연합국과의 싸움이 점점 버거워지면서 전선(戰線)에서 잃은 전투 인력과 전쟁물자 보급이 그만큼 다급해졌기 때문이다. 고이소는 자신의 '부덕(不德)'은 감춰둔 채 '정도조선(正道朝鮮)'을 외치면서 전쟁 승리를 위한 전시비상 체제 구축에 안간 힘을 썼다.

세계 석학들이 이미 평가했듯이, 자원이 부족한 일본이 태평양전쟁을 일으킨 것은 애초부터 무모한 일이었다. 더욱이 전투 기동력 확보에 없어서는 안 될 유류(油類) 한 가지만 보더라도 그때 일본이 보유한 양은 항공휘발유 117만 입방미터, 보통휘발유 83만, 등유·경유 각 32만, 중유 443만, 기계류 36만 등 모두 743만 입방미터에 지나지 않아 육·해군 항공작전은 잘 해야 1년, 해상작전은 겨우 반년을 버틸 수 있을까 말까 한 정도였다.[7]

물론 육상(陸上) 전력만은 세계에 내놓을 만했다. 태평양전쟁 개전 당시 육군은 편제상 51개 사단이었다. 정확한 병력 수는 알 수 없으나 110~2백만 명으로 어림잡고 있다.[8] 이 가운데 70만여 명은 관동군에 집중 배치되었다. 항공부대도 종전 70개 중대에서 133개 중대로 늘리고, 1개 전차 사단으로 편성된 기갑부대를 창설했다. 연간 3천5백 대의 전투기를 만들 수 있는 비행기 생산 공장과 1천2백 대의 전차(戰車)를 만들어내는 군수공장도 갖추었다.[9] 해군은 항공모함 6척, 전함 2척, 순양함 23척, 구축함 62척, 잠수함 19척, 지원함 150척, 전투기 506대 등을 보유했다.

특히 1941년 11월 6일부터 데라우치 히사이치(寺內壽一) 육군대장이 이끈 남방군 총사령부에는 육군 11개 사단(병력 37만여 명)과 9개 전차 부대, 전투기 591대, 해군 4개 함대에 항공모함 1척·수상기모함 2척·

전함 2척·중순(重巡)함 12척·경순(輕巡)함 8척·구축함 53척·잠수함 14척·해군항공기 489대·기타 수송선(390만 톤) 등이 배치됐다.[10] 남방군 사령부는 처음 싱가포르에 있었으나 뒤에 프랑스령 인도차이나 반도의 사이공(지금의 호치민 시)으로 옮겼다. 이 남방군이 맡은 전투 지역은 괌, 사이판 등 태평양의 여러 섬으로부터 필리핀, 보르네오, 티모르, 스마트라, 자바, 미얀마에 이르기까지 실로 광범위했다. 남방군은 2개 사단·제5비행단(전투기 144대)을 주축으로 한 제14군(軍)과 2개 사단으로 편성된 제15군, 3개 사단 규모의 제16군, 4개 사단과 제3비행단(전투기 354대)으로 짜인 제25군 등 4개 군으로 나뉘어 제14군은 필리핀 방면을, 제15군은 태국·미얀마 쪽을, 제16군은 프랑스령 인도차이나를, 제25군은 말레이 쪽을 각각 담당했다. 남방군은 일본 해군의 진주만 공격을 신호로 각 방면에서 일제히 공격을 시작했다.

이에 견주어 연합국 측의 남방지역 군비는 전투기 1,280여 대, 중경장비로 무장한 20여 개 사단의 병력 40만여 명, 9개 전차연대, 항공모함 2척, 수상기모함 4척, 전함 6척, 순양함 39척, 구축함 35척, 잠수함 50척 등으로 일본 대본영은 파악했다.[11]

위 통계에서 보듯이 일제는 태평양전쟁을 일으키면서 엄청난 인력과 장비를 동원했다. 총칼을 들 수 있는 젊은이들은 모두 군인으로 동원되고 힘이 남아 있는 장년들도 대부분 군속으로 전쟁터에 불려나갔다. 그 바람에 군수공장·탄광·광산·토건업 등 일본의 산업 현장은 일손이 크게 모자라 말 그대로 공동화(空洞化) 현상이 일어났다.

일제는 이와 같이 부족한 노동력을 조선에서 벌충하기 위해 1942년 2월 각의에서 〈조선인 노무자 활용에 관한 방책〉을 결정, 종전 자유모집 방식의 조선인력 동원방법을 바꾸어 강제로 징용하도록 했다. 총독부는 이에 따라 〈조선인 본토 이입 알선요령〉을 만들어 3월부터

시행에 들어갔다. 일본 학자들이 설명하는 이른바 '관(官) 알선 방식'
이다. 말은 듣기 좋게 관 알선이었지만 실은 본국의 국민동원계획에
따라 목표량을 채워야 했으므로 이 시책 또한 창씨개명처럼 자발성을
위장한 강제 동원이었다.

첫해 본국으로부터 배정된 징용 인원은 13만 명이었다. 그러던 것
이 그 이듬해에는 20만 명으로 늘었고, 1944년에는 그 두 배인 40만
명으로 껑충 뛰었다.[12] 총독부는 이 목표량을 다시 각 도별로 나누
어 주고 반드시 책임량을 달성하도록 강제했다. 각 도에는 당연히 비
상이 걸릴 수밖에 없었다. 일선 마을 이장과 면 직원은 말할 나위 없
고 경찰들도 이리 뛰고 저리 뛰었다. 1943년부터는 징용대상도 남자
의 경우 종전 15~45세, 여자 16~25세에서 남자는 12~60세, 여자는
12~40세로 크게 확대했다. 그래도 실적이 부진하자 1944년부터는
아예 길거리에서 보이는 대로 붙들어 갔다.

이들 강제 동원된 노동자들은 일본 군수공장과 광산, 탄광, 사할린,
남양군도(群島) 등지로 끌려갔다. 이 가운데에 군위안부[挺身隊]가 들어
있었음은 주지의 사실이다(이 책 〈아베 노부유키〉 참조). 징용 업무는 조선
노무협회가 전국을 총괄하고, 각 도에 징용사업소를 두어 실무를 맡겼
다. 조선노무협회는 총독부가 조선인 노동력을 빼앗기 위해 1941년 6월
에 만든 '인력 수탈' 기구이다. 각 사업소에는 보도원(輔導員)이 파견되
어 대상자 연행과 훈련 등을 맡았다. 고이소는 목표량을 채우기 위해 직
접 징용사업소를 찾아가 실적을 확인하며 관계관을 독려하기도 했다.[13]

조선인 노동자 징용은 물론 이번이 처음은 아니었다. 앞서 설명한
바와 같이, 일제는 중일전쟁을 계기로 1938년 4월 〈국가총동원법〉
에 이어 미나미가 총독으로 있던 1939년 10월 〈국민징용령〉을 만들
어 조선인 인력을 수탈하기 시작했다. 일제는 그해 모두 1만 5,410명

을 끌어갔다. 지역별로 보면 홋카이도(北海道)로 보내진 숫자가 1만 396명으로 가장 많고, 후쿠오카(福岡) 현 6,780명, 나가사키(長崎) 현 2,920명, 나가노(長野) 현 1천9백 명, 후쿠시마(福島) 현 1천5백 명, 사가(佐賀) 현 1,260명, 미야자키(宮崎) 현 1,050명 순이었다.

1940년에 들어서는 9만 7천3백 명, 1941년에는 10만 명을 동원할 수 있도록 각 업주들에게 목표량을 정해주었다. 더욱이 1941년에는 해군의 요청에 따라 3만 2,248명을 '해군작업애국단'이란 이름으로 남방지역의 긴급 토목공사에 투입했다. 조선인 노동자가 일본 밖의 해외로 보내지기는 이것이 시작이었다. 또 같은 해 육군 북부군 경리요원으로 7,061명이, 미국과 영국군 포로 감시요원으로 3,223명이 뽑혀 갔으며, 운송요원으로도 1,320명이 끌려갔다.

징병제 강행

그러나 유감스럽게도 강제징용에 대한 기록이 남아 있지 않아 전체 징용자가 얼마나 되는지는 정확히 알 수 없다. 다만 일본의 각종 백과사전과 인터넷 자료, 국내 자료 등을 종합해 보면 일본 패전 때까지 강제 징용된 조선인 노동자 수는 적어도 1백만 명을 넘었을 것으로 추산된다. 실제로 정운현은 무크지《친일문제연구 제5집—조선 총독 10인》에서 당시 조선인 징용자는 조선 지역에서 414만 6,098명, 일본 지역 125만 9,933명으로 추정된다고 일본 측 자료를 인용하여 설명했고, 박경식은 그가 쓴《조선인 강제연행의 기록》에서 "조선인 강제 징용자는 조선 내의 군 요원을 합하면 134만 명에 이른다."고 밝히고 있다.

고이소는 징병제 조기시행에도 박차를 가했다. 조선인 징병제는 고이소가 총독으로 임명되기 20일 전인 5월 9일 공포되었다. 하지만 실제로는 거의 3년 뒤인 1944년 4월부터 시행에 들어갔다. 이는 조선

■■■《매일신보》 1943년 11월 27일자에 보도한 고이소 구니아키 총독의 학도지원병에 대한 담화. "신반도 건설 역사에서 불멸의 기록"이라고 지원병의 성과를 치켜세우고 있다.

청년들을 무장시키는 징병문제가 그만큼 간단하지 않았다는 증거이기도 하다. 그럼에도 일제가 결국 조선인 징병제를 채택하게 된 것은 우선 1938년부터 4년 남짓 동안 지원병제로 조선인에게 무기를 주어 시험한 결과 안심할 수 있다고 판단되었기 때문이다. 이와 함께 혈기 왕성한 조선 청년들의 에너지를 국외로 발산시켜 황민화 정책의 불만에서 일어날 수 있는 만일의 사태에 대비하고, '거국일치 강화'라는 정치적 목적도 포함되어 있었다. 총독부가 징병제 실시에 앞서 친일인사나 지식인들을 총동원하여 학도병의 중요성을 선동하면서 국내외 조선인 대학생 4천5백여 명을 학도병(1943. 10)과 해군 지원병(1943. 5) 등으로 내몬 데서도 그 의도를 충분히 짐작할 수 있다.

고이소는 조선 장정의 징집에 앞서 총독부 안에 다나카 정무총감을 위원장으로 하는 징병제도시행준비위원회를 설치하고 빈틈없는 준비를 지시했다. 특히 징병검사를 통과한 입영 대상자들에게 일본어 강습과 황민화 교육을 철저히 하도록 지시했다. 또 공립 중학교 이상에는 현역 장교를 배치하여 군사훈련을 실시한 뒤 졸업자는 전문훈련소에 입소시키고, 기초교육을 받지 못한 청

징병검사 현장에서 장병들의 일본어 실력을 점검하고 있는 사령관 이타가키. 그는 패전 뒤 극동군사재판에서 교수형을 받았다.

년들은 청년특별연성소(1942년 설치)에, 역시 학교에 다닌 적이 없는 젊은 여성들은 여자청년연성소(1944년 설치)에 각각 보내 입대를 위한 강제 훈련을 받도록 했다.

징병제 시행에 따른 장병 신체검사는 1944년과 1945년 두 번 실시되었다. 1944년 4월부터 8월 20일까지 실시된 첫 회에서는 20만 6,057명이 검사를 받았다. 전체 대상자는 26만 6,225명이었으나 이 가운데 5만 2,859명은 해외거주자이고 나머지 1만 2,602명은 신검에 불응했다. 신체검사를 받은 사람이라고 해서 모두가 군에 입대한 것은 물론 아니었다. 기피자도 속출했다. 이 또한 정확한 기록이 없어 연차별 실제 입대자 수는 알 수 없으나 박경식에 따르면, 일본 패전 당시 조선인 출신 군인·군속은 36만 4,186명에 이르렀다.[14]

공출과 책임생산제

고이소는 또 식량을 비롯한 물자 동원에도 모든 지혜를 다 짜냈다. 총독부는 이를 위해 1943년 8월 〈조선식량관리령〉을 공포한 데 이어

■■ 공출하기 위해 쌀을 지게에 지고 집하장으로 가고 있는 농민들.

두 달 뒤 '조선식량영단(朝鮮食量營團)'을 만들어 쌀값을 통제하고, 배급을 주관하는 등 식량 관리체제를 한층 강화했다. 이때 유행한 말이 바로 '공출(供出)'이다. 현재 70대 이상 노인들은 아마 지금도 이 말을 생생히 기억하고 있을 것이다. 공출 대상도 주곡인 쌀은 말할 것도 없고 보리·마·고사리 등 실로 40여 가지에 달했다. 1944년 6월부터 시작된 쌀 강제 공출(할당제)은 일본보다 조선이 훨씬 심했다. 자가소비용을 제외한 전량을 강요할 정도로 공출 목표량부터가 지나치게 많았다. 공출미 값은 말로는 공정가격으로 지불한다고 해놓고는 실제로 전시채권 구입과 강제저축 등 명분으로 떼어가 농민들이 손에 쥔 현금은 거의 없었다. 이 때문에 농민들 대부분은 하루 쌀 1홉과 잡곡 1~1.3홉으로 겨우 끼니를 때워야 했다.

1942~43년의 보기 드문 가뭄에 따른 흉년을 견뎌낸 농민들은 아연할 수밖에 없었다. 불만은 폭발 직전이었다. 총독부는 농민들의 반발이 거세지자 매년 공출할 양을 미리 정해 주고 부락 전체가 연대하여

내놓게 하는 '부락공동책임공출
제'를 실시했다. 그리고 쌀 공출
이 부진한 마을에 대해서는 생활
물자 배급을 모두 중단하고, 정
해진 양대로 쌀을 내놓지 않은 가
정에 공출서약서를 받은 것은 물
론 가족 가운데 입영대상자가 있
으면 무조건 군에 입대시키고,
실적이 부진한 담당공무원을 처
벌하는 등 목표 달성을 위해 갖은
압력을 가했다.

연도별 일제의 쌀 수탈량

연도	생산량	수탈량
1920	1,270	185
1922	1,432	340
1924	1,517	475
1926	1,497	544
1928	1,730	742
1930	1,370	540
1932	1,590	760
1933	1,630	870

* 1933년 이후 통계는 총독부가 패망 전 기밀문서를
불태워버려 알 수 없다.

총독부는 그래도 공출 실적이 부진하자 1944년 2월부터 '농업책임생
산제'를 실시하여 쌀·보리 등 주곡은 물론 축산물까지 목표량을 생산
토록 강요했다. 생산 목표량은 총독부가 각 도별로 정하여 내려보내면
이를 다시 각 부·군·읍·면·부락 단위로 세분, 각 개인에게 책임량을
돌렸다. 이와 함께 '절미(節米)운동'을 벌이고 잡곡 혼식을 장려했다.
이 무렵부터 밀가루와 메밀가루를 섞고 반죽하여 기계로 눌러 쌀알처
럼 만든 '면미(麵米)'가 쌀 대용품으로 대유행이었다. 경성부는 이에 앞
서 1942년 6월부터 이미 면미를 배급했다. 이렇게 하여 일제는 패망 전
까지 조선에서 해마다 8백만 석 이상의 쌀을 거두어 갔다.[15]

전쟁 막바지에는, 각 마을 농가마다 경찰로 하여금 가택 수색을 하
여 감추어 놓은 식량을 총칼로 쑤셔대면서 찾아내는 데 혈안이 되었
고, 이리하여 굶주린 농민들에게는 만주에서 가져온 콩기름을 짜고
버린 콩깻묵(大豆粕)을 배급해 주면서 허기진 배를 채우도록 했다.

책임생산제는 농축산물 분야에만 그치지 않았다. 총독부는 1944년

3월부터 광산과 공장에 대해서도 이를 적용하고, 육·해군 후원 아래 국민총력조선연맹·조선광산연맹·각 도 광산연맹 등과 공동으로 중요 광물생산 책임완수 총궐기운동을 벌이며 군수물자 확보에 총력을 기울였다. 이들 중요 광산물 사업장에는 노무·식량·자재·수송 등에 어려움이 없도록 특별 배려를 아끼지 않았다. 그 결과 1943년 236만 톤이던 주요 광물 생산량이 1944년에는 550만 톤으로 2배 이상 크게 늘었다.

통치비용마저 전가한 전쟁물자 동원책

그러나 무기 제조용 철제는 전황이 날로 격화되면서 턱없이 부족했다. 그래서 총독부는 1943년 8월 〈금속류 회수령〉을 공포하고, '조선 중요물자영단'을 설립하여 민간에 널려 있는 쇠붙이 모으기에 땀을 쏟았다. 이로 말미암아 학교의 쇠 간판, 사찰의 불상, 교회의 종은 말할 나위 없고 심지어 각 가정의 숟가락과 쇠젓가락, 제사용 놋그릇, 부인들의 노리개까지 남아난 것이 별로 없었다. 그뿐만이 아니다. 전투 수행용 기름이 모자라 피마자기름과 송진까지 거두어 갔던 것은 잘 알려진 사실이다.

총독부는 전쟁에 가장 필요한 전투기를 마련하기 위해 각 군(郡)마다 1개 비행기를 바치게 하는 이른바 일군 일비행기(一郡一飛行機) 헌납 운동을 벌여 돈을 거두었다. 이 운동은 1937년 6월에 조직한 '군용기 경기도 헌납기성회'가 주도했다. 구성원은 모두 33명으로 이 가운데에는 민대식(閔大植)·한상용(韓相龍) 등 조선인도 13명이나 포함돼 있었다. 광산업으로 돈을 모은 문명기(文明琦)는 중일전쟁 발발 즉시 일본 육·해군에 각 1대씩 2대를 헌납했고, 운수업자 방의석(方義錫)도 2대, 최창학(崔昌學)·백낙승(白樂承)·배영춘(裵永春)·최주성(崔周星) 등은 각 1대

■■ 무기 제조용으로 강제 공출된 놋그릇들. 벽에는 '국어(일본어)상용'이라는 표어가 붙어 있다.

의 비행기를 바쳤다. 또 김치구(金致龜)는 10년에 걸쳐 쌀 1만 석을 기부하기로 하고, 손창윤(孫昌潤)은 기관총 50자루 값을 내놓았다.[16]

　고이소는 통치비용도 조선인에게 부담시켰다. 야마베 겐타로에 따르면, 총독부는 1941년 조선인들로부터 군사비특별회계 조입금(繰入金)이라는 명목으로 9,456만 8천 엔의 세금을 받은 데 이어 1942년에 1억 6,321만 2천 엔, 1944년에는 4억 1,407만 5천 엔을 거둬들였다. 이 세금은 일제가 1937년 중국과 전쟁을 벌이면서 전쟁비용이 모자라자 거두기 시작했다. 총독부는 이 돈으로 조선인에게 황민화와 충성심을 강요하는 국폐소사(國幣小社)나 신사를 짓고 경찰의 정보활동비 등에 사용했다. 이에 대해 야마베는 "군사비란 국방비의 일부로 조선인을 지배하고 탄압하는 데 쓰이는 비용이기 때문에 조선인이 이를 부담하는 것은 스스로 자기 목을 조르는 것과 같은 꼴이었다."고 일제의 폭정을 꼬집고 있다.[17]

고이소는 모자란 군비를 충당하고자 저축도 강요했다. 총독부 재무국은 1942년 6월 저축 목표액을 9억 엔으로 책정하고, 목표 달성을 위해 조선 안의 4천여 기업과 저축조합에 봉급에서 저축금을 먼저 떼는 선제 저축 방침을 통보했다. 내용을 좀 더 구체적으로 소개하면 부양가족이 없는 사람이 50엔 이하의 월급을 받을 경우 최저 1할을, 3백 엔 이상은 5할 5부까지, 그리고 부양가족이 있는 사람은 월 50엔 이하는 2부, 3백 원 이상은 1할 5부까지 미리 떼고 봉급을 지급했다. 상여금은 부양가족이 없는 1백 엔 이하의 봉급자는 3할, 5천 엔 이상은 8할까지 저축하고, 부양가족이 있는 사람으로 1백 엔 이하를 받은 사람은 1할, 5천 엔 이하는 6할까지 강제로 떼어 저축시켰다. 총독부는 이 밖에도 저축조합 설립을 적극 권장하고, 공채와 채권을 대중화하며 조선인들의 금융기관 이용을 적극 권장했다.

고이소는 자원 동원으로 말미암은 불만을 줄이기 위해 황민화 구호 아래 조선인들에게 인간으로서는 견딜 수 없는 극도의 절제 생활을 강요했다. 1942년 2월부터 조선 전래 풍습인 설날(구정)을 없앤 데 이어 이듬해 10월부터는 토요일 오후 휴무를 폐지하고, 일반인에게 국민체육을, 학생들에게 전시학도체육훈련을 실시한 것도 그 일환이었다. 총독부는 또 〈조선교육령〉을 고쳐 대학과 중학·실업학교의 교육 연한을 각각 1년씩 단축하고 징병연령도 1년 낮추었다. 1944년 2월에 들어서는 관청의 일요 휴무를 없애고, 3월부터는 금융기관에까지 이를 확대 적용했다.

고이소의 자원 동원책은 총독부 관리 운영에도 영향을 끼쳤다. 고이소는 더 많은 노동력과 식량 공출에 필요한 인력 재배치를 위해 수시로 총독부 기구를 개편하고 인사이동을 단행했다. 1942년 10월에는 두 번이나 바꾸었다. 이때 미나미 총독이 임명한 마자키 초넨(眞崎長年) 학무국장, 스와 쓰토무(諏訪務) 전매국장, 스즈가와 도시오(鈴川壽男) 사정국장 등을 물러나게 하고, 조선 사정에 밝은 오노 겐이치(大野謙一), 이토 타이기치(伊藤泰吉), 아라가이 하지메(新貝肇) 등을 데려왔다. 또 이듬해 10월 본부에 농림국 검사과를, 각 도에 식량부를 신설하여 식량담당 기능을 크게 강화한 데 이어 같은 해 12월에는 본부의 총무, 식산, 농림, 사정, 철도, 전매 등을 없애고 광공, 교통, 농상공국을 새로 만들었다. 도에는 광공부, 농상부, 재무부를 두었다. 이밖에도 소규모 개편과 이동을 수시로 벌였다. 그때마다 과장급은 수십 명에서 많게는 1백 명 이상이 이동의 물결에 휩싸였다.

특히 공출은 현지 사정을 잘 알고 있는 일선 부, 군, 면의 조선인 직원에 맡길 수밖에 없었다. 따라서 이를 둘러싼 부정부패와 사보타주가 만연했다. 고이소는 본부 국장회의와 전국 도지사회의가 열릴 때마다 관리로서 지켜야 할 도리를 역설하며 일탈 직원이 생기지 않도록 관리 감독을 철저히 하라고 당부했다.

단파방송 수신사건

고이소는 민족저항운동 단속에도 고삐를 늦추지 않았다. 심지어 해외 단파방송을 듣는 것조차도 처벌했다. 1943년 11월 대대적인 검거 선풍을 일으킨 이른바 '단파방송 수신사건'은 그의 마지막 언론탄압 작전이었다. 구속자만도 경성방송국 직원 40여 명을 포함하여 전국적으로 2백 명을 넘었다. 이는 불리해진 태평양전쟁 전황이 시중에 알려질까 봐 저지른 만행이었다.

총독부는 시간이 흐를수록 일본군이 남양군도에서 수세에 몰리자, 1942년 12월 〈외국 단파방송 청취 금지령〉을 공포하고 조선에 와 있던 외국인 선교사들을 추방하는 등 단파방송 청취행위 단속에 나섰다. 그러나 일제의 처참한 패전 소식이 사실 그대로 자꾸 항간에 퍼졌다. 경찰은 경성방송국을 소문의 근원으로 판단하고 이곳을 급습, 6명을 검거했다. 미국 샌프란시스코에서 내보내는 미국의 소리(Voice of America) 우리말 방송과 중국 중경방송국의 조선어 방송을 듣고 그 내용을 시중에 날랐다는 이유였다. 억지 자백을 받아낸 경찰은 이들과 관련된 방송인 150여 명과 민간인 3백여 명을 연행하여 모진 고문을 가한 뒤 재판에 넘겼다. 이들 가운데 75명은 유죄 판결을 받았고, 6명은 고문 후유증으로 옥사했다.

이와 같이 폭정을 거듭하던 고이소는 1944년 7월 22일 도조 히데키의 실각으로 그가 바라던 내각 총리대신이 되었다. 그러나 총리 취임 8개월 반 만에 물러났다. 일본 정치학자들은 이유를 리더십 부족에서 찾는다. 고이소는 한마디로 지도자감은 아니었다는 평이다. 고이소는 수상에서 물러난 뒤 1948년 11월 12일 극동국제군사재판에서 A급 전범으로 종신형을 선고받고 복역하다가 1950년 11월 3일 감옥에서 숨졌다.

그는 재판정에서 "장군은 조선의 호랑이라고 불리고 있는데 그 이유를 말해보라."는 연합군 측 검사의 질문에 대해 "역대 조선 총독 가운데 보시는 바와 같이 내가 가장 못난 추남이다. 아마 이 얼굴이 호랑이를 닮았기 때문이 아니겠는가."라는 엉뚱한 대답으로 방청객들을 웃겼다고 기록은 전하고 있다.

아베 노부유키

아베 노부유키 약력

1875. 11. 14   이시가와(石川) 현 가나자와(金澤)에서 태어남.
1897. 11. 29   육군사관학교 졸업(9기).
1907. 11. 30   육군대학 졸업(19기).
1909. 9.   육군대학 교관.
1910. 11.   독일 주재 무관 보좌관.
1913. 2.   오스트리아 주재 무관 보좌관.
1920. 8. 10   참모본부 편제동원과장.
1922. 8. 15   육군소장.
1923. 8. 6   참모본부 총무부장.
1926. 7. 28   육군성 군무국장.
1927. 3. 5   육군중장.
1928. 8. 10   육군차관.
1930. 12. 22   제4사단장.
1932. 1. 9   타이완군 사령관.
1933. 6. 19   육군대장.
1936. 3. 10   예비역 편입.
1939. 8. 30   제36대 내각 총리대신.
1940. 1. 15   내각 총사직.
1942. 5. 28   귀족원의원.
1944. 7. 22   조선 총독.
1953. 9. 7   사망.

최후의 발악

연전연패와 고이소 내각 출범

일제가 패망 문턱에서 조선에 파견한 마지막(제9대) 총독은 예비역 육군대장 아베 노부유키였다. 그는 비록 4개월 반의 짧은 기간이었지만, 내각 총리를 지낸 뒤 총독이 된 유일한 인물이기도 하다. 그런 만큼 그의 총독 기용은 고이소 구니아키의 내각 총리 발탁과 맞물려 일본 정계에 숱한 화제를 뿌렸다. 사실 아베는 이율배반적이게도 전시체제를 진두지휘하던 도조 히데키(東條英機)의 실각에서 행운을 잡았다고 할 수 있다. 도조의 뒤를 이어 수상이 된 고이소가 아베를 그의 후임으로 지명했기 때문이다.

도조의 퇴진은 무엇보다 태평양 해전의 연전연패(連戰連敗), 그것도 차마 눈을 뜨고 볼 수 없는 대참패가 직접적인 원인이었다. 도조의 기세는 집권 초기 일본 해군이 하와이 진주만을 기습 공격할 때만 해도 하늘을 찌를 듯했다. 하루아침에 올린 전과(戰果)치고는 실로 기록적이었다. 이때 미국이 입은 피해는 사망자만도 3,684명(민간인 103명 포함)이나 되고, 다친 사람도 1,247명에 이르렀다. 재산피해도 전함과 순양함·구축함 각 3척씩 모두 9척이 침몰되고, 전투기 343대가 완전파괴(188대)되거나 파손(155대)되는 등 이만저만이 아니었다.[1]

그러나 그런 기쁨도 오래 가지 못했다. 그로부터 6개월 뒤 1942년 6월 4일부터 7일까지 3일 동안 미드웨이에서 벌어진 격전은 피눈물의 시작에 지나지 않았다. 일제는 이 해전에서 3,057명의 전사자를 내어 하와이 기습작전 승리를 무색케 하는 엄청난 타격을 입었다. 뿐만 아니라 항공모함 4척과 순양함 1척도 잃었다. 이에 견주어 미군은 사망자 307명에 항공모함 1척과 구축함 1척이 침몰되는 피해를 당했다. 인명피해만 보면 일본의 10분의 1에 지나지 않았다. 일제는 이 전투에 항공모함 4척, 지원함 150척, 전투기 248대, 수상 항공기 16대 등 막강한 전력을 동원하고도 이런 비참한 결과를 낳아 지휘관들을 당황하게 했다.

그래도 미드웨이 해전은 2년 뒤에 벌어진 사이판(Saipan) 전투에 견주면 피해가 가벼운 편이었다. 일본군은 1944년 6월 11일부터 7월 9일까지 28일 동안 계속된 사이판전에서 무려 3만 1,629명이 목숨을 잃고, 921명이 포로로 붙잡혔다. 당시 전투를 지휘하던 나구모 추이치(南雲忠一, 1887~1944) 해군대장과 사이토 요시쓰구(齋藤美次) 중장은 말할 나위 없고 사이판에 살고 있던 일본 민간인들까지, 그들의 표현을 빌리면 모두 '옥쇄(玉碎)'했다. 물론 미군 측 희생도 전사자 3,126명, 부상자 1만 4,985명으로 만만치 않았다. 그러나 승리는 미군에게 돌아갔다. 이에 따라 사이판과 괌(Guam)·로타(Rota)·티니언(Tinian) 섬 등은 자연히 미국 측으로 넘어갔다. 미군은 사이판을 손안에 넣음으로써 홋카이도를 제외한 일본 전토를 B29 폭격기로 직접 공격할 수 있는 발판을 마련했다.

일제는 이런 대참사를 각종 언론매체를 동원하여 일부 이기고 있는 전황만을 보도하며 숨기려 안간힘을 다했다. 그러나 소문은 꼬리에 꼬리를 물었다. 순식간에 일본 열도는 말 그대로 충격에 휩싸였다. 이에 놀란 도조는 개각으로 위기를 모면해 보고자 쇼와왕을 보좌하던 기도 고이치 내대신에게 뜻을 물었다. 기도는 겐로들과 협의 끝에 우선 도조 혼자 맡고 있는 육군대신과 참모총장 등 겸직을 풀고, 시마다

시게타로(嶋田繁太郎, 1883~1976) 해군대신을 바꾸고, 중신들을 입각 시킬 것 등을 조건으로 개각을 허용했다.

이에 힘을 얻은 도조는 곧바로 새 내각을 구성하기 위해 전 각료들에게 사표를 내도록 했다. 그러나 당시 군수차관(군수대신은 도조가 겸직) 겸 무임소 국무대신을 맡고 있던 기시 노부스케(岸信介, 1896~1987)[*]가 국기(國基)를 흔든 치욕적인 패배에 군부 총지휘자가 책임을 지지 않고 그대로 눌러 앉을 수는 없는 일이라고 내각 총사퇴를 요구하며 개별적인 사퇴를 거부하고 나섰다. 그러자 도조는 시가타 료지(四方諒二, 1896~1977) 당시 도쿄헌병대장을 기시에게 보내 총칼로 사퇴를 강요토록 했다. 그렇지만 기시는 군도를 빼들고 죽이겠다는 시가타의 협박에도 뜻을 굽히지 않았다. 도조의 추태는 곧바로 궁중에까지 알려졌다. 이런 불미스런 행동을 확인한 기도는 도조에게 쇼와왕의 뜻이라며 스스로 물러나기를 권했다. 그래도 도조는 막무가내로 왕을 직접 찾아가 다시 한 번 전세 만회의 기회를 달라고 간청했으나 왕은 '그런가'라고 말할 뿐 아무 대꾸도 하지 않았다. 쇼와왕의 총애를 받던 도조도 어쩔 수 없이 7월 18일 사표를 내고 물러났다. 물론 현역 대장 계급장도 함께 떼었다.

후임에는 데라우치 히사이치 남방군 사령관과 고이소 조선 총독이 물망에 올랐다. 둘을 놓고 겐로 중신(重臣)들 사이에 격론이 벌어졌다. 능력 면에서는 데라우치가 다소 좋은 점수를 받았다. 그러나 전쟁을

---

[*] 야마구치(山口) 현 출신으로 수상을 지낸 사토 에이사쿠(佐藤榮作)의 친형이다. 도쿄제대 법과를 졸업하고 농상무성에 들어가 고위관료가 되어 군부 파시즘을 지지했다. 도조 내각의 상공대신으로 전시경제체제 구축에 힘쓰다 도조와 불화로 사퇴, 일본 패망 뒤 A급 전범용의자로 체포되었으나 불기소 처분으로 풀려났다. 1957년부터 1960년까지 세 번에 걸쳐 내각 총리를 지냈으며 한일 국교수립 후 지한파로 한국을 여러 번 다녀가기도 했다.

수행중인 '장수'를 바꿀 수는 없다는 중론에 따라 조각(組閣)의 대명은 결국 고이소에게 돌아갔다. 이렇게 하여 1944년 7월 22일 고이소 내각이 탄생했다. 아베는 내각 출범 이틀 뒤 조선 총독에 임명되었다.

아베의 관직생활

아베는 1875년 이시카와(石川) 현 가나자와(金澤)에서 번(藩) 무사의 아들로 태어났다. 아베 또한 육군사관학교(9기)와 육군대학(19기)을 졸업했다. 육군대학을 수료할 때는 왕이 우등상으로 주는 '은사(恩賜)의 군도(軍刀)'를 받기도 했다. 그러나 그는 육군에서 일선 전투 경험 없이 대장에까지 오른 장군으로 손꼽힌다. 그래서 그한테는 늘 '싸우지 않은 장군', '처세장군'이라는 혹평이 잇따랐다. 아베는 주로 육군 핵심부에서 맴돌았다. 참모본부 편제동원과장, 참모본부 총무부장, 육군성 군무국장, 육군차관 등이 그가 거쳐 간 보직이다.

아베는 앞에서 잠시 설명했듯이 우가키 군벌의 일원이었다. 그는 우가키 육군대신 때 차관으로 있으면서 우가키가 병으로 입원하자 임시 대리를 맡아 업무를 무난히 처리했다. 아베는 쇼와왕에게 군사학을 강의하기도 했는데, 이때 쇼와왕은 아베의 치밀한 두뇌와 원만한 성격을 높이 평가했던 것으로 전해지고 있다. 게다가 사이온지 긴모치 이후 쇼와왕 보좌역으로 임명된 기도 고이치 내대신과는 인척 관계였으며 해군의 자유주의파 제독 이노우에 시게요시(井上成美, 1889~1975)와는 친 동서 사이였다. 즉 아베의 아내가 이노우에의 처 언니였다. 이런 관계는 그가 1939년 8월 30일 내각 총리가 되는 데 적지 않은 힘으로 작용했다.

아베는 극우주의자 히라누마 기이치로 내각이 갑자기 무너지면서 총리에 올랐다. 당시 일본 내각은 1년이 멀다하고 자주 바뀌었다. 수상 선발의 실질적인 책임을 맡고 있던 겐로 사이온지 긴모치가 "나에게는 더 이상 의견이 없다"고 푸념할 정도로 내각 구성을 둘러싼 난맥상은 심각했다. 인물난도 겹쳤다. 히라누마가 그만두자 이미 총리를 지낸 고노에 후미마로, 히로다 고키의 재등판설이 나오는가 하면 우가키 가즈시게 전 육군대신, 쇼다 카즈에(勝田主計, 1869~1948) 전 대장대신의 이름도 오르내렸다. 하지만 결정은 그리 쉽지 않았다. 갑론을박이 계속된 가운데 육군이 아베를 추천하여 의견이 모아졌다. 참모본부 군무과장 아리스에 세이조(有末精三, 1895~1992)가 뒤에서 움직인 결과였다. 쇼와왕도 아베라면 육군의 내분을 수습하고 해군과도 원만히 작전 업무를 수행할 수 있을 것으로 보았다.

그러나 그는 기대만큼 큰 그릇은 되지 못했다. 아베는 시쳇말로 '대명(大命)'을 받으러 궁중에 들어갔다가 쇼와왕의 엄격한 주문에 질려 얼굴에 마치 인주(印朱)를 바르듯 홍당무가 되어 나왔던 것으로 전해진다. 이를 목격한 유아사 구라헤이(湯淺倉平, 1874~1940) 내대신은 "아베는 안색이 변할 만큼 수상이라는 중책에 부담감을 느꼈던 것 같다"고 회고록에 남기고 있다.

때마침 그런 아베가 내각을 구성한 지 이틀 만에 독일이 폴란드를 공격함으로써 제2차 세계대전이 발발했다. 그는 이에 중립을 지키며 그때 외교 현안이던 독일·이탈리아·일본 등 이른바 삼국동맹 체결을 일단 뒤로 미루고 중일전쟁을 매듭짓기 위해 전력을 다했다. 그러나 아베는 나가이 류타로(永井柳太郎, 1881~1944, 체신 겸 철도대신), 고도 타쿠오(伍堂卓雄, 1877~1956, 농림 겸 상공대신) 등과 같은 고향 출신 또는 자파를 너무 많이 내각에 끌어들여 '아베 일족', '이시카와 내각'이라는 조롱을 받았다.

그가 추진한 일도 순조롭지 못했다. 중일전쟁은 물론 미·영 두 나라와 관계도 나아진 것이 하나도 없었다. 외무성에서 무역 업무를 떼어내 경제외교를 무역성으로 독립시키기 위한 행정 개혁도 전원 사표 제출로 맞선 외무성 고위관리들의 격렬한 저항에 부딪혀 실패했다. 엎친 데 덮친 격으로 물가가 치솟아 일반 국민들로부터 인기가 크게 떨어진 데다 우유부단한 정책에 불만을 품은 군부도 그를 외면했다. 국회에서도 퇴진을 권고하는 소동이 빚어졌다. 아베는 중의원 해산을 생각했으나 이에 따른 반군(反軍)감정이 일 것을 우려한 하타 슌로쿠(畑俊六, 1879~1962) 육군대신과 요시다 젠고(吉田善吾, 1885~1966) 해군대신이 반대하여 뜻을 접었다. 아베는 결국 육군의 사퇴 권유로 총리가 된 지 4개월 반 만인 1940년 1월 15일 자리를 내려와야 했다.

공직을 그만둔 뒤 2년 남짓 할 일 없이 보낸 아베는 1942년 4월 30일 중의원 선거 전 요쿠산(翼贊)정치체제협회를 만들고 회장을 맡아 정계 재기를 노렸다. 그러나 그해 전선(戰線)에 나간 아들 노부히로(信弘)가 영국을 상대로 벌인 특공작전에서 전사하자 실의는 더욱 깊어졌다. 그런 아베에게 고이소의 배려는 기쁨이 아닐 수 없었다.

총독부 조직 재정비

아베는 조선 사정에 밝은 엔도 류사쿠(遠藤柳作, 1886~1963)의 정무총감 발령을 조건으로 고이소의 총독 지명을 수락했다. 고이소의 양해 없이는 그가 임명한 다나카 다케오 정무총감을 마음대로 바꿀 수는 없었기 때문이다. 고이소는 아베의 제의를 선뜻 받아들였다.

엔도는 사이타마(埼玉) 현 출신으로 아베 내각 때 내각 서기관장을 지낸 인물이다. 1910년 도쿄 제국대학 법과를 졸업하고 같은 해 11월 고등문관시험에 합격, 12월 조선총독부 시보로 공직에 첫발을 내디뎠다. 엔도는 그로부터 총독부 서기관(1913년), 비서관(1915년), 관방 비서과장(1916년) 등을 거쳐, 3·1운동에 책임을 지고 물러난 하세가와 총독, 야마가타 이사부로 정무총감과 함께 1919년 8월 조선을 떠났다. 엔도는 그 뒤 도쿄부(東京府) 산업부장, 아오모리(青森)·미에(三重)·가나가와(神奈川)·아이치(愛知) 현 지사 등을 역임하고, 중의원과 귀족원의원을 지냈다. 그는 한때 만주국 총무청장과 도쿄신문사 사장을 맡기도 했다.

■■ 엔도 류사쿠 정무총감.

아베는 이와 함께 8월 1일자로 단게(丹下郁太郎) 경무국장을 니시히로 다다오(西廣忠雄)로 바꾼 데 이어 8월 17일 국장과 도지사급 인사를 단행했다. 식산국장에는 시오다 마사히로(鹽田正洪)를 발령하고, 학무국장에는 엄창섭(창씨명, 武永憲樹), 농림국장은 시로이시 미쓰지로(白石光治郎), 체신국장에는 이토 다이기치(伊藤泰吉)를 각각 새로 임명했다. 특히 경북도지사에서 학무국장으로 발탁된 엄창섭의 인사는 매우 파격적이었다. 조선인이 학무국장이 되기는 이진호에 이어 그가 두 번째이다. 오카모토 마키코는 그의 책에서 "이는 아시아-태평양전쟁 아래 조선에서 징병제가 실시되었음에도 내지인과 조선인의 권리·의무의 격차가 여전하여 이를 시정하고 말단 행정을 철저히 장악하기 위해 취한 선심 인사였다."고 설명하고 있다.

조선인 도지사도 이창근(창씨명, 平松昌根)을 경북도지사로, 박재홍(창씨명, 增永弘)을 충북도지사로 발령하는 등 종전 5~6명의 조선인을 도지사로 기용하던 관례를 그대로 유지했다. 일본 메이지대학을 졸업한 이창근은, 앞에서도 나왔듯이, 1923년 사이토 총독 때 일본 고등문관시험에 합격한 최초의 조선인이다. 그는 도지사가 되기 전까지 경찰관교습소 교수, 충남도 산업·학무·종교과장, 함남도 재무부장·평양세무서장, 경북도 산업부장, 경기도 산업부장·참여관 등을 역임했다. 아베는 이창근을 도지사로 임용하면서 이제부터 조선인 시대가 열렸다며 야단법석을 떨었다.

여자정신대의 동원

이와 같이 총독부 조직 정비를 마친 아베는 8월 27일 임시도지사회의를 열고 시정방침을 밝힌 뒤 본격 업무에 들어갔다. 아베 또한 미나미에 이어 고이소가 그랬듯이 임기 동안 조선인에 대한 탄압과 수탈로 일관했다. 특히 그가 취임하자마자 공포, 시행한 〈여자정신대 근무령〉은 인간의 탈을 쓰고는 할 수 없는 최후의 발악이었다. 당시 조선 민중은 이를 '처녀 공출'이라고 불렀다.

총독부는 이를 위해 동원 목표를 각 도별로 정하여 내려 보낸 다음 이를 다시 군청, 면사무소별로 나누어 공출인원을 채우도록 했다. 이를 실행하는 데는 물론 각 지구헌병대와 경찰서·주재소 등의 강권이 동원되었다. 일제는 전통적인 유교 교육 등으로 조선 여성에게 성병 위험이 적으리라 판단하고 미혼 처녀를 종군위안부의 적절한 대상으로 삼았다. 이에 따라 12세 이상 40세 미만의 배우자 없는 조선 여성들이 이른바 '여자정신대'라는 이름으로 일본군이 주둔한 중국과 남양군도, 미얀마 전선 등지로 마구 끌려가 일본군에 몸을 바치며 청춘과 인권을 유린당했다.

이 또한 기록이 없어 정확한 숫자는 알 수 없지만 일본 패망 전까지 동원된 조선인 위안부 수는 대략 17만 명에서 많게는 20만 명이 되었을 것으로 학계는 추산하고 있다. 실제로 임종국은 그가 쓴 《밤의 일제 침략사》에서 "8·15 광복 이전 일제에 끌려간 여자정신대 가운데

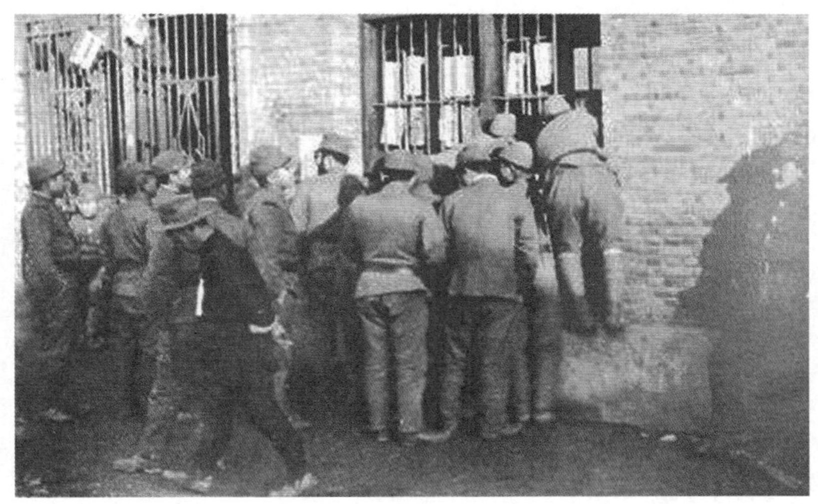

■■ 군 위안소로 몰려든 일본 군인들.

14만 3천여 명이 사망하여 소모율이 71~84퍼센트에 이르며, 이는 제
2차 세계대전의 일본군 소모율 40~50퍼센트를 훨씬 웃도는 수치이
다.”라고 주장하고 있다. 비전투원인 여자정신대가 이처럼 많이 희생
된 것은 ‘천황의 군대’의 치부(恥部)를 숨기기 위하여 일본군이 달아
나면서 이들을 모두 죽였기 때문이라는 설명이다.[2]

조선에서 일본군 위안부 강제 동원은 물론 이것이 처음은 아니다.
미나미가 조선 총독으로 있던 1941년 7월부터 이미 연행은 시작되고
있었다. 1941년 6월 22일 독일군의 선제공격으로 독소(獨蘇)전쟁이 시
작되자 일본군 수뇌부는 대(對)소 전략을 대비하여 관동군 특별 기동
훈련을 시작하였다. 12개 사단 규모의 관동군을 34개 사단으로 늘리
는 대규모 작전이었다. 일제는 이를 위해 철도를 이용하여 병력 30만
명을 일본 본토에서 만주 지방으로 실어 날랐다. 1941년 7월 22일부터

시작된 이 훈련에서 일본군은 하루 최대 1만 명의 병력과 말 3천5백 마리가 조선을 통과했다. 이때 관동군 사령부 보급참모 하라 젠시로(原善四郎)가 특별 군용기 편으로 서울로 와 총독부에 증원 병사들을 위안하는 데 필요한 조선 여성 2만 명을 공출해 줄 것을 요청했다. 당시는 군의 요구라면 안 되는 일이 없었다.

총독부는 즉시 각 도별로 공출 인원을 배정하고 각 면사무소 직원과 헌병대 요원, 경찰 등을 동원하여 강제연행에 나섰다. 갖가지 감언이설과 협박 공갈로 한 달여 만에 1만 명을 모아 임시열차에 태워 펑톈 역으로 보냈다. 펑톈에서 이들을 건네받은 하라는 '그야말로 입이 다물어지지 않을 정도의 광경이었다'고 뒤에 털어놓았다고 한다. 간호부나 여공이 되기를 희망하던 이들 여성들은 소-만 국경에 배치되어 날마다 일본군을 즐겁게 하는 노리개가 되고 말았다.[3]

일본군에서 통용되던 '니규이치(二九一)'라는 은어도 이때부터 나온 말이었다. 한 여성이 하루 동안 받을 수 있는 남자군인 한도를 29명으로 정한 데서 나온 말이다. 가령 일본군이 3백만 명이라 가정하여 이를 역산하면, 필요한 위안부 수는 10만 3천5백 명이라는 계산이 나온다. 이는 곧 당시 일제가 동원한 위안부 수를 가늠할 수 있는 실마리이기도 하다.

사실 일제는 1932년 상하이 침공 이후 일본군의 강간 행위가 빈발하자 오카무라 야스지(岡村安次) 중장 주도로 나가사키에 군대위안소를 설치했다. 일본군이 위안소를 공식적으로 만든 것은 이것이 최초였다.

이후 일본군 특무부는 1938년 1월 말경부터 상하이 군공로(軍工路)에 군 직영 '육군위안소'를 개설하고 조선 여성과 일본 여성 1백 명을 고용하여 일본군을 상대하도록 했다. 10동의 목조건물로 이루어진

이 위안소는 군인 전용으로 민간인은 출입이 금지되었다. 병사·하사관·군속들은 중대장이 발급한 외출증을 지니고 들어가 규정 요금을 낸 뒤 제한시간 30분을 즐기고 나왔다. 이는 일본군 지도부가 1937년 '난징(南京)대학살'(난징 사건) 때 저지른 병사들의 강간 사건을 교훈삼아 점령지 부녀자 추행을 줄여 보자는 뜻에서 시작되었다. 물론 군인들의 사기를 높이고 성병을 예방하는 핑계도 있었다.

'대제국'의 종말

임박한 패전

근현대 세계사에 커다란 획을 그은 1945년은 공교롭게도 아베 노부유키가 고희(古稀)를 맞은 해였다. 그러나 그는 기뻐할 겨를도 없이 새해 벽두부터 날아든 일본군의 연패 소식으로 사면초가에 빠졌다. 미군 공습에 대비한 비상망 구축은 말할 나위도 없고, 패전 소식에 들떠 일본 패망과 조국 광복을 바라는 조선 민중을 다독이는 일도 보통 신경이 쓰이는 문제가 아니었다.

실제로 일본군은 그해 1월 9일 필리핀 루손 섬을 미군에게 내놓은 데 이어 1월 20일 람레 섬을 영국군에 넘겨주고, 1월 31일에는 필리핀 마닐라를 미군에 송두리째 빼앗겼다. 그래도 그것은 3월 10일에 감행된 미군의 일본 수도 도쿄에 대한 대공습에 견주면 하찮은 일이었다. 제2차 세계대전사의 한 면을 장식하고 있는 이른바 도쿄대공습은 일본 국민들에게는 벌린 입을 다물 수 없는 '경악' 그 자체였다. 하룻밤 사이 유명을 달리한 사람만도 자그마치 8만 3천8백 명에 이르고, 다친 사람도 4만 9백 명을 넘었다. 주택도 26만 8천3백여 채가 불타거나 부서져, 1백만 8천여 명이 오갈 데 없는 이재민 신세가 되었다. 미군은 이날 새벽 0시 7분부터 2시 37분까지 두 시간 반 동안 B29 폭격기 325대를 동원하여 도쿄 시가지에 모두 38만 1천3백 발(무게 1,783톤)의 폭탄을 떨어뜨려 시 동쪽의 절반, 약 41평방킬로미터를 말 그대로 쑥대밭으로 만들었다.

게다가 4월 1일에는 일본이 66년 동안의 각고 끝에 '일본화'한 오키나와*마저 미군에게 점령당했다지 않은가. 이제 남은 것은 결사항전이냐 아니면 항복이냐 두 가지 선택밖에 없었다. 일본군은 이미 1월 18일부터 전군(全軍)에 '가미카제(神風) 특공작전'을 발령하고 항전에 나섰으나 역부족이었다. 가미카제 특공작전은 일본 해군이 전과(戰果) 극대화를 노리고 미혼 병사 특히 전투 조종사들에게 폭탄을 소지하거나 비행기를 몰고 직접 적함으로 뛰어들어 자폭하게 하는 자살공격 방법으로 1944년 10월 1일 처음 시도하여 초기에는 미군에 적지 않은 타격을 입혔다.

그동안 '막강한 전력을 자랑하는 일본군이 패할 리 없다'고 스스로 마음을 다잡으며 '결전체제'를 다그치던 아베의 머릿속에는 어두운 그림자가 드리우기 시작했다. 탄압의 총본산 조선총독부에도 위기감이 감돌기는 마찬가지였다. 아베는 그렇다고 팔짱만 끼고 가만히 보

---

* 오키나와는 원래 유구(琉球)왕국으로 1879년 슈리(首里)성을 메이지 정부에 빼앗김으로써 일본 영토로 편입되었다.

고 있지만은 않았다.

그는 우선 위기감을 극복하기 위해 조선인에게 일본군의 패전 사실을 감추고 결사항전 체제를 더욱 공고히 하는 데 전력을 다했다. 4월부터는 각종 친일단체를 총동원하여 거의 매일 경성 부민관(府民館)에서 궐기대회를 열고 항전 의지를 되풀이 강조했다. 경성부 안에는 공습에 대비한 이재민 수용소와 부상자 구호소를 설치하고, 각 경찰서마다 소개(疏開)상담소를 두게 했다. 아베는 4월 23일 총독부 회의실에서 열린 각 도 경찰부장 회의에 참석하여 경성·인천·부산·평양부 등 4대 도시의 주민소개 요령과 근로동원방안 등을 직접 설명하며 공습 때 조선인들이 부화뇌동하는 일이 없도록 지도 관리를 철저히 할 것을 강조했다.

결사항전 체제의 조선

이와 함께 어떤 일이 있더라도 징병과 징용에 적극 응소하고, 일본어를 상용하며, 저축·납세·공출제를 지킬 것을 맹세하는 〈결전생활실천운동요강〉을 만들어 이행하도록 강요했다. 공출 품목도 쌀과 금속류는 말할 것도 없고 목면과 넝마까지 새로 포함시켰다. 탄알을 만드는 데 쓰이는 놋그릇과 놋대야는 사기그릇을 대용으로 내놓고 죄다 공출해 갔다. 집 밖을 드나들 때도 '결사항전' 표시로 반드시 지금의 예비군복과 비슷한 이른바 '결전복장'을 입도록 했다.

또 이미 1944년 10월 15일 제정 공포한 〈근로동원본부규정〉과 같은 해 10월 30일 만든 〈학도근로령〉, 그해 11월 18일부터 시행한 〈근로조정령〉과 〈국민근로보국협력령〉 등이 제대로 지켜지고 있는지에 대해서도 지도·감독을 철저히 하도록 지시했다. 기름을 아끼기 위해 차량 대신 마차를 이용하여 우편물을 배달하도록 하고, 토목건설대를 조직하여 주요 산업 재배치와 전력 증강 사업에 동원하기도 했다. 모든 철도의 여객수송을 제한하여 전략물자를 우선 나르도록 하고, 〈종합배급제〉를 실시하여 담배도 하루 한 사람 앞에 7개비씩만 배급하며, 종이도 당국의 승인을 얻어 쓰도록 했다. 6월부터는 일반 가정용 전화도 전략 목적이 아니면 쓰지 못하게 했다.

조선인 참정권과 카이로 선언

아베는 이런 가운데 조선인에게 참정권을 허용하는 본국 중의원 선거법 및 귀족원령이 개정됨(4월 1일)에 따라 4월 3일 윤치호(尹致昊, 창씨명 伊東致昊), 김명준(金明濬, 창씨명 金田明), 한상룡(韓相龍), 송종헌(宋鍾憲, 창씨명 野田鍾憲), 박상준(朴相駿, 창씨명 朴澤相駿), 박중양(朴重陽, 창씨명 朴忠重陽), 이기용(李埼鎔) 등 조선인 7명을 귀족원의원으로 임명했다. 이로써 일본 국회의원이 된 조선인은 1932년 도쿄에서 중의원으로 당선된 박춘금(朴春今)과 귀족원 칙선의원 이진호(李軫鎬, 창씨명 李家軫鎬)를 합하여 모두 9명으로 늘어났다. 아베는 이들 명단을 발표하면서 '이제 조선인도 명실상부하게 일본인이 되었다'며 호들갑을 떨었다.

그러나 이는 조선인들의 강제 징병과 징용에 따른 불평불만을 달래기 위한 마지못한 조치였다. 여기에 더하여 '카이로 선언'도 조선인 참정권 허용의 한 원인으로 작용했다. 《〈일본인〉의 경계》를 펴낸 오구마는 "당시 일본이 조선인에게 참정권을 줄 수밖에 없었던 것은 미국의 루스벨트 대통령과 영국의 처칠 수상, 중국의 장제스(蔣介石) 총통 등 3국 수뇌가 1943년 11월 이집트 수도 카이로에 모여 '연합군이 승리하면 조선을 독립시키고 타이완을 중국에 돌려주겠다.'고 공약한 '카이로 선언'이 바로 촉매제였다."고 주장한다. 다시 말하면 조선과 타이완의 독립을 절대로 허용할 수 없는 일제로서는 조선인에게 '일본인'으로서의 권

■■ 조선인의 참정권 허용 방침에 따라 일제가 임명한 7명의 칙선 국회의원(《매일신보》 1945년 4월 4일자).

리를 부여하는 방법밖에 이에 맞설 수단이 없었다는 설명이다.[4]

앞 장에서 설명한 바와 같이, 조선인 참정권 문제는 사이토 총독 때부터 정치 현안으로 떠올라 한동안 식민정책학자들을 중심으로 활발한 논의가 이루어졌다. 그러나 우가키와 미나미 등 군부 강경파가 잇따라 총독으로 취임하면서 흐지부지 되고 말았다. 그러던 것이 고이소 총독에 들어 징병·징용이 강제로 실시되고, 미국과 영국이 중국에 대해 불평등 조약을 폐지하는 등 연합국과 일본 사이에 중국과 조선을 상대로 한 외교전(外交戰)이 뜨거워지면서 다시 여론 무마용으로 도마에 올랐다. 그렇지만 의원들의 면면을 보면 알 수 있듯이, 모두가 둘째가라면 서러워할 1급 친일파들뿐이었다. 조선인을 위한 참정권은 결국 친일파를 위한 잔치로 끝나, 되레 일반 민중의 분노만 샀다. 중의원은 조선인 몫으로 18석이 배정되었으나 일본 패망으로 선거는 치러지지 못했다.

조선주둔 일본군의 재편

미군의 공습에 대한 공포감은 곧 조선주둔 일본군에도 파급되었다. 일제는 1945년 2월 평남과 평북, 함남과 함북 등 북쪽 4개도를 관동군 작전구역으로 넘기고 조선군 사령부를 크게 제17방면군(方面軍)과 조선군관구(軍管區) 사령부로 나누었다. 제17방면군은 대본영 직할 야전부대로 조선 방위를 전담하고, 조선군관구 사령부는 서울·대구·광주·평양·나남의 사관구(師管區)부대를 지휘하며, 병력의 보충, 교육, 경리, 위수(衛戍) 업무 등을 담당하였다. 종전 서울에 있던 제20사단과 나남에 주둔하던 제19사단 병력은 모두 남방전선으로 옮겨가고, 신설 부대는 본국과 중국에서 병력이 보충되었다.

조선군관구 사령부는 특히 제주도를 조선반도 방위의 최후 보루로

정하고 이를 지키기 위한 작전계획을 수립했다. 이에 따라 3~4월 제주도에는 제58군과 제96·제111·제121사단 및 제108 독립혼성여단이 신설되고, 당초 1천여 명에 지나지 않던 병력도 6만여 명으로 증강되었다. 식료품과 탄약도 이들이 6개월 동안 버틸 수 있는 분량을 비축하고, 말 4천 마리를 대기시켰다. 조선군관구 사령부는 만일 연합군이 쳐들어오면 모두 함께 '옥쇄'하기를 다짐했다고 한다.[5]

이런 작전 계획에 따라 일제 패망 당시 조선에는 육군 29만 명, 해군 3만 2천 명, 공군 4만 3천 명 등 모두 36만 5천 명의 일본군이 집결했다.[6] 이는 1941년 말의 4만 6천 명에 견주어 8배가 불어난 숫자이다. 대본영은 1945년 3월 이들 부대에 '결7호작전(結七號作戰)' 명령을 발동하고 연합군이 북규슈(北九州)와 제주도, 조선반도 남해안 일대에 상륙할 것에 대비하여 방어태세를 갖추었다. 이어 6월 나남의 제79사단과 청학의 혼성 제101연대, 나진·영흥의 요새수비대 등을 주축으로 한 관동군에는 '만선(滿鮮)지방 대소(對蘇)작전 요령'을 발령, 다롄과 신징·투먼을 잇는 이남을 지켜 조선의 보위가 위협받는 일이 없도록 하라고 엄명했다.

그러나 이런 대비태세도 히로시마(廣島)와 나가사키(長崎)에 연이어 떨어진 두 발의 원자폭탄으로 산산조각이 났다. 미군이 1945년 8월 6일 오전 8시 15분 인류 최초로 히로시마에 떨어뜨린 원자폭탄의 이름은 '리틀 보이(Little Boy)'였다. 길이는 대략 3미터이고, 지름은 71센티미터, 무게는 약 4톤이었다. 이 원자탄은 미국공군 폴 티베츠(Paul Warfield Tibbets, Jr., 1915~2007) 대령이 지휘하는 B29 폭격기 에놀라 게이(EnolaGay) 호에 실려 히로시마 상공 약 9천6백 미터에서 투하되어 550미터 공중에서 터졌다. 이 원폭으로 히로시마는 당시 인구 24만여 명 가운데 7만 8천여 명이 사망, 1만여 명이 실종되고, 8만 4천 명

■■ 1945년 8월 6일 히로시마에 투하된 원자탄의 폭발 모습(위).

이 부상을 당하였다. 시가지 중심부 약 12평방킬로미터가 폭풍과 화재로 괴멸되어 그 안에 있던 상가와 주택 6만 2천 채가 파괴되었다. 이어 8월 9일 나가사키에 떨어진 원자탄에도 7만여 명이 희생되었다. 이에 쇼와왕은 1945년 8월 15일 무조건 항복을 선언했다.

항복 선언과 행정권 인수인계

아베는 쇼와왕이 라디오를 통해 항복 사실을 발표하던 날(15일), 총독부 제1회의실에서 간부들과 함께 이 방송을 들었다. 아베는 이 자리에서 "비록 조선 통치 시대는 끝났지만 냉정하고 침착하게 끝까지 본분을 다할 것"을 지시했다.

그는 가장 먼저 각종 기밀서류를 비롯한 중요 문서를 빠짐없이 불태우도록 지시했다. 이에 따라 총독부 본부는 말할 필요도 없고, 부·군·헌병대·경찰서·재판소·검찰청 등 모든 기구의 조선 통치 관련 중요 문서가 모두 소각되었다. 심지어 통감부 시절 문서까지 모두 연기 속으로 사라졌다.(오늘날 일제 식민지시대 통치연구에 어려움을 겪고 있는 것은 바로 이 때문이다.)

아베는 조선에 와 있던 일본인들이 안전하게 본국으로 돌아갈 수

■■ 단 1개의 원자탄에 전 시가지가 폐허로 변한 일본 히로시마 시 모습(아래).

있게끔 '일본인 안전귀국 수송계획'을 세우도록 지시했다. 그는 이에 앞서 8월 14일 밤 11시 무렵 《동맹(同盟)통신》 서울지국을 통해 쇼와왕의 항복연설 원고가 전해지자 엔도 정무총감 등 간부들과 항복 뒤 대책을 논의했다. 이에 니시히로 다다오(西廣忠雄) 경무국장은 "텐진에 진출한 소련군이 열차로 내려온다면 서울까지 스무 시간 정도밖에 걸리지 않는다. 그들이 도착하면 우선 정치범부터 석방할 것이다. 그렇게 되면 일본인을 대상으로 한 약탈과 폭행이 자행되고 혼란 상태가 빚어질 것은 너무도 자명하다. 이것을 막자면 종전(終戰)선언과 동시에 감옥 문을 열어 정치범을 석방하고 조선인에게 치안 유지를 맡겨야 한다."고 주장하고 치안을 맡기기에 적합한 인물로 송진우, 안재홍, 여운형 등을 추천했다.[7]

이들은 이 가운데 여운형과 송진우를 적임자로 결정하고 사전 접촉을 시도했다. 그러나 송진우는 이 과정에서 총독부의 제의를 거절한 것으로 전해지고 있다. 엔도 정무총감은 결국 쇼와왕의 항복연설이 예정된 15일 아침 여운형을 정무총감 관사로 초청하여 이 문제를 논의했다. 여운형은 먼저 △총독부가 모든 정치범을 즉시 석방하고, △경성 시민이 당장 먹고 생활할 수 있을 만큼의 식량을 확보해주며, △치안 유지는 조선이 주도하고, △총독부는 치안 유지와 건설공사를 방해하지 않으며, △학생과 청년활동도 방해하지 않는다는 5개 항의 요구조건을 내밀어 받아들여지자 치안 유지에 협조할 것을 약속했다.

총독부는 이에 따라 이튿날 전국 감옥에 수감하고 있던 정치·경제범을 대거 석방했다. 여운형은 안재홍 등과 서둘러 건국준비위원회를 결성(8월 15~9월 7일)하고 총독부로부터 행정권 인수를 서둘렀다.

이렇게 하여 조선에 살던 일본인 89만 6천 명은 1946년 말까지 아무 탈 없이 귀국했다. 그 뒤에도 1961년까지 2만 3천 명이 더 일본으로 돌아갔다. 일본인들의 신변은 총독부 예상보다 훨씬 안전하였다. 1945년 8월 16부터 23일까지 일본인 경찰관에 대한 폭행 건수는 전국적으로 66건이었다. 이는 같은 기간 조선인 경찰에 대한 폭행 건수 111건의 60퍼센트에 지나지 않았다. 일본 민간인에 대한 폭행 사건도 80건에 그쳤다. 그때 상황이 얼마나 평온했는가는 경상남도지사였던 노부하라 히지리(信原聖)의 회고에서도 읽을 수 있다. 당시 부산의 어느 일본인은 "도지사는 배짱도 없고, 뚝심도 없다. 우리는 절대로 철수는 안 한다. 영사관을 설치하고 거류민회를 만들고 일본인 학교 등을 설치하면서 적극적으로 조선에 머물 방도를 추진해야 옳지 않은가"라고 큰소리치며 귀국을 독려하는 도지사에게 대들 정도였다고 한다.

그럼에도 교민의 생명과 재산 보호에 앞장서야 할 아베는 부산에서 몰래 80톤짜리 배를 빌려 짐을 가득 싣고 아내와 손자 2명과 함께 일본으로 달아나다가 폭풍을 만나 물건을 다 버린 뒤 다시 부산으로 돌아와 조선 거류 일본인들의 빈축을 샀다. 이들은 조선에서 사유재산을 몰수당하고 고생한 것은 모두 총독과 정무총감이 서둘러 여운형에게 치안유지권을 넘겨준 때문이라며 총독부의 전후처리 방법을 비판했다.

아베는 또 '조선은행권'을 대폭 발행하도록 했다. 8월에 33억 엔을 발행하고, 9월에도 7억 엔을 더 찍어냈다. 이는 1945년 7월의 통화량 47억 엔에 견주어 거의 2배로 늘어난 수치이다. 이 돈은 거의 관공리와 회사원들의 퇴직금, 일반인들의 귀국 경비 등으로 쓰였다. 이 때문에 물가가 급등했다.〔8월에 쌀 한 가마당 1천1백 엔 하던 것이 1년 만(1946년 8월)에 4천7백 엔으로 뛰었다.〕

총독부는 8월 27일 미군에게 조선 통치 사무를 넘기기 위한 '종전(終戰)사무처리 본부'를 설치했다. 처음에는 총무, 절충, 정리, 보호부 등 4부로 출발했으나 뒤에 급여부가 추가되었다. 총무부는 미군에 넘길 자료를 작성하고, 절충부는 통역을 두어 미군 측과 총독부 사이에 업무 절충과 억류자 구출 등을 맡으며, 정리부는 총독부 각국이 만든 사무인계서와 국유재산 등을 종합 정리하여 미군에 넘겨주고, 보호부는 말 그대로 재선(在鮮) 일본인들의 권익보호 업무를 담당했다.

일본군은 또 군이 갖고 있던 아편 8톤을 비밀리에 헌병들을 동원하여 처분했다. 이 아편은 의료용도 물론 있었지만 대부분 가미카제 특공기 출격에 앞서 조종사들의 불안감을 줄여줄 목적으로 준비해둔 것이었다.

항복문서 조인과 총독부의 최후

이런 소용돌이 속에 일본은 마침내 9월 2일 도쿄만(東京灣)에 정박하고 있던 미주리호 선상에서 연합국과 항복문서를 조인하고 이른바 '아시아－태평양지역 15년 전쟁'의 마침표를 찍었다. 미국은 9월 8일 존 R. 하지(John R. Hodge) 장군을 서울로 보내 조선주둔 일본군 측과 다시 항복문서 서명식을 갖도록 했다. 이 서명식은 9일 오후 4시 총독부 제1회의실에서 열렸다. 이 자리에는 연합군 대표로 태평양방면 제24군사령관 하지 육군중장과 태평양방면 해군사령관 킹 케이트 해군중장이, 일본 측에서는 조선군관구 사령관 고쓰키 요시오(上月良夫) 육군중장, 진해경비사령관 야마구치 기자부로(山口儀三郎), 조선 총독 아베 노부유키 등이 참석했다.

《매일신보》는 이 사실을 1945년 9월 9일자 호외로 항복조인 전문과 함께 다음과 같이 보도했다.

1945년 9월 9일 오후 4시 연합군과 일본 측의 종전협정에 대한 항복문서 조인식이 총독부 제1회의실에서 엄숙히 거행되었다. 조인식에는 연합군 측의 태평양방면 제24군사령관 하지 중장과 태평양방면 해군사령관 킹 케이트 중장, 일본 측 조선군관구 사령관 고쓰키 요시오 중장, 진해경비사령관 야마구치 기자부로 중장, 조선 총독 아베 노부유키 예비역 대장이 참석했는데, 먼저 연합군 측 노앰 에이취 무어 중좌로부터 조인식 거행의 개회사가 있자 미국 측 장교의 안내로 고즈키, 아베, 야마구치 대표 순서로 들어와 장내는 이 순간부터 긴장한 빛을 띠기 시작하였다.

일본 대표는 잠시 부동자세로 지정한 의자 앞에 섰다. 그 건너편에는 연합군 측 대표 장교단 13명이 이미 앉았고 일본 측 대표는 무어 중좌 지시에 따라 자리에 앉았다. 이어 '일동기립' 호령과 함께 연합국 측 대표 하지 중장과 킹 케이트 장군이 정중한 걸음으로 들어와 앉았다. 이들이 자리에 앉은 뒤 하지 장군이 "나는 태평양방면 육군총사령관 맥아더 대장을 대신하여 오늘 남조선 지역에서 일본군의 항복을 받고자 조인을 시작한다."고 선언했다. 그러자 연합군 측으로부터 미국문과 일본문으로 된 조인문서가 먼저 일본 측 대표에게 전달되었다. 이 조인서에 고쓰키 군관구사령관, 야마구치 진해사령관, 아베 총독이 차례로 서명하고 이어 하지 장군과 킹 케이트 장군이 각각 서명했다. 서명이 끝나자 하지 장군은 조선동포에 전하는 성명서를 낭독했다. 조인식은 시작한 지 겨우 25분 만에 끝이 났다.

이날 식장에는 연합군 측의 UP·AP 통신기자와 중국 측 기자, 그리고 로이터 통신의 각 신문기자 20여 명, 연합군 측 영화사의 촬영기사들이 나와 이 3대 15의 조인식 모습을 카메라에 담느라 장내는 섬광으로 황홀하였고, 다시 식장 북쪽 창 밖으로 보이는 근정전과 멀리 이른 가을의 창공 아래 홀연히 솟은 북악은 오늘의 해방 조선을 축복하는 경축의 별을 띄운 것 같았으며, 다시 이 조인 식장의 상공으로는 연합

군 측의 당당한 비행편대가 날아다니며 의미 깊은 조인식을 종료한 데
대한 '에포크(epoch, 식민지 종료와 미군정 개막의 시대 구분)'를 지었다.

◇ 항복조인 전문(全文)

1. 서기 1945년 9월 2일 대명(大命) 및 일본 정부 겸 대본영의 명에
   따라 외무대신 시게미쓰 마모루(重光葵)는 천황 및 일본 정부를
   대표하고, 같은 명에 따라 가이즈 요시지로(海津美次郎)는 대본영
   을 대표하여 각각 항복조약에 조인하였다.

1. 항복조약의 요지는 다음과 같다.

(1) 소관(小官) 등은 대명에 따라 천황, 일본 정부 및 대본영을 대표
    하여 서기 1945년 7월 26일 아메리카 합중국, 중화민국 및 대영
    제국 정부가 공동발표하고 소련연방이 추가 찬동한 포츠담선언
    을 수락한다. 상기 4개국을 이후 연합국이라고 칭한다.

(2) 소관 등은 이에 일본군이 어디에 있든 모든 일본군은 연합군에
    무조건 항복을 선언한다.

(3) 소관 등은 이에 일본군 및 일본 신민이 행하는 적대행위를 즉시
    중지토록 하고, 선박, 항공기, 군사 및 민간시설의 파괴를 방지
    보호하며, 연합군 최고사령관 또는 동 사령관의 명에 따라 일본
    정부 대리기관이 포고하는 모든 요망사항을 이행토록 한다.

(4) 소관 등은 이에 대본영의 명에 따라 전 일본군의 무조건 항복을
    즉시 이행케 한다.

(5) 소관 등은 이에 모든 문무관에게 연합군 최고사령관이 행한 포
    고명령 및 규칙 의 준수를 명하고 또 관계 문무관은 연합군 최고
    사령관의 면직 처분이 없는 한 모두 현직에서 비전투 사무를 수

■■ 《매일신보》가 1945년 9월 10일자 호외로 발간한 일본군 항복조인 전문.

■■ 《매일신보》가 1945년 9월 11일자에 보도한 일본군 항복조인식 모습. 9월 9일 조선총독부 제1회의실에서 열린 항복조인식에는 미 육군 하지 장군과 일본육군 고쓰기 중장, 아베 총독 등이 참석했다.

행토록 한다.

(6) 소관 등은 이에 천황 및 일본 정부, 양자의 후계자가 포츠담선언을 성실히 이행토록 하고 또 연합국군 최고사령관 또는 다른 모든 연합국이 지명한 대표자가 동 선언을 이행하기 위하여 바라는 모든 명령을 발포, 집행함을 보증한다.

(7) 소관 등은 현재 일본정부 및 대본영이 억류하고 있는 연합국 포로와 비전투원을 즉시 석방토록 하고, 이들의 보호, 정양(靜養)을 위해 지정된 장소로 속히 이송할 것을 명한다.

(8) 천황 및 일본 정부의 국정상 권력은 연합군 최고사령관에게로 옮기며 동 사령관 은 이상과 같은 항복조건을 이행하기 위하여 필요하다고 인정하는 조치를 취한다.

　一. 일본 정부는 서기 1945년 9월 2일 일본 육·해·공군의 각 지휘관들에게 즉시 정전할 것, 무기를 포기할 것, 현 주재지에 계속 머무를 것, 아메리카 합중국, 중화민국, 대영제국연합왕국, 소련연방을 대표하는 지휘관에게 무조건 항복할 것을 명령하였다.

　一. 대본영은 일본 본토와 일본 근해의 도서, 북위 38도 이남의 조선지역 및 필리핀에 있는 일본 육해공군 지휘관들에게 미국군 태평양방면 최고사령관에 항복할 것을 명하였다.

　一. 미국군 태평양방면 최고사령관은 제24군단장을 재조선 미국군 사령관에 임명하여 북위 38도 이남 조선 및 그 영역 내의 도서에 있는 일본 육·해·공군의 고급지휘관의 항복을 수락하였다.

소관 등은 위의 조건을 기초로 본 조약에 서명하고 아래의 요지 각 조를 시인한다.

(가) 항복조약의 각 조 및 명령 내용은 위와 같이 바로 권고 통지되었다.

(나) 소관 등은 이와 같은 조약 및 명령에 따른 의무 책임을 받아들여 즉시 이행과 준수의 필요성을 엄숙히 인정하였다.

(다) 북위 38도 이남의 조선지역에 있는 미국군 사령관은 미국군 태평양방면 최고사령관의 전권 위임에 따라 동 최고사령관의 지시를 즉시 수행함에 유감없도록 한다.

소관 등은 이에 소관 등의 행정 관할 아래 있던 북위 38도 이남의 조선지역 및 그 지역 내 모든 도서에 있는 일본군 전부와 모든 군사시설, 병기, 선박, 항공기 그 밖의 군 기자재 및 군 소유물을 무조건 재조선 미국군 사령관에 양도한다. 영어 원문과 번역문 사이에서 생기는 대립 또는 불명료한 의미는 영어 원문 해석에 따른다.

조선 경성 서기 1945년 9월 9일 오후 4시

조선 북위 38도 이남의 지역에 있는 일본 육공군 고급지휘관 고쓰키 요시오(上月良夫), 일본해군 최고급지휘관 야마구치 기자부로(山口儀三郞)

아베 노부유키는 조선 총독 대리로 정식 임명되어 그 자격으로 상기 항복조약 및 관련한 모든 문서의 내용을 정독하고 명기하였다. 소관은 이에 조선 총독의 직권으로 앞의 문서에 적힌 의무 책임을 다할 것을 시인하고 즉시 이행과 준수 필요성을 엄숙히 인정한다. 소관은 특히 재조선 미국군 사령관이 미국군 태평양방면 최고사령관 대리로 임명되었음을 시인하고, 동 사령관의 지령을 실시 이행하는 데 빠짐없도록 한다.

조선 경성 서기 1945년 9월 9일 오후 4시

조선 총독 아베 노부유키

미국군 태평양방면 최고사령관 대리로 이를 수락한다.

재조선 미국군 사령관 육군중장 존 R. 하지

미국해군 대표 해군중장 T. C. 킹 케이트

항복문서 조인식이 끝나자 총독부 옥상 국기게양대에는 일장기가 내려오고 대신 미국 성조기가 올라가 나부끼기 시작했다. 하지 중장은 12일자로 아베 총독을 해임하고 아놀드(A. V. Arnold) 소장을 조선군정장관으로 임명했다. 또 니시히로 경무국장을 파면, 그 자리에 미국 조선주둔군 헌병대장 로렌스 엠 쉬크(Lawrence M. Schick)를 앉혔다.[8]

이로써 악정으로 일관해온 일제의 조선 통치는 통감부로부터 40여 년 만에 막을 내렸다.

아베는 1945년 9월 27일까지 미국의 조선군정청 일을 돕다가 다음 날 도쿄로 돌아갔다. 정무총감 엔도도 아놀드 군정장관 지시로 10월 23일까지 조선군정청에서 고문으로 일했다. 경무국장 니시히로는 미 헌병대에서 기밀비 용도에 대해 조사를 받은 뒤 부산항에서 강제 추방되었다.

아베는 조선을 떠나면서 "우리는 패했지만 조선이 승리한 것이 아니다. 조선은 해방되었다 하더라도 앞으로 정신을 차리지 않으면 서로 이간질하며 노예나 다름없는 삶을 살 것이다. 우리 일본이 조선인에게 총과 대포보다 무서운 식민교육을 심어 놓았기 때문이다."라는 뼈아픈 말을 남기기도 했다.

아베는 귀국 뒤 A급 전범 용의자로 체포되었으나 극동국제군사재판 개정 직전 기시 노부스케 등과 함께 불기소처분으로 풀려났다. 그는 미군 헌병대에 체포되기에 앞서 자살 소동을 벌이기도 했다.

미 주

제1장 이토 히로부미

1) 정일성, 《이토 히로부미—알려지지 않은 이야기들》 참조.

2) 朴慶龍, 《開化期 漢城府 硏究》 참조.

3) 李基東, 《悲劇의 軍人들》, 126쪽.

4) 岡本眞希子, 《植民地官僚の政治史》, 161쪽.

5) 張伯逸, 《田明雲 評傳》, 141쪽.

6) 海野福壽, 《伊藤博文と韓國倂合》 참조.

7) 小熊英二, 《〈日本人〉の境界》, 76쪽.

8) 이태진 외, 《한국병합의 불법성 연구》, 141~142쪽.

9) 海野福壽, 위의 책, 59쪽.

10) 久米正雄, 《伊藤博文傳》 참조.

11) 杉本幹夫, 《植民地朝鮮の硏究》, 218쪽

12) 小熊英二, 위의 책, 150쪽.

13) 星新一, 《明治の人物誌》 참조.

14) 山辺健太郎, 《日韓倂合小史》, 227쪽.

15) 海野福壽, 《伊藤博文と韓國倂合》, 108쪽.

16) 海野福壽, 《韓國倂合》, 203쪽.

17) 小熊英二, 위의 책, 150쪽.

18) 《동척연보》 참조.

19) 海野福壽, 《伊藤博文と韓國倂合》, 82쪽.

20) 《서울신문 100년사》, 190~195쪽.

21) 미요시 도오루(三好徹)는 《사전 이토 히로부미(史傳 伊藤博文)》 하권 563쪽
　　에서 이와 같이 밝히고 있으나, 운노 후쿠주(海野福壽)는 《이토 히로부미와

한국병합(伊藤博文と韓國倂合)》 97쪽과 관계연표 8쪽에서 순종 즉위일을 8월 27일로 적고 있다.

22) 통감부 경무부조사 참조.

23) 정일성, 위의 책 참조.

24) 海野福壽, 위의 책, 114쪽.

제2장 소네 아라스케

1) 海野福壽, 《韓國倂合》, 206쪽.

2) 黑龍會 編, 《日韓合邦秘史》 참조.

3) 임종국, 《밤의 일제 침략사》, 111쪽.

4) 같은 책, 110~111쪽.

5) 海野福壽, 《伊藤博文と韓國倂合》, 176쪽.

6) 岡本眞希子, 《植民地官僚の政治史》, 161쪽.

7) 海野福壽, 위의 책, 173~177쪽.

8) 임종국, 위의 책, 124쪽.

9) 《동아일보》 1961년 11월 1일자 기사.

10) 海野福壽, 위의 책, 199쪽.

제3장 데라우치 마사타케

1) 小熊英二, 《〈日本人〉の境界》, 제6장.

2) 이태진 외, 《한국병합의 불법성 연구》 참조.

3) 정일성, 《일본군국주의의 괴벨스―도쿠토미 소호(德富蘇峰)》 참조.

4) 유주현, 《실록 조선총독부》 참조.

5) 小熊英二, 위의 책, 162쪽.

6) 岡本眞希子, 《植民地官僚の政治史》, 589~591쪽.

7) 《朝鮮總督府三十年史》 참조.

8) 원문은 정일성, 《일본군국주의의 괴벨스―도쿠토미 소호》 2쇄 부록 참조.

9) 정일성, 위의 책, 34~46쪽.

10) 이현희, 《일제시대사의 연구》 참조.

11) 유주현, 위의 책 참조.

12) 山辺健太郎, 《日本統治下の朝鮮》, 13쪽.

13) 정일성, 《야나기 무네요시의 두 얼굴》, 317쪽.

14) 小熊英二, 위의 책, 196쪽.

15) 총독부 통계 참조.

16) 정일성, 《이토 히로부미―알려지지 않은 이야기들》 참조.

17) 山辺健太郎, 위의 책, 31쪽.

18) 같은 책, 31~32쪽.

19) 《동척연보》 참조.

20) 杉本幹夫, 《植民地朝鮮の硏究》, 57쪽.

21) 《朝鮮總督府三十年史》 참조.

22) 岡本眞希子, 위의 책 참조.

제4장　하세가와 요시미치

1) 임종국, 《밤의 일제 침략사》 참조.

2) 海野福壽, 《伊藤博文と韓國倂合》, 69~70쪽.

3) 李基東, 《悲劇の軍人들》 참조.

4) 위와 같음.

5) 유주현, 《실록 조선총독부》 참조.

6) 山辺健太郎, 《日本統治下の朝鮮》 참조.

7) 藪景三, 《朝鮮總督府の歷史》, 29쪽.

8) 정일성, 《야나기 무네요시의 두 얼굴》 참조.

9) 藪景三, 위의 책, 49쪽.

10) 앞서 밝힌 야부 케이조의 통계와는 조금 차이가 난다. 헌병 부대만 따로 나눈
　　데 따른 차이인 것으로 보인다.

11) 山辺健太郎, 위의 책, 96쪽.

12) 이덕주, 《식민지 조선은 어떻게 해방 되었는가》 참조.

13) 山辺健太郎, 위의 책, 98쪽.

14) 3·1만세운동 희생자는 각 연구서마다 통계기간에 따라 다르나 여기서는 야

부 케이조(藪景三)의 《朝鮮總督府の歷史》에서 인용한 51쪽 통계를 그대로 옮겨 왔다.

15) 이현희, 《일제시대사의 연구》 참조.

제5장 사이토 마코토

1) 有竹修二, 《齋藤實》 참조.

2) 姜東鎭, 《日本言論界와 朝鮮》, 191~194쪽.

3) 岡本眞希子, 《植民地官僚の政治史》, 496쪽.

4) 有竹修二, 위의 책 참조.

5) 岡本眞希子, 위의 책, 497쪽.

6) 杉本幹夫, 《植民地朝鮮の研究》, 252쪽.

7) 《조선총독부 30년사》는 9월 3일로 기록하고 있다.

8) 임종국, 《밤의 일제 침략사》 참조.

9) 藪景三, 《朝鮮總督府の歷史》, 145쪽.

10) 有竹修二, 위의 책 참조.

11) 藪景三, 위의 책, 149쪽.

12) 山辺健太郎, 《日本統治下の朝鮮》, 104쪽.

13) 《조선총독부 30년사》, 314쪽.

14) 小熊英二, 《〈日本人〉の境界》, 241쪽.

15) 山辺健太郎, 위의 책, 102~103쪽

16) 藪景三, 위의 책, 153쪽.

17) 《フリー百科事典》 참조.

18) 《조선총독부 30년사》, 332쪽.

19) 山辺健太郎, 위의 책, 115쪽.

20) 같은 책, 113~115쪽.

21) 《조선총독부 30년사》, 355쪽.

22) 杉本幹夫, 위의 책, 253~254쪽.

23) 山辺健太郎, 위의 책, 112~113쪽

24) 小熊英二, 위의 책, 263쪽.

25) 같은 책, 263쪽.

26) 같은 책, 265쪽.

27) 《동아일보》는 같은 해 4월 1일자에 문과A 10명, 문과B 19명, 이과 16명 등 45명으로 발표했다.

28) 山辺健太郎, 위의 책, 119쪽.

29) 杉本幹夫, 위의 책, 293쪽.

30) 임종국, 위의 책, 265쪽.

31) 김윤식, 《이광수와 그의 시대 1》, 735쪽.

32) 《만해일대기》 참조.

33) 岡本眞希子, 위의 책 참조.

제6장 야마나시 한조
1) 岡本眞希子, 《植民地官僚の政治史》, 513쪽.
2) 임종국, 《밤의 일제 침략사》, 297쪽.

제7장 우가키 가즈시게
1) 井上淸, 《宇垣一成》, 머리말 2쪽.
2) 岡本眞希子, 《植民地官僚の政治史》, 540쪽.
3) 井上淸, 위의 책, 239·242쪽.
4) 1931년 7월 1일자 우가키 일기 참조.
5) 三省堂, 《日本史 小事典》 참조.
6) 杉本幹夫, 《植民地朝鮮の硏究》, 284쪽.
7) 井上淸, 위의 책, 249·259쪽.
8) 杉本幹夫, 위의 책, 285~287쪽.
9) 井上淸, 위의 책, 257쪽.
10) 같은 책, 244쪽.

제8장 미나미 지로
1) 임종국, 《밤의 일제 침략사》 참조.

2) 岡本眞希子, 《植民地官僚の政治史》, 548쪽.

3) 1972년 건설부 수해통계총람 참조.

4) 《朝鮮總督府三十年史》, 부록 연보 57쪽.

5) 미야타 세쓰코 엮음·정재정 옮김, 《식민통치의 허상과 실상》, 72~73쪽.

6) 정일성, 《일본군국주의의 괴벨스 도쿠토미 소호》, 79~80쪽.

7) 藪景三, 《朝鮮總督府の歷史》, 194쪽.

8) 정운현 편역, 《創氏改名》, 25~26쪽.

9) 杉本幹夫, 《植民地朝鮮の硏究》, 296쪽.

10) 小熊英二, 《〈日本人〉の境界》, 417~421쪽.

11) 藪景三, 위의 책, 192~193쪽.

12) 1942년 4월 12일 총독부 국장회의 발언 내용은 熊谷明泰, 〈賞罰表象を用い
   た朝鮮總督府の '國語常用' 運動〉, 57쪽.

13) 정일성, 《야나기 무네요시의 두 얼굴》, 241쪽.

14) 1942년 5월 23일자 《아사히신문》 3면.

15) 1942년 7월 8일자 《경성일보》.

16) 1942년 5월 27일자 《아사히신문》.

17) 熊谷明泰, 〈賞罰表象を用いた朝鮮總督府の '國語常用' 運動〉, 56쪽.

18) 杉本幹夫, 위의 책, 301~303쪽.

19) 水野直樹, 위의 책, 53쪽.

20) 같은 책, 49~50쪽.

21) 같은 책, 51쪽.

22) 같은 책, 61쪽.

23) 《조선총독부제국의회설명자료》 제5권.

24) 水野直樹, 위의 책, 62쪽.

25) 杉本幹夫, 위의 책, 87쪽.

26) 水野直樹, 위의 책, 119~120쪽.

27) 같은 책, 98~101쪽.

28) 같은 책, 191~192쪽.

제9장 고이소 구니아키

1) 강창성, 《일본/한국 군벌정치》, 312~314쪽.

2) 岡本眞希子, 《植民地官僚の政治史》, 555쪽.

3) 국사편찬위원회, 《한국근대인물자료》, 고이소 구니아키(小磯國昭) 편.

4) 杉本幹夫, 《植民地朝鮮の硏究》, 346쪽.

5) 1958년 8월 26일 조선근대사료연구회와의 대담.

6) 山辺健太郎, 《日帝統治下の朝鮮》, 213쪽.

7) 林三郎, 《太平洋戰爭陸戰槪史》, 39쪽.

8) 1941년 12월 15일자 《뉴스위크(Newsweek)》지는 태평양전쟁 개전 당시 전쟁
   에 동원된 일본의 육·해군 총병력 수를 3백만 명 이상으로 보도했으며, 450만
   명에 이른다는 주장도 있다.

9) 林三郎, 위의 책, 39~40쪽.

10) 高木惣吉, 《太平洋海戰史》, 32쪽.

11) 위와 같음.

12) 박경식, 《조선인 강제연행의 기록》, 56~59쪽.

13) 杉本幹夫, 위의 책, 101~103쪽.

14) 박경식, 《조선인 강제연행의 기록》, 70쪽. 이와 달리, 일본 후생노동성은 지난
    1990년과 1993년 두 번에 걸쳐 한국 정부에 보내온 조선인 징용관련 반환 명
    부에서 그때 강제 징용된 조선인 군인·군속은 모두 24만 2,341명으로, 이 가
    운데 2만 2,182명이 사망하거나 실종되었다고 밝혀 큰 차이를 보이고 있다.

15) 미야타 세쓰코 엮음·정재정 옮김, 《식민통치의 허상과 실상》, 316~319쪽.

16) 杉本幹夫, 위의 책, 298쪽.

17) 山辺健太郎, 위의 책, 220~221쪽.

제10장 아베 노부유키

1) 인터넷 백과사전 '위키피디아' 참조.

2) 임종국, 《밤의 일제 침략사》, 379쪽.

3) 같은 책, 378쪽.

4) 小熊英二, 《〈日本人〉の境界》, 437쪽.

5) 임종국, 위의 책, 415쪽.

6) 일본 후생성 육·해군 복원(復員) 개황 참조.

7) 가람기획 편, 《친일문제연구 제5집―조선 총독 10인》 참조.

8) 《매일신보》 1945년 9월 13일자.

역대 통감·총독 연표

	날짜	내용
이토 히로부미	1903. 4. 21	러시아 용암포(龍岩浦) 진출, 한국과 용암포 토지조차계약 조인.
	6. 14	개성―평양 전화 개통.
	7. 1	러시아 동청철도 전선 개통.
	13	이토, 추밀원의장.
	16	이토, 제실(帝室)제도 조사국 총재 겸직
	8. 12	만주·한국에 관한 러·일 교섭 시작. 러시아 뤼순(旅順)에 극동 총독부 설치.
	10. 31	경부철도주식회사, 경인철도 매입.
	12. 1	일제 임시헌병대를 한국주차헌병대로 개칭.
	1904. 1. 9	하야시(林) 공사, 이지용(李址鎔) 외상과 '일한의정서안(日韓議定書案)' 결정.
	21	한국, 국외중립 선언.
	24	고종황제, 이지용에게 의정서 조인 불승인을 지시.
	2. 4	일본 어전회의에서 대러 개전 결정.
	6	일본 대러 국교단절 통보
	8	일본군 선발대 인천 상륙, 인천 앞바다와 뤼순 항에서 러시아 함대 공격(8~9일).
	10	일본 대러 선전포고.
	23	'일한의정서' 조인.
	25	의정서 체결을 방해했다는 이유로 이용익(李容翊)을 일본으로 연행.
	3. 10	일본 한국주차대를 한국주차군으로 개편.

	18	이토 히로부미, 특파대사로 고종 알현(이후 20, 25일에도 알현).
	4. 25	이지용 한국보빙(報聘)특파대사로 일본 메이지왕을 알현하고 국서 봉정.
	5. 1	일본군 압록강 도하작전. 조러수호통상조약 폐기.
	6. 20	일본 만주군 총사령부를 편성.
	7. 18	《대한매일신보(大韓每日申報)》 창간.
	8. 20	일진회(一進會) 결성.
	22	제1차 '일한협약' 조인.
	9. 4	일본군 랴오양(遼陽) 점령.
	5	일본 정부, '일한협약'에 관한 성명 발표.
	7	하세가와 요시미치(長谷川好道) 한국주차군 사령관에 임명.
	10. 15	메가타 다네타로(目賀田種太郎) 한국 재정고문 초빙계약.
	11. 10	경부선 철도 완공 시운전.
	12. 27	미국인 스티븐스 한국 외교고문 초빙계약.
1905.	1. 1	러시아군 뤼순에서 일본에 항복.
	3	일제, 서울에 군사경찰 시행.
	4	한국주차군 사령관, 군율 시행에 관한 훈령 공포.
	18	한국 화폐조례 실시 공포, 일본 통화 유통 공인.
	31	제일은행, 한국 정부와 한국 국고 취급 및 화폐 정리 사무 위탁계약.
	2. 3	마루야마 시게토시(丸山重俊), 한국 경무고문 초빙계약.
	2. 22	일본 독도를 강점, 다케시마(竹島)로 명명.
	3. 6~7	《황성신문》 최익현(崔益鉉) 상소문 게재.
	10	일본군, 중국 펑톈(奉天)에서 러시아군과 대접전. 펑톈 점령.
	25	고종황제, 러시아 정부에 밀서 전달. 이용익, 보성학교(고려대학) 설립.
	4. 1	한국, 일본과 통신위탁에 관한 각서 조인.
	8	일본 각의에서 한국보호국화 방침 결정.
	21	일본 각의, 러시아에 제시할 절대 필요 강화조건 결정.

	28	경의선과 경부선 연결, 운행 시작.
5.	24	일본 각의, 영일동맹 강화 방침 결정.
	27	일본 연합함대 동해에서 러시아 발틱함대 격파.
6.	8	미국 대통령, 러·일에 강화중재 제의.
		일본 10일, 러시아 12일 각각 수락.
	30	일본 각의, 강화 전권위원에 훈령안 결정.
7.	1	통감부 철도국이 경부, 경의선 철도회사를 사들여 경영.
	3	러일강화조약 전권위원으로 고무라 주타로 외상을 임명.
	6	미국 대통령, 고종 밀사 이승만(李承晩), 윤병승(尹炳承)과 회견.
	7	일본 제13사단 사할린 상륙, 31일 러군 항복.
	29	미국 태프트 국무장관과 가쓰라 일본 수상 한국과 필리핀 관련 밀약.
8.	10	미국 포츠머스에서 러일강화회의 시작.
	13	한국 연해 및 내하(內河)의 항행에 관한 '일한협정서' 조인
9.	5	러일강화조약 조인. 일본 국민, 히비야 공원에서 강화조약 반대 시위.
	9	미국 대통령, 고무라 전권위원에게 일본의 한국보호국화 지지를 표명.
10.	5	하야시 일본 외상, 한국 외부대신에게 영일동맹 체결 사실 통보.
	10	한국 외부대신, 조약 위반에 항의.
	18	일본 관동총독부 설치.
	22	재한 미국인 헐버트, 미국 대통령에게 보내는 고종친서 갖고 도미.
11.	5	이토, '보호조약' 체결 위해 출발. 11월 9일 서울 도착. 10일 친서 봉정.
	15	이토, 고종을 알현하여 '보호조약' 체결을 요청.
	16	한국 대신들에게 조약 체결에 응하도록 협박.
	17	일본군이 궁을 포위하는 등 공포분위기 속에 '보호조약' 강제 체결.
	18	박제순을 참정에 임명.

	29	민영환, 늑약 체결에 반대하여 자결.
12. 1		조병세, 늑약 체결에 항의 자결. 손병희, 동학을 천도교로 개칭.
	15	협약 조인에 찬성한 5대신 조인 결과를 상소.
	21	일본 통감부 및 이사청 관제 공포하고 이토를 초대 한국 통감에 임명.
1906. 1. 14		한국 통감, 병력 사용에 관한 칙어 발표.
	29	고종, 영국 스토리 기자에게 조약 무효화 국서를 주어 세계여론화 호소.
2. 1		일제, 한국통감부 개청.
3. 2		이토 히로부미 서울 부임. 흥업(興業)차관 1천만 엔 들여옴.
	13	이토, 한국 시정 개선에 관한 제1회 협의회 개최.
4. 21		엄비, 진명(進明)여학교 설립. 이토, 개선대관병식 참석 차 귀국.
5.		민종식(閔宗植), 홍주(洪州)를 점령하고 일본군과 교전하다 체포.
6. 4		최익현, 태인에서 신돌석(申乭石) 등과 의병 일으킴.
	8	일제, 남만주 철도에 관한 칙령 공포.
7. 2		일본 경찰, 경운궁(덕수궁)의 경비권을 강탈.
8. 1		한국주차군 사령부 조례 제정. 관동도독부 관제 공포.
	7	한국주차군 군율 제정.
	13	한국군사경찰을 고등군사경찰로 개칭.
	18	최익현 등 9명 대마도에 유배.
	31	《한성신보》 폐간.
9. 1		통감부 기관지로 《경성일보(京城日報)》 창간.
10. 1		지방행정구역을 13도 11부 333개 군으로 개편.
	18	한국 최초 기념우표 발행.
	19	가톨릭교 주간지 《경향신문》 창간.
11. 1		소년잡지 《소년한반도》 창간. 전국 첫 호구조사 실시.
	21	이토, 황실전범 증보 제정을 위해 귀국.
12. 9		하세가와 요시미치, 통감을 대리.
1907. 1. 16		《대한매일신보》, 보호조약 강제조인 사실 폭로한 '고종밀서' 보도.

29	서상돈(徐相敦) 등을 중심으로 대구에서 국채보상운동 일으킴.
3.	통감부 신청사 왜성대(倭城臺) 낙성.
4. 20	고종, 이상설·이준을 헤이그 만국평화회의 특사로 파견.
5. 8	헐버트, 고종 밀명 띠고 서울 출발.
22	이완용(李完用) 내각 들어섬.
23	《대한매일신보》 한글판 창간.
6. 15	한국 내각회의 규정 공포. 고종 밀사 3명, 네덜란드 헤이그 도착.
7. 7	이토, 헤이그 밀사 사건을 묘의(廟議)에 처리 요청.
12	일본 겐로·대신회의, 이토에게 한국 내정·정권 장악을 위한 협약체결 일임.
16	이완용, 고종에게 황제 양위 주청.
19	고종황제 양위 조칙 발표.
20	고종, 약식 양위식 갖고 순종에게 황제 자리 물려줌.
23	'제3차 일한협약' 및 협약규정 실행에 관한 각서 조인.
24	한국 신문지법 공포.
27	한국 보안법 공포.
28	러일통상 항해조약 및 어업조약 조인.
29	이토, 주한 일본 기자 초청 연설.
31	한국 군대해산 조칙 발표.
8. 2	한국 연호를 융희(隆熙)로 바꿈.
7	영친왕 은(垠)을 황태자로 책봉.
9	한국 정부에 일본인 차관 임용.
27	경운궁에서 순종황제 즉위식.
9. 1	서울에서 최초의 박람회 개최(11월 15일까지).
21	소네 아라스케(曾禰荒助) 부통감 임명.
10. 7	헌병조례 개정. 제14헌병대를 한국주차헌병대로 바꿈.
10	황태자 일본 유학 출발.
14	배설(裵說) 《대한매일신보》 발행인, 영사재판에서 6개월 선행(善行) 처분.

	29	경찰 사무 집행에 관한 한일결정서 조인(경찰 합병).
	11. 13	순종황제, 경운궁에서 창덕궁으로 옮김.
	12. 6	한국13도창의군, 대장에 이인영(李麟榮), 군사장에 허위(許蔿) 선출.
	23	한국재판소 구성법 공포.
	1908. 1. 7	청진항 개항.
	3. 23	전명운(田明雲)·장인환(張仁煥), 스티븐스 저격. 25일 사망.
	4. 9	통감부 간도에 임시파출소 개설.
	6. 11	헌병보조원 모집 칙령 공포.
	8. 27	동양척식(東洋拓殖)주식회사법 공포, 12월 28일 본사 설립.
	9. 1	한국 사립학교령 공포.
	10. 1	한국주차군 사령부, 용산에 신축한 청사로 이전.
	11. 1	최남선, 최초의 월간 잡지 《소년(少年)》 창간. 최초의 신극 이인직(李仁稙)의 〈은세계〉 원각사에서 공연.
	12. 3	한국 YMCA회관 개관.
	28	동양척식회사, 일본 흥업은행과 1,296만 엔 차관. 일본 정부, 기업공채(起業公債) 1백만 엔 차관.
	1909. 1. 7	순종, 이토 히로부미와 함께 지방 순시(2월 3일까지).
	4. 10	이토, 가쓰라 수상, 고무라 외상 등과 논의 끝에 한국병합 동의.
	6. 14	추밀원의장으로 전보.
소네 아라스케	6. 14	소네 아라스케 2대 통감 취임.
	7. 6	일본 각의, 한국병합 방침 결정.
	12	한국 사법 감옥 사무 위탁에 관한 '일한각서' 조인(법부 폐지).
	26	한국중앙은행에 관한 각서 조인.
	30	한국 군부(軍部) 폐지.
	8. 1	이토, 한국 황태자와 함께 일본 도호쿠(東北), 홋카이도 유람.
	9. 1	일본군 '남한대토벌작전'(10월 하순까지).

	10. 14	이토, 만주여행 출발. 18일 대련 도착.
	18	통감부 사법청 및 감옥 관제 공포.
	26	이토, 하얼빈에서 안중근에게 피살.
	28	한국 법부관제 폐지.
	29	한국은행 설립.
	11. 2	통감부 간도파출소를 폐지하고, 간도 총영사관 개설.
	3	안중근 등 이토 살해용의자를 뤼순으로 연행, 조사 시작.
	6	안중근, '이토 히로부미 죄악'을 수사진에 제출.
	29	이토 수행원 무로다 요시아야(室田義文), '이토 암살 복수설' 제기.
	12. 4	일진회 이용구 성명을 발표하고 통감과 일본 수상에게 합방청원서 제출.
	22	이완용과 이재명 피습 중상.
1910. 1. 3		소네 통감 정무협의 차 귀국.
	2. 7	관동도독부 지방법원에서 안중근 등 4명 재판 시작.
	14	안중근에 사형, 우덕순 징역 3년, 조도선·유동하에게 징역 1년 6월 선고.
	28	일본 고무라 외상, 재외공관장들에게 한국병합 방침 통보.
	3. 15	한국 토지조사국 관제 공포.
	26	안중근 사형 집행.
데 라 우 치 마 사 타 케	5. 30	데라우치 마사타케를 한국 통감으로, 야마가타 이사부로를 부통감에 임명.
	6. 3	일본 각의, 한국합방 뒤의 시정방침 결정.
	15	아카시 모토지로(明石元二郎)를 한국주차군 헌병대 사령관으로 임명.
	30	통감부, 경찰관서 관제 공포.
	7. 1	헌병경찰제도 발족.

23	데라우치 통감 서울 부임. 25일 순종, 고종 알현.
8. 16	데라우치, 이완용에게 '병합'에 관한 각서 수교.
22	'한국병합' 조약 조인.
23	한국토지조사법 공포.
29	'한국병합' 조약 공포. 대한제국 국호를 조선이라 고치고 조선총독부 설치. 《대한매일신보》 폐간 등 언론 통폐합.
9. 12	일진회, 대한협회 등 정치단체 해산 명령. 일진회 해산비 15만 엔 지급. 조선주차헌병조례 공포.
9. 30	조선총독부 관제 공포.
10. 1	데라우치를 조선 총독에 임명. 1911년 8월 30일까지 육군대신 겸임.
4	한국 내각 해산식.
26	조선총독부 및 소속관서 회계사무 규정 시행.
12. 10	조선주차헌병대 관구 및 배치규정 공포.
15	범죄 즉결례(卽決例) 공포.
29	회사령 공포.
1911. 2. 9	우편규칙 제정.
3. 23	조선(造船)사업 공채금(公債金) 특별회계법 공포.
29	조선은행법 공포.
4. 17	도로규칙 시행. 토지수용령 공포.
6. 2	인화물질저장소 규칙 시행.
3	어업령, 사찰(寺刹)령 공포.
15	경학원(經學院) 규정 시행.
20	삼림령(森林令) 공포. 숙박 및 주거규칙 발표. 일본기독교회 조선교화 전도 시작.
29	토지수용령 시행규칙 발표.
8. 19	전국 풍수해, 사상·실종 256명, 주택 2만 4,746채 파괴.
23	조선교육령 공포. 일본어를 국어로 하다.
11. 1	압록강 철교 완공되어 부산-창춘(長春) 직통열차 운행 시작.

	7	국세징수령 공포.
1912.	1. 1	한국표준시를 일본표준시에 따름.
	2. 16	어업세(漁業稅)령 공포.
	23	수산조합, 어업조합 규칙 공포.
	3. 2	조선우선(郵船) 설립.
	3. 6	조선민사령, 부동산등기령, 형사령, 태형령, 감옥령 공포.
		재판소 조직을 지방법원, 복심법원, 고등법원 등 3심제로 함.
	28	총독부 관측소 명칭 및 위치 발표. 도량형법 시행.
	4.	보통학교용 언문철자법 확정.
	6. 1	교과용도서 검정 규칙 시행.
	15	우편철도령 공포.
	20	묘지, 화장 단속규칙 시행.
	7. 30	메이지왕 사망.
	8. 13	토지조사령 공포.
	21	총포화약단속령 공포.
	9. 26	은사령(恩赦令) 공포.
	10. 10	가옥세법 시행 대상 시가지 지정.
	24	은행령 공포.
	11. 1	경남, 황해, 평남, 함남 4개도 수해 사상·실종 140명,
		주택 1만 2,496채 파괴.
1913.	5. 1	공증령(公證令) 시행.
	10. 30	부제(府制) 공포.
1914.	1. 25	학교조합령 시행규칙 발표.
	3. 1	지방행정 조직을 12부, 218군, 2,517면으로 개편.
	16	연초세령(煙草稅令) 공포.
	22	호남선 철도 개통식.
	4. 7	선박검사령, 선원령, 선박직원령, 해원(海員)징계령,
		수난구호령 등 공포.
	25	토지대장 규칙 공포.

	27	관유(官有)수면 매립규칙 공포.
5.	1	지방법원 출장소 설치규정 공포.
	22	농공은행령 공포.
7.	2	목욕탕업 단속규칙 발표.
	4	조산원 규칙, 조산원 시험규칙 발표.
	11	행정(行政)집행령 공포.
	29	의사시험 규칙 발표.
	29	인력거 단속규칙 발표.
8.	18	마차 단속규칙 발표.
9.	7	군사 우편규칙 발표.
	12	시장(市場)규칙 발표.
	16	원산에서 경원선 개통식.
10.	3	조선호텔 개관.
11.	10	함경도 수해 사상·실종 629명, 가옥 2만 8,471채 파괴.
1915. 2.	17	미곡 검사규칙 발표.
4.	29	수역(獸疫) 예방령 공포.
6.	5	전염병 예방령 공포.
	22	소방규칙 발표.
7.	13	사설 무선전신·통신종사자 자격검정규칙 발표.
	15	조선상업회의소령 공포.
	22	대서(代書)영업 단속규칙 발표.
9.	11	경복궁에서 총독부 시정 5주년 기념 조선물산공진회 개회 (10월 31일까지).
10.	15	풍수해 사상·실종 1,092명. 주택 2만 2,088채 침수, 파괴. 경성우편국 청사 준공. 일본제 고무신 등장.
12.	1	조선총독부 박물관 개관.
	24	광업령 공포.
1916. 4.	25	세브란스 의학전문 개교.
5.	6	고등보통학교 관제 공포.

	6. 25	경복궁 터에 조선총독부 신청사 기공식.
	7. 4	고적 및 유물 보존 규칙 제정. 고적조사위원회 설치.
	8. 26	경기 이남지역 수해 사상·실종 195명, 주택 1만 8,514채 파괴.
	10. 9	데라우치 일본 내각 총리에 임명됨
하세가와 요시미치	10. 14	하세가와 요시미치 조선 총독에 임명.
	12. 10	하세가와 서울 부임.
	1917. 6. 9	면제(面制) 공포.
	7. 17	수리조합령 공포.
	10. 17	한강교 준공.
	19	풍수해, 사상·실종 259명, 주택 6,730채 파괴.
	11. 25	텐진−회령(會寧) 간 함경선 개통.
	1918. 2. 21	서당에 관한 규칙 제정.
	4. 1	수원농림전문학교, 함흥고등보통학교, 용산중학교, 대전중학교 신설. 화폐법 시행.
	6. 7	식산은행령 공포.
	6. 18	토지조사 사업 완료.
	11. 5	토지조사국 및 각 도 지방 토지조사위원회 해체.
	1919. 1. 21	고종황제 승하.
	2. 8	도쿄 유학생 6백여 명, 기독교 청년회관에 모여 독립선언문 발표.
	3. 1	독립만세운동 일어남.
	3	고종황제 국장.
	5	조선인 상점 일제히 문 닫음.
	24	사탕소비세령 공포.
	27	인지세(印紙稅)령 제정.
	4. 7	사립병원 단속규칙 발표.
	8	학교 전염병 예방 및 소독방법 시행.
	13	상하이 임시정부 수립.

	15	정치에 관한 범죄 처벌규정 공포.
	24	잠업령(蠶業令) 공포.
	6. 11	아편단속령 공포.
	7. 18	남산에 조선신사 관폐대사 건립.
	8. 13	하세가와 총독 해임. 야마가타 정무총감 해임.
	8. 13	사이토 마코토 총독에 임명. 미즈노 헨타로 정무총감 임명.
사이토 마코토(1기)	20	조선총독부 관제 개정. 문관총독 인정. 학무국 신설. 헌병경찰제 폐지.
	9. 2	강우규 남대문역(서울역)에서 사이토 총독 일행에게 폭탄 투척.
	16	강우규 체포.
	10. 4	경기·경상지역 수해, 사상·실종 581명, 주택 1만 302채 침수·파괴.
	12. 16	군수(軍需)조사령 공포.
	1920. 1. 6	《조선일보》, 《동아일보》, 《시사신보》 발행 허가.
	26	경성주식현물거래시장 설립 허가.
	2. 5	국민협회 회장 민원식 외 105명 '중의원의원선거법' 조선에도 적용토록 일본 중의원에 건의서 제출.
	2. 8	경남(京南)철도주식회사 설립.
	25	풍수해 사상·실종 850명, 주택 1만 7,876채 파괴.
	3. 5	《조선일보》 창간.
	31	조선태형(笞刑)령 폐지.
	4. 1	《동아일보》 창간.
	28	영친왕 이은(李垠) 도쿄에서 나시모토미야 마사코(梨本宮方子)와 결혼.
	6. 10	첫 각 도 참여관(參與官) 회의.
	18	사설(私設)철도령 공포.
	25	월간잡지 《개벽》 창간.

	29	향교재단 관리규칙 제정.
7.	1	유흥세 신설.
	13	고원훈(高元勳)과 김성수(金性洙), 조선체육회 창립.
	25	오상순(吳相淳) 등 동인지 《폐허》 창간.
	31	소득세령 공포.
8.	13	임야대장규칙 제정.
	24	미국 상·하원의원 9명과 가족 38명으로 구성된 극동시찰단 경성 방문.
	25	총독, 미국 극동시찰단 환영회.
	26	출항세(出港稅)령 공포.
10.	1	임시 호구조사.
	8	전국 수해, 사상·실종 1,352명, 주택 5만 2,016채 파괴.
	16	경성지방법원, 강우규에게 사형 선고.
	20	유관순 감옥에서 순국.
	27	함경북도 도청을 경성(鏡城)에서 나남(羅南)으로 옮김.
	30	경성복심법원, 3·1만세운동 주동자 손병희 등 7명에게 징역 3년, 최남선 등 4명에게 징역 2년 6월 선고.
11.	9	보통학교 수업연한을 6년으로 연장하는 학제 개정.
	19	교과서 조사위원회 규정 발표.
12.	23	임시교육조사위원회 규정 발표.
	27	총독부, 산미(産米)증산계획 입안.
	31	구 한국화폐 유통 금지.
1921. 1.	2	김윤경, 장지영, 이병기 등 16명 조선어연구회 창립.
2.	12	총독부에 감찰관 및 민정시찰 사무관 배치.
	14	치과의사 시험규칙 발표.
	16	친일파 민원식 도쿄 데이코쿠 호텔에서 양근환에게 자살(刺殺).
3.	19	총독부 및 소속 관서 직원들에게 조선어 장려수당 지급.
5.	7	부산 수산시험장 신설.

6. 4	조선 구관습제도 조사위원 임명.
7. 4	자동차 단속규칙 발표.
10. 13	조선생명보험회사 설립 허가.
25	1906년부터 시행해오던 도로 우측보행을 좌측보행으로 바꿈.
12. 2	변호사 시험규칙 제정.
1922. 1. 12	조선 미술전람회 및 심사위원 규칙 제정.
23	모스크바에서 극동 민족 무산자대회, 김규석 조선대표로 참석.
2. 6	제2차 조선교육령 공포.
3. 28	사립학교 교원자격 및 인원수에 관한 규정 발표.
6. 1	제1회 조선 미술전람회 개최(21일까지).
16	경성－원산 간 전화 개통.
7. 29	계속된 호우로 수해, 교량 10개소 유실, 도로 21개소 파손.
	경부선 불통. 한강 범람 용산지역 주택 1천여 채 침수·파괴.
8. 4	폭풍우 피해, 사상·실종 58명, 주택 2,113채 파괴,
	선박 10척 유실.
11. 12	부관(釜關) 연락선 취항.
22	사이토 총독, 고흥 소록도 한센병원 방문.
12. 4	조선사 편수위원회 규정 발표.
18	조선호적령 시행.
1923. 1. 1	파산법 및 화의법(和議法) 시행.
3. 12	공유수면 매립령 공포.
26	진해를 요항(要港)으로 지정.
4. 1	이상재(李商在) 등 조선민립대학기성회 창립.
2	종두령(種痘令) 공포, 전기측정령 공포.
17	조선공산당 창립.
22	경북 영일만 폭풍 피해, 사상·실종 556명,
	선박 119척 침몰·파손.
5. 5	감옥 명칭을 '형무소'로 바꿈.
8. 8	수해, 사상·실종 288명, 주택 3만 595채 침수·파괴.

	22	경기·경상·황해 풍수해, 사상·실종 1,254명, 주택 1만 6,106채 파괴.
	29	총독부 감화원(感化院) 설치 운영.
	9. 1	일본 관동대지진, 재일조선인 대학살.
	2	박열(朴烈), 일왕 암살미수 혐의로 도쿄 경시청에 체포.
	11. 7	평안북도 도청을 의주에서 신의주로 옮김.
	30	총독부 도서관제 공포.
1924.	5. 2	경성제국대학 관제령 공포.
	8. 7	중부지방 수해, 사상·실종 89명, 주택 1만 6,536채 파괴.
	12. 8	경남도청을 진주에서 부산으로 옮김.
	12	조선인으로는 처음으로 이진호를 총독부 학무국장에 임명.
	24	사법대서인령 공포.
1925.	5. 12	치안유지법 시행.
	23	국세조사 시행령 공포.
	6. 8	조선사편수회 관제 공포.
	27	관폐대사 조선신사를 조선신궁(神宮)으로 개칭.
	7. 12	8일부터 18일까지 집중호우. 사상·실종 697명, 주택 5만 9,942채 파손. 총독, 정무총감 피해지 시찰.
	10. 15	서울운동장 개장.
	11. 16	조선－만주 간 전화 개통.
1926.	1. 6	총독부 신청사로 이사 시작, 8일 완료.
	4. 1	경성제국대학, 의학부 및 법학부 개설. 5월 1일부터 수업 시작.
	26	순종 승하.
	27	영친왕 은(垠) 왕위 승계.
	6. 10	순종 국장. 만세 사건 발생.
	14	세제조사위원회 창설.
	7. 5	'활동사진' 필름 검열제 실시.
	9. 7	평북 수해, 사상·실종 135명, 주택 2,971채 파손.
	10. 3	경성에서 전국산림대회 개최.

	11. 30	경성방송국 창립.
	12. 25	다이쇼(大正)왕 사망.
	28	의열단원 나석주(羅錫疇) 식산은행과 동양척식회사에 폭탄 던지고 경찰과 싸우다 자결.
	1927. 1. 20	조선하천(河川)령 제정.
	2. 10	조선귀족 세습재산령(世襲財産令) 공포.
	15	민족통일전선 '신간회' 결성.
	16	경성방송국, 라디오 방송 시작.
	4. 5	사이토 총독, 제네바 군축회의 참석 출장에 따라 우가키 가즈시게 임시총독 대리.
	7	이상재(李商在) 장례식. 국내 처음 사회장으로 거행.
	5. 2	조선질소(窒素)주식회사 설립.
	7. 1	《경성일일신문》, 도쿄 국기관(國技館)에서 조선산업박람회 개최.
	8. 1	경성무선국 완공, 업무 시작.
	9. 3	조선비료 단속령 공포.
	10. 1	사이토 귀임.
	16	투먼(圖們) 강 철교 준공, 개통식.
	12. 9	사이토 총독 의원면직.
야마나시 한조	12. 19	야마나시 한조 서울 부임.
	28	조선 토지개량령 공포.
	1928. 2. 11	진남포 무선전신국 개청식.
	4. 29	경성 부영버스 개업.
	8. 20	조선금융제도 조사회 개최.
	9. 1	함경선 개통.
	13	조선금융조합협회 설립허가.
	21	함경도 수해, 사상·실종 1천4백 명, 주택 3만 7,323채 침수·파손.
	10. 7	경성 세 법원 준공식.

	11. 10	쇼와왕 즉위 대례(大禮) 거행.
	12. 2	조선소방협회 창립. 울산비행장 개통.
	1929. 1. 25	1면1교(一面一校) 건립계획 발표.
	3. 25	경성제대 제1회 졸업식.
	4. 1	경성비행장 개통식.
		일본–조선–만주를 잇는 노선에 1주 3회 왕복운항.
	4	이케가미 정무총감 도쿄 출장 중 사망.
	5. 5	조선비행학교 개교.
	6. 1	대구, 평양 관립사범학교 개교.
	9	미국 신문기자 12명 조선시찰(13일까지).
	10	일본 척무성 설치.
	24	부산 미두(米豆)거래소 허가 관련 총독부 독직사건 발생.
	7. 1	조선저축은행 설립.
	8. 17	야마나시 독직 관련 파면.
사이토 마코토 (2기)	8. 17	사이토 조선 총독 재임명.
	9. 8	사이토 부임.
	11. 1	경찰 공제(共濟)조합령 공포.
	3	광주학생 사건 발발, 전국으로 확대.
	12. 13	신간회 44명, 근우회 간부 47명 체포됨.
	28	국세조사(國勢調査)시행령 공포.
	1930. 1. 24	김좌진(金佐鎭), 북만주 산지(山之) 역에서 공산주의자에 암살.
	1.	학생시위 전국으로 번져 학교 수업 마비.
	2. 26	명륜학원 규정 발표.
	5. 10	조선상공회의소령 공포.
	7. 28	수해, 사상·실종 2,657명, 주택 3만 7,438채 파괴, 선박 3,553척 침몰·파손.
	8. 7	평양고무 근로자 1천8백여 명 임금인하 반대 동맹파업.

	9. 12	조선질소비료회사, 부전강 수력발전소 준공.
	10. 1	개성·함흥, 부(府)로 승격.
	12. 1	지방제도 개혁. 도, 부, 읍, 면에 의결기관 설치.
	12. 25	여수–광주 간 철로 준공.
	1931. 5. 8	수해, 사상·실종 296명, 선박 32척 침몰·파손.
	6. 16	총독, 의원 해임.
우가키 가즈시게	6. 17	우가키 가즈시게 조선 총독에 임명.
	7. 2	창춘 부근의 만보산에서 조선 농민과 중국인 지주 사이에 무력 충돌 발생.
	10	우가키, 도쿄에서 〈조선시정에 관한 성명서〉 발표.
	14	우가키, 부산에 도착하여 조선 내 관민에게 유고 발표.
	9. 18	만주전쟁 발발, 조선군 출동.
	21	풍수해, 사상·실종 589명, 주택 1만 1,453채 유실·침수·파손, 선박 542척 침몰·파괴.
	1932. 1. 8	이봉창, 일왕 히로히토에게 폭탄 투척.
	3. 1	'만주국' 건국 선언.
	4. 15	북조선 개척사업 계획 발표.
	29	윤봉길, 중국 훙커우 공원 일왕 생일 경축기념식에서 폭탄 투척.
	6. 17	충남도청, 대전으로 이전 확정.
	7. 16	폭약제조 단속규칙 발표.
	9. 24	곡물검사령 시행.
	30	곡물검사소 관제 공포. 충남도청, 공주에서 대전으로 이전.
	10. 7	경마령 공포.
	18	경성에서 전국 군수, 도사(島司) 농산어촌진흥강습회 개최 (21일까지).
	26	이토 히로부미를 신(神)으로 봉안한 사찰 박문사(博文寺) 준공식.

	11. 1	종마(種馬)목장 관제 공포.
	10	국민정신진흥운동 시작.
	12. 1	신징(新京)에 조선총독부 만주 출장소 설치.
	10	소작조정령(小作調停令) 공포.
1933.	1. 16	조선-일본 간 전화 개통.
	2. 17	조선무역협회 설립.
	20	면화증산계획 발표.
	3. 7	농산어촌진흥계획 발표.
	27	일본, 국제연맹 탈퇴.
	4. 21	장진강(長津江) 수력전기회사 설립 인가.
	26	경성방송국 이중방송 시작.
	5. 10	첫 각 도의회 의원 총선거.
	6. 15	축음기 레코드 단속규칙 시행.
	7. 15	경성-도쿄 간 직통 전화 시작.
		수해, 사상·실종 236명, 주택 2만 1,290채 파괴, 선박 4척 파손.
	25	조선경마협회 설립.
	9. 7	자동차 교통사업령 공포.
	9	정부 알선 첫 만주 이민열차 출발.
	28	풍수해, 사상·실종 264명, 주택 9,198채 침수·파괴, 선박 1,297척 파손.
	10. 15	텐진-신징 간 직통열차 운행.
	24	자가용 전기 공작물 시설 규칙 시행.
	11. 4	조선어학회, '한글맞춤법 통일안' 발표.
1934.	3. 30	청량음료세령 공포.
	4. 28	조선농지령 공포.
	5. 7	이병도, 김윤경, 이병기 등 진단학회 창립.
	6. 21	폭풍우, 사상·실종 192명, 주택 12채 파괴, 선박 527척 침몰·파손.
	22	상속령 공포.

	7. 21	호우로 경부선 여러 날 동안 불통.
	8. 10	수해, 사상·실종 787명, 주책 3만 4,380채 파괴,
		선박 375척 침몰·파손.
	9. 15	한센병 요양소 관제 공포.
	12. 28	부정경쟁방지령 공포.
1935.	1. 12	선박안전령 공포.
	2. 15	임시 역사교육용도서 조사위원회 규정 발표.
	3. 6	우가키 총독 불교계 인사 초청,
		심전(心田) 개발에 관한 간담회 개최.
	4. 15	회령 유선탄광에서 폭약 폭발, 광부 8백여 명 매몰.
	21	해군협회 조선본부 발회.
	25	마약단속령 공포.
	5. 27	국세조사 시작.
	6. 3	우가키, 고흥 소록도 한센병원 방문.
	10. 1	조선 통치 시정 25주년 기념식.
	11. 25	장진강 수력발전소 12만 킬로와트 발전공사 완공.
	12. 3	청진비행장 개장.
1936.	1. 13	제1회 시가지 계획위원회 개최.
	15	심전개발위원회 개최.
	4. 7	조선결핵 예방협회 발족.
	12	경성 국방화학협회 발족.
	15	대학 및 전문학교 교육개선협의회 개최.
	6. 5	오물청소령 시행.
	8. 4	불온문서 임시 단속령 공포. 우가키 총독 사임.

미나미 지로	8. 5	미나미 지로 제7대 조선 총독에 임명.
	9	손기정, 베를린 올림픽 마라톤 우승.
	25	《동아일보》 손기정 선수 가슴에 일장기 지우고 보도.

	26	미나미 총독 서울 부임.
	29	《동아일보》 정간 처분. 일본왕, 호우피해에 내탕금 하사.
9. 1		오노 정무총감, 경남지역 수해 시찰.
	2	미나미, 강원지역 수해 시찰.
	7	마키노(牧野) 시종, 수해 상황 시찰차 경성 방문.
	8	마키노 전국 수해지구 시찰(12일까지).
	18	지방관리양성소 규정 결정.
	19	미곡자치관리법 시행규칙 공포.
	24	전국 도지사회의.
10. 13		각의, 조선 수해복구비 265만 4,813엔을 총독부 특별회계. 제2예비금에서 충당토록 결정.
	20	조선산업경제조사회 개최(5일간).
	23	한강인도교 개통(381미터).
	29	미나미, 투먼(圖們)에서 우에다 관동군 사령관과 회견.
11. 9		마쓰오카 요스케(松岡洋右) 만철 총재, 미나미 총독 예방하고 북철(北鐵) 이양, 이민정책 등에 대해 의견 교환.
	11	담배값 인상.
12. 12		사상범 보호관찰령 및 부칙 공포.
1937. 1. 12		조선총독부, 만주국과 압록강 공동기술위원회 설치 각서 조인.
2. 8		북선(北鮮)개척사업토론회(13일까지).
	11	교육공로자 17명, 농촌진흥관계자 78명 표창.
3. 2		중요산업 통제법 시행.
	10	간도 강제이민단 1만 2천 명 출발.
	15	유산암모니아 수입허가제 제정.
	17	일본어 사용 강제방안 각 도에 통첩
	29	국유재산법 시행규칙 제정.
	31	상속세령 시행규칙 제정.
4. 5		만포(滿浦)철교 가설에 관한 각서 조인.
	14	가출옥 사상범 처우개선규정 제정.

	20	박영철(朴榮喆) 경성주재 만주국 명예총영사로 임명.
6. 7		안창호 등 수양동우회 회원 150여 명 투옥.
7. 1		'내선(內鮮)학교명 통일' 발표.
	7	중일전쟁 시작. 사법법규개정조사위원회 개최.
	11	전쟁 대처 위한 긴급 국장회의 개최.
	13	미나미, 반도 언론계·재계·실업계 대표,
		중추원 참의 등을 초청, 중일전쟁에 대해 설명.
	15	전쟁 대처를 위한 임시도지사회의.
	16	미나미, 종교계·교육계·사회단체 대표들을 총독부로 초청,
		전쟁 경위와 일본 정부의 방안 등을 설명.
	22	총독부에 중앙정보위원회 설치.
	24	각 도 정보위원회 설치 통첩.
	26	조선 군사후원연맹 결성.
8. 3		매점매석 단속령 제정.
	12	중일전쟁 관련 특별세령 발표.
	20	제2차 시국 관련 임시 도지사회의.
		조선 상류사회 부인들, 금가락지 헌납운동.
9. 7		조선 산금(産金)령 시행.
	9	시국 극복에 관한 총독 유고.
	10	미나미 국군병원 전상자 위문.
	22	제철 사업법 시행.
10. 2		〈황국신민서사〉 제정.
11. 6		정무총감, 각 도지사에게 애국일 설정 지시.
	18	중일전쟁 확전에 따라 방공법 시행.
12. 10		비료배급통제령 공포.
12. 22		국민 총동원 위한 긴급 도지사회의.
		전국 59개 초중학교에 쇼와왕 사진 배포.
		운전면허 특별취급 규칙 시행.
1938. 1. 4		금(金) 사용 절약운동.

454

	10. 12	물품판매가격 단속규정 발표.
	11. 5	사도(私道) 규칙, 고무사용제한 규칙 제정.
	24	황국신민서사지주(之柱) 준공 제막식.
	12. 6	가와시마 육군대장을 국민정신 총동원 조선연맹 총재로 추대.
	15	등화관제 규칙 제정.
	18	소작료 통제령 시행규칙 공포.
	19	윤덕영(尹德榮), 일본 귀족원의원이 됨.
	21	임시자금 조정법 제정.
	23	일본상이군인회 조선지회 설치.
1939.	1. 7	국민 직업능력신고령 공포.
	3. 6	비료판매가격 단속 규칙 제정.
	11	종합방공훈련 실시.
	4. 7	산금(産金)협의회 규정 제정.
	20	중견 청년수련소 규정 제정.
	28	경성광산전문학교 규정 제정.
	5. 3	제1회 산금협의회 개회.
	11	독일신문사절단 경성 방문.
	18	임업시험장 수탁조사시험 규칙 제정.
	6. 1	경성-텐진 간 무선통신 개통.
	20	경성주재 만주국 명예총영사에 김연수(金秊洙) 임명.
	7. 1	경성-베이징 간 유선전화 개통.
	22	임시재해대책위원회 설치. 경춘선 개통.
	8. 15	애국일을 '흥아봉공일(興亞奉公日)'로 바꿈.
	9. 6	가뭄 대책 시행.
	20	박영효 사망.
	23	미곡 최고가격제 실시.
	28	만포선 완전 개통.
	9. 30	국민징용령 발동.
	10. 16	전국유림대회 개최.

	29	친일문학단체 '조선문인협회' 결성.
	11. 11	미나미, 국민정신 진흥방안의 일환으로 고령자 1백 명을 초청, 용산 관저에서 만찬회.
	12. 1	석탄배급통제 규칙 시행.
	18	소작통제령 규칙 시행.
1940.	1. 4	경제 통제를 위해 경무국에 경제사찰과 신설.
	11	직업소개령 시행.
	26	방공건축규칙 제정.
	2. 11	창씨제도 시행.
	15	해운통제령 시행.
	3. 1	석유배급 통제규칙 제정.
	4. 23	카바이트 배급통제 규칙 제정.
	5. 2	조선 저축목표 5억 엔 책정.
	7	쌀 증산운동 시작.
	24	국세조사결과 발표. 1939년 말 조선인구 2,280만 647명.
	8. 10	《조선일보》, 《동아일보》 폐간.
	20	쌀 배급제 실시.
	10. 16	국민정신총동원연맹을 '국민총력조선연맹'으로 개칭.
1941.	2. 11	조선장학회 설립.
	12	조선사상범 예방구금령 공포.
	3. 7	국방보안법 공포.
	10	개정치안유지법 공포.
	3. 15	총독부, 학도정신대 조직, 근로 강요.
	25	조선교육령 개정, 소학교를 국민학교로 바꾸고 조선어 수업 폐지.
	9. 3	총독부, 조선 임전(臨戰)보국단 결성.
	12. 8	일본, 진주만 공격. 미일전쟁 개전. 일본 경찰, 외국 신부, 선교사 67명을 간첩 혐의로 검거.
	9	한국임시정부, 일본에 선전포고.
1942.	2. 29	워싱턴에서 조선독립운동단체 한족대회 개최(3월 1일까지).

	3. 1	한국임시정부, 중·미·영·소에 임정 승인 요청.
	5. 8	일본 각의, 조선인 징병제 결정.
고이소 구니아키	5. 29	고이소 구니아키 제8대 총독 임명.
	9. 8	금속 회수에 강제권 발동.
	30	청장년 국민등록 실시.
	10. 1	최현배 등 33명, 조선어학회 사건으로 체포.
	14	조선청년특별연성령 공포.
	31	척무성 폐지.
	11. 1	대동아성 설치.
	1943. 3. 1	조선인 징병제 공포(8월 1일 시행).
	5. 18	태백산 남벌 시작.
	6. 1	백금 강제회수.
	3	해군특별지원령 공포.
	20	학도병제 실시.
	10. 8	이진호 일본 귀족원의원이 됨.
	11. 27	카이로 선언.
	12. 15	학도병 미지원자에게 징용령 발동.
	1944. 1. 20	조선인 학도지원병 입영.
	2. 8	징용제 실시.
	10	여자청년특별연성령 공포. 관청 일요휴무제 폐지.
	15	조선 전시(戰時)형사특별령 공포.
	4. 1	제1회 징병검사 실시.
	22	주기철(朱基徹) 목사, 신사참배 거부하다 순교.
	5. 9	여자정신대, 도야마(富山) 현 동제(銅製)공업에 동원.
	6. 17	미곡 강제 공출(할당제).
	7. 18	도조 히데키 내각 총사퇴.
	22	고이소 구니아키 일본 수상 취임.

7. 24	아베 노부유키 제9대 총독 임명.
8. 23	여자 정신대 근로령 공포.
	독신여성들을 남양군도 등에 종군위안부로 강제징용.
1945. 4. 1	중의원 선거법 개정 법률 공포.
3	상기 법률에 따라 조선인 7명 귀족원의원에 취임.
4	한국임시정부, 중국과 군사협정 체결.
12	조선총독부, 가봉(加俸) 지급에 대한 조선인·일본인 구별 철폐.
5. 22	전시교육령 공포.
8. 9	소련, 대일(對日) 참전.
15	여운형, 아베 총독의 정권이양 교섭에 동의, 일본 무조건 항복.
21	소련군 평양 진주.
25	미군, 인천 상륙.
9. 2	연합군 최고사령부, 북위 38도선을 경계로
	미·소 양군 한국 분할 점령방안 공표.
7	미국 극동사령부, 남한 군정(軍政) 선언.
9. 9	총독부, 항복문서 조인.
11	미 아놀드 소장 조선문정장관 취임.
16	한국민주당 결성.
10. 10	김일성, 조선공산당 북조선 분국 창설.
25	이승만, 독립촉성중앙협의회 결성.
11. 3	조만식, 평양에서 조선민주당 결성.
11	여운형, 조선인민당 결성.
23	김구 등 임정 요인들 환국.
12. 28	모스크바 3상 회의.
29	반탁국민총동원중앙위원회 결성.
30	송진우, 괴한에게 피살.
31	전국에서 반탁 시위.

부 록

1. 일제 한국병탄 조약문[*]

① 일한의정서〔《관보》 메이지 37년(1904년) 2월 27일〕
일한 양국 정부 대표자는 이 달 23일 아래(원문은 왼쪽) 의정서에 조인한다.

의정서

대일본제국 황제폐하의 특명전권공사 하야시 곤스케(林權助) 및 대한제국 황제폐하의 외부대신 임시서리 육군참장 이지용(李址鎔)은 각각 상당의 위임을 받아 아래(왼쪽) 조관을 협정한다.

제1조 일한 양 제국은 항구 불역(不易)의 친교를 유지하고 동양 평화를 확립하기 위해 대한제국 정부는 대일본제국을 확신하고 시정개선에 관하여 그의 충고를 받아들일 것.

제2조 대일본제국 정부는 대한제국의 황실을 확실한 친의(親誼)로서 안전 강녕하도록 할 것.

제3조 대일본제국 정부는 대한제국의 독립 및 영토 보전을 확실히 보증할 것.

제4조 제3국의 침해 혹은 내란 때문에 대한제국 황실의 안녕 혹은 영토 보전에 위험이 있을 경우에는 대일본제국 정부는 신속히 임기(臨機) 필요

---

[*] 부록에 실린 조약들은 《한국병합의 불법성 연구》(이태진 외, 2003)와 《이토 히로부미와 한국병합》(운노 후쿠주, 2004)의 내용을 바탕으로 작성했다. 단, '제3차 일한협약'에 따른 부속서는 일본 외무성 편, 《일본외교연표 및 주요문서(日本外交年表竝主要文書)》 상권을 참조하였다.

한 조치를 취하여야 한다. 그리고 대한제국 정부는 대일본제국 정부의 행동을 용이하게 할 수 있도록 충분한 편의를 제공할 것. 대일본제국 정부는 전항(前項)의 목적을 달성하기 위해 군략상(軍略上) 필요한 지점을 임기 수용할 수 있게 할 것.

제5조 양국 정부는 서로 승인 없이 앞으로 본 협약의 취지에 위반하는 협약을 제3국과 맺지 말 것.

제6조 본 협약에 관한 아직 결정되지 않은 세부조항은 대일본제국 대표와 대한제국 외부대신이 임기 협정할 것.

메이지 37년 2월 23일, 특명전권공사 하야시 곤스케 인(印)

광무 8년 2월 23일, 외부대신 임시서리 이지용 인

② 제1차 일한협약〔《관보》 메이지 37년(1904년) 9월 5일〕

지난 달 21일, 일한 양국 정부대표자는 아래의 협약에 조인하였다.

一. 한국 정부는 일본 정부가 추천하는 일본인 1명을 재무고문으로 한국 정부에 용빙(傭聘)하여 재무에 관한 사항은 모두 그의 의견을 들어 시행해야 한다.

二. 한국 정부는 일본 정부가 추천하는 외국인 1명을 외교고문으로 외부(外部)에 용빙하여 외교에 관한 중요한 업무는 모두 그의 의견을 들어 시행해야 한다.

三. 한국 정부는 외국과의 조약체결, 그 밖에 중요한 외교 안건 즉, 외국인에 대한 특권 양여 또는 계약 등의 처리에 관해서는 미리 일본 정부와 협의해야 한다.

메이지 37년 8월 22일, 특명전권공사 하야시 곤스케

광무 8년 8월 22일, 외부대신 서리 윤치호(尹致昊)

③ **제2차 일한협약〔《관보》 메이지 38년(1905년) 11월 23일 호외〕**

외무성 고시 제6호

이 달 17일 한국주차 제국특명전권공사 및 동국(同國) 외부대신은 아래(원문은 왼쪽) 협약에 조인한다.

메이지 38년 11월 23일, 외무대신 백작 가쓰라 다로(桂太郎)

일본국 정부 및 한국 정부는 양 제국을 결합하는 이해(利害) 공통주의를 굳건히 하는 것을 원하여 한국이 부강의 열매를 거뒀다고 인정될 때까지 이 목적으로 아래(왼쪽)의 조관(條款)을 약정한다.

제1조 일본국 정부는, 재(在)도쿄 외무성을 거쳐 앞으로 한국의 외국에 대한 관계 및 사무를 감리 지휘하고, 일본국의 외교대표자 및 영사는 외국에 있는 한국의 신민(臣民)과 이익을 보호해야 한다.

제2조 일본국 정부는, 한국과 다른 나라 사이에 현존하는 조약의 실행을 온전히 하는 소임을 맡고, 한국 정부는 앞으로 일본국 정부의 중개 없이 국제적 성격을 띤 어떤 조약과 약속도 하지 않을 것을 약속한다.

제3조 일본국 정부는, 그 대표자로서 한국 황제폐하의 궐하(闕下)에 통감(Resident General) 1명을 둔다. 통감은 오로지 외교에 관한 사항을 관리하기 위해 경성에 주재하며 친히 한국 황제폐하를 내알(內謁)하는 권리를 갖는다. 일본국 정부는 또 한국의 각 개항장 및 기타 일본국 정부가 필요하다고 인정하는 곳에 이사관(Resident)을 두는 권리를 갖는다. 이사관은 통감의 지휘 아래 종래 재한국 일본영사에 속하는 모든 직권을 집행하고 아울러 본 협약의 조관을 완전히 실행하기 위해 필요한 모든 사무를 관장한다.

제4조 일본국과 한국 사이에 현존하는 조약 및 약속은 본 협약의 조관에 저촉

되지 않는 한 모두 그 효력을 계속하는 것으로 한다.

제5조 일본국 정부는 한국 황실의 안녕과 존엄을 유지할 것을 보증한다. 이 증거로써 아래 사람은 각 본국 정부로부터 이에 대한 위임을 받아 본 협약에 기명 조인하게 되었다.

메이지 38년 11월 17일, 특명 전권공사 하야시 곤스케
광무 9년 11월 17일, 외부대신 박제순(朴齋純)

④ **제3차 일한협약〔《관보》 메이지 40년(1907년) 7월 25일 호외〕**

메이지 47년 7월 24일 한국 경성에서 이토 통감과 한국 총리대신이 체결한 일한협약은 아래(원문은 왼쪽)와 같다.

일본국 정부 및 한국 정부는 조속히 한국의 부강을 도모하고 한국민의 행복을 증진하는 것을 목적으로 아래(왼쪽)의 조관을 약정한다.

제1조 한국 정부는 시정개선에 관하여 통감 지도를 받을 것.

제2조 한국 정부의 법령 제정 및 중요한 행정상 처분은 미리 통감 승인을 거칠 것.

제3조 한국의 사법사무는 일반 행정사무와 구별할 것.

제4조 한국 고등관리의 임면은 통감의 동의를 받아 행할 것.

제5조 한국 정부는 통감이 추천하는 일본인을 한국 관리로 임명할 것.

제6조 한국 정부는 통감의 동의 없이 외국인을 용빙하지 말 것.

제7조 메이지 37년 8월 22일 조인한 일한협약 제1항은 폐지할 것. 이 증거로 아래 사람은 각 정부로부터 위임을 받아 본 협약에 기명 조인하게 되었다.

메이지 40년 7월 24일, 통감 후작 이토 히로부미
광무 11년 7월 24일, 내각 총리대신 훈2등 이완용(李完用)

<부속서> 일한협약 규정 실행에 관한 각서

메이지 40년 7월 24일 조인한 일한협약의 취지에 근거하여 차츰 아래의 각 항을 실시할 것.

제1. 일한 양국인으로 조직한 재판소를 신설한다.

一. 대심원 1개소

위치는 경성 또는 수원으로 한다. 원장 및 검사 총장은 일본인으로 한다. 판사 가운데 2명, 서기 가운데 5명을 일본인으로 한다.

二. 공소원(控訴院) 3개소

위치는 중앙부에 1개소, 남북부에 각각 1개소로 한다. 원장 및 검사장은 일본인으로 한다. 판사 가운데 2명, 검사 가운데 1명, 서기 가운데 5명을 일본인으로 한다.

三. 지방 재판소 8개소

위치는 구 8도 관찰부 소재지로 한다. 소장 및 검사정(檢事正)은 일본인으로 한다. 전체 판사 가운데 32명, 서기 가운데 80명을 일본인으로 하고, 사무의 복잡 여부에 따라 나눈다. 검사 가운데 1명을 일본인으로 한다.

四. 구(區) 재판소 113개소

위치는 중요한 군아(郡衙) 소재지로 한다. 판사 가운데 1명, 서기 가운데 1명을 일본인으로 한다.

제2. 감옥을 신설한다.

一. 감옥 9개소

위치는 각 지방 재판소 소재지에 1개소 및 도서에 1개소. 전옥(典獄)은 일본인으로 한다. 간수장 이하 직원의 절반을 일본인으로 한다.

제3. 아래의 방법에 따라 군비를 정리한다.

一. 육군 1개 대대에 황궁수비 임무를 맡기고 기타는 모두 해산시킬 것.

一. 교육받은 사관은 한국군대에 남을 필요가 있는 사람을 제외하고,

그 밖은 일본군대에 배속시켜 실제 연습을 시킬 것.

一. 일본에서 한국 사관(士官) 양성을 위해 상당한 설비를 갖출 것.

제4. 고문 또는 참여관의 이름으로 현재 한국에 용빙되어 있는 자는 모두 해임한다.

제5. 중앙정부 및 지방청에 일본인을 한국 관리로 아래와 같이 임명한다.

각 부 차관, 내무 경무국장·경무사 또는 부경무사, 내각 서기관 및 서기랑(書記郎) 가운데 약간 명, 각 부 서기관 및 서기랑 가운데 약간 명, 각 도 사무관 1명, 각 도 경무관·각 도 주사 가운데 약간 명.

이 밖에 재무, 경무 및 기술에 관한 관리로 일본인을 임용하는 것은 별도로 협정해야 한다.

이상 기명 조인으로 뒷날의 증거로 한다.

<blockquote>

메이지 40년 7월 24일, 통감 후작 이토 히로부미

광무 11년 7월 24일, 내각 총리대신 이완용

</blockquote>

⑤ **한국병합에 관한 조약〔《관보》 메이지 43년(1910년) 8월 29일 호외〕**

짐(朕), 추밀고문의 자문을 거친 한국 병합에 관한 조약을 재가하고 여기에 이를 공포하노라.

<blockquote>

메이지 43년 8월 29일, 내각 총리대신 후작 가쓰라 다로(桂太郎)

외무대신 백작 고무라 주타로(小村壽太郎)

</blockquote>

조약 제4호

일본국 황제폐하 및 한국 황제폐하는 양국 사이의 특수한 친밀 관계를 살펴 상호 행복을 증진하고 동양평화를 영구히 확보하는 것을 원하며, 이 목적을 달성하기 위해서는 한국을 일본제국에 병합할 수밖에 없다고 확신하여 이에 양국 사이에 병합조약을 체결하기로 결정, 이를 위해 일본국 황제폐하는 통감 자작 데라우치 마사타케(寺內正毅)를, 한국 황제폐하는 내각 총리대신 이완용을 각각 전권위원으로 임명함에 따라 회동 협의 끝에 아래 여러 안을 협정했다.

제1조 한국 황제폐하는 한국 정부에 관한 일체의 통치권을 완전히, 그리고 영구히 일본국 황제폐하에게 양여한다.

제2조 일본국 황제폐하는 앞 조항에 밝힌 양여를 받아들여 전 한국을 일본제국에 병합하는 것을 승낙한다.

제3조 일본국 황제폐하는 한국 황제폐하, 태황제폐하, 황태자전하, 그리고 그 후비(后妃) 및 후예를 각각 그 지위에 상응하는 존칭, 위엄 및 명예를 향유토록 하고, 이를 유지하는 데 충분한 세비를 공급할 것을 약속한다.

제4조 일본국 황제폐하는 앞 조항 이외의 한국 황족 및 그 후예에 대해 각각 상당한 명예 및 대우를 향유토록 하고, 이를 유지하는 데 필요한 자금을 공여할 것을 약속한다.

제5조 일본국 황제폐하는 공훈 있는 한인에 대해 특히 표창해야 적당하다고 인정되는 자에 대해 영작을 주고 은급을 주어야 한다.

제6조 일본국 정부는 전기(前記) 병합의 결과로서 모든 한국의 시정을 맡고 동시에 시행하는 법규를 준수하는 한인의 신체 및 재산을 충분히 보호하고 복리 증진을 도모해야 한다.

제7조 일본국 정부는 성의 있고 충실한 마음으로 신(新)제도를 존중하는 한인 가운데 자격이 있는 자를 사정이 허락하는 한 한국에 있는 제국관리로 등용해야 한다.

제8조 본 조약은 일본국 황제폐하 및 한국 황제폐하의 재가를 거친 것으로서 공표한 날부터 이를 시행한다.

메이지 43년 8월 22일, 통감 자작 데라우치 마사타케
융희(隆熙) 4년 8월 22일, 내각 총리대신 이완용

2. 총독부 때 조선인 도지사 명단[*]

	이름	도	근무기간
데라우치 마사타케	박중양(朴重陽)	충남	1910. 10 ~ 1915. 3
	이두황(李斗璜)	전북	1910. 10 ~ 1916. 3
	신응희(申應凞)	함남	1910. 10 ~ 1918. 9
	이규완(李圭完)	강원	1910. 10 ~ 1918. 9
	조의문(趙義聞)	황해	1910. 10 ~ 1918. 9
	이진호(李珍鎬)	경북	1910. 10 ~ 1916. 3
	〃	전북	1916. 3 ~ 1921. 8
	유혁로(柳赫魯)	충북	1916. 3 ~ 1917. 6
하세가와 요시미치	조의문	황해	1910. 10 ~ 1918. 9
	이규완	강원	1910. 10 ~ 1918. 9
	〃	함남	1918. 9 ~ 1924. 12
	유혁로	충북	1916. 3 ~ 1917. 6
	이진호	전북	1916. 3 ~ 1921. 8
	장헌식(張憲植)	충북	1917. 6 ~ 1921. 2
	신응희	황해	1918. 9 ~ 1921. 2
	원응상(元應常)	강원	1918. 9 ~ 1921. 8
사이토 마코토 (1기)	이진호	전북	1916. 3 ~ 1921. 8
	장헌식	충북	1917. 6 ~ 1921. 2
	〃	전남	1924. 12 ~ 1926. 8

* 도지사 근무기간에서 임명한 때와 연임 여부를 기준으로 정리했다. 또한 총독 교체기에 근무한 도지사는 앞뒤에 중복해서 밝혀 두었다.

	신응희	황해	1918. 9 ~ 1921. 2
	원응상	강원	1918. 9 ~ 1921. 8
	이규완	함남	1918. 9 ~ 1924. 12
	박중양	황해	1921. 2 ~ 1923. 2
	〃	충북	1923. 7 ~ 1925. 3
	김관현(金寬鉉)	충남	1921. 2 ~ 1924. 12
	〃	함남	1924. 12 ~ 1926. 8
	원응상	전남	1921. 8 ~ 1924. 12
	신석린(申石麟)	강원	1921. 8 ~ 1923. 2
	〃	충남	1927. 5 ~ 1929. 11
	석진형(石鎭衡)	충남	1924. 12 ~ 1926. 8
	〃	전남	1926. 8 ~ 1929. 1
	윤갑병(尹甲炳)	강원	1923. 2 ~ 1924. 12
	박영철(朴榮喆)	강원	1924. 12 ~ 1926. 8
	〃	함북	1926. 8 ~ 1927. 5
	김윤정(金潤晶)	충북	1925. 3 ~ 1926. 8
	유성준(俞星濬)	충남	1926. 8 ~ 1927. 5
	〃	강원	1927. 5 ~ 1929. 11
	박상준(朴相駿)	강원	1926. 8 ~ 1927. 5
	〃	함북	1927. 5 ~ 1928. 3
	한규복(韓圭復)	충북	1926. 8 ~ 1929. 11
야마나시 한조	석진형	전남	1926. 8 ~ 1929. 1
	한규복	충북	1926. 8 ~ 1929. 11
	신석린	충남	1927. 5 ~ 1929. 11
	유성준	강원	1927. 5 ~ 1929. 11
	박상준	함북	1927. 5 ~ 1928. 3
	〃	황해	1928. 3 ~ 1929. 11

	김서규(金瑞圭)	전남	1929. 1 ~ 1929. 12
사이토 마코토(2기)	한규복	충북	1926. 8 ~ 1929. 11
	〃	황해	1929. 11 ~ 1933. 4
	신석린	충남	1927. 5 ~ 1929. 11
	박상준	황해	1928. 3 ~ 1929. 11
	김서규	전북	1929. 12 ~ 1931. 9
	유진순(劉鎭淳)	충남	1929. 11 ~ 1931. 9
	홍승균(洪承均)	충북	1929. 11 ~ 1931. 9
	이범익(李範益)	강원	1929. 11 ~ 1935. 4
	민영무(閔永武)	함남	1930. 11 ~ 1933. 8
우가키 가즈시게	한규복	황해	1929. 11 ~ 1933. 4
	김서규	전북	1929. 12 ~ 1931. 9
	〃	경북	1931. 9 ~ 1935. 4
	이범익	강원	1929. 11 ~ 1935. 4
	홍순균	충북	1929. 11 ~ 1931. 9
	〃	전북	1931. 9 ~ 1932. 9
	유진순	충남	1929. 11 ~ 1931. 9
	민영무	함남	1930. 11 ~ 1933. 8
	남궁영(南宮營)	충북	1931. 9 ~ 1935. 4
	고원훈(高元勳)	전북	1932. 9 ~ 1936. 5
	정교원(鄭僑源)	황해	1933. 4 ~ 1937. 2
	김동훈(金東勳)	충북	1935. 4 ~ 1939. 4
	손영목(孫永穆)	강원	1935. 4 ~ 1937. 4
	김시권(金時權)	전북	1936. 5 ~ 1937. 4

	이름	지역	기간
미나미 지로	정교원	황해	1933. 4 ~ 1937. 2
	〃	충남	1937. 2 ~ 1939. 5
	이범익	충남	1935. 4 ~ 1937. 2
	김동훈	충북	1935. 4 ~ 1939. 4
	김시권	전북	1936. 5 ~ 1937. 4
	〃	강원	1937. 4 ~ 1939. 5
	손영목	전북	1937. 4 ~ 1940. 9
	강필성(姜弼成)	황해	1937. 2 ~ 1939. 12
	이성근(李聖根, 창씨명 金川聖)	충남	1939. 5 ~ 1941. 5
	유만겸(俞萬兼)	충북	1939. 4 ~ 1940. 9
	윤태빈(尹泰彬, 창씨명 伊藤泰彬)	강원	1939. 5 ~ 1940. 9
	〃	충북	1940. 9 ~ 1942. 10
	김병태(金秉泰, 창씨명 金村泰男)	황해	1939. 12 ~ 1942. 1
	〃	전북	1942. 1 ~ 1943. 8
	이원보(李源甫, 창씨명 李家源甫)	전북	1940. 9 ~ 1942. 1
	엄창섭(嚴昌燮, 창씨명 武永憲樹)	전남	1940. 9 ~ 1943. 9
	이기방(李基枋, 창씨명 松村基弘)	충남	1941. 5 ~ 1942. 10
	고안언(高安彦)	평남	1941. 11 ~ 1942. 6
	송문헌(宋文憲, 창씨명 山本文憲)	황해	1942. 1 ~ 1942. 10
고이소 구니아키	윤태빈	충북	1940. 9 ~ 1942. 10
	엄창섭	전남	1940. 9 ~ 1943. 9
	〃	경북	1943. 9 ~ 1944. 8
	이기방	충남	1941. 5 ~ 1942. 10
	송문헌	황해	1942. 1 ~ 1942. 10
	〃	충남	1942. 10 ~ 1945. 6
	고안언	경기	1942. 6 ~ 1943. 12

	이름	지역	기간
	이창근(李昌根, 창씨명 平松昌根)	충북	1942. 10 ~ 1944. 8
	김병태	전북	1942. 1 ~ 1943. 8
	김대우(金大羽)	전북	1943. 8 ~ 1945. 6
	유홍순(劉鴻洵, 창씨명 中原鴻洵)	강원	1943. 12 ~ 1945. 6
아베 노부유키	송문헌	충남	1942. 10 ~ 1945. 6
	이창근	충북	1942. 10 ~ 1944. 8
	〃	경북	1944. 8 ~ 1945. 6
	엄창섭	경북	1943. 9 ~ 1944. 8
	김대우	전북	1943. 8 ~ 1945. 6
	〃	경북	1945. 6 ~
	유홍순	강원	1943. 12 ~ 1945. 6
	박재홍(朴在弘, 창씨명 增永弘)	충북	1944. 8 ~ 1945. 6
	〃	충남	1945. 6 ~
	정교원(창씨명 鳥川僑源)	충북	1945. 6 ~
	손영목	강원	1945. 6 ~
	정연기(鄭然基, 창씨명 草本然基)	전북	1945. 6 ~

470

3. 역대 조선군 사령관 명단

	이름	계급	근무기간
한국주차군 사령관	하라구치 겐사이(原口兼濟)	중장	1904. 3. 11 ~ 1904. 9. 8
	하세가와 요시미치(長谷川好道)	대장	1904. 9. 8 ~ 1908. 12. 21
	오쿠보 하루노(大久保春野)	〃	1908. 12. 21 ~ 1910. 10. 1
조선주차군 사령관	오쿠보 하루노	대장	1910. 10. 1 ~ 1911. 8. 18
	우에다 아리사와(上田有澤)	중장	1911. 8. 18 ~ 1912. 1. 14
	안도 사다미(安東貞美)	〃	1912. 1. 14 ~ 1915. 1. 25
	이구치 쇼고(井口省吾)	〃	1915. 1. 25 ~ 1916. 8. 18
	아키야마 요시후루(秋山好古)	〃	1916. 8. 18 ~ 1917. 8. 6
	마쓰가와 도시타네(松川敏胤)	〃	1917. 8. 6 ~ 1918. 6. 1
조선군 사령관	마쓰가와 도시타네	중장	1918. 6. 1 ~ 1918. 7. 24
	우쓰노미아 다로(宇都宮太郎)	〃	1918. 7. 24 ~ 1920. 8. 16
	오바 지로(大庭二郎)	〃	1920. 8. 16 ~ 1922. 11. 24
	기쿠치 신노스케(菊池愼之助)	〃	1922. 11. 24 ~ 1924. 8. 20
	스즈키 소로쿠(鈴木莊六)	〃	1924. 8. 20 ~ 1926. 3. 2
	모리오카 모리시게(森岡守成)	대장	1926. 3. 2 ~ 1927. 3. 5
	가나야 한조(金谷範三)	중장	1927. 3. 5 ~ 1929. 8. 1
	미나미 지로(南次郎)	〃	1929. 8. 1 ~ 1930. 12. 22
	하야시 센주로(林銑十郎)	〃	1930. 12. 22 ~ 1932. 5. 26
	가와시마 요시유키(川島義之)	〃	1932. 5. 26 ~ 1934. 8. 1
	우에다 겐기치(植田謙吉)	〃	1934. 8. 1 ~ 1935. 12. 2
	고이소 구니아키(小磯國昭)	〃	1935. 12. 2 ~ 1938. 7. 15
	나카무라 고타로(中村孝太郎)	대장	1938. 7. 15 ~ 1941. 7. 7
	이타가키 세이시로(板垣征四郎)	〃	1941. 7. 7 ~ 1945. 9.

참고 문헌

《경성일보》, 《동아일보》, 《매일신보》 영인본 및 마이크로필름.

姜東鎮, 《日本近代史》, 한길사, 1985
______, 《日本言論界와 朝鮮》, 지식산업사, 1987
______, 《한국을 장악하라》, 아세아문화사, 1995
강영심 외, 《한국 민족 운동사 연구》, 나남출판, 2003
姜昌成, 《일본/한국 軍閥政治》, 해동문화사, 1991
金容德 옮김, 《日本近代史》, 지식산업사, 1983
김상현, 《在日 韓國人―재일동포 100년사》, 한민족, 1988
김성식, 《일제하 한국학생 독립운동사》, 정음사, 1974
김윤식, 《이광수와 그의 시대》, 솔, 2001
너대니얼 페퍼, 《三一運動의 眞相》, 건업산업사, 1946
米昇右, 《日帝農林 收奪相》, 녹원출판사, 1983
미야타 세쓰코 엮음·정재정 옮김, 《식민통치의 허상과 실상》, 혜안, 2002
閔斗基 編, 《日本의 歷史》, 지식산업사, 1976
민족운동총서 편찬위원회, 《三一운동》, 민족문화협회, 1980
朴慶龍, 《開化期 漢城府 研究》, 일지사, 1995
박경식, 《조선인 강제연행의 기록》, 고즈윈, 2008
반민족문제연구소 편, 《친일파 99인 2》, 돌베개, 1993
수요역사연구회 편, 《식민지 조선과 매일신보―1910년대》, 신서원, 2003
신동준, 《근대일본론》, 지식산업사, 2004
愼鏞廈, 《3·1運動과 獨立運動의 社會史》, 서울대학교 출판부, 2001
안병직, 《3·1운동》, 한국일보사, 1975

유주현, 《소설 조선총독부》, 培英社, 1993

유홍준, 《나의 문화유산답사기 2》, 창작과 비평사, 1994

이경형 외, 《서울신문100년사》, 서울신문사, 2004

李基東, 《悲劇의 軍人들》, 일조각, 1982

이덕주, 《식민지 조선은 어떻게 해방 되었는가》, 에디터, 2003

이태진 외, 《한국병합의 불법성 연구》, 서울대학교 출판부, 2003

李炫熙, 《日帝時代史의 硏究》, 한국학술정보(주), 2000

임종국, 《밤의 일제 침략사》, 한빛문화사, 2004

______, 《실록친일파》, 돌베개, 1996

張伯逸, 《田明雲 評傳》, 다인미디어, 2002

정운현, 〈조선 총독 10인〉, 친일문제연구회 편, 《친일문제연구 제5집》, 가람기획, 1996

______ 편, 《創氏改名》, 학민사, 1994

정일성, 《야나기 무네요시의 두 얼굴》, 지식산업사. 2007

______, 《이토 히로부미—알려지지 않은 이야기들》, 지식산업사, 2002

______, 《일본군국주의의 괴벨스—도쿠토미 소호》, 지식산업사, 2005

______, 《황국사관의 실체》, 지식산업사, 2000

______, 《후쿠자와 유키치—탈아론을 어떻게 펼쳤는가》, 지식산업사, 2001

車泰錫, 金利進 譯, 《日本近代史論》, 지식산업사, 1980

한국사연구회 편, 《새로운 한국사 길잡이 下》, 지식산업사, 2008

姜德相, 《朝鮮獨立運動の群像》, 靑木書店, 1998

岡本眞希子, 《植民地官僚の政治史》, 三元社, 2008

姜在彦, 《日本朝鮮支配40年》, 朝日文庫, 1992

景山民夫, 《虎口からの脫出(小說)》, 新潮文庫, 1990

高橋文彦, 《慘殺 提督齋藤實〈二・二六〉にす》, 光人社, 1999

高橋正衛, 《昭和の軍閥》, 中公新書, 2003

________, 《二・二六事件—〈昭和維新〉の思想と行動》, 中公新書, 1994

高木健一, 《戰後補償の論理》, れんが書房新社, 1994

高木俊朗, 《全滅－インパール》, 文春文庫, 1987

高木俊朗,《インパール》, 文春文庫, 1975

高木惣吉,《太平洋海戰史》, 岩波書店, 1985

久米正雄,《伊藤博文傳》, 改造社, 1931

堀眞清 編,《宇垣一成とその時代》, 新平論, 1999

近藤(金刃)一 編,《太平洋戰爭下の朝鮮, 朝鮮の政治》, 友邦協會朝鮮史編纂會, 1961

磯直道,《二・二六事件 憲兵將校・磯高麿戒嚴令日誌》, 朝日新聞出版, 2004

大江志乃夫,《日本の參謀本部》, 中央公論社, 1985

大內刀,《日本歷史―ファシズムへの道》, 中央公論社, 1967

渡辺行男,《宇垣一成―政軍關係の確執》, 中公新書, 1993

東京都 編,《東京都戰災誌》, 明元社, 2005

東洋拓殖植株式會社 編,《東拓年報》, 東洋拓殖株式會社, 1936

末松謙澄,《末松子爵家所藏文書》, ゆまに書房, 2003

模本捨二,《日本陸海軍名將100選》, 秋田書店, 1971

武光誠,《名字と日本人》, 文春新書, 1997

米原謙,《德富蘇峰》, 中公新書, 2003

迫水久常,《機關銃下の總理官邸 二・二六事件から終戰まで》, 恒文社, 1986

邦光史郎,《歷史を創った人人》, 大阪書籍, 1985

福川秀樹,《日本陸軍將官事典》, 芙蓉書房, 2001

本庄繁,《本庄日記》, 原書房, 1967

史學研究會, 日本史研究會 編,《日本歷史》, 東京大學出版會, 1985

山路勝彦,《近代日本の植民地博覽會》, 風響社, 2008

山本茂男他,《B29對陸軍戰鬪隊―陸軍防空戰鬪隊の記錄》, 今日の話題社, 1985

山本淸,《大日本帝國》, 東映, 1982

山辺健太郎,《日本統治下の朝鮮》, 岩波書店, 2008

杉本幹夫,《植民地朝鮮の研究》, 展轉社, 2000

三省堂 編,《日本史 小事典》, 三省堂, 1983

杉村敏正 外2人,《治安と人權》, 岩波書店, 1984

三好徹,《史傳 伊藤博文》, 德間文庫, 2000

星新一,《明治の人物誌》, 新潮文庫, 1998

小磯國昭,《葛山鴻爪》, 小磯國昭自敍傳刊行會, 1963

小林道彦,《日本歷史 2007年10月號─〈三月事件再考〉》, 吉川弘文館, 2007

小熊英二,《〈日本人〉の境界》, 新曜社, 2006

松田十刻,《齋藤實傳〈二・二六事件〉で暗殺された提督の眞實》, 元就出版社, 2008

松下芳男,《明治軍制史論》, 芙蓉書房, 1978

________,《日本軍閥の興亡》, 芙蓉書房, 1978

藪景三,《朝鮮總督府の歷史》, 明石書店, 1996

須崎愼一,《二・二六事件─靑年將校の意識と心理》, 吉川弘文館, 2003

市川正明 編,《三一獨立運動》, 高麗書林, 1989

新人物往來社 刊,《歷史讀本1986年1月號─特輯〈日本の姓氏と地名〉》, 新人物往來社, 1986

安川壽之輔,《福澤諭吉のアジア認識》, 高文研, 2001

額田坦,《秘錄宇垣一成》, 芙蓉書房, 1973

野村敏雄,《明石元二郎》, PHP文庫, 2005

鈴木圭稅, 淺岡政子,《大空襲と原爆は本当に必要だったのか》, 河出書房新社, 2007

外山操 編,《陸海軍將官人事總攬陸軍篇》, 芙蓉書房, 1981

______, 森松俊夫 編,《帝國陸軍編制總攬》, 芙蓉書房出版, 1987

雨宮昭一,《近代日本の戰爭指導》, 吉田弘文館, 1997

宇垣一成,《宇垣一成日記 1〜3券》, みすず書房, 1968

熊谷明泰,《朝鮮總督府の'國語'政策資料》, 關西大學出版部, 2004

有竹修二,《日本宰相列傳14 齋藤實》, 時事通信社, 1986

________,《齋藤實》, 時事通信社, 1973

伊藤隆,《明治の群像》, 實業之日本社, 1998

______ 外,《二・二六事件とは何だったのか》, 藤原書店, 2007

伊武雅刀,《あの戰爭は何だったのか─日米開戰と東條英機》, TBS, 2008

林三郎,《太平洋戰爭陸戰槪史》, 岩波書店, 1985

林政春,《陸軍大將 本庄繁》, 非賣品, 1967

入江昭,《日本の外交》, 中公新書, 1986

立野信之,《昭和軍閥》, 魚尊書房, 1965

齋藤充功,《伊藤博文を擊った男》, 時事通信社, 1995

齋藤泰彦,《わが心の安重根》, 五月書房, 1997

前野徹,《戰後歷史の眞實》, 經濟界, 2000

田中義一,《田中義一傳記》, 田中義一傳記刊行會, 1960

田中正明,《南京虐殺の虛構》, 日本敎文社, 1994

井上淸,《宇垣一成》, 朝日新聞社, 1975

朝鮮功勞者銘鑑刊行委,《朝鮮功勞者銘鑑》, 朝鮮功勞者銘鑑委, 1935

朝鮮總督府 編,《朝鮮總督府三十年史》, クレス出版, 1999

朝鮮出版協會 編,《朝鮮併合10年史》, 朝鮮出版協會, 1924

早乙女勝,《圖說 東京大空襲》, 河出書房新書, 2003

祖田浩一,《好色家艶聞事典》, 東京堂出版, 1996

佐木隆三,《伊藤博文と安重根》, 文藝春秋, 1994

佐佐木隆,《伊藤博文の情報戰略》, 中公新書, 1999

中野五郎,《朝日新聞記者の見た昭和史》, 光人社, 1991

中野泰雄,《安重根—日韓關係原像》, 亞紀書房, 1984

________,《安重根と伊藤博文》, 恒文社, 1991

池田俊彦,《生きている二・二六》, 文藝春秋, 1977

秦郁彦 編,《日本陸海軍總合事典》, 東京大學出版會, 2005

集英社 刊, 月刊雜誌《すばる》2008年 2月號, 集英社, 2008

村上貞一,《歷代總理大臣傳記叢書2 齋藤實》, ゆまに書房, 2006

筒井淸忠,《昭和期日本の構造—二・二六事件とその時代》, 講談社學術文庫, 1996

特高月報 編,《特高月報 昭和16年2月分〜17年1月分》, 政經出版社, 1942

平野零兒,《滿州の陰謀者 河本土作の運命的足あと》, 自由國民社, 1959

平塚柾緒 編,《米軍が記錄した日本空襲》, 草思社, 1995

海野福壽,《伊藤博文と韓國併合》, 靑木書店, 2004

________,《韓國併合》, 岩波書店, 1999

黑龍會 編,《日韓合邦秘史》, 黑龍會, 1930

コウケツ厚,《田中義一 總力戰國家の先導者》, 芙蓉書房, 2009